Das Buch
Er ist grauhaarig, hager, hat einen zu großen Kopf für seinen kleinen Körper, hat winzige Augen und ist mit Narben übersät. Er ist hochfahrend, unreif, uneinsichtig und hochmütig – und einer der größten und bedeutendsten Männer in der Geschichte des Christentums: der Apostel Paulus. Walter Wangerin hat dem Apostel nachgespürt und erzählt mit viel Gefühl die Geschichte seines Lebens und seiner Mission. Dabei beobachtet er mit den Augen derer, die ihn begleiteten, die ihn liebten und die ihn hassten. Und so fügt sich Stein für Stein das Puzzle einer faszinierenden Gestalt zusammen.

Der Autor
Walter Wangerin, geboren 1944, ist lutherischer Pfarrer, Theologe und Literaturwissenschaftler. Er hat bereits zahlreiche Bücher geschrieben und wurde in seiner Heimat als Autor von Kinder- und Erwachsenenliteratur mehrfach ausgezeichnet. Sein erster Roman, »Das Buch von Gott«, machte ihm zum weltweit beachteten Autor. Wangerin lebt mit seiner Familie in Valparaiso, Indiana/USA.

Walter Wangerin
Der Apostel
Paulus, ein Leben

Roman

Aus dem Englischen von
Jörg Achim Zoll

DIANA VERLAG
München Zürich

Diana Taschenbuch
Nr. 62/0350

Die Originalausgabe
»Paul – A Novel«
erschien bei Lion Publishing, Oxford, England

»Der Apostel« ist eine Erzählung auf der Grundlage biblischer
Berichte. Sofern biblische Texte zitiert werden, folgen sie
in der Regel der revidierten Lutherübersetzung (alttestamentliche
Texte) oder der Gute Nachricht Bibel bzw. Einheitsübersetzung
(neutestamentliche Texte). Besonderer Dank gilt der
Deutschen Bibelgesellschaft für die freundliche Abdruckgenehmigung
längerer Passagen aus der Apostelgeschichte.
(Gute Nachricht Bibel, revidierte Fassung, durchgesehene Ausgabe in
neuer Rechtschreibung, © 2000 Deutsche Bibelgesellschaft, Stuttgart.)

Taschenbucherstausgabe 03/2003
Copyright © 2000 by Walter Wangerin Jr.
Copyright © 2001 der deutschen Ausgabe:
R. Brockhaus Verlag Wuppertal
Der Diana Verlag ist ein Verlag der
Ullstein Heyne List GmbH & Co. KG
Printed in Germany 2003
Umschlaggestaltung: Hauptmann und Kampa
Werbeagentur, München Zürich, unter Verwendung eines Details aus
dem Deckenfresko der Sixtinischen Kapelle von Michelangelo, 1512
Satz: Schaber Satz- und Datentechnik, Wels
Druck und Bindung: Elsnerdruck, Berlin
Gedruckt auf chlor- und säurefreiem Papier

ISBN 3-453-86798-X

http://www.heyne.de

INHALT

Prolog	**KORINTH**	7
Teil 1	**DAMASKUS**	29
Teil 2	**ANTIOCHIA**	107
Teil 3	**KORINTH**	229
Teil 4	**EPHESUS**	401
Teil 5	**JERUSALEM**	489
Epilog	**ROM**	577

Prolog

KORINTH

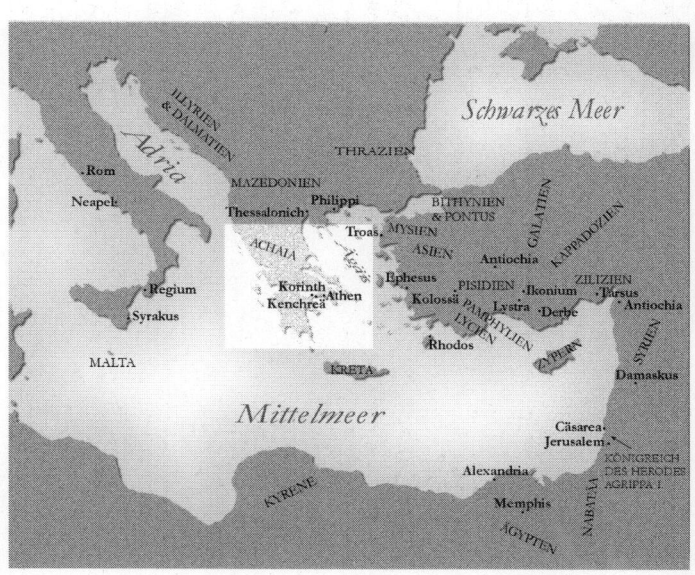

PRISKA

1

Es war Morgen, da hörte ich eine Stimme. Die Stimme drang durch die nebelschwere Luft wie eine Fahne, die langsam in den Wind gehisst wird. *Eucharistoumen*, sagte die Stimme, und: *to theo pantote peri panton hymon ...*

Ich hörte nur diese Stimme, die unten in der Stadt ihren Ursprung haben musste, aber in meinem Ohr haften blieb wie das Ende eines sich in der Ferne verlierenden Fadens. Sie sagte: *mneian poioumenoi epi ton proseuchon hemon ...*

Allein der Klang dieser Stimme, den ich wahrnahm, bevor ich die Bedeutung der Worte verstand, war so durchdringend, dass es mich nicht im Haus hielt und ich mich auf den Weg hinunter in die Stadt machte.

An jenem Tag hatte ich keineswegs die Absicht gehabt, auf den Markt zu gehen.

Aquila war schon allein hingegangen. Er lieferte drei fertige Zeltbahnen bei einem Händler ab, dessen Geschäft sich auf der Westseite der Stadt befand, der Seite, die jetzt im gleißenden Licht der Morgensonne lag. Schon bald wollte er wieder zurück sein und vorher noch das Nötigste besorgen. Auf dem Markt hatten wir sonst nichts zu erledigen. Ich saß mit meiner Arbeit an der Werkbank und hoffte, es könnte vielleicht ein Kunde vorbeikommen.

Ich war über das Leder gebeugt und schnitt es mit dem abgerundeten Messer zurecht, mein Haar nach hinten gebunden, mit mir allein, ohne meinen gewohnten Gesprächspartner. Am Sabbat vor vier Wochen war das erste Boot, das nach den schweren Winterstürmen wieder hatte fahren können, im Hafen angekommen, und hatte uns einen Brief gebracht, der die Nachricht vom Tod meiner Mutter enthielt. »Sie ist an ihrem Schmerz zerbrochen«, hatte mein Vater geschrieben, »keine zehn Tage, nachdem du sie allein in Rom zurückgelassen hast.« An diesem Morgen war nun auch ich allein. Die Nachricht hatte mich mit sechsmonatiger Verspätung erreicht. Aber meine Trauer war erst vier Wochen alt.

Ich schnitt mit meinem gerundeten Messer an der Narbenseite des Leders entlang, um einen stabilen Rand für den Saum und die Befestigungslöcher zu schaffen, und spürte schon wieder Schmerzen in meinem Rücken, weit oben, neben einem Wirbel. Und dann diese Stimme, wie ein Messer, das an einem sich drehenden Schleifstein Funken sprüht.

Ich hatte die Stimme nicht sofort bewusst wahrgenommen. Es war, wie unbemerkt von einem Insekt umkreist zu werden, bis sein Summen plötzlich die Tonhöhe wechselt und es sich dadurch verrät.

So veränderte sich auch der Klang dieser Stimme um eine Nuance, einer Stimme, die keineswegs laut und trotzdem durchdringend war, und so nahm ich schließlich Notiz von ihr.

Dabei dringt am Morgen vom Markt ein Gewirr von Geräuschen herüber: menschliche Stimmen, leere Wagen, die über das Pflaster der stadtauswärts führenden Straßen poltern, sich dahinschleppende Ochsen, der Hammer des Steinmetzen. Die Händler preisen ihre Waren an, und es gibt wohl keinen Soldaten, der nicht lacht und grölt, wenn er von seinen Pflichten entbunden ist. Dann kreischende Kinder, Bettler, die mit grotesk verzerrten Stimmen ihre Lage beklagen, und unter diesen Bettlern sogar Philosophen, die den Reichen ihren Reichtum vorhalten. Daneben gibt es noch die philosophischen Weisheitslehrer, die im Brustton der Überzeugung ungebeten das Wort ergreifen. Hin und wieder sieht man feine Damen, umgeben von Sklaven, welche die Einkäufe der Herrin nach Hause tragen. Die Männer hingegen treffen sich gern unter einem Säulenvorbau, um über die politischen Geschäfte und die Spiele zu diskutieren. Dabei bellen die ganze Zeit die verhassten Hunde … Und dennoch, dennoch hörte ich diese Stimme, die wie ein Obelisk aus der menschlichen Geschäftigkeit emporragte. Sie war nicht laut. Keineswegs laut, aber auszumachen und herauszuhören.

Hätte sich die Stimme in die Geräuschkulisse dieses Morgens eingefügt, dann wäre sie darin untergegangen und nicht bei mir angekommen.

Oder wenn sie nicht diese alles durchdringende Schärfe gehabt, diese Vollmacht besessen hätte, wäre es für mich ein Leichtes gewesen, sie zu überhören.

Oder wenn sie einfach verstummt wäre!

So machte ich mich also auf den Weg, noch bevor ich mein Stück Leder zugeschnitten hatte, nahm mir nicht einmal mehr die Zeit, meinen Kopf zu bedecken, sondern ging festen Schrittes die Stufen zum Marktplatz hinunter. Ich folgte einem Laut. Ich gehorchte dem Drang, noch mehr zu hören.

Wir waren erst seit einem halben Jahr in Korinth, hatten die Wintermonate hier verbracht, und erlebten nun das erste Frühjahr.

Während der kritischen Tage, kurz bevor die Winterstürme die Überfahrt unmöglich gemacht hätten, waren wir überstürzt und nur mit leichtem Gepäck aufgebrochen und hatten uns allein auf die Schiffsreise in Richtung Osten begeben. Uns blieb keine andere Wahl.

Wir packten das Nötigste zusammen und ergriffen die Flucht, denn der Kaiser hatte es per Dekret so angeordnet.

Wir, das sind mein Mann und ich. Und wer sind wir? Sind wir so wichtig, dass Titus Claudius Caesar Augustus Germanicus vom Palatin auf sein Volk herabsehen würde, um dann uns zwei Juden mit herrschaftlicher Geste aus der Weltmetropole Rom zu verbannen?

Jetzt, da ich mir dies lebhaft vorstelle, muss ich unwillkürlich lachen. Nein, wir haben keinerlei Rang bekleidet. Wir sind Juden – sagt das nicht schon beinahe alles? Ein Reich, dessen Kaiser krank sind vor Argwohn, speit seine Juden aus wie verdorbenen Fisch. Oder es taucht sie in Pech und stellt sie bei den nächtlichen Gelagen der Mächtigen als Fackeln auf.

Aber verzeiht mir, meine Verbitterung ergreift das Wort. Dabei gibt es noch einiges mehr zu berichten.

In jenen Tagen wollte Claudius der alten römischen Religion wieder aufhelfen. Dieser Mann war Zeuge von Zeichen und Wundern geworden. Vier Legionen seiner Armee waren endlich auf jener weißen Insel weit im Norden eingefallen, die selbst Julius Caesar nicht hatte erobern können. Der Kaiser behauptete, seine Legionen hätten diesen Erfolg mit Hilfe seiner Götter errungen, weshalb es die Pflicht eines jeden Römers sei, sie zu verehren.

So ließ Claudius den achthundertsten Jahrestag der Gründung der Stadt Rom mit großem Aufwand begehen und trat selbst als Schirmherr der Feierlichkeiten auf. Es war ein rauschendes Fest mit Spielen und Wettkämpfen und lorbeerbekränzten Siegern: die *ludi saeculares*. Das alles hätte uns nicht weiter beunruhigen müssen, aber als Nächstes weitete der Kaiser das Pomerium aus, das ist die älteste Stadtgrenze Roms. Innerhalb dieser Grenze, die den »reinen« Kern der Stadt umschließen soll, dürfen nur die römischen Götter verkündet und verehrt werden. Doch Aquila und ich gehörten zu einer Synagoge auf dem Aventin, dem einzigen Hügel Roms, der sich außerhalb des Pomeriums befunden hatte. Nun auf einmal lag der Hügel mitsamt der Synagoge innerhalb der Grenze, und unsere Gemeinde hatte die Wahl, sich aufzulösen oder an einen anderen Ort zu ziehen. Es war ein wenig so, als würfe man einen Stein auf einen Ameisenhügel. Was sich im Verborgenen abgespielt hatte, trat nun ans Tageslicht. Der Streit, der in unserer Gemeinschaft herrschte, wurde der Öffentlichkeit bekannt, und der Kaiser zögerte nicht lange mit seiner Antwort.

Dieser Streit hatte uns alle sehr aufgewühlt. Einige von uns glaubten, dass der Messias bereits auf die Welt gekommen und an einem Kreuz gestorben war, dass er begraben wurde, aber am dritten Tag zu neuem Leben auferstanden war. Hier waren auch mein Vater und ich verschiedener Ansicht. Er gehörte zu den anderen, zu der großen Mehrheit, die nicht glauben konnte, dass der Gesalbte des Herrn auf die Welt gekommen sein sollte, um zu sterben. Meine Mutter wiederum war in einer Zwickmühle gefangen. In ihrem Herzen stand sie auf unserer Seite, aber ihr Leben gehörte ihrem Mann.

Diese Meinungsverschiedenheit allein genügte freilich nicht, mich von meinem Vater zu entfremden, und sie war auch nicht der einzige Grund für die Spaltung unserer Gemeinschaft. Über die Jahre hinweg hatten viele fromme und rechtschaffene Menschen aus unserem Volk an den einen oder anderen Messias geglaubt, und nie hatte dies unsere Gemeinschaft auseinander gerissen. Doch vor kurzem waren einige Griechisch sprechende Juden nach Rom gekommen und hatten gelehrt, die Rettung durch *diesen* Messias gelte der ganzen Welt. Denn sein Tod habe die Heiden, so wie sie sind, den Juden gleichgestellt.

Die Heiden in der Synagoge, die Gottesfürchtigen, wie wir sie nannten, nahmen diese Lehre dankbar auf.

Aber unsere Ältesten empörten sich darüber.

»Wer sind wir?«, entgegneten sie. »Wir sind Gottes auserwähltes Volk. Wo auch immer wir leben, wir sind das heilige Volk. Wir unterscheiden uns von jedem anderen Volk, und das Zeichen dieses Unterschieds ist die Beschneidung! Kein wahrer Messias des Gottes Abrahams würde das Zeichen des Bundesschlusses für ungültig erklären.«

Die umherreisenden Juden wussten sich wortgewandt zu verteidigen. Doch die Vorsteher der Synagoge schoben der Diskussion einen Riegel vor und beriefen sich auf ihr Weisungsrecht. Sie bezeichneten es als Gotteslästerung zu lehren, Gott sei seinem Bundesschluss mit den Juden untreu geworden. »Ungläubige!«, riefen sie aus. »Gehorcht dem Gesetz oder geht!«

Nun geschah dies gerade zu der Zeit, als wir aus der Synagoge auf dem Aventin vertrieben worden waren. Mit dem Verlust des Gebäudes ging der Verlust des Privaten unserer Auseinandersetzungen einher. Schlimmer noch, wir verloren auch unsere Selbstbeherrschung. Bald kämpften an fast jedem Sabbat Juden gegen Juden. Und alles spielte sich in der Öffentlichkeit ab. Die Juden schlugen aufeinander ein! Wie sollte das den Machthabern verborgen bleiben?

Und als ob das noch nicht genug gewesen wäre, fehlte den umherreisenden Juden jedes Verständnis für die Verhältnisse in Rom. Ihre Reden erregten das Misstrauen des Kaisers.

Sie sagten eine Hungersnot voraus.

Wir baten sie inständig, zu schweigen.

Aber sie hörten nicht auf uns. Sie ergriffen das Wort und prophezeiten der ganzen Welt das Ende ihrer Getreidevorräte!

Diese Männer waren überaus töricht, mögen ihre Worte auch wahr gewesen sein. Denn Claudius hatte vor zwei Dingen furchtbare Angst. Zum einen hasste er Magie, Wahrsagerei und Astrologie. Er fürchtete Prophezeiungen und Propheten! Ihm graute vor allen geheimnisvollen Mitteln, mit denen seine Feinde versuchen könnten, seine Macht zu untergraben oder ihn zu töten.

Das war kein Geheimnis. Wir wussten es. Jeder wusste es. So erzählte etwa im Jahr der *ludi saeculares* ein Bürger namens Petra von einem Traum, in dem er gesehen hatte, wie Silbermünzen zu Staub zerfielen. Petra war weder ein Sklave noch ein Fremder noch ein Magier. Er war ein einfacher römischer Bürger. Aber das Volk hielt seinen Traum für die Prophezeiung eines Verfalls des Geldwerts im römischen Reich, und als der arme Petra nicht zu leugnen bereit war, diesen Traum jemals geträumt zu haben, ließ der Kaiser seinen Kopf abschlagen.

»Haltet den Mund und verhaltet euch ruhig!«, sagten wir zu den törichten Propheten unter uns. »Seht ihr nicht, wie unberechenbar die Römer sind?«

Zu dieser Zeit hatten es die Römer als unheilvolles Omen angesehen, dass Vögel weit oben auf den Hügeln zu nisten begonnen hatten und nun scheinbar argwöhnisch auf das Capitol herabblickten. Man fürchtete Erdbeben, durch deren Erschütterungen die Häuser der Stadt zum Einsturz gebracht werden könnten.

Das Zweite, wovor der Kaiser Angst hatte, war fast noch schlimmer als das Erste. Er fürchtete, die Grundfesten seines Reiches könnten zusammenbrechen und ganz Rom könnte sich gegen ihn erheben. Gerade deshalb wäre eine Hungersnot eine unvorstellbare Katastrophe gewesen. Sie hätte einen Kaiser töten können. Und zu der Zeit gab es tatsächlich schon eine gewisse Knappheit an Getreide in der Stadt.

So kam es, dass Claudius, als er eines Morgens auf seinem Richterstuhl im Forum saß, von einer Menge umringt wurde, die etwas zu essen verlangte. Ich geriet selbst in das Gewühl und konnte mich nicht mehr frei bewegen. Der Pöbel war so plötzlich aufgetaucht und trat so kämpferisch auf, dass Claudius in eine Ecke gedrängt wurde, bevor seine Wachen eingreifen und ihn retten konnten. Der arme Claudius! Was für eine schlechte Figur er machte! Er war hoch gewachsen, mit dünnen Armen und Beinen, die ständig zitterten; sein Kopf zuckte nervös und seine Hände waren immer in unruhiger Bewegung. Zudem war die Zunge dieses Mannes viel zu groß für seinen Mund, was seine Aussprache schwerfällig machte. Er hatte einfach keine Würde. Er war nicht in der Lage, einen Haufen von Rüpeln in Schach zu halten. Sie versetzten ihn in aller Öffentlichkeit in Angst und Schrecken. Dafür wird er sie gehasst haben.

Was konnten wir Juden in unserer Lage also erwarten? Unsere Religion musste sich ja schon den Spott der römischen Gelehrten und Schriftsteller gefallen lassen. Seneca, der berühmte Philosoph, nannte sie *superstitio*, Aberglaube. Und nun hatte das Gezänk innerhalb unserer Gemeinschaft die Machthaber der Stadt aufhorchen lassen, und das Gerede über eine Hungersnot hatte das Blut des Kaisers in Wallung gebracht. Nein, überrascht war ich wirklich nicht. Nur traurig über unseren bevorstehenden Abschied.

Im achten Jahr seiner Regentschaft ließ Claudius ein Edikt verkünden, mit dem er die Aufsässigsten unter den Juden aus Rom verbannte, und das waren für ihn die Anhänger des »Chrestus«. Er meinte natürlich die Nachfolger Christi. Er meinte den Messias, den Gekreuzigten, Jesus von Nazareth.

Aquila und ich folgten diesem Christus nach.

Es ist also offenkundig, dass wir überhaupt nicht wichtig waren. Wir waren weder laut noch feindselig oder kämpferisch, und wir waren, soweit wir es beurteilen konnten, auch nicht aufsässig. Aber etwas, woran wir glaubten, verlieh uns einen festen Willen, und so fanden wir uns damit ab, die Stadt verlassen zu müssen.

Nach dem Willen meines Vaters sollten wir bei ihm bleiben.

»Und im Verborgenen leben müssen?«, fragte ich.

»Euer Platz ist hier bei uns«, sagte er.

»Wir können unseren Herrn, den Messias, nicht verleugnen«, entgegnete ich. »Wir haben keine andere Wahl.«

»Welcher Messias spaltet Familien? Welcher Messias wiegelt eine Tochter gegen ihren Vater auf?«

»Nicht der Messias, Vater«, sagte ich. »Es ist der Kaiser, der dies tut.«

Er küsste mich nicht. Er sprach auch kein weiteres Wort. Er wandte sich ab und ging hinaus. Auch meine Mutter ließ er stehen. Der Weg meines Vaters und der unsrige trennten sich nun für immer.

Meine Mutter stand hilflos zwischen uns beiden, allein und den Tränen nahe.

»Mutter, komm mit uns«, bat ich sie inständig und nahm ihre Hand in meine Hände.

Sie zitterte, als ich sie berührte. Dann sank sie auf die Knie, verbarg ihr Gesicht und weinte. Auf meine Bitte gab sie mir nie eine Antwort.

Aquila und ich verließen Rom allein. Wir folgten der Via Appia in östlicher Richtung und erreichten in Brindisi eines der letzten Schiffe, das noch auslief, bevor die

Winterstürme die Seewege unpassierbar machten. Bei eiskaltem Wetter kamen wir in Korinth an. In einem Haus auf einem der sanft ansteigenden Hügel im Süden der Stadt fanden wir zwei Zimmer zur Miete. Wir zahlten die notwendigen Steuern an den Verwalter der öffentlichen Märkte, damit wir unser Gewerbe ausüben durften. Und obwohl wir Rom sehr vermissten und immer wieder an unsere Freunde denken mussten, die dort weiter großer Gefahr ausgesetzt waren, richteten wir uns hier ein.

Ou thelomen de hymas agnoein, adelphoi, peri ton koimomenon …

Es war das Wort *koimomenon*, das mich verstehen ließ. Nun hörte ich zu. Ich eilte die steinernen Stufen hinunter. Ich wollte die Bedeutung der Worte begreifen, verstehen, was die Stimme zu sagen hatte.

Der Wind frischte auf, als ich weiter hinunterging. Am Himmel kämpften Sonnenstrahlen und dunkle Wolken um die Vorherrschaft. Ich sah, wie auf dem Marktplatz Staub aufgewirbelt wurde. Die Kleider der Menschen blähten sich auf und begannen, an den Körpern ihrer Träger zu flattern. Die Menge zerstreute sich langsam. Die Handwerker ließen ihre Hämmer ruhen und richteten ihre Blicke himmelwärts.

Koimomenon. Das bedeutet »die eingeschlafen sind«. Aber durch den Tonfall der Stimme klang es mehr wie »die entschlafen sind«.

Die Stimme sagte: »Wir wollen euch aber nicht im Ungewissen lassen über die, die entschlafen sind …«

Ich stand mitten auf dem geschäftigen Marktplatz, wandte meinen Kopf nach rechts und nach links und versuchte, den Ursprung der Stimme auszumachen.

Dort hinten, bei den Marktständen am nördlichen

Ende des Platzes. Ja dort, unter dem Säulengang westlich der Stände. Heftig gegen das Wetter ankämpfend machte ich mich auf den Weg in diese Richtung.

Dicke Regentropfen sprengten Löcher in den staubigen Boden. Dann traf mich eine Windböe und schlug mir den heftiger werdenden Regen mit solcher Wucht ins Gesicht, dass ich einen brennenden Schmerz auf der Haut verspürte. Die Leute fingen an zu laufen und suchten nach einem Unterstand. Innerhalb kürzester Zeit war meine Tunika so durchweicht, dass sie an den Beinen klebte. Die Kinder kreischten, teils aus Angst, teils vor naiver Begeisterung. Und dennoch hörte ich weiter die Stimme, wie eine Grille, die sich einem ins Ohr gesetzt hat: »… damit ihr nicht traurig seid, wie die andern, die keine Hoffnung haben.«

Damit ihr nicht traurig seid.

Der Säulengang war voller Menschen. Selbst für eine zierliche Frau wie mich gab es kaum noch eine Lücke, in die sie sich hätte zwängen können.

Ein wütender Schrei ließ mich zurückweichen. »Stinkender, lausiger Bettler!« Man hörte das dumpfe Geräusch von Holz, das auf menschlichen Knochen trifft. Während die Stimme in meinem Ohr unmittelbar verstummte, machte sich in der Menge lautstarke Empörung breit: »Was ist in dich gefahren, Apelles?«

»Er versperrt mir den Eingang!«

»Es regnet! Niemand geht mehr seinem Geschäft nach.«

»Verfluchter Bettler! Dreckiger Jude!«

Ein zweiter Schlag war zu hören, dann brüllte die Masse: »Hinaus! Hinaus, Apelles! Wirf diese Natter hinaus!«

Genau dort, wo ich stand, teilte sich die Menge, und ein Mann taumelte hervor, fiel mit dem Gesicht zuerst auf den durchweichten Boden und hinterließ dort eine lange schmierige Spur. Fluchend stand er auf und rannte über den Platz nach Süden davon. Ich nutzte die in der Menschenmenge entstandene Lücke, um mich zu den anderen zu stellen – und als nun die Stimme erneut zu sprechen begann, war sie etwas ganz Nahes und Wirkliches.

Ein Mann sagte: »›Wie die anderen, die keine Hoffnung haben.‹ Hast du das verstanden?«

Ein anderer Mann antwortete: »Ja.«

Der erste Mann fuhr fort: »Denn wenn wir glauben, dass Jesus gestorben und auferstanden ist, so wird Gott auch die, die entschlafen sind, durch Jesus mit ihm einherführen ...«

Mir war, als träfe mich etwas mitten im Herzen. Doch der da sprach, hatte nicht gerade ein sonderlich gewinnendes Äußeres. Er war ein klein gewachsener Mann, der im Schneidersitz auf dem Steinboden des Säulenganges saß. Er hatte Lederarbeiten vor sich ausgebreitet, sich Werkzeug und Rohstoff zurechtgelegt, und sein Kopf, der mir übergroß erschien, war über seine Hände gebeugt, als ob er zu schwer wäre, um von den Muskeln in seinem Nacken aufrecht gehalten zu werden. Man konnte sehen, dass er am Haaransatz an zwei Stellen geblutet hatte. Während er sprach, bewegte er seine Finger mit großem Geschick. »Denn das sagen wir euch mit einem Wort des Herrn«, sagte er, während seine verblüffend geübten Finger eine Kappnaht fertigten, durch die zwei Lederstücke mit einem festen, wasserdichten Saum verbunden wurden.

Er sagte: »... mit einem Wort des Herrn, dass wir, die wir leben und übrig bleiben bis zur Ankunft des Herrn, denen nicht zuvorkommen werden, die entschlafen sind.«

Jetzt sah ich auch, dass der andere Mann – ein viel jüngerer Mann mit längeren blonden Haaren, der dem älteren gegenüber saß und genau wie dieser die Beine ineinander verschränkt hatte – mit großem Eifer dabei war, in einer Art Kurzschrift auf Papyrus zu schreiben. Die Worte waren also nicht verloren. Ich musste mir die Sätze nicht merken, denn man würde sie noch einmal lesen können. Mein Herz raste.

Denn es waren die Worte, die mir den Atem verschlugen; nicht der hagere Mann, sondern die Stimme, die Stimme selbst.

Der regnerische Tag, die durchnässten Korinther um mich herum, die Arbeit, die ich hätte erledigen sollen, der Wunsch, bei Aquila zu sein – alles das verblasste in meinem Bewusstsein bis zur Unkenntlichkeit. Da war nur noch dieser unscheinbare Mann. Da waren nur noch seine Worte; Worte, welche die Leichtigkeit von Vögeln besaßen, die sich in den weiten Himmel aufschwingen. Da war nur noch dies: »Denn er selbst, der Herr, wird, wenn der Befehl ertönt, wenn die Stimme des Erzengels und die Posaune Gottes erschallen, herabkommen vom Himmel.« Genau das sagte er, während seine Finger nähten, und als ich mir ausmalte, was er da voraussagte, schwankten meine Gefühle zwischen Freude und Trauer, zwischen Glaube und Furcht. Denn der Name Jesus war mir so vertraut, so ans Herz gewachsen, und der Gedanke an seine Wiederkunft rief ein Wohlgefühl in mir hervor, berührte mich im Innersten und erfüllte mich mit der frohen Hoffnung, dass bald alles gut werden würde. – Aber was wäre mit meiner Mutter? Wo würde sie dann sein? Würde sie die Stimme und die Posaune hören können, und was hätte sie bis dahin erdulden müssen? »Und zuerst werden die Toten, die in Christus gestorben sind, auferstehen«, sagte der Mann mit dem übergroßen Kopf, und ich sank halb auf die Knie, als er fortfuhr: »Danach werden wir, die wir leben und übrig bleiben, zugleich mit ihnen entrückt werden auf den Wolken in die Luft, dem Herrn entgegen; und so werden wir bei dem Herrn sein für immer. So tröstet euch mit diesen Worten untereinander ...«

»Unheil stiftender kleiner Jude! Willst du sitzen bleiben, wenn deine Herren vor dir stehen?«

Plötzlich nahm ich den Tag und den Regen wieder wahr. Mit einem Ruck stellte ich mich gerade hin. Auch der junge Schreiber sprang auf und stieß dabei sein Tintenfass um, während der Ältere lediglich aufblickte, um den neu Hinzugekommenen, der da seine Stimme erhoben hatte, zu mustern.

Alle waren einen Schritt zurückgetreten, um ihm Platz zu machen. Er war ein Amtsträger, dem sein Amt eine beeindruckende Erscheinung verlieh. Hinter ihm stand Apelles, der Schuster, tropfnass und zornesrot, und sagte immer wieder: »Spring auf, Jude! Spring auf für Erastus!« Hinter Apelles standen vier Soldaten, deren offen getragene Waffen die Macht des Amtsträgers für jeden anschaulich werden ließen.

Erastus, hellrot gekleidet und stolz posierend, der Verwalter der öffentlichen Märkte von Korinth, an den Aquila und ich vor einem halben Jahr unsere Steuern bezahlt hatten, jener Erastus sagte: »Offenbar ist dir meine Stellung nicht bekannt. Oder dir ist unbekannt, in welcher Stellung du selbst dich befindest.«

»Nun«, sagte der klein gewachsene Mann mit einem milden Lächeln, »man sollte meinen, meine Stellung sei offensichtlich.« Er deutete auf seine verschränkten Beine. Es war ein Scherz.

Das Lächeln ließ sein Gesicht nicht vorteilhafter wirken: die Augenbrauen buschig, dunkel und zusammengewachsen, die Nase schmal und gekrümmt, die Augen in dem übergroßen Kopf rot unterlaufen, dazu ein wacher Mund mit feuchten Lippen. Am Haaransatz sah man verkrustetes Blut und eine längliche Narbe – ein Lächeln ließ ihn verschlagen aussehen.

Der Scherz trug nicht dazu bei, die Laune des Marktverwalters zu verbessern.

»Hör zu«, sagte Erastus, »Apelles, der Schuster, hat gegen dich eine Beschwerde vorgebracht. Ich kann dich vom Handel auf diesem Markt ausschließen, zumal du es versäumt hast, dich bei meiner Behörde registrieren zu lassen.«

»Registrieren? Wofür?«

»Für das Recht, hier weiterhin Handel treiben zu dürfen«, sagte Erastus.

»Nun, offen gestanden treibe ich hier keineswegs Handel«, sagte der hagere Mann, dessen Stimme langsam eine gewisse Gereiztheit erahnen ließ.

Mit einer hastigen Bewegung, die dem beleibten Verwalter nicht ohne weiteres zuzutrauen war, griff Erastus nach dem Leder, hob es vom Boden auf und riss die Naht auseinander. »Handelst du etwa nicht hiermit?«, fragte er wütend.

Der andere Mann erhob sich. »Nein, das wird ein Geschenk. Ich mache ein Zelt für meinen Freund hier, für seine Reisen.«

Erastus wandte sich dem jungen Mann zu. »Wie ist dein Name?«

»Timotheus.«

»Timotheus, der Schreiber«, stellte Erastus fest. »Was dir dieser Mann diktiert, schreibst du auf?«

»Ja.«

»Und was lässt deine Handwerkskunst aus seinen Worten entstehen?«

»Einen Brief.«

»Aha. Und wer wird diesen Brief seinem Adressaten überbringen?«

»Das werde ich selbst tun.«

»Du selbst? Aber ja, natürlich du selbst, denn du bist ein guter und fleißiger Arbeiter. Wohin also wirst du gehen, Timotheus? Und wie viele Tage wird es dich kosten? Wie viele Nächte wirst du schlafen müssen?«

»Vierzehn Nächte. Ich gehe nach Thessalonich.«

»Vierzehn Nächte unter freiem Himmel?«

»Nein.«

»Wo also dann? In welcher Behausung, Schreiber Timotheus?«

»In einem Zelt.«

»Hört, hört! Und wer hat das Zelt gemacht?«

»Er. Paulus.«

»Und wer hat dir das Zelt gegeben, Timotheus?«

»Paulus.«

»Nun hört gut zu«, sagte Erastus, und hob seine Stimme, damit alle Umherstehenden ihn hören konnten. »Ein Schreiber erledigt für einen Zeltmacher zwei Dinge: Er fertigt ein Schriftstück an und nimmt sich fast vier Wochen Zeit, um diesen Brief in Thessalonich laut verlesen zu können. Im Gegenzug gibt ihm der Zeltmacher ein Zelt. Wie nennt ihr so etwas?«

»Einen Tausch«, rief Apelles.

»Und was ist ein Tausch?«, schrie Erastus, sein Kopf rot wie ein Granatapfel.

»Ein Handel! Ein Handel!«

Die Meinung der Menge war ganz offensichtlich nicht auf der Seite dieser beiden, die Paulus und Timotheus hießen.

Erastus streckte dem älteren der beiden Männer seine fleischige Hand entgegen, die Handfläche nach oben gewandt. »Zahle die Marktsteuer jetzt freiwillig«, forderte er, »oder meine Soldaten werden sie aus dem Leder deines Gesäßes schneiden.« Alles verstummte. Der Regen lief in Rinnsalen vom Dach des Säulengangs herab und plätscherte in die Pfützen auf dem durchweichten Boden. Der Mann, dessen Name Paulus war, stand wortlos da, lächelte und wiegte sich auf seinen dürren Beinen leicht hin und her. Offensichtlich beabsichtigte er, überhaupt nichts zu tun, weder zu bezahlen noch sich zu verteidigen.

Apelles, der Schuster, zischte: »Schlag ihn, schlag ihn!«

Der Verwalter der Märkte zuckte die Achseln. Er erhob die leer gebliebene Hand und gab den hinter ihm wartenden Soldaten ein Zeichen.

Doch dann mischte ich mich ein. Ich, Priska, tat etwas. Vielleicht war es aber auch der Herr, der durch mich etwas tat, denn ich wusste eigentlich überhaupt nicht, was ich tun sollte.

Ich stürmte auf Erastus zu, ergriff seine plumpe Hand und rief: »Aber seine Steuern sind längst bezahlt! Ich selbst habe sie gezahlt.«

Erastus legte seine andere Hand um mein Handgelenk und drückte mit Daumen und Zeigefinger fest zu. Ich musste loslassen.

»Wer bist du?«, fragte er herablassend.

»Priska«, sagte ich. »Die Frau des Aquila. Wir sind Zeltmacher aus Rom. Gewiss erinnert ihr euch.«

»Ich erinnere mich«, sagte er, »dass ihr Steuern für *ein* Geschäft bezahlt habt, nicht für zwei.«

»Ja, das stimmt. Und dieser Mann ist gerade erst nach Korinth gekommen, um für uns zu arbeiten. *Ein* Geschäft, seht ihr. Unsere Steuern sind seine Steuern, weil er zu uns gehört.«

Und so werden wir bei dem Herrn sein allezeit. So tröstet euch mit diesen Worten untereinander.

HIER
BEGINNT DIE GESCHICHTE
DES APOSTELS PAULUS

Teil 1

DAMASKUS

JAKOBUS

2

Ich möchte mit einem Eingeständnis beginnen: Ich mochte Stephanus nicht. Andere schätzten ihn durchaus. Andere haben ihm vermeintliche Verdienste angerechnet. Ich konnte das nicht.

Kephas und die Zwölf hatten es wirklich sehr geschickt eingefädelt, dass dieser Haufen hellenischer Juden mit Vollmacht vor uns auftreten und freimütig sprechen konnte. Damit war ich nicht einverstanden.

Es lag nicht daran, dass sie Jesus nicht mehr erlebt hatten, obwohl das natürlich so war. Es lag auch nicht daran, dass sie erst vor kurzem nach Jerusalem gekommen waren, kein Wort Hebräisch verstanden und immerzu auf Griechisch daherredeten. Und es lag auch ganz gewiss nicht daran, dass ich in irgendeiner Weise gegen sie voreingenommen gewesen wäre. Ich war vielmehr deshalb nicht einverstanden, weil sich diese Männer weder Mose noch Aaron verpflichtet fühlten. Das Gesetz und der Tempel bedeuteten ihnen nichts. Schlimmer noch, sie wurden zu erklärten Feinden der Tora und des Allerheiligsten. Über Jesus wussten diese Griechen anscheinend nur, dass er leere Rituale aufs Schärfste verurteilt hatte. In der Tat hatte Jesus für ein selbstherrliches Priestertum nur Verachtung übrig gehabt.

Dasselbe ließe sich von Jeremia behaupten. Aber wir sollten in so grundlegenden Fragen ganz genau sein: Jesus und Jeremia wandten sich gegen den Missbrauch des Tempels und gegen die Lasterhaftigkeit der Männer, die berufen waren ihm zu dienen.

Stephanus und seine Gleichgesinnten hingegen gaben den Vorwürfen unseres Herrn eine ganz neue Stoßrichtung und ließen sie gegen den Tempel selbst gerichtet erscheinen, gegen die überlieferten Vorschriften, gegen die Weisheit Gottes an sich. Sie machten sich keinen Augenblick lang bewusst, was das für Folgen haben würde!

Aber es war ja die Anfangszeit, in der die ganze Gemeinde einer geradezu verzückten Aufgeregtheit verfallen war, beglückt und rastlos und immerzu staunend. Es war nicht die Stunde der Besonnenen. Niemand dachte an die Folgen. Denn auf die Berührung eines Apostels hin leuchtete der Geist in blendender Helligkeit auf, und Menschen standen auf und gingen umher, die noch nie in ihrem Leben hatten laufen können. Und der Geist konnte der Stimme des Kephas plötzlich ein Donnergrollen verleihen, sodass die Lügner in seiner Gegenwart der Schlag traf. Das Ende der Welt schien so nahe wie die Gewitterwolken, die vom Meer heraufziehen – so redeten wir und so fühlten wir, denn man erzählte sich, die Toten kämen bereits aus ihren Gräbern hervor. Selbst aus den Mündern der Ungebildeten hörte man Hymnen. In jenen Tagen wurden Entscheidungen aus der Begeisterung des Augenblicks und nicht mit ruhiger rabbinischer Klugheit getroffen. Und Stephanus, dieser Grieche, bewirkte tatsächlich Erstaunliches. Die hebräischen Gläubigen waren froh darüber, zeigte es doch, dass Jerusalem, das seit jeher Mittelpunkt des Geschehens gewesen war, seine verlorenen Kinder, die auf der ganzen Welt verstreut lebenden Juden, zu sich zurückholte, damit sie dem Herrn bei seiner Wiederkunft in Herrlichkeit begegnen konnten.

So legten die Zwölf den Sieben die Hände auf. Ich war nicht einverstanden, aber es nützte nichts. Als wir

Stephanus und weitere sechs Männer bei uns aufnahmen, war mir, als hätten wir eine Natter an unsere Brust gedrückt, eine unberechenbare, schamlose und gefährliche Schlange.

3

Ein Jude, der das Judentum in der Abgeschiedenheit seiner eigenen Seele bekämpft, ist zwar ein Apostat, aber immerhin nur sich selbst ein Ärgernis. Wegen seines Schweigens ist er geduldet, selbst in der Heiligen Stadt, denn seine Sünde bleibt im Verborgenen.

Aber ein Jude, der seinen Kampf gegen das Judentum predigt und seine Meinung anderen aufnötigt, ist ein öffentliches Ärgernis und ein Gräuel. Und je feinsinniger, je wirkmächtiger seine Gedanken und seine Rede sind, desto größer ist die Gefahr, die von ihm ausgeht! Jeder, der das Volk Gottes zu spalten versucht, tut Böses im Angesicht des Herrn und verletzt seinen Bund mit ihm.

Erlaubt mir, aus der Tora zu zitieren, aus dem fünften Buch, denn es war die Tora, welche die Amtsträger streng zu befolgen sich bemühten, als sie Stephanus hinrichten ließen.

Hört genau zu: *Wenn bei dir jemand gefunden wird, Mann oder Frau, der da tut, was dem Herrn, deinem Gott, missfällt, dass er seinen Bund übertritt und hingeht und dient andern Göttern und betet sie an, es sei Sonne oder Mond oder das ganze Heer des Himmels, was ich nicht geboten habe, und es wird dir angezeigt und du hörst es, so sollst du gründlich danach forschen. Und wenn du findest, dass es gewiss wahr ist, dass solch ein Gräuel in Israel geschehen ist ...*

Lasst mich hier kurz unterbrechen und gestattet mir, die Bedingungen genau aufzuzählen, die erfüllt sein müssen, damit die Furcht erregende Strafe folgen darf.

Wer Gott liebt, liebt sein Gesetz. Wer das Gesetz liebt, ist an das Gesetz gebunden. Das Leben selbst besteht in Gehorsam; Ungehorsam bedeutet den Tod. Und das Gesetz, das die Liebe des unsichtbaren Gottes ist, die der ganzen Welt gilt, nimmt in den Taten eines gehorsamen Volkes selbst Gestalt an und wird dadurch offenbar.

Hier, in dem Abschnitt der Tora, den ich für euch zitiert habe, nennt das Gesetz fünf klare Bedingungen, unter denen alle, die sich zu einem gehorsamen Volk zählen wollen, zu unerbittlichem Handeln gezwungen sind.

Erstens: Das Böse, »solch ein Gräuel«, besteht darin, dass Menschen Gott, dem Herrn, welcher sich auf Erden durch seinen Bundesschluss mit Israel offenbart hat und die Tora zum Inbegriff seiner Gnade werden ließ, die Verehrung einer anderen Sache oder irgendeinen anderen Bund vorziehen.

Zweitens: Das Böse wird bei dir »gefunden«. Das bedeutet, es wird jemandem innerhalb der Gemeinschaft bekannt, sei es ein naher Verwandter oder ein wachsamer Nachbar. Und das Böse wird »bei dir« gefunden. Das bedeutet, der Übeltäter ist einer von euch, ein Angehöriger des Volkes, mit dem Gott seinen Bund geschlossen hat.

Drittens: Das Böse »wird dir angezeigt und du hörst es«. An diesem Punkt, wenn die Führer auf das Böse aufmerksam gemacht worden sind, gibt es kein Zurück mehr. Wissen lässt dem Frommen keine Wahl. Die ursprüngliche Entdeckung des Bösen durch ein Mitglied der Gemeinschaft mag zufällig geschehen sein, die darauf folgende Mitteilung jedoch erfolgt bewusst und absichtlich. In ihr muss der Wille des Volkes, des Herrn und der Wille der Führer in eins fallen. Die anschließenden Schritte müssen um des Lebens und der Gesundheit des Volkes willen mit zwingender Notwendigkeit folgen.

Viertens (und dies ist der erste bewusste Schritt zur Wiederherstellung der Reinheit des Volkes): Die Verantwortlichen müssen »gründlich danach forschen«, was tatsächlich vorgefallen ist, und die Art der Sünde ermitteln, das heißt, feststellen, ob es sich um Apostasie, Götzenverehrung oder vielleicht um den Fall eines falschen Zeugnisses innerhalb der Gemeinschaft handelt. Die Untersuchung muss sich dabei, wie die Tora sagt, »auf zweier oder dreier Zeugen Mund« stützen können, denn »auf nur *eines* Zeugen Mund soll er nicht sterben«.

Fünftens (und dies ist eine eigene und in sich abgeschlossene Handlung): Die Führer müssen untereinander Einvernehmen herstellen und dann öffentlich verkünden, »dass es gewiss wahr ist, dass solch ein Gräuel in Israel geschehen ist«.

Was folgt nun? Welche Handlung muss notwendigerweise folgen, wenn diese fünf Bedingungen erfüllt sind?

Wenden wir uns wiederum der Tora zu: *So sollst du den Mann oder die Frau, die eine solche Übeltat begangen haben, hinausführen zu deinem Tor und sollst sie zu Tode steinigen. Die Hand der Zeugen soll die erste sein, ihn zu töten, und danach die Hand des ganzen Volks, dass du das Böse aus deiner Mitte wegtust.*

Sind eure Mägen unempfindlich genug, damit ihr bei diesem Ereignis zusehen könnt? Ich will es euch so beschreiben, wie meine Lehrer es mir beschrieben haben, denn es ist nicht die Tora, sondern die Überlieferung, in der das Geschehen festgehalten ist.

Der Beschuldigte wird gefesselt und außerhalb der Stadtmauer auf einem Hügel zu einem steilen Abhang geführt, der doppelt so tief sein muss, wie der Sünder groß ist.

Der Zeuge, dessen Aussage den Übeltäter überführt hat, sei es ein naher Verwandter oder ein wachsamer Nachbar, tritt nun nach vorn und stößt den Beschuldigten den Abhang hinunter. Er muss auf dem Rücken auftreffen.

Wenn er durch den Sturz zu Tode kommt, ist die Hinrichtung vollzogen.

Wenn er aber immer noch lebt, nimmt nun ein zweiter Zeuge einen schweren Stein, stellt sich damit an den Abhang und wirft den Stein auf die Brust des Beschuldigten, genau dorthin, wo sich sein Herz befindet. Er soll die Rippen durchbrechen und das Herz zermalmen, sodass der Mann oder die Frau stirbt. Wenn dies eintritt, ist die Hinrichtung vollzogen.

Wenn der Übeltäter aber auch den Wurf dieses schweren Steines überlebt, soll das ganze Volk Steine aufsammeln und sie auf den Beschuldigten werfen, bis er wirklich tot ist.

Das ist unsere Überlieferung. Das ist das Gesetz, schrecklich und heilig gleichermaßen.

4

Was mag wohl in ihm vorgegangen sein? Wenn der Mann vielleicht nicht geradewegs in den Vorhof des Tempels gegangen wäre, um den Tempel zu verdammen, nicht gerade dort aufgetreten wäre, mit seiner griechischen Kleidung und der Sprache der Griechen in seinem Mund, dann hätte er hoffentlich mehr Zeit gehabt, die Folgen zu bedenken. Aber nein, er suchte ja gerade die Öffentlichkeit. Er war kühn; er vertraute auf seine Redekunst; und er legte es darauf an, dass seine Beschuldigungen den Beschuldigten zu Ohren kamen.

Im Handumdrehen erreichte er, was er wollte. Eine Menge lief zusammen, um mit ihm ein Streitgespräch zu führen, Juden, die wie er selbst aus der Diaspora stammten, aus Alexandrien, Kyrene und Kleinasien. Unter ihnen war auch ein beachtenswerter junger Mann aus Zilizien.

Stephanus hatte sich neben eine Säule gestellt und die Umherstehenden gefragt: »Wo wohnt Gott?«

Einige Männer deuteten auf den Tempel, der an diesem Sommertag im hellen Licht der Mittagssonne erstrahlte. »Dort«, sagten sie. »In schrecklicher Dunkelheit«, sagten sie, »und mitten unter seinem Volk. Dort.«

Der hochmütige Stephanus nickte. »Woher wisst ihr das?«, fragte er.

»Wir haben die Schrift«, antworteten sie. »Die Schrift sagt, dass Gott mitten unter seinem Volk war, wo auch immer die Bundeslade aufgestellt wurde, selbst in den Zeiten der Wanderschaft.«

»Die Bundeslade ist nicht der Tempel.«

»Beide sind Ausdruck von Gottes Bund. Mit David hat Gott seinen Bund erneuert, und dann noch einmal mit Salomo, dem Erbauer des Tempels.«

»Und woher wisst ihr das?«

»Die Schrift ist unsere Zeugin.«

»Gewiss, gewiss«, sagte Stephanus und fuhr mit den Knöcheln seiner Finger über den glatten Stein einer Säule. »Wenn es eine Wahrheit gibt, muss die Schrift sie bezeugen. Aber die Schrift lässt sich umdeuten.«

Jetzt sprach der junge Mann aus Zilizien, obwohl er nicht einmal aufgestanden war. Er kauerte auf dem Boden wie ein Nomade, das Kinn auf die Knie gestützt. »Nichts lässt sich umdeuten«, sagte er, »wenn das Zeugnis und die Wahrheit sich vereint haben und seit Generationen als eine Einheit gelehrt werden. In unserer Rede sprechen Abraham und alle nachfolgenden Generationen von der Beschneidung bis zu den Lämmern, die am Passahfest hier geopfert werden. Genau hier, auf dem Altar des Tempels. Willst du sämtliche Überlieferungen leugnen?«

Stephanus blickte mit einem spöttischen Lächeln zu ihm herab. »Aber nein, ich gewiss nicht. Aber Gott, der unsere Überlieferung verbürgt, sagt durch den Propheten: *Gedenkt nicht an das Frühere und achtet nicht auf das Vorige! Denn siehe, ich will ein Neues schaffen, jetzt wächst es auf, erkennt ihr es denn nicht?*«

Der junge Mann aus Zilizien antwortete mit einem Achselzucken. »Sowohl dein ›Neues‹ als auch dein Prophet waren schon sehr alt, als vor vierhundert Jahren Esra geboren wurde, um dem Gesetz Geltung zu verschaffen. Das Alte wird dich und Deinesgleichen immer verwirren. Uns aber bestätigt es in unserer Rede und unserem Tun. Höre, was geschrieben steht«, sagte der junge Mann, und ich muss gestehen, dass ich mich nach vorn beugte, um ihn besser verstehen zu können. Er sprach wie einer, der sich seiner Sache vollkommen sicher ist.

»Höre zu«, sagte er. »Als vor tausend Jahren der Tempel des Salomo geweiht wurde, waren seine Räume von einem so dichten Rauch erfüllt, dass die Priester beinahe erstickt wären. Diese Wolke war die Herrlichkeit des Herrn! Und Salomo selbst sagte: *Die Sonne hat der Herr an den Himmel gestellt; er hat aber gesagt, er wolle im Dunkel wohnen.* Und Salomo sprach: *So habe ich nun ein Haus gebaut dir zur Wohnung, eine Stätte, dass du ewiglich da wohnest.«*

Das war eine treffende Antwort, einwandfrei zitiert. Mir gefiel der junge Mann, dem die Worte der Schrift so mühelos zur Verfügung standen.

Immer noch lächelnd fuhr sich Stephanus mit der Hand über sein glatt rasiertes Kinn. »Und was heißt das? Wollt ihr Gott auf einen Ort festlegen?«, fragte er. »Und wenn ja, warum muss es dann gerade dieser sein? Warum nicht das Land zwischen den Flüssen, in dem Abraham zum ersten Mal Gott begegnet ist? Warum nicht Ägypten, wo Gott Josef heranwachsen ließ? Zu weit weg? Wie steht es dann mit dem Sinai, wo Gott von Angesicht zu Angesicht mit Mose gesprochen hat?«

Stephanus war nun geradezu euphorisch. Seine Augen funkelten, als er zum nächsten Schlag ausholte. »Was das Haus des Salomo betrifft, hat nicht Gott, der Allerhöchste, selbst gesagt: *Der Himmel ist mein Thron und die Erde der Schemel meiner Füße! Was ist denn das für ein Haus, das ihr mir bauen könntet, oder welches ist die Stätte, da ich ruhen sollte? Meine Hand hat alles gemacht, was da ist.*«

Der Zilizier rührte sich nicht, aber die anderen Teilnehmer des Streitgesprächs gerieten in heftige Wut. »Dummkopf! Du Narr!«, schrien sie Stephanus an. »So verdreht man den Sinn der Schrift! Dem Gott des Himmels und der Erde steht es frei zu wohnen, wo immer er möchte – und er hat dieses Haus gewählt.«

»Er hat es einst gewählt. Und jetzt entscheidet er sich anders«, erwiderte Stephanus. »*Schaffet Recht und Gerechtigkeit,* hat der Herr gesagt, *und tut niemand Gewalt an und vergeßt nicht unschuldiges Blut an dieser Stätte. Werdet ihr aber diesen Worten nicht gehorchen, so habe ich bei mir selbst geschworen: dies Haus soll zerstört werden.*«

»Was?«, rief die Menge. »Gott soll den Tempel verlassen haben und ihn zerstören wollen?«

Stephanus warf mir einen flüchtigen Blick zu und sagte: »Auch mein guter Freund Jakobus wird bezeugen können, dass ihr unschuldiges Blut vergossen habt.«

Als sein Blick mich unvermittelt traf und ich seine Worte hörte, war ich beschämt. Ich fand die Geste widerwärtig. Ich verabscheute es, von ihm vereinnahmt zu werden. Fast hätte ich mich umgedreht und wäre weggegangen – aber niemand nahm Notiz von mir.

Alle starrten auf Stephanus und riefen: »Wie kannst du es wagen zu behaupten, der Tempel sei leer und solle zerstört werden?«

»Ich sagte, er soll zerstört werden. Also hat Gott ihn verlassen. Deshalb ist er leer. Es sei denn ...« Der Mund des Stephanus verzog sich wieder zu einem Lächeln. »Es sei denn, er ist eine Räuberhöhle. Dann ist er überfüllt. Von Dieben.«

Aus der Menge hörte man einen entsetzten Aufschrei. »Erst beschimpft er das Haus Gottes, und dann beschimpft er die Priester des Herrn!«

»Nein, nein, ihr versteht mich falsch«, rief Stephanus und hob die Hände in die Höhe. »Ich will niemanden beschimpfen. Außer euch.«

»Uns? *Uns?*«

»Euch und alle, die sich hinter diesem hohlen Lippenbekenntnis verstecken: *Der Tempel des Herrn, der Tempel des Herrn, der Tempel des Herrn!*«

»Schlagt ihm die Zähne aus!«, riefen sie. »Schneidet ihm die Zunge heraus!«

»Aber es sind doch nicht meine Worte«, rief Stephanus. »Es sind die Worte Jeremias.«

Einige der Männer spuckten auf den Boden und ballten die Hände zu Fäusten.

Diese Aufregung war genau die Gefahr, die ich von Anfang an gesehen hatte. Die Wut konnte anschwellen, außer Kontrolle geraten und die ganze Gemeinschaft der Glaubenden ins Unheil stürzen, nicht nur Stephanus und seine Mitstreiter.

Aber dann verschaffte sich jemand mit einer hohen, näselnden Stimme in dem Durcheinander der anderen Stimmen Gehör. »Für einen Mann, der glaubt, alles sei neu«, sagte die Stimme, »verlässt du dich auf sehr alte Überlieferungen. Uralte, würde ich sagen. Müssen sie dir nicht überholt erscheinen?«

Die Wütenden in der Menge traten ein Schritt zurück, sodass man den jungen Mann aus Zilizien sehen konnte, der immer noch auf dem Boden kauerte und die Hände um seine angewinkelten Beine gelegt hatte. Seine Stimme klang wie ein scharfer Trompetenstoß.

»Warum sollten wir auf dich hören?«, fragte der Zilizier, seinen Blick auf Stephanus gerichtet. »Welche Weisheit erlaubt dir, an unserer Weisheit zu zweifeln, an unserem immer wieder erneuerten Bund, unseren Opfern, unserer gesamten Überlieferung? Wir sind ein von Gott auserwähltes Volk. Wir sind Juden. Und in diesen Dingen bleiben wir immer Juden. Mit welchem Recht beabsichtigst du, die Mauer einzureißen, die uns unter allen Völkern seit Jahrhunderten immer wieder gerettet und am Leben erhalten hat?«

Stephanus holte tief Luft, streckte seine Brust heraus und erklärte: »Ich spreche im Namen und mit der Vollmacht Jesu von Nazareth, des Messias unseres Gottes und meines Herrn. Er ist nun die Mauer, die alle Menschen auf der Welt retten wird.«

Eine Welle der Empörung ergriff die anderen Männer, aber der Zilizier lächelte nur und sagte: »Jesus von

Nazareth ist es also, der unsere Priester zu Dieben macht und unsere heiligen Stätten zerstören will?«

»Nein, gewiss nicht. Er hat diese Missstände ja angeprangert. Und dann wurde er bestätigt, indem man ihn gekreuzigt hat. Er ist das unschuldige Blut, das vergossen wurde. Aber auf dieses Grauen folgt die Hoffnung. Denn er ist auch das Neue, das jetzt erwächst.«

Der Protest wurde noch lauter.

»Ruhig, ruhig«, sagte der Zilizier. »Lasst uns überlegen, was aus deiner Behauptung notwendig folgt. Wenn, wie du sagst, dieser Jesus von Nazareth jetzt die Mauer ist, welche die Menschen auf der Welt rettet – alle Menschen rettet, sagtest du, wenn ich mich recht erinnere –, dann hat das Judentum für die Juden nun keine Bedeutung mehr. Ist das richtig?«

Stephanus hatte es gesagt. Er nahm nichts zurück. Er sagte: »Richtig.«

»Aber wie kann ein so wunderbares Etwas plötzlich zu einem Nichts werden?«, fragte der junge Mann. »Nur der Schöpfer kann seine Schöpfung vernichten. Und um das zu tun, müsste Gott sich selbst verleugnen, was unmöglich ist.«

Ich mochte diesen Zilizier wirklich. Mit seiner selbstsicheren Redegewandtheit hatte er die Gemüter beruhigt und das Streitgespräch gleichzeitig zugespitzt. Die Zwischenrufe waren verstummt. Alle hörten zu. Die Wut war vernünftigen Argumenten gewichen – und was für scharfsinnige Argumente waren das! Ich muss gestehen, dass ich es mehr mit dem Zilizier hielt als mit Stephanus. Zwar glaubte auch ich, genau wie Stephanus, dass Jesus als der Messias Gottes auf die Welt gekommen war, aber anders als Stephanus leugnete ich nicht, dass Jesus vor allem Jude war. Der Messias war ein Jude wie König David. Der Messias war den Juden versprochen worden. Der Messias war zuerst den Juden gesandt und dann, *durch* die Juden, der ganzen Welt. Der Zilizier hatte Recht: Wir müssen unter allen Umständen am Judentum festhalten, auch um der Welt willen!

»Und woher willst du wissen«, fragte der junge Zilizier Stephanus, »dass dein Jesus Macht hat?«

»Durch die Worte und die Prophezeiung der Tora«, antwortete Stephanus. »Aus der Überlieferung, der ihr Gehorsam zollt. Denn Gott, der Herr, selbst sagte zu Mose: *Ich will ihnen einen Propheten, wie du bist, erwecken aus ihren Brüdern und meine Worte in seinen Mund geben; der soll zu ihnen reden alles, was ich ihm gebieten werde.* Dieser Prophet ist Jesus. Er hat seine Macht unmittelbar von Gott. Seine Worte sind das neue Gesetz, welches das Gesetz des Mose ersetzt. Und noch etwas«, sagte Stephanus. »Der Gott, der seine Versprechungen einhält, so wie er dieses Versprechen eingelöst hat, verleugnet sich dadurch nicht selbst. Er zeigt sich in seiner ganzen Herrlichkeit.«

Der Zilizier schloss die Augen und zitierte den Rest des Schriftworts, das Stephanus angeführt hatte: »*Doch wer meine Worte nicht hören wird, die er in meinem Namen redet, von dem will ich sein Leben fordern.*«

Als der junge Mann seine Augen wieder öffnete, blitzten sie vor Wut. Plötzlich sprang er auf, stellte sich vor Stephanus hin und schrie ihm ins Gesicht: »Und genau so hat dein Prophet diese Prophezeiung erfüllt. Er ist gestorben! Er ist einen verfluchten Tod gestorben. Das ist der Beweis, der Beweis, dass er niemals die Worte gesprochen hat, die Gott geboten hat. Und das ist das einzige Versprechen, das Gott im Hinblick auf Jesus von Nazareth gehalten hat. Er hat ihn verflucht, und dann ist er gestorben!«

Stephanus, der größer gewachsen war als der Zilizier, schrie zurück: »Ja, er ist gestorben. Ihr habt ihn ermordet. Aber dann hat der Herr, unser Gott, ihn zu neuem Leben auferweckt!«

»Nein!«, brüllte der Zilizier und klatschte in die Hände, als wollte er wilde Tiere vertreiben. »Nein, Gott hat ihn nicht wieder auferweckt. Hole Zeugen herbei. Hole zehntausend Zeugen herbei, um deine gotteslästerliche Behauptung zu untermauern, und ich werde jeden Einzelnen von ihnen mit meinem einzigen, unfehlbaren Zeugen widerlegen: der heiligen Tora. Denn der Tod, den dein Jesus gestorben ist, war nichts anderes als der Tod eines Verfluchten. Es war ein Tod durch heiligen Zorn, denn es steht geschrieben: *Ein Aufgehängter ist verflucht bei Gott!* Gott hat deinen Jesus verachtet. Gott hat diesen Mann so gehasst, dass er ihm sein Leben unter Fluchen genommen hat, auf dass jeder, der ihn anbetet, aus dem Königreich verbannt sein soll. Wahrlich, kein Haus ist leerer und mehr dem Untergang geweiht als dein eigenes!«

Ich könnte mir gut vorstellen, dass es dieser junge Zilizier war, welcher den dritten der fünf Schritte unternahm, die das Gesetz vorschreibt, um einen Menschen steinigen zu können. Ich vermute, er ging zum Sanhedrin, dem höchsten Rat, und beschuldigte Stephanus, einen anderen Gott als den Herrn zu verehren, ja, einen toten Mann anzubeten.

Der vierte Schritt folgte mit atemberaubender Geschwindigkeit – und das alles keine zwei Jahre nach der Kreuzigung unseres Herrn!

Der vierte Schritt sah so aus: Stephanus wurde vor die Ratsversammlung geführt und verhört. Gläubige beteten für ihn. Ja, auch ich betete für ihn. Ich mochte ihn nicht. Ich fürchtete das Verderben, in das er uns alle stürzen würde. Aber er war mein Bruder. Ich ging zum Tempel und kniete drei Wachen lang im Gebet auf den steinernen Stufen.

Doch während ich betete, geriet Stephanus immer mehr außer sich. Mitten in seinem Prozess sank er auf die Knie. Er blickte zum Himmel, sein Gesicht strahlte, und er begann einen lauten Sprechgesang: »Schaut! Oh, schaut! Ich sehe die Himmel weit geöffnet, und der Menschensohn steht zur Rechten Gottes.«

Auf diese überhebliche Gotteslästerung folgte ein solcher öffentlicher Aufschrei, dass die Rufe der Männer, die Stephanus an den Armen fesselten, bis zu mir herüberdrangen. Ich stand auf und lief in die Richtung, aus der das laute Geschrei kam. Der Tag ging zu Ende, und es dämmerte bereits, als sie ihn aus der Stadt hinaustrieben. Ich sah das ganze Geschehen in schattenhaften Umrissen. Erschrocken rief ich den Herrn an, als ich sah, wie jener düstere Pulk einen Hügel bestieg und sich an einem steilen Abhang versammelte. Einige der Männer zogen ihre Übergewänder aus und schnürten die Gürtel ihrer Tuniken fest zu. Einer von ihnen hob Stephanus mit seinen kräftigen Armen in die Höhe, trug ihn zum Abgrund und stieß ihn hinunter. Mit einem dumpfen Schlag traf er auf dem felsigen Boden auf. Stephanus bewegte sich, als wollte er sich wieder aufrichten und auf die Knie gehen. Da nahm ein anderer Mann einen schweren Stein und warf ihn mit aller Gewalt auf die Brust meines Bruders. Doch Stephanus bewegte sich wieder auf dieselbe Weise; er schien sich tatsächlich hinknien zu wollen. Unmittelbar darauf traf ihn ein schwarzer Steinhagel. Er kämpfte. Er wollte nicht aufhören zu kämpfen. »*Leg dich hin*«, flüsterte ich. »*Leg dich hin, damit du sterben kannst.*« Aber er kämpfte so lange weiter, bis es ihm langsam gelang, sich aufzurichten und auf die Knie zu gehen. Ich hörte, wie er sagte: »Herr, empfange meinen Geist.« Zu meinem Erstaunen rief er dann noch aus: »Herr, mein Gott, rechne ihnen diese Tat nicht an!«

Plötzlich brach er zusammen. Und obwohl auf den Boden um ihn herum immer noch Steine auftrafen, war der Kampf vorüber. Stephanus war tot.

5

Ich habe nie davor zurückgeschreckt, die Wahrheit deutlich auszusprechen. Ich werde es auch jetzt nicht tun.

Der Tod des Stephanus brachte uns einen unmittelbaren Vorteil. Die hellenischen Juden, die auf seiner Seite gestanden hatten, flohen nun aus Jerusalem. Sie reisten nach Samarien, Tyrus, Antiochia und Damaskus, wo sie ihre Streitigkeiten unter sich austragen konnten.

Niemand stellte sich uns mehr in den Weg, und wir mussten uns nicht mehr rechtfertigen, weder für das Feiern der hohen Feste, noch für unsere Brandopfer, noch für unsere Liebe und Treue zur Tora. Wir waren wieder Juden unter Juden und überall gern gesehen. Täglich gingen wir zum Tempel, um zu beten.

In jenen Tagen besaß ich nur sehr wenig Einfluss unter den anderen, die an den Namen Jesu glaubten. Dessen ungeachtet wuchs meine Stärke im Gebet. Ich betete so inständig und so lang, dass sich über die Jahre an meinen Knien eine Hornhaut bildete, die – so spottete man über mich – so hart war wie die Knie eines Kamels. Aber unter den Übrigen trug mir meine Frömmigkeit eine Hochachtung ein, die unserer ganzen Gemeinde zugute kam und die mir Jahre später einen gewissen Spielraum sicherte, als ich mit ihnen um unser Leben feilschen musste.

In jenen Tagen brachte meine Liebe zur Tora die Menschen auch dazu, mir einen Beinamen zu geben, den ich selbst niemals beansprucht hätte: der Gerechte. Jakobus, der Gerechte.

6

Der junge Zilizier, der im Streitgespräch mit Stephanus eine so umfassende und wörtliche Kenntnis der Schrift bewiesen hatte, war auch bei dessen Hinrichtung zugegen. Er saß etwas abseits des Geschehens, hielt seinen großen Kopf gerade und rührte sich nicht. Wenn er überhaupt zu den Teilnehmern zählte, dann als Abgesandter des Synedriums, dessen Bericht über die Steinigung die Sache besiegeln würde. Das zumindest vermutete ich.

Damals kannte ich seinen Namen nicht. Heute weiß ich natürlich, wie er heißt. Vielleicht kennt inzwischen die ganze Welt seinen Namen.

Ich möchte meine Erinnerungen an diese Geschehnisse mit einem zweiten Eingeständnis beschließen: Angesichts der Schwierigkeiten, die er Jerusalem und den Gemeinden bis zum heutigen Tag eingehandelt hat und die mir mehr Verhandlungsgeschick abverlangt haben, als es die Kraftreserven eines einzelnen Mannes eigentlich erlauben, wünschte ich, ich hätte seinen Namen nie gehört. Ich hätte ein ruhiges und frommes Leben gehabt, wäre ich ihm nicht begegnet. Aber wenn er auch mein Wohlwollen auf eine harte Probe gestellt hat, so vermochte er doch manchmal ein Feuer in mir zu wecken, durch das ich mich vergewissern konnte, dass ich am Leben war.

Er hieß Saulus und gehörte zum Stamm Benjamin.

In der griechischen Sprache, die er im alltäglichen Umgang und in allen seinen Briefen verwendet hat, heißt er Paulus.

LUCIUS ANNAEUS SENECA

7

Seneca, kürzlich in Rom eingetroffen,
An Novatus, meinen Bruder in Cordoba,
Im siebzehnten Jahr der Regentschaft des Tiberius:

Sei gegrüßt!

Du weißt, ich bete unablässig für deine Gesundheit und für deine Heilung von jenem bösartigen *suspirium*, das wir beide, du und ich, Zeit unseres Lebens erdulden mussten. Aber mit diesem Brief, *mein lieber Novatus*, kann ich dir weit mehr übersenden als Anteilnahme und gute Wünsche. Ich weiß nämlich einen Rat, der dir zur Genesung gereichen kann: Geh nach Ägypten. Lebe in Ägypten. Atme Ägypten ein halbes Jahr lang, und deine Lunge wird es als Wohltat empfinden. Mein eigenes Atmen wurde unvergleichlich freier, als ich bei unserer Tante und unserem Onkel Galerius in Alexandria zu Besuch war, und obwohl ich eben erst nach Rom zurückgekehrt bin, glaube ich, dass die Besserung keine Einbildung ist und von Dauer sein wird.

In Alexandria bezeichnet man unsere Krankheit mit ihrem griechischen Namen: *Asthma*. Ein »Keuchen«.

Eine »Atemnot« – wahrlich, das ist es! Das lateinische *suspirium* ist ein weniger anschaulicher und eher technischer Begriff. Es ist mehr ein Aushauchen des Odems als ein Seufzer: Immerzu scheinen wir in den letzten Atemzügen zu liegen, nicht wahr? Oh, *Novatus*, wie nahe wir dem Tode schon sind! Wenn wir leiden, dann ist es immer wieder fast so, als gäben wir den Geist auf. Wie kurz der Anfall auch sein mag, er kommt wie eine Sturmböe auf dem offenen Meer, und während ich unter gewaltigen Anstrengungen nur mehr ein Krächzen hervorbringe, frage ich mich in der Stille meiner Gedanken, ob der Atem, der mir gerade entflohen ist, jemals zurückkehren wird. Wird es doch mein letzter Atemzug gewesen sein? Novatus, tust du in diesem letzten Moment, wenn dir schwarz vor Augen wird, dasselbe wie ich? Machst du diesen Augenblick auch zu einer Betrachtung über den Tod, einer Einübung in die Kunst des Sterbens, wenn man so will?

Nun, verweile eine Zeit lang in Ägypten, mein Bruder. Trinke die trockene Luft. Lass dich durch die Freiheit des tiefen Atmens in Erstaunen versetzen. Deine Lungen werden wie die Blätter der Pinie sein, die ein leichter Windstoß in sanftes Rauschen versetzt.

Geh nach Ägypten – aber nicht sofort. Geh nicht jetzt. Der Kaiser schickt sich an, in seinem Haus Ordnung zu schaffen. Der Kaiser entlässt wütend Beamte in fast jeder Provinz, die ihm direkt unterstellt ist. Der Kaiser ist mit einem Mal so berechenbar wie ein plappernder jüdischer Zauberer. Warte, bis er sich wieder in seine gewohnte Abgeschiedenheit zurückzieht, und dann mach dich auf den Weg.

Es ist diese Angelegenheit mit Sejanus, die das große Ungeheuer veranlasst hat, sich von seiner Ruhestätte auf Capri zu erheben. Nicht dass Tiberius sich tatsächlich nach Rom begeben hätte, aber er macht hier auf einmal seinen Einfluss geltend, und dadurch fließt Blut. Er ließ den Senat die Hinrichtung des Sejanus beschließen und versuchte dadurch, seine eigene Macht wieder aufzurichten. Ich vermute, der Schrecken, den der Präfekt im Prätorium über Rom gebracht hat, war nicht das, was Tiberius beunruhigt hat – er versteht es schließlich selbst nur allzu gut, Schrecken zu verbreiten. Es waren wohl vielmehr die goldenen Statuen dieses Sejanus. Es war der politisch unkluge Hochmut, mit dem Sejanus seinen Geburtstag zu einem Feiertag erklären ließ. Es war die Macht des Sejanus – weniger seine tatsächliche Machtfülle als die Art, wie er von ihr Gebrauch machte. Tiberius vernichtete diese Macht. Aber in seinem armen verkümmerten Verstand war ihm die Hinrichtung des Sejanus nicht genug. Der Kaiser ist jetzt wie ein Schwamm von Argwohn durchtränkt und ändert seine Politik. Einst vertraute er seinen Provinzstatthaltern wie seiner rechten Hand. Einst ließ er sie für Jahrzehnte im Amt und sorgte somit für eine segensreiche Beständigkeit in den Provinzen. Jetzt ist das Misstrauen seine oberste Maxime, und er enthebt sie aus nichtigem Anlass des Amtes.

Ein solcher Befehl beendete meinen Aufenthalt in Ägypten. Ist es nicht sechzehn Jahre her, dass Tiberius unseren Onkel Galerius bestellte, diese Provinz zu regieren? Das ist fast mein halbes Leben. Und obwohl der Rest der Provinz eine erbärmliche Einöde ist, habe ich die Bildung in Alexandria schätzen gelernt und hätte ein Jahrzehnt lang dort bleiben und philosophieren können. Wer hätte mit solchen gewaltsamen Veränderungen gerechnet?

Wir mussten nicht nur überstürzt aus Ägypten aufbrechen. Nein, wir mussten auf dem Weg auch dem Tod ins Gesicht sehen.

Lieber Bruder, nun kommt die wichtigste Neuigkeit meines Briefes. Ich habe es bis jetzt vermieden, die Worte niederzuschreiben. Schweren Herzens nehme ich nun meine Rohrfeder und schreibe: Unser Onkel Galerius ist tot.

Seine Gattin aber – seine Witwe, wie ich nun sagen muss, unsere Tante – ist den Ereignissen mit vornehmer und unbeugsamer Stärke entkommen.

Wenn wir uns wiedersehen, werde ich dir ausführlich berichten, was geschehen ist. Hier und jetzt, da mein Herz noch von Trauer erfüllt ist, kann ich die Umstände seines Todes nur in aller Kürze schildern:

Der Kaiser setzte ihn völlig unerwartet ab und ließ ihm wenig Zeit. Also traten wir innerhalb von vierzehn Tagen im Hafen von Alexandria auf einem Getreideschiff die Seereise an. Wir versprachen dem Kapitän und der Mannschaft, sie am Ende der Reise großzügig zu entlohnen. So wurde auf dem Deck des Schiffes ein geräumiges Zelt aufgerichtet, in dem wir unter uns sein und einige Annehmlichkeiten genießen konnten. Man befestigte Sessel und Tische auf dem Deck und ergänzte unsere kleine Wohnstätte dann noch um Schränke, Truhen, Spielgeräte und Teppiche. Zum Trost meines unglücklichen Onkels waren neben seiner Frau noch eine ägyptische Köchin, ein Musiker, der leise Flöte spielte, und natürlich sein ihn liebender Neffe anwesend. Ich verbrachte viel Zeit damit, meiner Tante und meinem Onkel laut vorzulesen, besonders aus den Schriften des Papirius Fabianus.

Doch dann, nach fünf Tagen der Reise, traf uns eine Windböe so unvorhergesehen, dass die Takelage zerbarst und wir breitseitig gegen den Wind rollten. Im Inneren des Zeltes hörte man es ächzen und krachen, als sich seine Befestigungsseile dehnten. Ich hörte die Rufe der Seeleute von draußen. Ich sagte meinem Onkel, er solle seine Frau und sich selbst an einem der Sessel festbinden. Dann ging ich hinaus in das Unwetter.

Das Deck war überspült. Das Wasser schäumte und zerrte an meinen Füßen. Zwei Männer kämpften mittschiffs mit der ineinander verschlungenen Takelage. Drei andere versuchten, ein Segel zu zerschneiden, das sich nicht mehr einholen ließ. Der Kapitän rief mir zu, ich solle zurück ins Zelt gehen – das hätte ich auch getan, wenn sich das ganze Schiff nicht im selben Moment aufgebäumt hätte und in eine bedrohliche Schräglage geraten wäre. Ich verlor den Halt. Ausrüstung rutschte über das Deck und fiel ins Meer. Die Seeleute klammerten sich an das Tauwerk, um sich zu retten. Eine Spiere schwang wild über meinen Kopf hinweg und schlitzte eine Seite des Zeltes auf. Durch den Wind drang ein Schmerzensschrei. Es war eine vertraute Stimme. Und obwohl der Kapitän bereits rief: »Lasst das Boot zu Wasser!«, kroch ich zurück zu dem halb eingestürzten Zelt. Ich zwängte mich durch die aus den Fugen geratene Tür und sah unsere geliebte Tante neben dem Sessel über ihren Mann gebeugt. Sein Schädel war an der Schläfe zerbrochen und blutete. Ihr Gesicht war voll von seinem Blut. Seine Augen waren geöffnet und reglos.

Das Schiff torkelte. Die Spiere schaukelte wie trunken über dem Schädel meines Onkels. Überall erzitterte und krachte das Zelt. Alles rutschte umher; nichts blieb an seinem Platz. Nichts außer dem starren Augenpaar und der Frau, die immerzu die Hände ihres Mannes küsste.

Ich sagte: »*Lass ab von ihm, Matertera. Komm, Tante, Galerius ist tot.*«

Sie gab mir keine Antwort.

Ich sagte: »Sie lassen das Boot zu Wasser. Wir müssen uns mit dem Boot in Sicherheit bringen. Komm mit mir.« Ich legte meine Hände auf ihre Schultern, aber sie schüttelte sie ab.

Die ägyptische Köchin kauerte unter dem Tisch und stieß einen gellenden Schrei aus. Es war ihr Schrei, den ich an Deck gehört hatte. In diesem Moment erhielt der Schrecken, der uns widerfuhr, ein menschliches Antlitz.

»*Matertera!*«, rief ich. »Wir können nichts mehr tun. Lass ihn zurück! Lass seinen Körper zurück und rette dich!«

Ein großes Messer schlitzte das Zelt an einer Seite auf. Sofort tobte das Unwetter um uns herum. Mitten in dieser Gewalt der Elemente erschien der Kapitän und rief: »Wir verlassen das Schiff!« Er griff nach dem Arm meiner Tante. »Frau«, rief er, »Ihr zuerst.«

Und plötzlich hatte diese Frau eine Stimme.

»Nein«, sagte sie und zog ihren Arm zurück. »Mein Mann geht zuerst.«

Der Kapitän blickte kurz auf die starren Augen. »Gute Frau«, sagte er, »der Mann ist tot.«

»Welchen Unterschied macht das für euch?«, sagte sie.

»Das Boot ist klein. Wir haben keinen Platz für einen Toten.«

»Dann sollen zwei Menschen sterben. Habt ihr dann Platz genug?«

»Gute Frau, bitte! Warum wollt Ihr einen Toten retten?«

»Um der Würde willen!«, rief meine Tante mit lauter Stimme und wandte ihr Gesicht dem Kapitän zu. Der Wind peitschte durch ihr Haar. An ihrer Stirn liefen Regen und Blut hinunter. Sie schrie: »Ein guter Mann hat sein Amt verloren. Ein guter Mann hat sein Leben verloren. Er soll nicht auch noch seine Seele an das Meer verlieren. Er muss ordentlich bestattet werden!«

Verzweifelt richtete der Kapitän seine Augen auf mich und flehte: »So bringt Ihr sie doch zur Einsicht!«

Novatus, mein Bruder, die Entschlossenheit meiner Tante ließ mich Dinge sagen, die mich selbst in Erstaunen versetzten, denn ich erhob meine Stimme und rief gegen den Wind: »Wenn dieses Schiff, samt dem Leichnam und der Frau des Galerius, durchhält, verdoppeln wir die Entlohnung für alle Männer an Bord. Wenn nicht, zahlen wir auch nichts. Nichts! Nichts!«, rief ich in alle Richtungen. »Ihr könnt ebenso gut jetzt sterben!«

Die ägyptische Köchin verschied kurz darauf.

Aber der Rest der Mannschaft machte sich sofort an die Arbeit. Man warf die Waffen, Truhen und Möbel, das Zelt und alle schweren Gegenstände ins Meer. Nicht nur das Getreide, sondern auch die tönernen Gefäße wurden über Bord geworfen. Vom Bug des Schiffes wurde ein Anker ins Wasser gelassen, um die Nase zum Wind hin zu drehen – und das Kunststück gelang.

Galerius ruht in einem marmornen Sarkophag. Die neun Tage der Trauer sind vorüber. Die strengen Fastentage haben begonnen. Die Pracht seiner Totenfeier war den Leistungen seines Lebens und der Würde seiner Frau wahrlich angemessen.

Und nun bemüht sich seine Frau, unsere Tante, mit aller ihrer Kraft um uns beide, lieber Bruder. Wir sind ihr nun das Wichtigste. Sie hat mich gebeten, dich, Novatus, zu bitten, zu uns nach Rom zu kommen. Diese nun wieder sehr gesprächige Frau möchte uns mit ihren hoch gestellten Freunden bekannt machen. Sie sagt, dass wir unsere Zeit schon zu lange abseits der Staatsgeschäfte vergeudet hätten. Sie versucht ihren Einfluss geltend zu machen, damit wir zu Quaestoren gewählt werden und so eine Laufbahn beginnen können, an deren Ende der Senatssitz steht, der unserem Onkel nicht mehr vergönnt war.

Und warum auch nicht? Lieber beschwerlich, keuchend und dem Tode nahe eine Leiter erklimmen, als ins Wasser fallen, ohne schwimmen zu können.

JUDAS AUS DAMASKUS

8

Wir treffen uns am Fuße des Hermon, wo der heilige Jordan entspringt«, hatte der Pharisäer geschrieben.

Er meinte jene Stadt, die von den Römern Cäsarea Philippi genannt wird. Wir nennen sie Paneas. Er, Saulus, mochte die religiösen Namen lieber. Das fand ich schnell heraus. Er hatte auch eine ganz bestimmte Stelle im Sinn, nämlich eine sehr bekannte Höhle mit einer Quelle, aus deren Wasser weiter im Süden der Jordan wird. Er wünschte sich jemanden, der ihn zurück nach Damaskus begleiten würde, wo er in unseren Synagogen wieder Ordnung schaffen wollte, und der ihm dort ein Zimmer überlassen und etwas zu Essen zubereiten konnte.

Auf dem Rücken meines Esels brauche ich von hier nach Paneas zwei Tage. Gehe ich neben dem Esel her, brauche ich drei. Meine Beine sind steif und meine Knochen müde. Und die Tage werden immer kürzer für mich. Trotzdem entschied ich mich, dieses Mal zu laufen. Ich habe nichts Besseres zu tun. Und ich liebe den Hermon. Ich liebe den Anblick dieses großen alten Mannes, der sich in der Ferne zur Ruhe gelegt hat.

Außerdem hoffte ich, in Paneas vielleicht ein paar Kissen verkaufen zu können.

»Gute Reise! Und Gott beschütze dich«, sagte mein Nachbar Zefanja zu mir.

»In sechs Tagen bin ich mit dem Pharisäer zurück«, sagte ich. »Vielleicht kannst du dann ein Abendessen bereiten?«

So lief ich auf der breiten Straße Richtung Osten, winkte mit der linken Hand und führte meinen Esel mit der rechten. Beim Amphitheater bog ich nach Süden ab und verließ die Stadt durch das kleine Tor, das die Römer jetzt Marstor nennen. So viel Neues entsteht um uns herum. Zu viel Neues. In Cäsarea Philippi etwa stehen lauter neue, weiße Bauten, die jünger sind als ich. Ich muss die Augen zusammenkneifen, wenn ich die Gebäude im Sonnenlicht erkennen will – sie sind so grell getüncht, dass es den Augen weh tut. Ihre Räume sind von Steinstaub erfüllt, daher riechen sie sogar neu. Und der Name der Stadt ist auch neu: Cäsarea Philippi. Der Tetrarch Philippus hat ihr diesen Namen gegeben, damit wir gezwungen sind, ihn und den Kaiser in einem Atemzug zu ehren.

Mein Esel ist alt. Ich bin alt. Ich bin plötzlich sehr alt geworden, als Hodesch gestorben ist und mich allein zurückgelassen hat. Hodesch und ich hatten gemeinsam das kleine Geschäft betrieben. Ich besorgte die Rohstoffe: Federn, Wolle und Seide, unterschiedliche Stoffe für die unterschiedlichen Qualitäten. Sie nähte die Stoffteile zusammen, füllte die Kissen und verzierte einige davon mit ihren Stickereien. Sie waren wunderschön. Sie waren so schön, dass königliches Blut sie kaufte und sich darauf niederließ. Gemeinsam verkauften wir die Waren in unserem Geschäft. Und ich reiste auch ein wenig und nahm immer meinen Esel mit – so wie jetzt auf dieser Reise nach Paneas.

»Gott beschütze dich«, hatte mein Nachbar Zefanja gesagt. Auch er ist schon alt, und er hat Angst. Er und ich und die meisten Juden hier haben Angst vor den Veränderungen. Dabei sind es nicht so sehr die Veränderungen in der Stadt wie die in den Synagogen, die uns beunruhigen. Das Volk wird gespalten! Mein Nachbar Zefanja sagte: »Gute Reise!«, und darin schwang die Hoffnung mit, dass Gott diese Reise zu einem Erfolg machen möge. Der Pharisäer sollte erfolgreich unter uns wirken können und diese neuen Lehren auf der Stelle zum Verschwinden bringen, ihnen einen raschen, kalten Tod bereiten. Zu viel Neues! Die Neuerungen der Römer sind die eine Sache. Man kann damit leben, denn sie haben die Wärme und das Wasser zu beherrschen gelernt und können hohe Bauten errichten. Sie haben sogar meine kleinen Reisen sicherer werden lassen. Aber manches Neue ist unser Feind, ein verabscheuungswürdiger Feind. Man tötet ihn, bevor er einen selbst tötet. Man tötet ihn, wie man den Kopf einer Schlange zermalmt.

Das Alte, o Herr! O Herr, mein Gott, das Alte ist das Gute! Das ist einer der Gründe, warum ich, als ich meinen Esel in Richtung Westen dem Hermon entgegenführte, immerzu voller Liebe jenen alten, hohen Berg betrachtete. Er füllte den gesamten Horizont aus, so weit ich nach rechts und links sehen konnte: weißhaarig, mächtig, erhaben und alt. Schaut ihn euch an. In seinem Gedächtnis ist das Wort bewahrt, mit dem Gott die Kreaturen schuf, die auf ihm herumkriechen. Noch vor Abraham wussten die Menschen, die hier lebten, dass dieser Berg heilig ist. Seht ihn euch nur an: Er hat drei Gipfel, der höchste davon ist im Süden bei Paneas. Das ganze Jahr über sind die drei Gipfel von Schnee bedeckt, und im Winter tragen auch die Grate dazwischen weiß, wie Turbane mit Halstüchern und Quasten. Und an diesem Tag ließ die Morgensonne den Schnee in einem Goldrot erstrahlen. Ich dachte an Hodesch, wie sie errötete.

Das Gesicht des alten Hermon ist mit Felsspalten und Schluchten zerfurcht. Seine Tränen ergießen sich in Wasserfällen. Er trägt grüne Wälder wie ein Gewand mit tausend Falten. Er sammelt den Tau und lässt ihn zu Flüssen werden, aus denen die Tiere des Feldes trinken. König David sagte, Gott, der Herr, lasse den Hermon Sprünge machen wie ein junger wilder Ochse. Das verstehe ich nicht. Aber ich verstehe dies: Wenn ich den Hermon betrachte, lässt er mein Herz Sprünge machen wie ein junger wilder Ochse.

An den westlichen Hängen wachsen Mandelbäume.

Am ersten Tag wanderte ich die meiste Zeit nach Westen durch die trockene Ebene auf den Berg zu. Dann änderte ich meine Richtung und folgte seinen Ausläufern nach Südwesten. Schafe und Ziegen findet man hier, Wolle, Milch und Käse.

Ich erinnere mich genau an den Tag, an dem unsere Schwierigkeiten begannen. Es war am Sabbat vor dem Passahfest. Während des Gebets betraten vier fremde Männer die Synagoge. Es waren mit Sicherheit Juden, aber als wir sie fragten, wer sie waren, sagten sie, sie seien Anhänger des »Weges«.

Aber sie waren so hungrig, und ihre Kleider waren so zerrissen, dass wir sie gleich mit in unsere Häuser nahmen, sie wuschen und ihnen zu essen und frische Kleider gaben. Dann hörten wir ihre Geschichte. Sie erzählten, dass sie aus Jerusalem hatten fliehen müssen und nichts mitnehmen konnten außer dem, was sie am Leib trugen. Sie waren dort verfolgt worden, und einer ihrer

Führer, ein Mann Namens Stephanus, war gerade ermordet worden.

Sie sprachen Griechisch, genau wie wir. Sie waren keine Einwohner Jerusalems. Sie kamen aus anderen Städten des Reiches. Und wir wissen ja, wie hart Jerusalem sein kann, unerbittlich und misstrauisch, besonders Fremden gegenüber. Deshalb empfingen wir diese Anhänger des »Weges« mit echter Anteilnahme. Aber schon in den ersten Tagen wirkten sie auf mich ein wenig durcheinander. Sie bebten geradezu vor Aufregung und Leidenschaft, deren Grund ich nicht verstehen konnte. Sie waren wie betrunken. Und für mein Dafürhalten waren sie zu glücklich und unbeschwert. Es schien ihnen nichts auszumachen, dass andere sie schlagen und umbringen wollten. Als sie dann aber in unseren Synagogen das Wort ergriffen, teilten sich die Meinungen. Mein Wohlwollen verloren sie.

Offen gestanden waren wir nie so eifernd wie Jerusalem, wenn es darum geht, die Reinheit der geborenen Kinder Abrahams zu bewahren. Wir laden Heiden ein, mit uns gemeinsam Gott zu verehren. Und wenn sie dann Gott als den einen, wahren Gott anerkennen, das Gesetz beachten und sich beschneiden lassen, sagen wir, dass die Rettung Israels auch ihnen gilt, ihnen genau wie uns.

Aber was war das für ein »Weg«, von dem diese neuen Juden gesprochen haben? Er entpuppte sich als Abkürzung! Er schaffte das Gesetz ab. Er schaffte die Beschneidung ab. Er schaffte alles ab, was zu Israel gehört, und sollte auf direktem Wege zur Rettung führen. O Herr, wie kann irgendjemand solch eine Gotteslästerung gutheißen? Und es war Gotteslästerung. Ich bin kein Schriftgelehrter. Ich habe mein Leben lang mit Kissen gehandelt. Und doch konnte selbst ich erkennen, dass ihre Lehren den einen, wahren und heiligen Gott Israels lästerten. Denn ihr »Weg« war kein Weg, den man gehen kann, kein Weg zum Leben. Nein, sie sagten, er sei eine Person! Ein Mensch, ein Mann namens Jesus, in Nazareth geboren und in Jerusalem hingerichtet. Alles, was ein Heide tun müsse, sagten sie, sei, im Namen dieses Jesus mit Wasser gewaschen zu werden, und schon sei dieser Heide Gott so nahe wie jeder Jude. Und schon gingen sie hin und wuschen Heiden im Amana nördlich von Damaskus.

Sagte ich, die Meinungen hätten sich geteilt? Es war, als hätte ein Blitz einen Baum in der Mitte gespalten. Und wenn unsere Synagogen nicht ebenfalls gespalten wurden, so breitete sich doch große Unruhe aus. Die meisten Heiden waren überglücklich, als sie von solchen Freiheiten erfuhren. Sie gingen uns verloren. Gott verlor ihre Stimmen und ihr Lob. Am Sabbat sahen unsere Versammlungen aus, als hätte eine Seuche Männer aus unserer Mitte dahingerafft. Aber es waren nicht nur Heiden. Jetzt gab es auch Juden, die behaupteten, dass Jesus von Nazareth der Gesalbte Gottes war.

Mein alter Freund Hananias konnte mir kaum mehr ins Gesicht sehen. Ich sagte: »Hananias, warum kannst du deinen alten Freund nicht mehr ansehen?«

Er sagte: »Das tue ich doch. Ich sehe dich an, Judas.«

»Wenn du mich überhaupt ansiehst«, sagte ich, »dann nur flüchtig und unruhig, Hananias. Warum schaust du weg, wenn ich näher komme?«

»Ich kenne keine Flüchtigkeit und Unruhe«, sagte Hananias. »Vielleicht siehst du Sorge in mir. Ich mache mir Sorgen um dich, mein alter Freund.«

»Wer muss sich um wen Sorgen machen?«

»Du hast Angst«, sagte er. »Du siehst nicht, dass alles besser wird, nicht schlimmer.«

»Besser? Besser?«, erwiderte ich. »Alles wird auf den Kopf gestellt!«

Und Hananias sagte zu mir: »Der Messias ist gekommen, Judas. Wie kann da die Welt noch dieselbe sein? Der Messias ist gekommen, und bald wird er wiederkommen.«

Meine armen Beine fingen an zu zittern. Sie wollten nicht aufhören zu zittern.

»Hananias, Hananias«, flüsterte ich. »Das ist es, was ich befürchtet habe. Deshalb siehst du mich nicht mehr an.«

Meine Augen brannten. Ich spürte dieselbe tiefe Traurigkeit, die ich gespürt hatte, als Hodesch ihre Augen geschlossen hatte und gestorben war. Mein Herz weinte.

Dann rückte Hananias näher zu mir. Ich spürte, dass er mich in den Arm nehmen wollte. Sein Gesicht zeigte ein Mitleid, das plötzlich Wut in mir aufsteigen ließ. Ich richtete mich auf und sagte: »Was hast du nun vor, Hananias? Willst du zu den Römern in ihre Häuser gehen und mit ihnen Schweinefleisch essen?«

»Nein, Judas«, sagte er. »Mein alter Freund, du weißt, dass das nicht stimmt. Ich liebe die Tora. Ich werde die Tora immer lieben ...«

Aber ich mochte ihn nicht anhören. Ich hatte mich schon von ihm abgewendet.

Ich ging in die Synagoge, wo die Menschen sich anschrien. Brüder verfluchten Brüder, und das, obwohl die Tora entrollt war und offen im Raum stand. Ich setzte mich in eine Ecke, zog mein Halstuch über den Kopf und weinte. Ich zitterte am ganzen Körper. Ich schluchzte aus der Tiefe meiner Seele.

O Herr, unser Gott, schau auf uns nieder und siehe, was das Neue uns angetan hat! Es ist ein Feind. Es bringt uns um.

So war ich denn auch anwesend, als die Führer der Synagogen zusammenkamen, um dem Hohen Priester in Jerusalem einen Brief zu schreiben. Er sollte ihnen dabei helfen, in Damaskus wieder für Ruhe und Ordnung zu sorgen.

Und ich war auch dabei, als die beiden Briefe aus Jerusalem vor den Versammelten laut vorgelesen wurden, der zweite gleich nach dem ersten. Der erste Brief stammte von dem Hohen Priester. Er empfahl uns einen Pharisäer namens Saulus als den besten Kämpfer für unsere Sache.

Der zweite Brief stammte von diesem Saulus selbst. Hier sind einige Sätze aus seinem Brief:

»Ich wende mich gegen die Lehren dieser Männer«, schrieb Saulus. »Wer auch immer predigt – und wenn er es nur ein einziges Mal tut! –, dass die Waschung einer gewissen Taufe ein Ersatz für die Beschneidung sei, bringt damit seine Verachtung für das gesamte Gesetz Gottes zum Ausdruck. Und warum? Weil das Gesetz eine Einheit ist. Es ist das Wort des Gottes, der der Eine ist. Nimmt man deshalb eine einzige Vorschrift, wie die Beschneidung, zurück, hebt man den ganzen Bund und das ganze Gesetz auf. Die Rettung kommt allein durch das Gesetz, denn das Gesetz ist der gute und vollkommene Wille Gottes, des Retters Israels, und der Gehorsam gegen das Gesetz lässt den Willen Gottes auf Erden Gestalt annehmen und macht ihn sichtbar. Wenn auf die Beschneidung verzichtet werden kann, wenn der Name eines toten Mannes den Platz der lebendigen Tora einnehmen und Juden und Heiden vor Gott gleichmachen kann, dann ist die Rettung verloren, weil die Mauern einstürzen! Und das ist etwas Furchtbares. Seht, wie die Heiligkeit des Volkes Gottes – seine notwendige Trennung von dem Rest der Welt – zerstört wird. Die Mauern Abrahams, sein Bundesschluss mit Gott, und die Mauern Moses, *unser* Bundesschluss mit Gott, bekommen Risse und stürzen ein!

Aber mich hat ein mächtiger Eifer ergriffen, diese Zerstörer Israels zu vernichten. Deshalb werde ich zu euch kommen. Schickt mir jemanden von euch entgegen. Wir treffen uns am Fuße des Hermon, wo der heilige Jordan entspringt. Sagt ihm, er soll nach einem Geschorenen Ausschau halten. Aus Liebe zu euch und um der Arbeit willen, die in Damaskus zu tun ist, habe ich ein Gelöbnis abgelegt. Neunundzwanzig Tage lang soll kein Messer mein Haar berühren, und ich werde keine starken Getränke zu mir nehmen.

Am dreißigsten Tag werde ich zum Tempel gehen, mein Haar scheren lassen und es zusammen mit den anderen Opfergaben dem Herrn opfern. Früh am einunddreißigsten Tag werde ich aufbrechen und zu euch eilen.«

9

Er soll nach einem Geschorenen Ausschau halten. Ich überlegte angestrengt, was »geschoren« bedeuten könnte, und das interessierte mich mehr, als Kissen zu verkaufen. Die Straße in Paneas, in deren Mitte ich entlangging, war aus leuchtendem Marmor. Mit der linken Hand hielt ich ein Kissen in die Höhe und mit der rechten führte ich meinen kleinen Esel. Vorbei an Verkaufstischen und Geschäften kam ich zu dem Tempel, den Herodes der Große vor fünfzig Jahren direkt am Fuß des Berges gebaut hatte. Vielleicht wollte jemand mein Kissen kaufen. Ich achtete nicht darauf. Eine dunkle Wolke zog von Westen her auf und würde gleich auf den Hang des Berges treffen. Der Beginn der regnerischen Jahreszeit stand unmittelbar bevor. In den Feldern westlich des Hermon hatte man den Weizen ausgesät. Möglicherweise würde es gleich anfangen zu regnen. Mein kleiner Esel brauchte noch vor Anbruch der Dunkelheit ein wenig Hafer zu fressen.

Geschoren – wie sah das wohl aus? Wenn man sich aus der Stadt kommend dem Tempel des Herodes nähert, erreicht man zuerst seine Rückseite, ganz so, als wäre das Bauwerk mit anderen Dingen beschäftigt. Sein Portikus ist dem Berg zugewandt. Dieser Portikus wurde nämlich gegenüber einer Höhle am Fuß des Berges errichtet. Es ist eine sehr, sehr alte Höhle, die so heilig ist, dass alle Menschen, sogar die Griechen, ihre Heiligkeit anerkennen. Viele Götter sind dort schon verehrt worden, darunter auch jener Gott, den die Griechen Pan nennen. Von ihm hat die Stadt ihren alten Namen Paneas. Aber nur ein Gott hat die Welt erschaffen. Und nur der Herr ist dieser eine Gott. Zwischen dem Portikus des Tempels und dem Eingang zur Höhle liegt ein üppiger grüner Garten mit niedrigen Steinmauern, alten Bäumen und kleinen Teichen aus klarem Wasser. Genau diesen Ort hatte sich der Pharisäer namens Saulus ausgesucht, hier sollte ich ihn treffen. Ich band also meinen Esel an der Stadtseite des marmornen Tempels fest, lief um das Gebäude und sah ihn schon warten. Nun war es doch überhaupt nicht schwer, einen »Geschorenen« zu finden.

Der Mensch hatte einen riesigen Kopf, und das allein wäre schon auffällig genug gewesen. Aber es gab noch ein weiteres Erkennungszeichen: Der Kopf hatte vom einen bis zum anderen Ohr und vom Nacken bis zur Stirn einen Sonnenbrand. Er war von der Sonne verbrannt, dass die Haut sich löste. Der ganze Schädel sah aus wie kochender Brei. Ich vermute, dass er auf dem ganzen Weg von Jerusalem hierher keine Kopfbedeckung getragen hatte.

Er schnaufte und keuchte, als ob er an einem Wettlauf teilgenommen hätte – aber dieser Mann redete nur. Es stellte sich heraus, dass Saulus immer so redete, ungestüm und beinahe ohne Luft zu holen. Er redete mit zwei jungen Männern, aber als er mich gesehen hatte, unterbrach er das Gespräch, lächelte und sagte: »Wenn du wegen mir hier bist, dann bin ich wegen dir hier.«

Ich war verblüfft, wie er mich unter all den umherlaufenden Menschen erkennen konnte. Ich nickte und sagte: »Judas.«

Er kam auf mich zu und nahm mir das Kissen aus der Hand, an das ich überhaupt nicht mehr gedacht hatte.

»Ich wusste, dass du es bist, Judas«, sagte er und hielt mein Kissen in die Höhe. »Und ich wusste, dass du gerade auf Reisen bist«, sagte er, lachte und umarmte mich. »Du bist ein alter Jude, der sein Gesäß schont, indem er umherreist. Genau wie mein alter Vater.«

Ich mochte ihn auf Anhieb. Saulus, den Pharisäer, konnte ich gleich ins Herz schließen, und ich war froh, dass ich ihn abholen durfte. Ich musste immer wieder über seinen dummen Scherz schmunzeln.

Er war klein, hellwach und leichtfüßig, hatte kleine Augen und, wie mir auffiel, lange Finger. Dazu einen Redefluss, der, einmal in Gang gekommen, kaum mehr zu stoppen war.

Er zeigte auf einen der jungen Männer, die ihn begleiteten, und sagte: »Mattatias.« Dann zeigte er auf den anderen und sagte: »Pedaia.« Es waren junge Burschen mit gebräunten Gesichtern, aber sie waren klug genug, eine Kopfbedeckung zu tragen.

Dann wurde Saulus, der Pharisäer, plötzlich ernst.

»Ich habe meinen Freunden gerade erklärt«, sagte er, »dass dies der nördlichste Zipfel des Landes ist. Wusstest du das, Judas? Erinnerst du dich? Komm nach dort drüben. Stell dich in den Eingang der Höhle.«

Wir stellten uns ins Halbdunkel, wo der Stein das Echo unserer Stimmen zurückwarf.

Plötzlich warf Saulus seinen Kopf zurück und rief mit lauter Stimme ein Zitat aus der Schrift: »*So nahm Josua dies ganze Land ein, bis nach Baal-Gad in der Ebene beim Gebirge Libanon, am Fuße des Berges Hermon.*« Aus den Büschen flogen Vögel aufgeschreckt davon. Die Menschen machten einen weiten Bogen um uns.

Saulus kniete nieder und berührte mit beiden Handflächen den Boden. »Hier ist es«, flüsterte er. »Baal-Gad, der Nordzipfel des gelobten Landes, den Völkern seit Ewigkeiten heilig, aber uns vor zwölfhundert Jahren von dem Herrn, unserem Gott, geschenkt. Und unterhalb der Felskammern dieser Höhle«, sagte er, »entspringen Quellen des Jordans, in dem selbst ein heidnischer König seinen Körper wieder reinwaschen kann.«

Der Regen kam. Man hörte einige Donnerschläge in den Wolken am Hang des Berges. Dann strömte etwa eine Stunde lang Wasser vom Himmel, und danach klarte es wieder auf. Aber wir hatten uns schon in östlicher Richtung auf den Weg gemacht, als es anfing zu regnen, und liefen einfach weiter durch den Regen. Saulus, der kleine Mann, hatte einen springenden Schritt, als ob seine gekrümmten Beine der Schießbogen eines Soldaten wären. Er legte ein beträchtliches Tempo vor. Aber meine alten Knochen sind steif. Ich überlegte, ob ich nicht besser auf dem Esel reiten sollte.

Während wir liefen, redete Saulus: »Mattatias, Pedaia und ich werden drei Tage lang schweigen, beobachten und zuhören. Wir werden diese wild gewordenen Tiere mit den Lügen in ihren Mündern einfangen. Am Morgen des vierten Tages, am ersten Tag der Woche, werde ich einen Brief an den Sanhedrin in Jerusalem diktieren. Pedaia wird nach Süden aufbrechen und den Brief überbringen. Dann werden Mattatias und ich und du, Judas, sowie die Führer der Synagogen im Namen der Gerechtigkeit Gottes diejenigen bestrafen, die das Volk Gottes vernichten wollen.«

»Entschuldige, entschuldige«, rief ich hinter ihm her. »Wie willst du das tun? Wie sollen wir sie bestrafen?«

Saulus blieb stehen und wandte sich zu mir um. Meine Beine und meine Lunge waren dankbar für die Ruhepause, aber in meinem Inneren herrschte eine andere Art von Atemlosigkeit. Von ganzem Herzen wünschte ich mir, dass in unseren Versammlungen wieder Frieden herrschte. Wie ich diese Menschen hasste, die gekommen waren, um uns untereinander zu spalten! Aber ich musste auch an Hananias denken. Deshalb fragte ich: »Wie sollen wir sie bestrafen?«

»Mit Worten, mein Lieber«, sagte er und sah mich mit seinen kleinen Augen an. »Und mit Stockhieben und Gefängnis«, sagte er. »Und mit dem Tode, wenn es wieder nötig ist.«

»Mit dem Tode?«, fragte ich. »Muss es die Todesstrafe sein?«

Als ob mein Esel sein eigener gewesen wäre, ging Saulus zu dem kleinen Lasttier, öffnete eine der Satteltaschen und nahm zwei Gerstenbrote und einen ledernen Weinschlauch heraus. Aus seinem eigenen Gepäck holte er ein großes Stück Leder und breitete es auf dem Boden aus.

»Setz dich«, sagte er.

Wir alle setzten uns, obwohl er selbst nur in die Hocke ging.

Saulus brach das Brot und wir teilten uns den Wein, und während wir tranken, sprach er zu mir und lehrte mich, als säßen wir in einer Synagoge.

»Erinnerst du dich an die Geschichte von Pinhas?«, fragte er. »Judas, ich werde dir die Geschichte von Pinhas erzählen, denn sie hat eine große Bedeutung für unsere heutige Zeit.«

Die Stirn des Saulus ist wie ein Kamm meines geliebten Berges Hermon, wie ein starker Felsvorsprung. Sie lässt seine Augen klein und durchdringend und tief wie Brunnen erscheinen. Aber an jenem Tag legte er seinen Kopf sanft zur Seite, und ich sah Liebe in ihm, es war Liebe, die zu mir sprach, denn dieser schlanke junge Mann liebte die Dinge, über die er sprach.

Er sagte: »Die Geschichte handelt von einer schrecklichen Tat und von etwas noch Schrecklicherem: dem Zorn Gottes. Ebenso schrecklich, aber auch gut, war das Mittel, das seinen Zorn ablenkte und dem Volk das Leben rettete.«

Saulus fing an, mit seinen langen Fingern Bilder in den Staub zu zeichnen. Er sagte: »Die Kinder Israels hatten in Schittim in der Ebene von Moab östlich des Jordans ihr Lager aufgeschlagen. Die Zeit war gekommen, in das Gelobte Land einzuziehen. Sie waren am Ende ihrer langen Reise durch die Wüste, Judas – vierzig Jahre in der Wüste, und während dieser Zeit hat Gott, der Herr, der sie aus der Gefangenschaft befreit hat, sie auch geführt und ernährt und beschützt und hat sie nie im Stich gelassen.

Doch dann fing das Volk an, sich mit den Töchtern Moabs der Hurerei hinzugeben. Schlimmer noch, sie aßen gemeinsam mit Moab, sie verneigten sich vor ihren Göttern, sie unterwarfen sich dem Baal von Peor.

Und Israel zog den Zorn Gottes, des Herrn, auf sich.

Gott, der Herr, befahl, dass alle Anführer des Volkes vor ihm in der Sonne aufgehängt werden sollten, und alle, die sich dem Baal von Peor unterworfen hatten, sollten getötet werden, damit sein mächtiger Zorn beschwichtigt würde.

Eine Seuche begann sich unter den Israeliten auszubreiten, und so versammelte sich das gesamte Volk vor dem Eingang zum Offenbarungszelt und begann zu weinen und den Herrn um Vergebung zu bitten.

Und dann – selbst dann, als das ganze Volk weinte – nahm ein Mann aus Israels Mitte mit dem Namen Simri eine Frau aus dem Volk der Midianiter mit in sein Zelt. Sie gingen zusammen in die innerste Kammer.

Nun sah aber Pinhas, der Sohn des Eleasar, was geschah. Er stand auf, verließ die Versammlung, nahm einen Speer in die Hand und ging hinter Simri her. Und als er den Mann und die Frau mitten in ihrem Tun entdeckte, durchbohrte er sie, als sie vereint dort lagen, beide Körper auf einmal, mit einem einzigen Stoß seines Speers. – Judas?«

Es dauerte einen Moment, bis mir bewusst wurde, dass Saulus meinen Namen ausgesprochen hatte. Er starrte mich an und sagte noch einmal: »Judas?«

»Ja?«

»Was hat Pinhas mit Simri gemacht?«

»Er hat ihn getötet.«

»Ja, er hat ihn getötet«, sagte Saulus. »Und nun höre, was der Herr gesagt hat. Der Herr, unser Gott, hat gesagt: »*Pinhas, der Sohn Eleasars, des Sohnes des Priesters Aaron, hat meinen Grimm von den Israeliten gewendet durch seinen Eifer um mich, dass ich nicht in meinem Eifer die Israeliten vertilge. Darum sage: Siehe, ich gebe ihm meinen Bund des Friedens, und dieser Bund soll ihm und seinen Nachkommen das ewige Priestertum zuteilen, weil er für seinen Gott geeifert und für die Israeliten Sühne geschafft hat.«*

»Manchmal, Judas«, sagte Saulus, stand auf und machte sich bereit weiterzugehen, »müssen ein oder zwei Menschen sterben, um die Sünde eines ganzen Volkes zu sühnen.«

An diesem Abend zahlte ich einem syrischen Bauern den Gegenwert von zwei Seidenkissen, damit er uns auf dem Dach seines Hauses schlafen ließ. Er nahm uns freundlich auf und bot uns Ziegenmilch und ein paar getrocknete Datteln an. Meinen kleinen Esel fütterte er mit gutem Hafer.

Auch Saulus legte seinen großen Kopf auf eines meiner Kissen.

Meine alten Knochen waren müde und taten so weh! Und doch brannte jetzt etwas in meinem Herzen. Es stand etwas bevor. Unserer Gemeinschaft stand etwas Gutes bevor.

Ich lag eine ganze Weile reglos da und dachte nach. So steht es jetzt um mich: Ich finde den Schlaf nicht mehr so schnell wie zu der Zeit, als Hodesch ihre Schlafdecke neben meiner ausbreitete. Auch bin ich es nicht mehr gewohnt, in der Nähe anderer Menschen zu schlafen – schon gar nicht in der Nähe von Fremden –, seit jener Nacht, in der sie ihre Augen schloss und mich verließ.

Aber Saulus, Saulus, dieser Pharisäer namens Saulus, schien schon fast kein Fremder mehr zu sein. Er war so stark, trotz seiner Schmächtigkeit, und so durchdringend. Ich wunderte mich, denn er war mir schon so vertraut wie eine unverrückbare Größe, wie der Mond oder der Berg oder wie eines Mannes Sohn. Wie mein Sohn.

Plötzlich redete er. Als ob er seinen Mund öffnete, um an einem Gespräch teilzunehmen, das in seinem Kopf stattfand, sagte er: »Es muss das Bemühen der wenigen sein, das Leben aller zu schützen. Das muss so sein. Und der Tod ist manchmal das Einzige, wodurch dieses Ziel schließlich erreicht wird. Aber der Tod ist nicht immer eine Strafe. Manchmal ist er ein Opfer. Ich verspreche dir, Judas aus Damaskus«, sagte Saulus in die sternklare Nacht hinein, »wenn es irgendwann dazu kommen sollte, werde ich selbst meinen Körper zur Verbrennung hingeben.«

Kurz darauf seufzte er und begann zu schnarchen. So schnell konnte der Mann einschlafen. Und ich dachte an seinen armen, gequälten Kopf, denn die obere Schicht der Haut musste sich abgelöst haben und das empfindliche Fleisch darunter brannte sicher wie Feuer.

Irgendwann während der Nacht wachte ich auf und spürte, dass Tränen mein Gesicht hinunterliefen. Vielleicht war es schon fast Morgen. Ja, es musste Morgen sein, die letzte Dunkelheit vor der Dämmerung. Mir war, als hätte mein Vater neben mir gesessen, als hätte er sich mit nach vorn geneigtem Kopf, mit zusammengezogenen Schultern vor- und zurückgewiegt, als hätte er leise gesungen und mir noch einmal den großen Trost der Liebe geschenkt, und als hätte sich nichts geändert, als wäre alles Gute immer noch so wie vorher, nur dass ich ein Kind war und mein Vater gekommen war, um die Morgengebete für mich zu singen.

Meine Tränen waren Tränen der Dankbarkeit. Ich hatte nie geglaubt, mich noch einmal so geliebt fühlen zu können.

Mit leiser Stimme, einer Stimme wie der eines Vogels, der am frühen Morgen singt, sehr klar und sehr schön, sang jemand in meinem Ohr die hebräischen Worte: *Höre, o Israel: Der Herr, unser Gott, der Herr ist einzig!*

Das waren die ersten Worte meiner Kindertage gewesen, die Worte des Zubettgehens und des Aufstehens, alle Tage, morgens und abends. Ich wachte auf und glaubte, wieder zu Hause zu sein, und alles war in Ordnung. Ich wachte weinend auf und sang: *Und du sollst Gott, den Herrn, lieben, mit deinem ganzen Herzen und mit deiner ganzen Seele und mit all deiner Kraft ...*

In meiner Brust sang die Stimme eines Mannes; es war die Stimme eines sehr alten Mannes.

Aber neben mir, auf dem Hausdach des Syrers, sang noch eine andere Stimme viel melodischer: die Stimme des jungen Pharisäers. Und vielleicht weinte ich auch deshalb, weil Saulus mich in die Welt Gottes und in die Liebe Gottes geweckt hatte, und wenn nicht alles in Ordnung war, so würde es bald wieder so sein.

Gemeinsam sangen wir leise auf Hebräisch: *Gesegnet bist du, o Herr, unser Gott, König des Universums, der es Licht werden lässt und die Dunkelheit erschafft, der Frieden schenkt und alle Dinge erschafft ...*

Und dann muss ich wieder eingeschlafen sein, denn ich hatte das Gefühl, dass der Gesang immer höher und höher in den Himmel getragen wurde, bis die Sterne mit einstimmten: *Gesegnet bist du, o Herr, der du in Liebe dein Volk Israel erwählt hast ...*

10

Zu unserer Rechten stieg die Sonne höher. Wir warfen lange, wandernde Schatten auf den felsigen Boden am Fuß des Hermon – seltsame Schatten, so groß wie Zedern am Wegesrand. Mein Gesicht hatte die Wärme nötig. Morgens wurde es jetzt immer kühler, und meine Gelenke mussten sich auf den nächsten Winter gefasst machen.

Bei Sonnenaufgang waren wir schon lange unterwegs gewesen. Der kleine Pharisäer war mit einem entschlossenen Schritt aufgebrochen, dass ich damit rechnete, schon vor der nächsten Nacht zu Hause zu sein. Zwei Tage! Auf meinen dünnen Beinen! Ich konnte mich nicht erinnern, wann ich zuletzt in einem solchen Tempo unterwegs gewesen war. Saulus ließ die Menschen schneller atmen, zügiger gehen, glücklicher lachen. Früher sterben.

»Judas!«, rief er, während er vor mir herging. Er drehte sich nicht um. Er blieb nicht stehen und wurde nicht langsamer. Mit dem ihm eigenen hektischen Gang wirbelte er nur weiter den Staub des Weges auf und rief vor sich her: »Judas!«

Ich bemühte mich, genug Atem zu holen, damit ich zurückrufen konnte: »Was ist los?«

Und er rief: »Du bist ein guter Mann, Judas. Du bist ein rechtschaffener, aufrechter Mann, und ich bin stolz darauf, dein Freund genannt zu werden.«

Er ging weiter – ich glaube, er lachte, wenn ich mich nicht verhört habe –, aber er brachte mich ein wenig aus dem Takt. Selbst ein Lächeln kann einen alten Mann vergessen lassen, dass er läuft.

»Du solltest dich mit Mattatias unterhalten«, rief Saulus, »dem hübschen, Dunkelhaarigen, der da neben dir herläuft. Er wird auch einmal ein guter Mann sein.«

Der junge Mann namens Mattatias wurde rot und runzelte die Stirn. Er sah wirklich gut aus, eine jugendliche Schönheit mit markanten Wangenknochen und einem gebräunten, ebenmäßigen Gesicht. In ein paar Jahren würde er ein kräftiger, erwachsener Mann sein.

Saulus rief: »Was meinst du, Judas? Mattatias hat ein Auge auf meine Schwester geworfen. Was meinst du? Soll ich ein Lächeln auf sein Gesicht zaubern?«

Mattatias lächelte überhaupt nicht. Seine hübschen Wangen waren rot wie ein glühender Ofen, sein Mund war eine gerade, weiße Linie und sein Blick entschlossen nach vorn gerichtet. Der andere junge Mann, der neben ihm herlief, blickte immer wieder unruhig in die Augen seines Kameraden, als ob er selbst nach einer passenden Antwort suchte.

Plötzlich drehte Saulus sich um, sah die Reaktion der beiden schüchternen Jungen auf seine Anspielungen und brach in schallendes Gelächter aus.

Als es Mittag wurde, liefen wir in Richtung Osten, einer hinter dem anderen her, stur und wortlos – ganz so, als hätte sich jeweils ein Teil in uns in der Mittagshitze schlafen gelegt. Unsere Schatten waren jetzt kleine Flecke neben unseren linken Füßen, und bis auf eine dünne Tunika hatte die Sonne mich gezwungen, alle Kleider auszuziehen. Mein kleiner Esel trug alles, ohne zu murren.

Plötzlich, in der Stille des Mittags, war mir, als träfe mich etwas am Hinterkopf. Ich wollte mich umdrehen, aber da wurde ich schon ein zweites Mal getroffen. Ich biss die Zähne zusammen. Der dritte Schlag war wie ein Stein, der mich im Nacken traf, und ich ging unwillkürlich zu Boden. Aber ich schwöre, da war kein Gegenstand, und da war niemand, der mich hätte schlagen können. Es war mehr wie ein Licht, ein Licht, das vom Himmel kam und heller war als alles, was wir je gesehen hatten. Auch die beiden jungen Burschen hatten sich auf den Boden geworfen.

Es war vollkommen still. Kein Geräusch war zu hören, außer dem unserer Bewegungen auf dem staubigen Boden. Wir sahen aus wie spielende Kinder, aber wir spielten nicht.

Doch dann schien sich der Himmel geöffnet zu haben. Ich hörte ein Donnern wie das eines mächtigen Wasserfalls, und alles in mir erzitterte. Ich wollte schreien, aber ich hatte keine Stimme mehr, keinen Atem mehr. Der Boden unter mir schwankte. Ich schloss die Augen und bedeckte meinen Kopf. Was dann geschah, scheint mir immer noch unmöglich, aber es ist die Wahrheit: Durch das Donnern hindurch hörte ich die drei Worte *Tis ei, Kyrie?* Ich öffnete meine Augen, und in meinem getrübten Blick erkannte ich Saulus, der rücklings auf dem Boden lag und in den Himmel starrte. Er sagte: »Wer bist du, Herr?« Und dieser Donner, den ich die ganze Zeit in meinem Inneren hörte, wurde nun noch kräftiger, sodass ich eigentlich nichts mehr hätte hören können, aber trotzdem hörte ich, wie Saulus sagte: »Ti poieso, Kyrie? Herr, was soll ich tun?« Und plötzlich schlug er sich mit den Fäusten vor die Augen und wälzte sich zur Seite, als ob sein Gesicht brennen würde. Mir gelang es aufzustehen, während Saulus sich weiter herumwälzte, bis er schließlich auf die Knie ging, sich nach vorne beugte und seinen armen, von der Sonne verbrannten Kopf in den Staub des Bodens drückte.

Und dann war alles vorbei.

Ich hörte keinen Donner mehr. Das Geräusch endete so plötzlich, dass ich mich fragte, ob ich es nun gehört hatte oder nicht. Ich spürte wieder die sengende Hitze und sah das gleißende Licht der Mittagssonne, das einen fast hätte blenden können. Ich spürte keinen festen Boden mehr unter den Füßen, mir war, als schwämme ich im Wasser. Aber Paulus lag zusammengerollt wie ein Igel auf dem Boden.

Durch seine Knie hindurch flüsterte er: »Judas?«

Ich hörte, wie er meinen Namen sagte – Judas, Judas –, aber ich konnte mich nicht auf ihn zubewegen, um ihm zu antworten. Meine Glieder waren steif. Ich atmete nicht mehr.

Saulus sagte: »Judas? Bist du dort irgendwo?«

Langsam entfaltete er seine Arme und begann, auf seinen Händen und Knien umherzukriechen. Er hob den Kopf und wandte ihn nach rechts und nach links. Ich sah, dass seine Augenhöhlen gerötet waren, aber seine Pupillen waren nicht mehr zu sehen. Die lebendigen Mittelpunkte seiner Augen waren verschwunden.

»Judas«, sagte er. »Judas, mein Freund, ich brauche deine Hilfe. Bitte komm zu mir und hilf mir. Ich kann nichts mehr sehen. Ich kann nichts mehr sehen ...«

Er sagte: »Ich brauche deine Hilfe«, und das gab mir die Kraft aufzustehen und zu ihm zu gehen.

11

Es dämmerte, als wir das kleine Tor in der südlichen Stadtmauer von Damaskus durchschritten. Der Himmel hatte die Farbe eines polierten Amethysten, still und klar und violett. Man konnte tief in ihn hineinblicken.

Ich hatte Saulus auf meinen Esel gesetzt, den ich an seinem Zaumzeug führte. Es hatte keinen Sinn gehabt, Saulus selbst zu führen, denn er war es nicht gewohnt, blind zu sein. Er war immer wieder schneller als ich gelaufen und dann gestolpert, und so hatte ich ihn die meiste Zeit auffangen müssen, statt ihn zu führen.

Die beiden jungen Burschen, die Saulus von Jerusalem her begleitet hatten, folgten uns mit einigem Abstand. Sie waren wie zwei Schatten, die einander Dinge zuflüsterten. Sie hatten Angst. Ich nahm es ihnen nicht übel.

Als wir am Mittag alle wieder auf den Beinen gewesen waren, hatten sie Saulus mit Fragen bedrängt: »Geht es dir gut? Was ist los mit dir? Was ist geschehen? Was sollen wir jetzt tun?«

Die armen Jungen. Saulus redete mit niemandem. Mühevoll versuchte er zu laufen und stützte sich auf mich. Er zwang sich weiterzugehen. Es schien, als strebe er entschlossen nach vorn, aber sein Schritt war unsicher auf dem steinigen Boden, und er hielt sich an mir fest, um nicht hinzufallen.

»Bitte«, hatte Mattatias gesagt, »Saulus, was ist los mit dir?«

»Was los ist?«, sagte ich. »Er ist blind.«

»Das weiß ich«, fuhr Mattatias mich an. »Aber wie kann das sein?«

Pedaia fragte: »Warum? Warum ist er blind? Saulus, warum bist du blind?« Der junge Pedaia brach in Tränen aus. »Was sollen wir jetzt bloß tun?«, jammerte er.

Ach, die armen Jungen! Ihre Körper bekamen schon männliche Züge, aber ihre Stimmungen waren noch in der Jugend gefangen, und sie hatten so große Angst. Aber wie soll ein Mensch sich verhalten, wenn etwas Unerklärliches geschehen ist?

Saulus gab seinen Kampf auf. Er hielt sich mit seiner linken Hand an meinem Arm fest und streckte die rechte Hand vor sich aus. »Mattatias«, sagte er.

Mattatias kam zu ihm und sagte: »Hier bin ich.«

Saulus sagte: »Nimm meine Hand.«

Der Junge nahm die Hand des Saulus.

»Sei ganz ruhig, mein Freund«, sagte Saulus. »Du möchtest wissen, was ihr tun sollt? Geht nach Hause.

Ihr beide, Pedaia und du, geht zurück nach Jerusalem. Geht nach Hause.«

Mattatias sah abwechselnd mich und Saulus an. Er sah mich an, als könnte ich ihm erklären, was sein Meister gesagt hatte. Und er sah Saulus an, als versuchte er, seinen Meister hinter den leeren Augen wiederzufinden. Ich blieb stumm. Ich hatte nichts zu sagen.

Der junge Mann sagte: »Das können wir nicht tun. Warum sollten wir das tun? Was ist mit dir? Wir gehen zurück, wenn auch du zurückgehst.«

In den verletzten Augen des Saulus sammelten sich Tränen, aber er schloss seine Augen nicht. Er zog den Arm des jungen Mannes zu sich herüber, küsste dessen Hand und sagte: »Ich gehe nicht nach Hause. Ich habe kein Zuhause.«

Mattatias öffnete seinen Mund, als würde der Kuss des Saulus auf seiner Hand brennen. Mit flüsternder Stimme sagte er: »Warum nicht?«

Saulus sagte: »Mir ist geboten worden, nach Damaskus zu gehen und dort auf weitere Weisungen zu warten.«

»Das wissen wir!«, entgegnete Mattatias beinahe schreiend, und zog seine Hand wieder zurück. »Wir sollen alle nach Damaskus gehen. Deshalb haben wir uns auf den Weg gemacht. Warum möchtest du uns nicht mehr bei dir haben? Warum schickst du uns fort?«

Saulus zuckte die Achseln und schüttelte den Kopf. Er blieb eine ganze Weile regungslos stehen. Tränen liefen ihm über das Gesicht. Schließlich sagte er leise: »Es hat sich alles geändert, Mattatias. Geh nach Hause.« Und dann ging er weiter, aber langsamer als vorher und stärker an mich gelehnt.

Die beiden Jungen umschwärmten uns beide wie Spatzen. »Du bist blind«, sagten sie mit zittrigen Stimmen. »Warum kannst du nichts mehr sehen? Was ist geschehen? Welcher Teufel hat uns auf dem Weg angegriffen? Was weißt du darüber? Warum willst du es uns nicht sagen?«

Aber Saulus antwortete nicht. Saulus sagte überhaupt nichts mehr.

Wir schleppten uns dahin. Sein Körpergewicht in der Beuge meines rechten Arms ließ eine große Zuneigung in mir aufkommen, so wie ein Vater sich fühlen muss, wenn sein Sohn schwach und in großer Not nach Hause kommt. Wenn der klein gewachsene Mann ausrutschte, fing ich ihn auf, hielt ihn einen Moment fest und setzte ihn dann wieder auf seine Füße. Ich war sein Baum. Er war leichter als Hodesch. Ich war seine Stärke. Und ich nahm mir die Freiheit heraus, nun für uns alle Entscheidungen zu treffen.

»Saulus«, sagte ich. »Lass mich unsere Reise leichter machen.« Dann nahm ich ihn und setzte ihn zwischen zwei Kissen auf den Rücken meines kleinen Esels, und so erreichten wir in der Dämmerung die Stadt.

Als wir durch die alten Straßen südlich des Theaters kamen, wurde es sehr schnell stockdunkel. Dort zündet niemand eine Fackel an, und alle Haustüren sind geschlossen. Meine Straße hingegen ist weder eng noch macht sie eine Kurve. Sie ist völlig gerade, breit und an den Seiten von Säulenkolonnaden gesäumt. Hier findet man auch im Dunkeln leicht seinen Weg. Die jungen Burschen waren in einem fremden Land und hatten Angst, aber ich war zu Hause und froh darüber. Hier konnte ich mehr für Saulus tun.

Als wir am Haus meines Nachbarn Zefanja vorbeigingen, steckte er seinen Kopf aus der Tür und rief: »Judas! Ich bin erstaunt, dich zu sehen. Ich hätte dich nicht vor morgen früh erwartet.«

»Wir haben es nun doch viel schneller geschafft«, sagte ich.

»Hat dir der Herr, unser Gott, also Erfolg beschieden, Judas?«, fragte mein alter Nachbar. »Ist das dort der Pharisäer? Hast du den Pharisäer mitgebracht?«

»Ja«, sagte ich. »Hier ist er. Er reitet auf meinem Esel.«

»Seid willkommen!«, rief Zefanja. Er kam mit eilenden Schritten zu uns herüber und verbeugte sich grüßend. Er richtete sich wieder auf und verbeugte sich ein zweites Mal, aber Saulus erwiderte seinen Gruß nicht. Natürlich nicht. Er war blind. Aber ich schämte mich, das in seiner Anwesenheit auszusprechen.

Deshalb sagte ich: »Saulus, dies ist mein Nachbar Zefanja.«

Es mag so gewesen sein, dass Saulus daraufhin nickte und dass dieses Nicken als ein Gruß gemeint war.

Mattatias verkündete: »Er sagt kein Wort mehr. Mit ihm ist etwas nicht in Ordnung.«

Zefanja schaute mich an und sagte: »Lass mich mein Versprechen einhalten, Judas. Lass mich ins Haus gehen und für euch eine Mahlzeit zubereiten.«

»Danke, Zefanja«, sagte ich.

Ja, tatsächlich: Mir war Erfolg beschieden. Ich hatte den Pharisäer mitgebracht, der uns helfen würde, in unseren Synagogen wieder für Ordnung zu sorgen. Aber er hatte gesagt: »Judas, ich brauche deine Hilfe«, und das hatte mein Herz berührt, und nun gab es so viel mehr zu tun.

Im Atrium meines Hauses habe ich einen winzigen Garten, in dem eine Wasserfontäne in einen kleinen, flachen Teich plätschert. Nach dem Abendessen und nachdem ich den beiden jungen Männern ihr Zimmer im ersten Stock gezeigt hatte, führte ich Saulus in meinen Garten. Er setzte sich auf die steinerne Bank, auf der Hodesch und ich so manchen Abend verbracht hatten. Ich kniete mich mit sauberen Handtüchern vor ihn hin und begann, ihn zu waschen. Er sträubte sich nicht dagegen.

Ich konnte es nicht vermeiden, seine Tunika auszuziehen. Ich legte Schwämme mit warmem Wasser auf seine Brust und fühlte mit meinen Händen, wie schmal seine Rippen waren, wie dünn dieser Mann war. Und seine Haut war so blass, dass sie in der Dunkelheit beinahe leuchtete.

»Saulus, Saulus«, sagte ich.

Der Mann sagte nichts. Er erlaubte mir, seine Arme anzuheben, damit ich ihn waschen konnte. Er schürzte seine Lippen, als ob ihm unausgesprochene Gedanken durch den Kopf gingen.

Er hatte sein Augenlicht verloren. Was hatte er noch verloren? Seine Stimme? Seine Worte?

Saulus, kannst du mich jetzt hören?

Ich trocknete seinen Körper mit Leinentüchern und hüllte ihn in ein Gewand. Dann setzte ich mich zu ihm auf die Bank. »Medizin«, flüsterte ich, »für deinen armen Kopf.«

Die von der Sonne verbrannte Haut war aufgeplatzt und nässte. Ich schnitt die abgelöste Haut weg. Auf die Wunden goss ich eine Salbe aus Myrrhe. Seine Nasenlöcher zuckten.

»Die Myrrhe wird dafür sorgen, dass sich die Haut nicht entzündet«, sagte ich leise. »Kannst du dich nach vorn beugen? Saulus, kannst du deinen Kopf ein wenig nach vorn beugen?«

Er tat es. Mir ging das Herz auf, denn er hatte mich gehört.

Ich salbte seinen gesamten Kopf mit einer Mischung

aus Olivenöl, Grünspan und einem Pulver aus Graphit. Das Öl würde verhindern, dass mein Verband mit den Wunden verklebte. Anschließend band ich ein langes Leinentuch um seinen großen Kopf und flüsterte: »Das ist der Turban, den du auf deinem Weg von Jerusalem hättest tragen sollen, mein Freund.«

Aber als ich daran ging, seine Augen zu beruhigen, wusste ich mir nicht mehr zu helfen. Das Öl der Aloe vermochte seine brennenden Augenlider nicht zu kühlen. Es konnte auch die Krusten nicht aufweichen, mit denen sie verklebt waren. Ich hatte Angst, die zarten Lider könnten einreißen und bluten. Um erkennen zu können, was mit seinem Augenlicht geschehen war, ging ich ganz nahe an sein Gesicht heran. Ich hörte, wie er durch die Nase atmete. Ich spürte seinen warmen Atem auf meiner Wange. Die Berührung meiner Fingerspitzen ließ ihn zusammenzucken.

Judas, mein Freund, ich brauche deine Hilfe.

Aber ich konnte nichts für seine Augen tun.

Ich stand auf. »Komm, mein Sohn«, sagte ich. Ich errötete. Ich half ihm vorsichtig auf die Füße. »Höre, o Israel«, sang ich leise, als ich Saulus zu einem Strohlager führte und sein Gewicht an meinem Arm spürte. »Der Herr, unser Gott, der Herr, ist einzig. Und du sollst Gott, den Herrn, lieben, mit deinem ganzen Herzen und mit deiner ganzen Seele und mit all deiner Kraft …«

Am frühen Morgen, als es noch dunkel war, kamen die beiden jungen Gefährten des Saulus in mein Zimmer, blieben dort stehen und warteten, bis ich aufwachte. Sie trugen eine Öllampe mit sich. In dem flackernden Licht konnte ich sehen, wie ernst und entschlossen ihre Gesichter waren. Mir war, als trügen sie ihre Überzeugungen wie Waffen vor sich her. Angst hatten sie nun nicht mehr.

Der eine, der Mattatias hieß, sagte: »Alter Mann, wir haben dir etwas zu sagen.«

Ich fragte: »Was ist es?«

Er stellte sich aufrecht hin und verkündete: »Entweder haben wir das Werk eines Dämonen gesehen oder wir sind Zeugen einer Strafe des Himmels geworden. So oder so liegt etwas Böses in dieser Blindheit.«

Pedaia wartete nicht erst auf eine Antwort von mir. Er begann sofort, eine Rede zu halten, und bald wurde mir deutlich, dass die beiden alles untereinander abgesprochen hatten.

Pedaia sagte: »Im Buch Tobias steht geschrieben, dass Tobias im Garten schlief und während er schlief, die Ausscheidungen von Spatzen in seine Augen fielen und er dadurch geblendet wurde. Wie wir die Schrift verstehen, war es ein Dämon oder ein gefallener Engel, der dies tat, denn kein Arzt konnte ihn heilen. Vier Jahre lang betete Tobias, aber niemand konnte ihn heilen, bis der Engel Rafael zu Hilfe kam. Rafael zeigte den Ärzten, dass sie die Galle eines Fisches auf die Augen des Tobias auftragen sollten. So wurde er geheilt. Ein Engel hat ihn geheilt. Daher wissen wir, dass ein Dämon ihn geblendet hat. Dämonen können einen Menschen blenden.«

Mattatias stand immer noch in seiner aufgerichteten Pose da und fügte beinahe schreiend hinzu: »Oder erinnere dich, was der Engel des Herrn mit den bösen Männern von Sodom machte. Er hat sie geblendet! Er hat sie geblendet, um ihrer Sünde ein Ende zu machen und sie zu bestrafen. Lauter Blendungen – und mitten am Tag wird Saulus plötzlich von einer unsichtbaren Hand mit Blindheit geschlagen. So oder so ist diese Blindheit ein

Fluch, alter Mann, und du solltest ihn genauso verstoßen wie wir. Er wird dir keine Hilfe sein.«

Und dann gingen die beiden.

Sie drehten sich um und verließen erst mein Zimmer, dann mein Haus und dann die Stadt. Sie waren enttäuscht.

12

Die Vorsteher der Synagogen von Damaskus sind gute und fromme Männer. Einige von ihnen zählen zu meinen ältesten Freunden. Sie haben auf meiner Hochzeit mit Hodesch getanzt. Sie haben uns zu den Beschneidungen ihrer Söhne eingeladen. Sie haben geweint, als ich Hodesch in ihr Grab legte. Wir sind alle eines Geistes. Wir lieben Gott. Wir lieben die Tora. Und wir streben danach, diese Dinge für unsere Kinder und Kindeskinder zu bewahren.

In der Mittagszeit kamen Synagogenvorsteher zu meinem Haus und klopften an die Tür.

»Judas«, sagten sie. »Ist Saulus, der Pharisäer, hier?«

»Ja«, sagte ich, »er ist hier.«

Ich stand in der Tür und nickte, aber ich blieb stehen und bewegte mich nicht.

»Wir haben davon gehört«, sagten sie. »Zefanja hat uns erzählt, dass er den Pharisäer getroffen hat, als du gestern Abend nach Hause gekommen bist.«

»Zefanja ist ein guter Mann«, sagte ich und nickte. »Es war schon sehr spät, als wir ankamen, und dennoch hat er noch für uns gekocht.«

Ich blieb immer noch stehen. Ich starrte auf den Boden.

»Wir sind gekommen, um unseren Gast willkommen

zu heißen«, sagten sie. »Und wir möchten hören, was er uns zu sagen hat.«

Ich strich mir über die Barthaare an meinem Kinn. »Ihr werdet sehr beeindruckt sein«, sagte ich. »Saulus ist ein gerechter Mann, äußerst belesen, entschlossen und stark. Wenn er läuft, macht er mich müde. Aber wenn er redet, macht er mich weise. Ja, der Herr hat uns einen Lehrer gesandt. So ist es.«

»Judas«, sagten sie. »Warum bittest du uns nicht hinein? Dann können wir diesen guten Mann selbst kennen lernen.«

»Nun, ich habe schlechte Neuigkeiten«, sagte ich, hob meinen Kopf wieder und sah die anderen beinahe flehend an. »Auf unserer Reise gestern ist er krank geworden.«

»Krank?« In ihren Gesichtern sah man echtes Mitgefühl. »Was ist mit ihm?«

»Es sind seine Augen«, sagte ich. »Seine Augen bereiten ihm Schwierigkeiten.«

»Oh, das erklärt, warum Zefanja meinte, er habe sich gestern Abend seltsam verhalten.«

»Ihr seht also, dass der Zeitpunkt für einen Besuch nicht günstig ist.«

Die Führer der Synagogen schauten einander an und kamen allein durch den Austausch von Blicken zu einer Entscheidung.

»Judas, du bist ein freundlicher und großzügiger Gastgeber«, sagten sie. »Bitte richte Saulus unsere Grüße aus, und wenn er so weit ist, rufe uns. Wir warten auf Nachricht von dir.«

Eine solche Großzügigkeit berührte mich so sehr, dass ich kaum sprechen konnte. »Meine Freunde, meine lieben alten Freunde«, sagte ich und umarmte sie. »Saulus wird wieder gesund werden. Und wenn er wieder gesund ist, wird er uns sehr helfen, das verspreche ich euch.«

Ich blickte ihnen nach, als sie gingen, und war erleichtert und besorgt zugleich.

Vor den Synagogenvorstehern hatte ich die Wahrheit leicht verändert. Aber es war notwendig, die Wahrheit ein wenig zu verändern. Ich war ein Mann, der auch nicht viel wusste. Außerdem empfand ich sehr viel für Saulus und wollte ihn schützen, sowohl seinen Körper als auch seinen guten Ruf, bis er wieder stark sein würde. Aber konnte ich ihn wieder stark machen? Ich wusste es nicht. Meine Unwissenheit machte mich hilflos.

An diesem Tag sprach er nicht ein mal, aß nichts und trank nichts. Ich stellte ihm Essen hin, aber er rührte es nicht an. Ich führte einen Becher Wasser an seine Lippen und neigte ihn, aber das Wasser lief nur an seinem Kinn herunter. Saulus tat nichts, als die Fliegen von seinen Augen zu verscheuchen. Sie setzten sich immer wieder dort hin, wo Feuchtigkeit durch die Krusten austrat. Sie aßen und tranken, während Saulus mit verschränkten Beinen auf seinem Strohlager saß und sich hin und her wiegte. Den ganzen Tag lang wiegte er sich und stöhnte und murmelte leise vor sich hin.

Erst als ich mich neben ihn kniete und das Abendgebet zu singen begann, wurde er still. Es schien, als hörte er zu. Das machte mir Hoffnung.

Aber keiner von uns konnte in der kommenden Nacht schlafen. Ich kann zu jeder Tageszeit nur schlecht schlafen. Aber wenn ich einen Gast in meinem Haus habe, dessen Stöhnen man mit Worten nicht beschreiben kann, ist an Schlaf nicht zu denken.

Judas, ich brauche deine Hilfe. Nun, auch das schien unmöglich. Gott hatte diesen Gast zu mir geführt, aber Gott hatte mir nicht gesagt, was ich für ihn tun sollte.

Der nächste Tag war der Sabbat.

Ich traf meine üblichen Vorbereitungen, um in die Synagoge zu gehen. Ich betrat das Zimmer des Saulus und sagte ihm, dass ich eine Weile weg sein würde. Ich wusste nicht, ob er mich hören konnte oder nicht, aber es schien mir angebracht, ihn zu warnen, dass er allein im Haus sein würde.

»Saulus«, sagte ich. »Nach den Lesungen, wenn die Männer beten, werde ich Gebete für dich vorbringen.«

Dann tat mein Gast seinen Mund auf. Der Mann, der mir wie mein Sohn vorkam, verblüffte mich.

Saulus saß immer noch mit verschränkten Beinen auf seinem Strohlager und sagte: »Judas, geh nicht.«

Ich rief: »Saulus, Saulus! Du redest! Bist du hungrig? Möchtest du etwas trinken?«

Er hob seine Hand, und ich hielt inne. Trotz seiner Worte blieb der Mann hinter seiner Blindheit verborgen. Die erhobene Hand kam mir deshalb wie eine ernste und bedeutungsvolle Geste vor, und ich blieb reglos stehen.

Er sagte: »Bleibe im Haus, damit du die Tür öffnen kannst. Ein Mann wird kommen, um mich zu besuchen.«

Weil seine Hand sich nicht mehr senkte, weil sie erhoben blieb, als wäre er ein Priester, der sich auf den Akt der Segnung konzentrierte, wartete ich ab. Ich sprach kein weiteres Wort. Dieser Tag war anders. Saulus war anders, und sei es nur, weil er gesprochen hatte. Ich fühlte mich auch anders wegen dieser Veränderung, und schließlich hatte ich drei wichtige Dinge zu tun: auf ein Klopfen an der Tür warten, die Tür öffnen und einen Mann hineinlassen, um ihn zu Saulus zu bringen. Das alles versetzte mich in eine Erregung, als ob meine Glieder taub gewesen wären und nun wieder Blut in sie hineinströmte, um sie zu neuem Leben zu erwecken. Ich war aufgeregt, weil ich mich fragte, wie er wissen konnte, dass ein Mann kommen würde, um ihn zu besuchen. Saulus musste hinter seinen geschlossenen Augen eine Vision gehabt haben. Die Hand Gottes hatte eingegriffen. Die Hand Gottes hatte dies bewirkt!

Ich suchte im Haus und fand noch etwas Wein. Auch hatte ich noch gutes, gebackenes Weizenbrot. Ich konnte keinen Eintopf kochen, da es ja Sabbat war, aber ich konnte etwas zurechtlegen, das man nicht zubereiten musste: frische Oliven und Datteln, andere getrocknete Früchte und etwas geräucherten Fisch, der sehr teuer gewesen war, dazu noch Pistazien.

Ich war so aufgeregt und außer Atem. Mein Herz war mir so warm, dass mir das Essen aus den Händen fiel, als ich es an der Tür dreimal klopfen hörte.

Ich kniete mich hin, um die verstreuten Teile mit meinen zitternden Händen aufzuheben. So töricht war ich. Erst als ich es wiederum dreimal klopfen hörte, wurde mir bewusst, dass ich den Mann draußen warten ließ. Da legte ich die Scherben zurück auf den Boden, ging durch den kleinen Flur zur Haustür und öffnete sie. Ich musste zweimal hinsehen, bis ich merkte, dass ich diesen Mann kannte. Ich kannte ihn sogar sehr gut. Und er hätte keinen schlechteren Zeitpunkt finden können, um mich zu besuchen.

»Hananias«, sagte ich. »Was führt dich hierher?«

»Einen guten Sabbat, mein Freund«, sagte Hananias. »Da wohnt ein Mann aus Tarsus bei dir. Ich bin gekommen, um diesen Mann zu besuchen.«

»Tarsus?«, sagte ich. »Bei mir ist niemand aus Tarsus. Hananias, bitte geh jetzt. Ich habe andere Dinge zu tun. Du kannst nächste Woche wiederkommen.«

Ich begann die Tür zu schließen. Das war nun wirklich eine unpassende Störung.

»Judas«, sagte er. »Judas, hast du bemerkt, dass ich dir direkt in die Augen sehe? In mir ist keine Angst, mein alter Freund. Da ist nur der Heilige Geist und eine Weisung meines Herrn.«

Es ist wahr, dass die Augen des Hananias leuchteten und sein Gesicht Zuversicht ausstrahlte. Seine Stimme war sehr kräftig. Dennoch hatte ich immer noch vor, die Tür zu schließen, bis er mich am Handgelenk fasste und sagte: »Der Name des Mannes ist Saulus. Er ist ein Pharisäer, der aus Jerusalem hierher geschickt wurde. In Jerusalem hat er denen, die dem Herrn Jesus nachfolgen, viel Schmerz bereitet. Du hast keine andere Wahl, Judas. Du musst mich hereinlassen.«

Er kannte den Namen meines Gastes! Jeder kannte den Namen meines Gastes, aber Hananias wusste auch, in welcher Stadt er geboren war.

Um mein Herz wurde es kalt: Der Mann an der Tür war Hananias, um den sich unsere Synagoge so große Sorgen machte, weil er an die Lehren dieser abtrünnigen Juden glaubte. Und was wäre, wenn …?

Ich hielt inne. Ich schloss die Tür nicht. Ich machte die Tür auch nicht weiter auf. Ich konnte weder denken noch sprechen noch irgendetwas tun.

Und dann hörte ich hinter mir die Stimme des Saulus, der die frohen Erwartungen dieses Morgens zunichte machte.

Er fragte: »Ist dein Name Hananias?«

Hananias schaute an mir vorbei und sagte: »Ja. Und du bist Saulus aus Tarsus.«

Und Saulus sagte: »Judas, das ist der Mann.«

Ich drehte mich um. Der klein gewachsene Mann, der mein Gast war, tastete sich an der Wand entlang durch den Flur und kam auf uns zu. Er sagte: »Das ist der Mann, Judas. Lass ihn herein.«

Ich bin schon sehr alt. Als ich noch jung war, konnte ich meine Gefühle so gut beherrschen, dass niemand außer mir selbst sie erdulden musste. Wenn Hodesch weinte, weinte ich nicht. Ich tröstete sie. Aber jetzt, in diesen letzten Tagen, werde ich von meinen Gefühlen beherrscht. Und sie sind furchtbar stark. Es ist beschämend, wie lautstark sie sich in meinem Inneren bemerkbar machen. Ich bin nicht länger mein eigener Herr.

So war denn ein Schluchzen in meiner Stimme, als ich zu Saulus sagte: »Was geschieht hier? Was ist mit dir geschehen? Warum ist Hananias hier?«

Saulus tastete sich weiter zu uns vor. Ich machte keine Anstalten, ihm zu helfen. Stattdessen betrat Hananias mein Haus, ging an mir vorbei zu Saulus und legte seine Hände auf dessen Schultern.

»Mein Bruder Saulus«, sagte er, »der Herr Jesus, der dir auf dem Weg hierher erschienen ist, hat mich zu dir geschickt, damit du dein Augenlicht zurückerhältst und vom Heiligen Geist erfüllt wirst.«

Ich fing an zu weinen. Die Traurigkeit wütete wie ein Sturm in mir. Ich konnte sie nicht zurückhalten. Was aus meinem Mund drang, hörte sich an wie das Heulen eines kleinen Kindes. Doch dabei beobachtete ich, wie die beiden Männer einander berührten, und ich sah, wie die Krusten auf den Augen des Saulus zerbröckelten und wie Fischschuppen an seinen blassen Wangen herunterfielen, und dann blinzelte er und schließlich konnte er sehen.

Der Herr Jesus, der dir auf dem Weg nach hier erschienen ist ... Was sollte ich von solchen Worten halten? Was geschah da mitten unter uns?

Was mich betrifft, ich hatte nie die Kühnheit besessen, ihn meinen »Bruder« Saulus zu nennen. Ich weinte.

Mit weit geöffneten Augen beobachtete ich, wie Saulus seinen Kopf neigte. Sein Gesicht strahlte, strahlte wie ein weißes Feuer. Hananias begann den Verband abzunehmen, den ich Saulus angelegt hatte.

Hananias sagte: »Du, Saulus, bist ein Werkzeug, das der Herr auserwählt hat, um seinen Namen zu den Heiden, zu den Königen und zu den Kindern Israels zu tragen. Und der Herr wird dir zeigen, wie viel du um seines Namens willen erdulden musst.«

Saulus konnte sehen und strahlte vor Freude! Hananias wurde von seinem Strahlen angesteckt. Und mir war, als hätte ich etwas unschätzbar Wertvolles für immer verloren.

Ich weinte. Aber vielleicht konnte man mein Weinen schon nicht mehr hören. Vielleicht war es der Laut meiner Seele und meiner Einsamkeit.

Die beiden Männer gingen weiter ins Haus. Saulus, der wieder sicher seinen Weg fand, ging voran.

Sie gingen in das Atrium, wo eine kleine Fontäne in den Teich plätscherte. Ich folgte ihnen nicht. Ich stand immer noch regungslos an der geöffneten Tür. Aber ich hörte Wasser spritzen, und ich hörte die Stimme des Hananias, der sagte: »Ich taufe dich im Namen unseres Herrn Jesus Christus.« Und dann hörte ich die hohe Stimme des Saulus, der ausrief: »Jesus Christus ist mein Herr!« Und dann lachten beide. Das Lachen des Saulus kam mir albern vor, wie das Lachen eines kleinen Mädchens. Ich hörte auf zu weinen. Ich ging durch die Tür, schloss sie hinter mir und machte mich auf den Weg in die Synagoge.

13

Meine Frau hat einen schönen Namen. Im Hebräischen bedeutet er »neu«. So wie der Neumond eines neuen Monats. Und so war sie auch, in ihrer ganzen Art und zu jeder Zeit: immer wieder neu für mich und immer jung. Aber das Neue war nie von einer Art, die das Alte zerstört hätte. Hodesch war die Jugend für mich. Sie hielt mein altes Herz jung. Ich war schon in meinem vierundfünfzigsten Lebensjahr, als wir heirateten, und sie war erst siebzehn! Es gab nichts, womit ich solch ein Geschenk Gottes verdient hätte. Aber dann, genau einundzwanzig Tage vor dem Laubhüttenfest, wurde sie krank. Und das war in dem Jahr, als wir geplant hatten, zum Fest eine Pilgerreise nach Jerusalem zu machen. Es wäre ihre erste Pilgerreise in die Heilige Stadt gewesen. Aber sie wurde krank, und sie lag auf ihrem Strohlager, und ich sorgte für sie. Ich weinte nicht. Ich tröstete sie. Aber meine Hodesch konnte kein Essen in ihrem Magen behalten, und bald verabscheute sie den Geschmack des Essens. Und wenn sie überhaupt etwas trank, stieß sie es mit schrecklichen Krämpfen auf. Und dann, am Abend des achtzehnten Tages vor dem Fest, lächelte sie mich an. Alle ihre Schmerzen waren verschwunden. Sie lächelte ein blasses Lächeln, so dünn und weiß wie der Neumond, und dann schloss sie ihre Augen und seufzte ganz tief, und dann starb sie.

Am Tag nach dem Laubhüttenfest trafen wir uns mit den Vorstehern der Synagogen, und gemeinsam schrieben wir Briefe an den Hohen Priester in Jerusalem. Wir flehten ihn um Hilfe an, weil eine andere Art von Neuheit nach Damaskus gekommen war, um uns zu vernichten. Und die Hilfe, die man uns schickte, war Saulus, der Pharisäer, ein tüchtiger Mann.

Als ich an jenem Sabbat nach meinem Besuch in der Synagoge wieder nach Hause kam, war es schon spät am Abend. Ich war dort geblieben, bis der Tag vorüber war.

Ich sah das Licht einer Lampe in einem Fenster meines Hauses. Ich betrat mein Haus und ging in das Zimmer, zu dem das Fenster gehörte. Es war das Zimmer, das ich Saulus gegeben hatte. Dort fand ich ihn. Er saß mit verschränkten Beinen auf dem Strohlager, das ich ihm ebenfalls in gutem Glauben angeboten hatte.

Jetzt konnte er wieder sehen. Er hob seinen großen Kopf und beobachtete, wie ich den Raum betrat. Durch die kleine Flamme warfen wir beide riesenhafte Schatten.

Ich sagte: »Das Lager, auf dem du sitzt, gehört meiner Frau.«

Er richtete seine Augen auf mich und sagte: »Judas, es gibt nur eines, was du wissen musst: Dieser Jesus von Nazareth, der vor achtzehn Monaten gekreuzigt wurde – er lebt.«

Ich bückte mich und begann, seine Habseligkeiten in seine lederne Tasche zu packen.

Ich sagte: »Um des Andenkens meiner Frau willen brauche ich dieses Zimmer und dieses Lager zurück. Bitte sorge dafür, dass du nichts in meinem Haus zurücklässt, wenn du gehst.«

»Judas«, sagte er, »es war Jesus selbst, dem wir auf dem Weg begegnet sind. Gott hat ihn von den Toten auferweckt. Dadurch ist jetzt alles anders.«

Ich sagte: »Geh, Saulus. Geh!«

Er stand auf. Nun blickte er auf mich herab, denn ich blieb in der Hocke.

Er sagte: »Judas aus Damaskus, du bist wie ein Vater zu mir gewesen.«

Dies ist ein Augenblick, auf den ich sehr, sehr stolz bin und für den ich Gott danke: Ich weinte nicht. Ich zuckte nicht einmal. Ich beherrschte meine Gefühle. Ich stand auf und sah ihn an. Unsere Blicke trafen sich. Ich gab ihm seine Tasche, und ich sagte: »Geh!«

LUCIUS ANNAEUS SENECA

14

Seneca, in der Verbannung auf Korsika,
An Helvia, meine Mutter in Cordoba,
Im ersten Jahr der Regentschaft des Claudius:

Sei gegrüßt!

Ich mag es nicht »Verbannung« nennen, Mutter, und das solltest auch du nicht tun. Wir wollen es eine »unfreiwillige Veränderung meines Wohnsitzes« nennen, in dem Bewusstsein, dass ein Mann, von dem eine solche Veränderung verlangt wird, sich nicht auch selbst verändern muss. Er ist der, der er immer war, und das, was er immer bleiben möge.

Mutter, wie oft hatte ich die Absicht, dir zum Trost einen Brief zu schreiben, seit der Senat uns voneinander schied und mich allein auf diesen Felsen wünschte, doch ich misstraute mir selbst.

Meine Betrübnis erstickte jedes gute Wort in mir, unausgesprochen, unaussprechlich, ungeschrieben.

Doch nun ist ein halbes Jahr vergangen. Vielleicht ist dein Kummer hinreichend abgeklungen, um meine Heilmittel zu empfangen. Meinen habe ich gewiss hinter mir gelassen.

Also schreibe ich.

Bitte halte mich nicht für grausam, wenn ich mit einer Aufzählung der Schicksalsschläge beginne, die dich getroffen haben. Ein verzärteltes, weichliches Herz schreckt vor der geringsten Verletzung zurück, aber eine Frau, die eine Folge von Katastrophen überlebt hat, hält dem schwersten Schlag entschlossen stand. Du bist eine solche Frau, Mutter – du warst es von Anbeginn.

An dem Tag, als du geboren wurdest, starb deine eigene Mutter.

Vor zehn Jahren widerfuhr dir das Grauen eines Schiffbruchs; du warst in dem Glauben, deine Schwester, ihr Mann und ich wären auf den Meeresgrund gesunken. Es war Galerius, der tatsächlich starb. Wir durften uns wiedersehen und umarmen und küssen, du und ich, während er für immer in seinem marmornen Bett ruhte.

Doch es war dein Ehemann, mein Vater und mein Namenspatron, der gestorben war.

Dieser Mann hat einmal mein Leben gerettet. Wusstest du das? Vor meinem Aufenthalt in Ägypten hatte ich mit meiner Krankheit, meinem furchtbaren *suspirium*, eine solche Not; ich war so dünn, ich hustete und fror, dass ich meiner Bedrängnis ein Ende zu bereiten gedachte, indem ich mein eigenes Leben auslöschen würde. Es war die Sorge meines geliebten, alten Vaters, die mich davon abhielt. Es kümmerte mich weniger, ob ich die Kraft zu sterben haben würde, als ob er die Kraft haben würde, mein Sterben zu ertragen.

Doch dann war es sein Tod, den wir ertragen mussten, du und ich, und getrennt voneinander, da das Meer uns geschieden hatte. Als Nächstes, so bald nach dem Verlust deines Mannes, traf dich der Verlust dreier deiner Enkel. Und einer von diesen war mein eigener, mein jüngster Sohn, der an deinem Busen starb, Mutter, unter dem Regen deiner zärtlichen Küsse.

Schließlich bin ich, dein Zweitgeborener, dir entrissen und bei lebendigem Leibe auf dieses verlassene Kliff, in dieses steinerne Grab geschickt worden. Es ist eine neue Art der Trauer, nicht wahr? Die Trauer um die Lebenden.

Sieh doch: Ich habe keinen der Schicksalsschläge übergangen, denn meine Absicht war nicht, sie zu verhüllen, sondern sie zu überwinden.

Und ich beginne mit dem letzten: Grämst du dich, weil du glaubst, dass ich mich gräme? Tu es nicht. Denn ich tue es nicht! Ich habe mich zur Genügsamkeit erzogen, Mutter. In meinem dreiundvierzigsten Jahr, wo andere Männer vor dem Zenit ihrer Macht stehen, habe ich die Macht verloren, und dazu meine Freiheit und den Gebrauch meines gesamten Vermögens. Aber es schenkt mir Zufriedenheit, dass ich verloren habe, was ich nie brauchte, und dass ich das, was ich brauche, niemals verlieren kann – nämlich zwei Dinge: die allgemeine Natur und die Tugend des Einzelnen.

Denn dies ist die Absicht des Schöpfers der Welt, was auch immer er sein mag – eine allmächtige Gottheit oder eine unstoffliche Vernunft, die große Werke ersinnt, oder ein göttlicher Geist, der alle Dinge, von den kleinsten bis hin zu den größten, mit einer immer gleichen Energie durchdringt, oder das Schicksal oder eine unabwendbare Folge von Ursachen, die alle miteinander zusammenhängen. Wer auch immer der Beabsichtigende ist, sage ich, dies ist seine Absicht: dass nichts von uns unter die Herrschaft anderer fallen kann, außer dem, was letztlich und eigentlich für uns wertlos ist.

Das Beste eines jeden Mannes ist der Macht anderer

Männer entzogen; sie können es ihm weder schenken noch ihn dessen berauben.

Höre mich an. Das Firmament, das dich genauso wie mich überspannt, das Firmament, geordneter und wohl proportionierter, beweglicher und schöner als alles andere, das die Natur hervorgebracht hat, dieses kühne Firmament, Mutter, und der erhabenste Teil davon – nämlich der Geist des Menschen, der fähig ist, es zu überschauen und sich an ihm zu ergötzen – gehört uns auf ewig! Solange wir sind, und solange wir sehen können, wird es sein. Und solange ich die Reiche der Gottheit betrachten kann, die Sonne und den Mond, die wandernden Planeten, die aufgehen und untergehen, anmutig und langsam, die Myriaden von Sternen auf kreisförmigen Laufbahnen oder feststehend oder vorbeieilend, solange ich mich mit himmlischen Wesen austauschen kann, meinen Blick zu meinen Neffen in der Höhe aufrichten kann, was sollte es mich da kümmern, welcher Boden unter meinen Füßen ist?

Und was macht es schon, wenn die Verbannung nur aus Brot und einer Hütte besteht? Denn der gemeinste, niedrigste Ort kann mit Tugenden erfüllt werden. Gerechtigkeit und Maß schaffen Raum für eine Schar von Freunden. Weisheit und Rechtschaffenheit sind die Tische und Stühle. Eine gute und angemessene Aufteilung der Pflichten schafft hundert dienende Hände. Und das Wissen um die Gottheit ist wahrhaft Speise und Trank. Sieh, wie aus der Hütte ein Palast wird.

Ich habe Fortuna nie geliebt, auch nicht, als sie mich am meisten zu lieben schien. Ich betrachtete ihre Schätze nie als mein Eigentum, weder ihr Geld noch ihre Ämter noch ihren Einfluss. Der Dieb, der diese Schätze stahl, hat mir deshalb nichts genommen, was mein Eigen war. Mutter, mein Dach sind die Sterne. Mein Haus ist die menschliche Güte. Mein Körper ist bekleidet. Mein Magen ist gefüllt. Und der durstige Teil in mir, meine Seele, trinkt fröhlich aus dem See meiner Bücher. So viel zu mir. Es fehlt mir an nichts.

Was dich betrifft, so weiß ich um dein Herz. Ich weiß, was dich betrübt und was nicht. Weder Juwelen noch Perlen haben dir je etwas bedeutet. Reichtümer haben in deinen Augen keinen Glanz. Du schämtest dich nie für die Schar deiner Kinder, sahst sie nie als Zeichen deines Alters an und hast auch nie aus lächerlicher Eitelkeit zu verbergen versucht, dass du ein Kind erwartetest. Du hast dein Gesicht nie mit Schminke entstellt oder deinen Körper mit durchsichtigen Kleidern zur Schau gestellt. Deine größte Zierde war immer deine Bescheidenheit. Für dich bedeutet der Verlust äußerlicher Güter überhaupt keinen Verlust. Aber was sich im Inneren findet, das ist das Verwundbare in dir: Geist und Liebe und Nachdenklichkeit und die absolute Grenze der Sterblichkeit.

Was also kannst du tun, Mutter? Nun, widme dich dem Studium der Philosophie!

Ich wünschte, mein Vater wäre weniger an die Sitten seiner Vorfahren gebunden gewesen. Ich wünschte, er hätte nachgegeben und dir eine wirkliche Erziehung zukommen lassen. Das Wissen um die Lehren der Philosophie wäre jetzt dein Schild und dein Schutz, so wie es das für mich ist. Wie altmodisch er doch zu seinen Lebzeiten war.

Aber nun ist es dein Leben und ganz deine eigene Entscheidung. Und du kannst lesen. Und die Fundamente der Philosophie sind in deinem wachen, forschenden Geist bereits gelegt. Nimm also Zuflucht in den Büchern. Sie werden dich trösten und erfreuen. Wenn du dich mit ihnen ernsthaft beschäftigst, müssen weder Trauer noch Angst noch Sorge noch Leiden deinen Geist mehr beunruhigen, nein, niemals mehr.

Doch bis du den seligen Abstand der Weisheit gefunden hast, Mutter, stütze dich auf meine Brüder! Erfreue dich an ihren Erfolgen.

Novatus hat sich prächtig entwickelt, seit er von dem Senator L. Junius Gallio adoptiert wurde. Wir rufen meinen brillanten Bruder bei seinem neuen Namen Gallio. Wir loben seine Gewandtheit und Leichtigkeit und erfreuen uns an seinem Ruhm. Und wenn dein ältester Sohn am römischen Himmel hell erstrahlt, fällt sein Lichtschein auf dich!

Und wenn Mela, dein jüngster Sohn, sich entschieden hat, ein Leben der Betrachtung zu führen, wenn er die Ehren des öffentlichen Lebens verschmäht, um in deiner Nähe Muße zu suchen, so ist seine Muße dein!

Gallio hilft dir. Mela erfreut dich. Gallio beschützt dich. Mela tröstet dich. Gemeinsam füllen sie sicherlich die Lücke aus, die ich hinterlassen habe, und es fehlt dir nun an nichts, außer der bloßen Dreizahl.

Und ich weiß ja, dass du dich bereits deinem Enkel Marcus zugewandt hast, der ein so reizendes und gewinnendes Wesen hat. Wie könnte der Kummer bestehen, im Lichte solch eines strahlenden jungen Gesichtes? Welches Herz könnte so verletzt sein, dass seine unschuldigen Umarmungen es nicht heilen könnten? Welche Tränen könnten so groß sein, dass seine liebenswürdige Gesellschaft sie nicht zu trocknen imstande wäre? Und wer würde nicht hoch erfreut sein und laut lachen über die Reime, die er macht, die Verse, die er laut durch die Räume ruft, die Epen in seinem jungen Kopf? Glaube mir, Marcus wird eines Tages ein Dichter sein.

Und ich bete zu den Göttern, dass wir alle vor ihm sterben werden.

Ach, lass doch die Launen des Schicksals sich hier bei mir einfinden! Welche Leiden auch immer du zu erdulden auserkoren bist, Mutter und Großmutter – lasse sie alle mich befallen! Möge meine übrige Familie nichts von einer Veränderung zu hören bekommen. Ich will nicht über meine momentane Lage klagen, weder über die Verbannung noch über den Tod meines Sohnes, wenn ich nur anstelle aller anderen, die ich liebe, leiden darf, und all ihr Kummer bei mir sein Ende nimmt.

JAKOBUS

15

Ich habe eine ganz bestimmte Erinnerung an Saulus, die so rein und so strahlend ist, dass sie mir wie eine Perle in meinem Inneren erscheint. Mit Rücksicht auf die Warnung unseres Herrn besitze ich nicht allzu viele weltliche Dinge; doch da ist diese Perle. Diese Perle bleibt. Und trotz allem, was zwischen uns vorgefallen ist, adelt diese Erinnerung unsere gemeinsame Vergangenheit.

Es war während unserer zweiten Begegnung, drei Jahre nachdem ich miterlebt hatte, wie der junge Mann, der Pharisäer, vor Stephanus die Tora verteidigt hatte, und drei Jahre nach seinem Fortgang aus Jerusalem.

Saulus hat auf einem grob gearbeiteten Kissen im Haus des Simon Petrus Platz genommen, den linken Ellenbogen auf den Tisch gestützt, sein Kinn auf die linke Handfläche gelegt, den Kopf zur Seite geneigt wie ein Mädchen. Die Finger seiner linken Hand sind schlank und sehr lang. Sie umschließen sein Gesicht von der

Wange bis zur Schläfe; die Spitze des kleinen Fingers ragt in die Augenhöhle. Saulus starrt mich an.

Simons Tisch hat die Form eines Hufeisens. Simon selbst nimmt als unser beider Gastgeber in der Mitte Platz. Saulus und ich beanspruchen die beiden Enden. Wir sitzen uns gegenüber. Keiner von uns hatte ein Wort gesprochen, nachdem wir uns bei meinem Eintreffen begrüßt hatten. Erst als ich Simon in das Speisezimmer gefolgt bin, hat sich Saulus erhoben und etwas gesagt. »Jakobus«, hat er gesagt. Und dann mit besonderer Beflissenheit: »Der Friede unseres Herrn Jesus Christus sei mit dir, Jakobus.«

Ich antwortete ihm, fürchte ich, ein wenig wie ein sturer Bauer und murmelte: »Friede.«

Er lächelte erfreut, doch es fielen keine weiteren Worte. Er setzte sich wieder hin, und ich tat es ihm nach. Nun hört Simon nicht wieder auf zu schwatzen, aber Saulus, dessen Kopf so neugierig zur Seite geneigt ist, starrt mich schweigend an.

Dies ist unsere erste wirkliche Begegnung.

Nach seinem Blick zu urteilen scheint er etwas über mich zu wissen.

Ich für mein Teil habe von seiner Bekehrung gehört. Die Gläubigen in Jerusalem hegen daran große Zweifel, und genau diese will Simon Petrus mir gegenüber mit überschwänglicher Freude ausräumen: »Es ist wahr! Jakobus, es ist alles wahr. Er hat den Herrn gesehen. Der Herr hat ihn gefällt wie einen alten Baum und dann wie mit Brettern aus gutem Holz zu einem neuen Tempel gebaut!«

Simons Freude überwältigt jeden.

Und ich glaube ihm. Ich sehe mir Saulus an und erkenne in ihm wahrhaft einen Diener Christi und einen Bruder.

Ich wünschte, ich könnte etwas Passendes sagen, um ihn in unserer Gesellschaft willkommen zu heißen. Der Mann liebt die Tora so sehr wie ich. Und schon seine Augen warten auf ein Wort von mir – von *mir*, ganz ohne Zweifel –, und ich bin bewegt, denn es ist seine eigene Entscheidung. Nicht einmal Simon bemerkt die bescheidene Bitte, die in der Neigung des Kopfes dieses guten Mannes liegt. Mit seinem ehrfürchtigen, erwartungsvollen Schweigen bringt Saulus seine Hochachtung für mich zum Ausdruck.

Welch eine Gnade! Was für eine Erinnerung!

Und um diesen Augenblick zu einer funkelnden Perle werden zu lassen, schenkt mir der Heilige Geist jetzt, zu dieser Stunde, die angemessenen förmlichen Worte.

Simon Petrus wird in seinem Redefluss von seiner Frau unterbrochen. Sie betritt den Speiseraum mit einer Karaffe voll Wein und einem einzigen Kelch. Sie stellt beides vor ihrem Mann auf den Tisch und zieht sich wieder zurück.

Ich mache den Mund auf, und noch bevor ich genau weiß, was ich sagen soll, fange ich an zu sprechen. »Und nun zu dir«, sage ich.

Simon sagt: »Bitte? Was hast du gesagt?«

Aber Saulus hebt den Kopf und faltet seine Hände, in der Erwartung mehr zu hören. Eigenartigerweise ist es gerade diese Erwartung, die mich die weiteren Worte finden lässt.

»Saulus«, sage ich, und spüre die Freude, ein Teil dieses besonderen Geschehens sein zu dürfen. »Was nun folgt, kennen wir so gut und haben es in den letzten vier Jahren so oft ausgesprochen, dass der Sprachgebrauch sich gefestigt hat. Wir haben es immer auf die gleiche Weise gesagt – bis heute. Jetzt aber müssen wir den Schluss wegen dir ändern, Saulus. Wir sagen:

Christus starb für unsere Sünden, gemäß der Schrift. Er wurde begraben. Er wurde am dritten Tage auferweckt, gemäß der Schrift. Er erschien erst dem Petrus, dann den Zwölf. Dann erschien er mehr als fünfhundert Menschen zur selben Zeit. Dann erschien er dem Jakobus – damit bin ich gemeint«, sage ich leise, »*dann den übrigen Aposteln* ...«

Ich halte inne. Simon Petrus ist still und gespannt. Saulus ebenso. Tränen treten ihm in die Augen. Weder blinzelt er noch wischt er sie weg.

Leise und feierlich wiederhole ich: »*Dann den übrigen Aposteln.* So lautete bisher der Schluss. Aber nun muss er lauten: *Und schließlich erschien Christus auf dem Weg nach Damaskus auch dem Saulus.* Auch dir. Sei willkommen, Saulus aus Tarsus.«

Die Frau des Simon ist wieder im Raum, dieses Mal mit einem Fladenbrot auf einem runden Teller aus Ton. Sie geht zur Mitte des Tisches und stellt den Teller vor ihrem Mann hin.

Und auch das gehört zu meiner wundervollen Erinnerung:

Simon Petrus betet mit weit ausgebreiteten Armen.

Saulus singt mit einer unschönen Stimme: »Amen.« Immer wieder: »Amen. Halleluja.«

Simon hält das Brot in beiden Händen und sagt: »Das ist, was Jesus unter uns tat, bevor er starb. Er nahm Brot, segnete es, brach es, gab einem jeden von uns davon und sagte: *Das ist mein Leib für euch; tut dies in Erinnerung an mich.*« Und Simon reißt Stücke von dem Fladen ab und gibt eines Saulus zu seiner Rechten, eines seiner Frau ihm gegenüber und eines mir zu seiner Linken.

Simon schüttet Wein in den Kelch und sagt: »Als wir zu Abend gegessen hatten, nahm Jesus einen Kelch, und nachdem er den Dank gesprochen hatte, reichte er ihn uns allen, und wir tranken daraus, und er sagte: *Dieser Kelch ist der neue Bund durch mein Blut; tut dies, so oft ihr daraus trinkt, in Erinnerung an mich.*« Und Simon Petrus trinkt, und seine Frau trinkt, und er reicht den Kelch Saulus, der ebenfalls trinkt. Aber dann steht Saulus auf und kommt von seinem Tisch zu mir herüber, und jetzt kniet sich Saulus neben mir hin und reicht mir den Kelch, und ich trinke, ich trinke langsam, genussvoll und reichlich, und als ich den Kelch von meinen Lippen absetze, flüstert Saulus: »Aber ich bin der Geringste, Jakobus. Und in mir kann nichts als Gnade sein, denn ich habe das Volk Gottes verfolgt.«

Und das rundet meine Perle und macht ihren Glanz aus.

Trotz allem, was zwischen Saulus und mir in den Jahrzehnten, die auf diesen vollkommenen Augenblick folgten, geschehen ist, habe ich diese Perle als ein Heiligtum bewahrt, als meinen persönlichen Trost.

Simon Petrus sagt: »*Marana tha.*«

Ich sage: »Amen.«

Saulus nimmt den Kelch aus meiner Hand und sagt: »Amen.«

LUCIUS ANNAEUS SENECA

16

Wildes und barbarisches Korsika! Es hält mich als Gefangenen mit seinen Klippen, seiner Öde und Einsamkeit! Der Herbst ist unfruchtbar, der Winter grau und der Frühling eine Flut, die alle zarten Triebe ertränkt.

Ich habe versucht zu schreiben. Ich habe versucht,

mich in Selbstdisziplin zu üben, zu lesen, zu denken, zu beobachten, zu schreiben! – aber ich habe mich nur selbst zur Verzweiflung getrieben. Mein Geist ist eingerostet, weil ich ihn nicht gebrauche. Wie soll ich auch nur einen gelungenen Satz bilden, wenn die einzige Sprache, die ich zu hören bekomme, so derb ist, dass sie die Ohren der Barbaren verletzt, die sie sprechen?

Wie geht es mir? Ihr verlangt nach einer Beschreibung? Hungrig, durstig, leblos und mit nicht einmal dem Funken Feuer in mir, der mein Begräbnislicht entzünden könnte! Zwei Worte allein können mein Leben und mich charakterisieren: eine »Verbannung« in der »Verbannung«!

Ich hasse diese Insel. Ich hasse diesen kargen, brennenden, unbewachsenen Felsen. Der Sommer kommt bestialisch früh – und was dann? Nun, dann wird das Biest verrückt und tollwütig, wenn der Hundsstern seine Zähne zeigt.

Ihr Götter! – Ich bin in ein Grab verbannt, und die einzige Gnade, um die ich bitte, ist, dass die Erde auf der Asche der lebenden Toten nicht zu schwer wiegen möge.

Teil 2

ANTIOCHIA

BARNABAS

17

Saulus sagte: »In Damaskus habe ich einmal eine Drossel gegessen, die in einem Nest aus Spargel serviert wurde. Es ist eine winzige Portion. Man isst das Fleisch in dünnen Scheiben.«

»Garum«, sagte ich.

»Was?«, sagte er.

Und ich sagte: »Probier einmal Garum. Die Heiden lieben Garum zu ihren Gerichten.«

»Was ist das?«

Ich lachte. »Siehst du nun, was noch alles auf uns zukommt?«

Eigentlich bin ich derjenige, der das Essen liebt. Ich habe unsere Freiheiten in vollen Zügen genossen. Für Saulus ist das Essen eine Notwendigkeit, die er oft vernachlässigt. Aber manchmal spricht er über das Essen, wenn er etwas Grundlegendes sagen möchte.

»Garum ist eine Fischpaste«, sagte ich. »Man stellt sie her, indem man die Innereien einer Makrele in Salzlake einlegt. Oder man nimmt einen Thunfisch. Sie machen sie in großen Mengen und verschiffen sie in riesigen Tonkrügen. Die beste kommt aus Kadesch.«

Saulus sagte: »In Daphne habe ich einmal eine Haselmaus gegessen, ein winziges Tier auf einem kleinen Spieß.«

Ich musste laut lachen. Ich stellte mir Saulus vor, mit seinem großen Kopf und einem verschlagenen Gesichtsausdruck, wie er an Mäuseknochen nagte. »Auch eine winzige Portion«, lachte ich.

Saulus' Gesicht verzog sich zu einem gequälten Lächeln.

Wir saßen in einer Ecke im Haus des Simon und vertrieben uns die Zeit, während die Leute wie jede Woche zum gemeinsamen Essen und zum Gebet zusammenkamen. Simons Diener hatten den ganzen Tag lang Speisen vorbereitet. Gäste kamen und brachten ihr eigenes Essen mit. Das hatte uns, Saulus und mich, auf unser Gesprächsthema gebracht. Wir konnten beide nicht kochen.

In einem scherzhaft förmlichen Ton zitierte ich das dritte Buch Mose: »*Diese sollen euch auch unrein sein unter den Tieren, die auf der Erde wimmeln: das Wiesel, die Maus* – die Maus! die Maus! – *die Kröte, ein jedes mit seiner Art, der Gecko, der Molch, die Eidechse* – und die Maus! Die kluge, fleißige Haselmaus!« Ich lachte, vor allem deshalb, weil ich wusste, dass Saulus mit dem Verspeisen des kleinen Nagetiers eine bestimmte Absicht verfolgt hatte. Nun wollte ich es auf die Spitze treiben.

»Hier«, sagte ich und stieß meinen Ellenbogen in seine Rippen, »lass mich dir ein etwas gehaltvolleres Rezept geben. Man nennt es ›Gartenferkel‹. Erst nimmt man einem kleinen Ferkel durch den Mund die Innereien heraus, wie bei einem Schlauch aus Ziegenleder. Dann füllt man es mit Hühnchen und Wurst und getrockneten Datteln und gegrillten Zwiebeln und Schnecken und Kräutern – oh, und natürlich auch mit Drosseln, mein Freund! Dann näht man es zu. Und dann wird es gebraten. Wenn es fertig zum Wenden ist, macht man in den Rücken des Ferkels einen dünnen Schnitt und tränkt das Fleisch mit einer Soße aus Raute, süßem Wein, Honig, Öl – und Garum! Was hältst du davon?«

Saulus sagte: »Ich esse lieber Eintopf.« Dieser Mann ist fähig zu einem Lächeln, das so fein ist wie seine Glieder.

»Warte, warte!«, rief ich und klatschte in die Hände. »Was ist, wenn man das Euter einer Sau formt wie einen Fisch? Ist es Schwein, wenn es nicht aussieht wie Schwein?«

Ungefähr vor fünf Jahren war es, kurz nachdem ich Saulus nach Antiochia eingeladen hatte. Da gingen wir gerade über die Straße des Herodes, als er sich plötzlich einem der Händler zuwandte, die gebratenes Fleisch in Scheiben verkauften. Wir hatten über Freiheiten gesprochen. Ich hatte ihm von den beiden Gelegenheiten in meinem Leben erzählt, bei denen ich einen solchen Rausch der Freiheit erlebt hatte, dass ich glaubte zu zerplatzen. Die erste war, als ich mein Land und meinen gesamten Besitz verkauft und den Erlös den Aposteln übergeben hatte. Mein Herz raste, als ich das tat, und ich verspürte eine körperliche Leichtigkeit, als ob ich schweben könnte wie eine Daunenfeder.

Meine zweite Entdeckung von Freiheit geschah eher schrittweise, hier in Antiochia, wohin mich die Apostel geschickt hatten, um die Gläubigen der Stadt in ihrem Glauben zu bestärken. Die große Mehrzahl der Gläubigen waren Heiden. Schon als ich ankam, waren die Unterschiede im Schwinden begriffen. Es gab keine »Gottesfürchtigen« und »Proselyten« mehr unter den Heiden, und man teilte die Menschen nicht mehr in Juden und Nichtjuden, Obere und Untere, Freie und Sklaven ein. Jeder, der Christus als dem Herrn nachfolgte, war so wie alle anderen auch. Alle waren gleich – eine Familie! Selbst den Römern fiel unsere erstaunliche Einigkeit auf. Sie sahen uns als eine Gruppe an und gaben uns den Namen »Christen«. Schon bald wurden auch alle Gesetze, welche die Juden von den Heiden getrennt hatten, für mich bedeutungslos, und genau das war meine zweite Erfahrung von der Leichtigkeit der Freiheit.

Ich erzählte Saulus, dies habe mich in einen solchen Zustand freudiger, körperlich spürbarer Erregung versetzt, dass mir jederzeit zum Lachen und Scherzen zu Mute sei. »*Wirklich jederzeit*«, sagte ich gerade zu Saulus, als er sich plötzlich einem der Händler zuwandte, einen seiner langen Finger erhob und auf ein Spanferkel zeigte, das an einem Spieß gedreht wurde und dessen Fett auf die glühende Kohle tropfte und sich dort entzündete.

»Eine kleine Portion, bitte«, sagte er.

Eine Frau mit riesigen Armen schnitt ihm eine ganz kleine Portion ab, legte sie auf ein grünes Blatt und nahm seine Münze als Bezahlung entgegen.

Ich schwieg. So etwas hatte ich noch nie zuvor gesehen. Und obwohl ich mich an unseren neuen Freiheiten erfreute, kam mir das, was Saulus tat, so kühn vor wie ein Sprung von einer Klippe.

Saulus hielt das Schweinefleisch in dem gefalteten Blatt und zupfte mit spitzen Fingern ein Stück Fett ab. Er führte das Stück zum Mund und betrachtete es dabei genau. Dann streckte er die Zunge heraus und leckte an einer Ecke des Stücks. Es schien klebrig zu sein. Schließlich steckte er sich das Fleisch in den Mund, wobei er kaum atmete. Er kaute und kaute und schluckte es dann herunter. Er verdrehte ein wenig die Augen, und es schien, als prüfe er die Reaktion seines Magens. Dann setzte er ein Grinsen auf, zupfte mich am Ärmel und begann zu lachen. Es war ein atemloses Gelächter, wie das eines Mannes, der gesprungen, aber nicht ertrunken ist.

Der kleine Pharisäer hatte Schweinefleisch gegessen. Er war zu Mose auf den Berg gestiegen und hatte gesagt: »Es genügt! Wir brauchen die Tora nicht mehr.« Und dann war er zu uns hinabgestiegen und hatte seine Essgewohnheiten zu einem bekenntnishaften Zeichen und einem Beweis für ein neues Leben gemacht. Hier in Antiochia, wo Saulus gemeinsam mit den Heiden aß, aß er auch wie die Heiden. Und allen Gläubigen verkündete er: »Zur Freiheit hat uns Christus befreit!«

Nun, so redete er zumindest. Aber für Saulus gab es die Freiheiten nicht umsonst. Er musste dafür einen Preis zahlen. Von ungewohnten Speisen bekam er Durchfall. Mein ernster, mein nüchterner Bruder! Während mich die Freiheiten des Herrn immerzu zum Lachen brachten, machte er dazu ein finsteres Gesicht, was mich jedes Mal amüsierte.

Rufus, einer von Simons Söhnen, erschien neben uns. Seine Haare leuchteten wie ein brennender Ginsterbusch. Er lächelte, hockte sich neben mich und klopfte mir auf die Schultern.

»Barnabas, wirst du heute Abend singen?«, fragte er.

»O nein«, sagte ich. »Man hat mich gebeten, ruhig zu sein, meinen Mund zu halten und meine Stimme nicht zu erheben. Es ist Zeit für den alten Barnabas, still zu sein.«

Rufus wandte sich meinem Gefährten zu und sagte: »Bruder, wirst du heute Abend predigen?« Die Art, wie er »Bruder« sagte, drückte mehr Zuneigung aus als bei den meisten Menschen, denn Saulus lebte hier im selben Haus mit ihm, ganz so wie ein älterer Bruder.

Saulus schüttelte den Kopf. »Dein Vater möchte heute Abend sprechen«, sagte er.

»Er erzählt bestimmt wieder seine Geschichte«, sagte Rufus.

»Es ist eine gute Geschichte«, sagte Saulus. »Es ist eine einzigartige Geschichte.«

Im Haus entstand immer mehr Unruhe. Die Leute trugen Speisen auf, aßen in den Speisezimmern, drängten sich in dem Gang rund um Simons Atrium und saßen auf dem mit Marmor ausgelegten Boden im Atrium selbst. Dieses Atrium war sehr großzügig angelegt: Auf sechs Säulen ruhte ein in der Mitte offenes Dach, darunter gab es eine Zisterne, einen Springbrunnen und Bänke aus weißem und schwarzem Marmor. Die Leute saßen auch auf der niedrigen Steinmauer, welche die Säulen miteinander verband. Wenn wir uns versammeln, sind wir wie ein Bienenschwarm mit einem sonoren, wohlklingenden Summen. Dann tauche ich ganz ein in dieses Geräusch.

Saulus fasste mich an meinem Bart und drehte mein Gesicht in seine Richtung. Er sah mich einen Augenblick lang mit seinen kleinen, durchdringenden Augen an. »Das war ein Scherz, nicht wahr?«

»Was war ein Scherz?«

»Hat dir wirklich jemand gesagt, dass du schweigen sollst?«

»O ja, sicherlich.«

»Wer war das? Wer nimmt sich das heraus?«

»Jakobus.«

»Welcher Jakobus?«

»Nicht der Bruder des Johannes. Jakobus, der Bruder unseres Herrn. Er hat mir einen Brief geschrieben.«

Saulus ließ meinen Bart los. Er sah mich weiterhin an, aber man konnte sehen, dass er nachdachte.

Wenn er besorgt ist, werden die Bewegungen des Saulus hektisch und verkrampft, wie die der Drosseln, die er isst, oder die der Mäuse. Er zupft an den Ärmeln seines Gewands. Er zieht Fäden heraus und merkt es nicht.

»Jakobus hat dir einen Brief geschrieben?«

»Der Brief ist an mich adressiert«, sagte ich, »aber es

sind auch andere gemeint. Du zum Beispiel. Ich habe den Brief mitgebracht, für den Fall, dass ich ihn der ganzen Gemeinde vorlesen muss. Hier.« Ich holte das steife Papier aus meiner Tasche und reichte es Saulus. Er begann, den Brief vorzulesen, langsam und feierlich. Jakobus schrieb in Aramäisch, der Sprache, die Saulus weniger häufig spricht.

»Die Zeiten erfordern von uns allen nüchterne Wachsamkeit. König Agrippa ist aus Rom zurück. Ihm gefällt es nun, sich wie ein Messias zu geben. Er macht sich Freunde unter den Zeloten. Er buhlt um die Gunst und die Macht der Sadduzäer und wird immer gefährlicher. Er wird unserem Leben zumindest Einschränkungen auferlegen. Wahrscheinlicher ist, dass er uns ins Gefängnis wirft. Uns schlagen lässt. Und ich glaube, er könnte so weit gehen, uns zu töten. Barnabas, wir dürfen ihm keinen Anlass geben! Barnabas, wir müssen dem Treiben ein Ende bereiten, das den Hass der Ältesten der Juden auf sich zieht. Barnabas, du wirst mir zustimmen, dass ich den freien Umgang, den einige mit unbeschnittenen Heiden pflegen, zu Recht als Besorgnis erregend betrachte und nicht billigen kann. Und je mehr die Tora durch Freiheiten ausgehöhlt wird, desto wahrscheinlicher ist es, dass Agrippa alle Gläubigen verfolgen wird. Was dich betrifft, so ist zu sagen, dass du besonders unangenehm auffällst.«

Der Kopf des Saulus war rot angelaufen. Er murmelte: »Bodenlose Unverschämtheit!« Er wandte sich mir zu und sagte leise, aber bestimmt: »Sich zu freuen heißt nicht, unangenehm aufzufallen, Barnabas. Freude ist eine Gabe des Heiligen Geistes. Du musst einfach singen. Herodes Agrippa ist also nach Jerusalem gekommen? Und wenn schon. Der Herr Jesus Christus wird auch kommen, in einer Herrlichkeit, die jeden Herodes, jede Macht und jede Gewalt hinwegfegen wird.«

In jenen Tagen war Saulus für mich mehr als ein Gefährte; er war die nüchternere, klügere, forschere Hälfte meiner selbst. Jakobus hätte froh sein sollen, dass da jemand war, der meinen Überschwang, mein Lärmen, Singen und Lachen, ausgleichen konnte. Tatsächlich war es ein Vorschlag des Jakobus gewesen, Saulus überhaupt mit nach Antiochia zu nehmen. Er hatte gesagt, Saulus kenne die Tora. Jakobus brachte mich also mit dem Mann zusammen, der mich so hervorragend ergänzte. Dank sei Gott für Jakobus, seinen Diener! Denn Saulus und ich waren zwei Hälften eines Ganzen.

Ich kann mich auf Griechisch verständigen, aber meine Muttersprache ist Aramäisch. Saulus, dessen Aramäisch hölzern klang, sprach Griechisch, entweder wie ein Seemann oder wie ein glänzender Redner. Es kam ganz darauf an. In seinem Mund war die griechische Sprache einmal wie ein Wirbelsturm, der jeden hinwegfegt, und dann wieder wie ein goldener Faden, der das Herz sanft umgarnt. Im Griechischen nannte er sich Paulus, im Aramäischen Saulus. Deshalb sagte ich scherzhaft, *Saulus* watschele wie eine Ente durch die Sprache, während *Paulus* sich wie ein Adler in die Lüfte erheben könne.

Er arbeitete für seinen Lebensunterhalt. Genau wie ich. Er nähte Leder und Leinen, während ich Metalle und kostbare Steine bearbeitete.

Er war klein und bestand nur aus Haut und Knochen. Ich bin groß, und mein Kreuz ist breiter als das eines Ochsen.

Er hatte das Gesetz studiert, sowohl in der geschriebenen als auch in der mündlich überlieferten Form. Ich hatte den Kult der Leviten studiert. Gemeinsam waren wir Mose und Aaron. Aber in jener aufwühlenden Zeit fühlte sich keiner von uns mehr an dieses Vorbild gebunden. Wir waren frei. Der Herr würde bald wiederkommen. Und es schien keinen besseren Ort zu geben, die Zeit bis dahin zu verbringen, als Antiochia am Orontes.

Saulus lehnte sich zu mir herüber – seine charakteristische Nase erschien in meinem Blickfeld –, und er küsste mich.

»Sing, Barnabas«, sagte er. »Wenn du singst, berührt es mein Herz. Sing!«

Simon Niger trug einen Hocker in das Atrium und stellte ihn in die Mitte. Die Umherstehenden wichen zurück, um ihm Platz zu machen. Er setzte sich hin. Während er sprach, drehte er sich immer wieder in eine andere Richtung, denn er saß in einem Meer von Menschen, Männern und Frauen, Jungen und Alten, Juden und Heiden – jedoch hauptsächlich Heiden, weil diese Geschichte ihrer Vorstellung von Jesus am nächsten kam. Überall waren Kissen, Sessel und Bänke aufgestellt, und sämtliche Böden waren mit Teppichen bedeckt. In den weiter entfernten Räumen waren Leute aufgestanden, um ihn sehen zu können. Andere wiederum senkten die Köpfe, weil sie ihm genau zuhören wollten.

Simon sagte: »Bruder Saulus fragt mich nach dem Holz. Was ist mit dem Holz?, sagt Saulus zu mir, und ich sage: Welches Holz meinst du? Und unser Bruder sagt: Das Holz, an das sie den Herrn schlugen. Das schreckliche Holz. Was weißt du über das Holz?«

Simon machte eine Pause und sah in unsere Richtung.

Dieser Mann hat Augen, so dunkel wie die Nacht. Sein Sohn Rufus hat eine rötliche Hautfarbe, aber Simon Niger ist Afrikaner, schwarz, wie der Name sagt, bei dem wir ihn rufen. Das ist ein schönes Rätsel, nicht wahr? Und hier ist die Auflösung: Die Mutter von Rufus und Alexander – die Frau des Simon – ist eine Jüdin aus Betanien mit einer sehr blassen Haut. Ihr milchfarbenes Gesicht hat ihren Kindern die Blässe gegeben, und ein Tropfen des Blutes des rothaarigen Königs David muss durch sie in den kleinen Rufus geflossen sein.

Simon sah Saulus an, der zustimmend nickte. Es stimmte: Er hatte nach dem Holz gefragt – das war eigentlich schon vor einigen Jahren gewesen, aber so begann Simon seine Geschichte immer, wenn Saulus anwesend war. Für Simon war Saulus wie ein Sohn.

»Irgendjemand muss unserem Bruder erzählt haben«, sagte Simon, »dass ich derjenige war, der dieses Holz hinaus aus der Stadt nach Golgatha getragen hat.

Ich wünschte, es wäre mein Entschluss, mein Wille, meine Wahl gewesen. Ich wünschte, ich hätte genug gewusst und genug Liebe empfunden, um darum bitten zu können, das Gewicht dieses Holzes tragen zu dürfen. Aber ich wusste nichts, und ich hatte keine Wahl.

Lasst mich euch anschaulich machen, wie unwissend ich wirklich war. Als die Wahl auf mich fiel, glaubte ich, ein Römer hätte mich ausgewählt.

Meine Söhne und ich waren in Jerusalem, um das Passahfest zu feiern. Wir hatten das Lamm gekauft. Wir brachten es zum Tempel, um es schlachten und zerlegen zu lassen. Wir hatten die Stadt gerade von Süden her durch eines der Stadttore betreten. Wir drängten uns durch eine Menschenmenge, als ein römischer Soldat mich an der Schulter packte und sagte: Hier! Nimm den Balken. Trag den Balken des Verbrechers!

Patibulum nannte er den Balken auf Latein. Es ist der Querbalken eines Kreuzes, der Balken, an dem sie einen Menschen aufhängen.

Ich schaute hin und sah, wie der Verbrecher am Boden lag. Die Menge war vor ihm zurückgewichen. Er lag dort wie auf einer Insel, umgeben von leerem Raum. Sein Rücken und seine Schultern waren zerfleischt, und dickflüssiges, glänzendes Blut begann zu gerinnen. Es war kein Wunder, dass er das raue Holz nicht tragen konnte. Es lag neben ihm auf dem Boden.

Aber ich hob das Lamm hoch, das ich in den Armen trug, und sagte: Es tut mir Leid, Herr. Meine Söhne und ich sind auf dem Weg zum Tempel ...

Der Soldat entriss mir das Lamm und warf es in die Menge. Nun hatten wir es verloren. Das Lamm war verschwunden. Er stieß mich nach vorn und schnaubte: Barbar! Hast du kein Mitleid mit den Sterbenden? Er griff dem Verbrecher unter die Arme und half ihm, wieder aufzustehen.

Ich hatte keine Wahl.

Ich nahm das Holz auf die Schultern. Rufus und Alexander waren zutiefst erschreckt und liefen aus der Stadt zurück nach Hause, nach Betanien. Ich folgte den Soldaten und dem blutenden Mann. Dann sah ich, dass ich von Frauen umgeben war, die in dieselbe Richtung gingen. Sie schluchzten und jammerten und weinten. Da merkte ich: Es war ein Trauerzug!

Bald darauf machte der Verletzte Halt und drehte sich um. Alle blieben stehen. Er sagte: Weint nicht über mich. Weint über euch selbst und über eure Kinder. – Über Rufus? Und Alexander? Sie waren doch noch kleine Jungen! Der sterbende Mann sagte: ›Denn es wird die Zeit kommen, in der man sagen wird: Selig sind die Unfruchtbaren und die Leiber, die nicht geboren haben, und die Brüste, die nicht genährt haben! Dann werden sie anfangen zu den Bergen zu sagen: Fallt über uns! und zu den Hügeln: Bedeckt uns!‹

Der Mann sah mich an und atmete schwer. Als er sich

wieder abwandte, sagte er: ›Denn wenn man das tut am grünen Holz, was wird am dürren werden?‹

Auf dem Hügel Golgatha befahl mir der Soldat, den Balken hinzulegen.

›Du kannst gehen‹, sagte er. Aber ich ging nicht.

Ich sah, wie sie den armen Mann auf das Holz legten und seine Arme ausbreiteten. Ich sah, wie sie die Nägel durch sein Fleisch und seine Knochen in das Holz trieben. Er schrie nicht. Er wehrte sich nicht. Er war nicht bewusstlos. Seine Augen waren geöffnet. Er erlebte alles, was mit ihm geschah, aber er schrie nicht und er fluchte nicht. Und sie banden Seile um das *patibulum*, das ich getragen hatte, und dann zogen sie es an einem großen, massiven Pfahl in die Höhe, bis es in einer Einkerbung Halt bekam. Sein Körper, der an den Querbalken genagelt war, baumelte über mir in der Luft. Er war an seinen Armen aufgehängt, und sein ganzer Körper zuckte, als der Balken in Position gebracht wurde. Seine Haut zitterte und die Zähne begannen vor Schmerzen zu klappern – und das war das Holz, Bruder Saulus. Ich sah den Mann, wie er bei wachem Bewusstsein dort hing und an das Schriftwort denken mochte: Ein Aufgehängter ist verflucht bei Gott! Aber auch jetzt schrie er nicht. Und dann trieben sie noch einen Nagel durch seine Füße, und während sie das taten, hörte ich, wie der Mann sagte: ›Vater, vergib ihnen.‹ Er sagte: ›Vergib ihnen, denn sie wissen nicht was sie tun.‹ Und als Nächstes erfuhr ich den Namen des Mannes, denn ein Soldat stellte von hinten eine Leiter an das Kreuz und stieg hinauf bis zur Spitze. Da nagelte er eine beschriftete Tafel an, und ich las die aramäischen Worte. Sie lauteten: *Jesus von Nazareth, König der Juden,* also war sein Name Jesus von Nazareth, ja, Jesus war sein Name, und einige der Frauen, die bei seinem Trauerzug geweint hatten, waren immer noch da, standen neben mir, sahen auch alles, und Jesus schaute zu einer von ihnen hinunter, und ich hörte, wie er sagte: ›Frau, dies ist dein Sohn.‹ Sie schaute also zu einem Mann hinauf, der an einem Kreuz hing, und sie weinte, und dieser Mann musste ihr Sohn gewesen sein, aber sie konnte sich nicht mehr auf den Beinen halten, und ein anderer Mann fing sie auf und hielt sie sanft im Arm, und Jesus sagte zu dem Mann: ›Sieh, das ist deine Mutter!‹ Und beide weinten, und ich weinte auch, ja, ich weinte auch, und deshalb konnte ich nicht einfach wieder gehen. Wie hätte ich gehen können? – Ich blieb sogar, als ein Gewitter aufkam und alles sich verdüsterte, ich blieb, als alle anderen schon gegangen waren, bis auf die Frauen und den abkommandierten Soldaten, ich blieb, bis er starb. Ich war dabei, als er starb. Und es geschah etwas Erstaunliches als er starb, denn schließlich schrie er doch noch: Er warf seinen Kopf zurück und drückte seinen Körper nach vorn, mit ausgestreckten Armen streckte er seine Brust heraus, und die Adern in seinem Nacken traten hervor, und als er seine Stimme zum schwarzen Firmament erhob, klang es wie der Triumphschrei eines Soldaten!

Sein Tod war ein Triumph.

Und der Erste, der mich die Bedeutung dieser Dinge lehrte, war der römische Soldat, denn er starrte den Toten an, den geschundenen, gebrochenen Körper an dem Holz, und er flüsterte: ›Dieser Mann war wirklich der Sohn Gottes.‹

Aber mein zweiter Lehrer war Simon Petrus, denn von ihm erfuhr ich das Unvorstellbare, das als Nächstes geschah. Nun wusste ich, warum ich in den Wochen nach diesem Erlebnis ohne ein Herz im Leib umhergelaufen war, und ich erfuhr, wo mein Herz gewesen war:

Es war bei Jesus von Nazareth, dem König der Juden, gewesen.

Am Pfingstfest war Simon Petrus auf mich zugekommen und hatte mich in meiner Muttersprache angesprochen, als ich mitten in einer Menschenmenge stand. Er sagte: ›Dieser Jesus, den du gekreuzigt hast‹, und das hatte ich, denn ich hatte das Holz getragen, das den Fluch auf ihn gebracht hatte. Simon Petrus sagte: ›Dieser Jesus, den du gekreuzigt hast, im Namen von Gesetzlosen, ist von Gott auferweckt worden!‹

Das ist es, was als Nächstes geschehen war, und ich hatte es nicht gewusst. Jesus war von den Toten auferweckt worden!

Der Fluch war überwunden. Das Holz hatte keine Bedeutung mehr. Simon Petrus sagte zu mir: Kehre um, und lasse dich zur Vergebung deiner Sünden taufen, im Namen Jesu, den Gott zum Herrn und zum Christus gemacht hat.

Und als ich getauft wurde, als ich wieder aus dem Wasser kam und als der Geist mich erfüllte, wurde mir, Simon, einem Mann aus Kyrene, zum ersten Mal deutlich, wer mich auserwählt hatte. Bruder Saulus, ich hatte keine Wahl. Die Wahl fiel auf mich. Aber es war kein Römer, der mich auserwählt hatte, dieses Holz zu tragen. Es war Jesus. Jesus hatte mich auserwählt. Jesus hatte sich mich ausgesucht. Jesus hatte mich aufgerichtet und zu einem der Seinen gemacht, und als ich aus dem Wasser kam, stieß ich meinen eigenen Triumphschrei aus, genauso, wie Jesus geschrien hatte. Ich schrie: ›Jesus!‹ Und so laut ich konnte, rief ich: ›Jesus! Jesus! Herr meines Lebens, ich gehöre zu dir!‹«

Als er seine Geschichte zu Ende erzählt hatte, waren die Kleider des Simon schweißdurchtränkt. Das geschah jedes Mal, wenn er dies erzählte. Jedes Mal fühlte sich Simon beinahe körperlich in die Zeit zurückversetzt, als er Jesus zum ersten Mal begegnet war.

Aber etwas anderes war noch erstaunlicher: Immer, wenn er seine Geschichte erzählte, begegneten auch wir Jesus, wie er starb, sich aus dem Grab erhob und von den Toten auferstand.

Und kaum dass Simon Niger fertig war, noch bevor er von seinem Hocker aufstand, und auch nicht so recht aus eigenem Entschluss, begann ich zu singen.

Meine Brust weitet sich, wenn ich singe. Dann ist das Lied mein Leben, drängend und gewaltig, wie ein Adler, der sich mit mächtigen Flügelschlägen in die Luft erheben will.

Meine Augen waren geschlossen und mein Mund geöffnet. Ich begann zu singen: *Der Herr meines Herrn sagt*, sang ich, und ich hörte, wie die anderen antworteten: *Setze dich, mein Sohn, setze dich.*

Ich sang noch einmal: *Der Herr meines Herrn sagt*, und sie antworteten: *Setze dich, mein Sohn, setze dich.* Und ihre Stimmen trugen mich fort, und ich sang weiter:

Setze dich, setze dich zu meiner Rechten,
bis ich sie niederbeuge,
bis ich sie unterwerfe!

Mein Sohn, setze dich und herrsche,
bis ich deine Feinde
zu deinem Schemel mache!

Meine Augenlider zuckten. Das Licht der Öllampen und die Schatten der Menschen um mich herum wurden zu einem brennenden Raum, orange und schwarz, und ich war aufgestanden und begann umherzugehen.

Der Geist war in mir. Ich konnte den Geist spüren wie ein Lied aus Feuer, und ich sang etwas, das ich noch nie zuvor gesungen hatte, obwohl ich sofort wusste, dass es die Antwort auf die Geschichte des Simon war: »Ein Geheimnis! Ein Geheimnis!« Ich sang: *Das Geheimnis unseres Glaubens!*

Dann fielen mir neue Worte ein, und ich sang:

Du, der du im Fleisch gegenwärtig warst,
bist Gerechtigkeit im Geiste,
und die Engel neigen sich vor dir.

Du, dessen mächtigen Namen wir der Welt verkünden,
damit die Welt es wissen soll:
Es war Gott, der dich auferweckte.

Ich hörte ein Lachen. Und Leute weinten. Und ein junges Mädchen rief: »Im Namen Jesu!« Und als die Leute es hörten, standen sie auf und verneigten sich.

»Amen! Amen!« Von überall her riefen Stimmen: »Amen!«

Ein junger Mann, ein Heide namens Titus, begann hektisch und wild zu sprechen. Seine Laute waren für niemanden verständlich. Er stand auf und tanzte: zwei Schritte nach links und zwei Schritte nach rechts. Als die Leute zu klatschen begannen, wurde sein wildes Reden noch lauter und durchdringender. Titus fing immer damit an, wenn aus der Gemeinde der Name Jesu gerufen wurde. Der Geist in mir war ein Lied. Der Geist in ihm war eine Zunge, die niemand verstand. Was für himmlische Tage und rauschende Nächte! Der Geist war unter uns. Und wer diesem jungen Mann zusah, konnte das Feuer dieses Geistes spüren.

Dann wurde alles von der Stimme einer älteren Frau,

einer Prophetin, übertönt. Mit einer klaren und wachen Stimme erklärte sie: »Der Geist Jesu will, dass ich spreche! Der Geist hat etwas zu sagen!«

Der junge Titus hörte auf zu reden. Alle waren ganz still.

Es war Simons Frau, die Mutter des Rufus. Ihre Worte waren weder voraussehbar, noch waren sie ein fester Bestandteil unserer Rituale. Sie sprach nur, wenn der Geist es verlangte, und dann sagte sie alles nur einmal und nahm nichts wieder zurück.

Sie war eine Frau, der alle mit Respekt und Verehrung begegneten.

Die ganze Gemeinde setzte sich hin.

Sie sagte: »Der Geist Jesu hat etwas zu sagen, was diese beiden betrifft.«

Sie kam auf Saulus und mich zu. Als sie näher kam, hatte ich ein unangenehmes Gefühl im Magen. Saulus sah sie mit einem standhaften Blick an. Sie stellte sich hinter uns hin. Ich neigte meinen Kopf nach vorn und spürte im selben Moment ihre Hand in meinem Nacken.

Dann flüsterte sie: »Der Geist sagt: *Schicke zwei Menschen los, um das Werk zu tun, für das sie berufen sind. Der eine ist Barnabas. Und der andere ist Saulus. Sende sie aus, um den Namen unseres Herrn Jesus Christus zu verkünden.*«

Ich hörte ihre Worte und ich wusste, dass es die Wahrheit war. Das Gefühl in meinem Magen verschwand, und ich lachte leise.

Die Apostel hatten mich nach Antiochia geschickt, um die Menschen hier zu ermahnen. Aber es war der Geist Jesu, der uns nun hinaus in die Welt schickte.

Plötzlich sagte Saulus: »*Marana tha!*«

Ich erhob meine Stimme ebenfalls und rief laut lachend: »*Marana tha!*«

Dann riefen alle Versammelten: »*Marana tha!*«

Und ich hörte, wie die Prophetin, die Frau des Simon, hinter mir hauchte: »Amen.«

»Bringt Brot«, rief ich. »Bringt Wein! Kommt, lasst uns das Mahl unseres Herrn Jesus Christus halten.«

Amen, Amen, so geschah es.

JAKOBUS

18

Ich habe den Angriff kommen sehen. Ich habe in dem Bewusstsein der ständigen Bedrohung gelebt. Über ein Jahrzehnt lang habe ich sowohl im Stillen als auch öffentlich gebetet, der Herr möge uns in Jerusalem vor Verfolgung bewahren, aber ich konnte die Ahnungen und Befürchtungen nicht abschütteln. Seit langem bahnte es sich an. Ohne eine Änderung des Verhaltens war die weitere Entwicklung abzusehen.

Einige von denen, die Jesus als den Christus bekannten, verbreiteten auch religiöse Irrlehren. Unsere Ältesten grenzten sich nicht davon ab. Sie bezogen überhaupt keinen Standpunkt. Ich bat sie eindringlich, den Unterschied zwischen uns und diesen Freigeistern deutlich zu machen. Aber unsere geistlichen Häupter taten nichts. Deshalb kann ich den Machthabern kaum einen Vorwurf machen, wenn sie in *allen* Anhängern Jesu eine einzige, nicht weiter unterteilbare Sekte sehen. Die Wahrheit ist, dass die Mehrheit der Gläubigen in Jerusalem darüber entsetzt war, mit welcher Leichtfertigkeit einige Brüder die Beschneidung für bedeutungslos erklärten und mit welcher Verachtung sie der Tora begegneten. Dies ist niemals die Lehre Jesu gewesen. Jesus ist nicht gekommen, um das Gesetz zu beseitigen! Er ist gekommen, um es zu erfüllen. Nicht ein Jota der Worte Mose wollte er ändern oder aufheben. So habe ich es immer gesagt. Dafür bin ich eingetreten. Niemand hat auf mich gehört.

Und der Angriff geschah so, wie ich es befürchtet hatte.

Nein, Gott schenkt mir keine Freude daran aufzuschreiben, wie zutreffend meine Voraussagen waren. Ich bin kein Prophet. Nichts von alledem war ein Geheimnis. Ich bin ein nüchterner Mensch, der lediglich zur Kenntnis nimmt, was offen zu Tage liegt: die Gedanken und Taten der Menschen, sowohl der mächtigen als auch der schwachen.

König Herodes Agrippa, der bei seinem Volk schon sehr beliebt war, machte also den Zeloten und den Sadduzäern und den Priestern eine noch größere Freude, indem er Jakobus, den Bruder des Johannes und Sohn des Zebedäus, verhaften ließ. Es mag nur ein religiöser Streit gewesen sein. Aber das spielte keine Rolle. Der König wollte seine politische Macht dem ganzen Reich vor Augen führen. Deshalb ließ er Jakobus nicht steinigen, wie die Tora es verlangt hätte, sondern bediente sich einer bei den Römern gängigeren Methode.

Jakobus, mein Namensvetter, wurde enthauptet.

Ein Schwert durchtrennte den Hals dieses Apostels mit einem einzigen Schlag. Er war einer der Zwölf und der erste aus ihrem Kreis, der starb.

Danach war nichts mehr so wie zuvor.

Jerusalem jubelte.

König Herodes gedachte die Freude zu verdoppeln

und ließ als Nächstes Simon Petrus verhaften. Während die heiligen Tage des Passahfestes seine Hinrichtung verzögerten, konnte Simon Petrus durch die Führung eines Engels aus dem Gefängnis entkommen. Schnell – und zu Recht – verließ er Jerusalem.

Die meisten der Zwölf taten es ihm nach.

In ihrer Abwesenheit war ich gezwungen, die Führungsrolle zu übernehmen.

Ich habe mich nie danach gedrängt. Ich wollte auch nicht Recht haben. Aber als es an mir war, für die Kirche Jesu Christi, meines Bruders, Entscheidungen zu treffen, setzte ich meine eigenen Empfehlungen in die Tat um. Meine Frömmigkeit wurde von strenggläubigen Juden als Treue zum Glauben aufgefasst. Gehorsam wurde das Fundament der Gemeinde, die Festung gegen Regen und Flut und den peitschenden Sturm. Sie würde nicht fallen. Ich war keine Bedrohung für Jerusalem. Ich war hoch angesehen. Ich aß kein Fleisch. Ich legte kein Schermesser an meinen Kopf. Ich salbte mich nie mit den Ölen römischer Entartung. Ich besuchte nie die Bäder. Ich trug nie Wolle, sondern nur Leinen. Und ich war der Einzige von uns, dem erlaubt wurde, dem Tempel Gottes ganz nahe zu kommen, fast in ihn hineinzugehen, und dort kniete ich und betete immerzu für das Wohl meines Volkes.

Ich war es, der Briefe an die Gläubigen in anderen Ländern schickte, ihnen vom Tod des Jakobus berichtete und sie ermahnte, ihr Leben im Hause Israel zu führen. Es war mir besonders wichtig, dass meine Briefe in Antiochia ankamen. Das taten sie auch. Aber Barnabas und Saulus erreichten sie nicht. Sie waren schon über ein halbes Jahr fort, und niemand wusste, wo sie zu finden waren.

TIMOTHEUS

19

Einmal, als mein Vater im Westen zu tun gehabt hatte und wir auf dem Weg nach Hause waren, hielt er bei einem weiten Moor den Karren an, erhob die Hand und zeigte über das grüne Wasser, über die modrigen Baumstümpfe hinweg auf einen kleinen Hügel in einiger Entfernung.

»Sieh dort«, sagte er.

Ich schaute hin und sah zwei gesunde Bäume, sehr alte Bäume, die von einer Steinmauer umgeben waren. Von ihren Ästen hingen Kränze, einige frisch und leuchtend, andere alt und braun.

»Eine Eiche und eine Linde«, sagte mein Vater. »Die beiden einzigen Bäume in dieser Gegend, die noch leben. Leere, nichts als Leere«, flüsterte er und breitete seine Arme aus. »Wo sind die Städte? Wo sind die Höfe und die Häuser und die Menschen?«

Er schüttelte den Kopf und wollte tief seufzen, aber das Seufzen ging sofort in ein Husten über. Hustend beugte sich mein Vater vornüber. Sein Gesicht schwoll ein wenig an. Er spuckte etwas Helles, Rötliches in das grüne Wasser und wischte sich den Mund ab. Dann sagte er zu mir: »Aber ich weiß, wohin die Menschen gegangen sind.«

Er lächelte und zwinkerte mit den Augen und gab dem Esel einen Klaps, worauf wir uns wieder in Bewegung setzten, nach Hause, nach Lystra. Ich war noch ein kleiner Junge. Und ich war sehr erleichtert, als wir das Moor und die welkenden Kränze hinter uns ließen.

»Papa«, sagte ich, »wohin sind die Menschen gegangen?«

»Ach«, seufzte er und sagte dann zu dem Esel: »Welch ein guter Schüler mein Sohn doch ist! Er versteht es, genau die richtige Frage zu stellen. Und habe ich nicht genau die richtige Antwort?«

Mein Vater kletterte in den Wagen, setzte sich neben mich und sagte: »Einmal kamen Zeus und sein Sohn Hermes ...«

Er erzählte mir die Geschichte von den zwei Bäumen. Auf dem ganzen Nachhauseweg erzählte er mir diese Geschichte. Oft hielten wir an, um andere Reisende in unserem Wagen mitzunehmen, aber mein Vater erzählte die Geschichte immer weiter und sammelte auf dem Weg seine Zuhörer ein. Er war ein guter Geschichtenerzähler.

Es gelang ihm, die Geschichte genau in dem Moment zu beenden, als wir zu Hause ankamen. Ich lief in das Haus und rief: »Mama! Mama! Ich weiß, wohin all die Menschen gegangen sind. Sie sind ertrunken!«

Einmal kamen Zeus und sein Sohn Hermes auf die Erde herab und reisten als Sterbliche verkleidet durch die sanften Hügel Phrygiens. Zeus trug keinen Donnerkeil mit sich. Hermes hatte keine Flügel an den Sohlen. Beide waren sie müde. Sie suchten nach einer Unterkunft.

Aber niemand nahm sie bei sich auf.

Die Bauern und Dorfbewohner sagten: Nein. Kaufleute und Gutsbesitzer wiesen die Götter ab. Sie gingen zu tausend Häusern, und keine Tür öffnete sich ihnen.

Schließlich kamen sie zu der bescheidensten Hütte von allen. Ihr Dach bestand aus Schilfrohr und Stroh. Sie klopften. Eine alte Frau öffnete die Tür.

Sie sagten: »Können wir mit deinem Herrn oder deiner Herrin sprechen?«

Die alte Frau lachte und lachte. »Sprecht mit mir,

gute Herren«, sagte sie, »denn ich bin sowohl Magd als auch Herrin, und mein Mann ist sowohl Sklave als auch Meister, und wir beide sind der ganze Hausstand. Es gibt nur mich, Baukis, und den alten Philemon dort drüben. Kommt herein. Kommt herein und lasst es euch gut gehen.«

So neigten die Götter ihre großen Köpfe und gingen durch die niedrige Tür. Philemon lächelte und brachte ihnen Stühle. Baukis bedeckte die Stühle mit alten Lumpen.

»Setzt euch«, sagte sie und begann, in der Asche des gestrigen Tages zu stochern, um noch einen Funken zu finden, mit dem sie ein paar Blätter und Holzspäne entzünden konnte. Sie blies und blies und erweckte eine Flamme. Dann brach sie ein paar Zweige von den Rändern des Daches, warf diese ins Feuer und hängte ihren kleinen Topf darüber.

Philemon brachte Gemüse aus dem Garten. Baukis putzte es für ihren Topf, während ihr Mann eine Gabel mit zwei langen Zinken nahm und von dem verrußten Haken einen guten geräucherten Schinken herunterholte. Er schnitt ein großes Stück ab und warf es ebenfalls in den Topf.

Sie redeten fröhlich miteinander, der Mann und seine Frau, und unterhielten ihre Gäste. Philemon goss warmes Wasser in eine Schüssel aus Buchenholz, damit Zeus und Hermes sich waschen konnten. Baukis breitete eine schäbige Decke über einer Liege aus, deren Füße aus dem Holz einer Weide bestanden und deren Kissen mit getrocknetem Riedgras gefüllt war.

»Nehmt Platz, ihr Herren«, sagte sie, verneigte sich, steckte ihren dünnen Rock hoch und setzte mit zittrigen Händen einen Tisch vor die beiden hin. Sie wischte den Tisch mit frischer Minze ab, deckte dann den Tisch mit Geschirr aus Ton und trug die ersten Speisen des Abendessens auf: Kirschen, die im Herbst gepflückt und in Weinblättern haltbar gemacht worden waren, Endivien und Radieschen, Käse und vorsichtig über nicht zu heißer Asche gebratene Eier.

Als Nächstes brachte sie Wein in einer Karaffe und Becher aus Birkenholz, die innen mit gelbem Wachs überzogen waren.

Danach brachte sie den Eintopf, der auf dem Herd geköchelt hatte. Und schließlich die leichteren Sachen: Nüsse und Feigen und getrocknete Datteln, Pflaumen und Äpfel in flachen Körben, rote Trauben, eine leuchtende Honigmelone und gute Gesellschaft.

Aber dann erlebten der alte Mann und die alte Frau ein Wunder, und sie bekamen Angst. Denn als die Karaffe mit dem Wein leer war, füllte sie sich von selbst wieder. Und ihr eigener Wein war jung und dünn gewesen, aber dieser war alt und voll.

Sie sanken auf die Knie. »Verzeiht uns!«, flehten sie. »Verzeiht uns das dürftige Mahl und unsere schlechten Vorbereitungen.«

Dann sprangen sie auf und begannen, ihre Gans zu jagen, ihre einzige Gans, die Wächterin der Hütte. »Gib auf!«, rief Philemon. »Du bist die Mahlzeit für unsere Besucher.« Aber die Gans flog durch den Raum zu den Gästen, die sie mit ihren Armen beschützten.

»Tötet diese Kreatur nicht«, sagten sie. »Es besteht kein Grund, denn wir sind Götter.«

Baukis und Philemon erstarrten vor Schreck.

»Nein, habt keine Angst«, sagte Zeus zu ihnen. »Als Sterbliche sind wir von allen abgewiesen worden, außer von euch. Als Götter nun werden wir alle bestrafen außer euch. Alter Mann, alte Frau, kommt. Verlasst euer Haus und wandert mit uns in die Berge.«

Das taten sie. Auf Stöcke gestützt schleppten sich Baukis und Philemon die lange Steigung im Westen hinauf. Als sie beinahe den Gipfel erreicht hatten, drehten sie sich um und sahen, wie die ganze Gegend in einem trüben grünen Wasser zu versinken begann. Nur ihr Haus war stehen geblieben. Erst weinten sie über das Schicksal ihrer Nachbarn, aber dann sahen sie, dass ihre kleine Hütte sich verwandelte: Sie wurde zu einem Tempel mit marmornen Säulen, einem leuchtend gelben Dach, das mit Gold gedeckt war, kunstvoll verzierten Türen und Mosaiken auf den Böden.

Zeus betrachtete die Gesichter der alten Leute und sagte: »Wünscht euch etwas, und ich werde es euch schenken.«

Sofort wussten sie, was ihr Herz begehrte.

»Lass uns deine Priester sein«, sagten sie, »und deinem Tempel dienen, bis wir sterben. Und wenn wir sterben müssen, mächtiger Zeus, lass uns gemeinsam sterben, damit keiner den anderen auf dem Totenbett liegen sehen muss.«

Und so kam es, dass sie bis an ihr Lebensende diesen Tempel pflegten.

Eines Abends dann, als sie auf den heiligen Stufen standen, gebeugt vom Herbst ihrer Jahre, sah Baukis Blätter im Haar ihres Mannes, und Philemon sah, wie sich im Gesicht seiner Frau Rinde bildete. Äste und Zweige sprossen aus den braunen Flecken ihrer Haut, und kurz bevor die Rinde ihre Gesichter umschloss, riefen Mann und Frau gemeinsam: »Lebe wohl! Lebe wohl, mein Herz!«

So wurde denn der eine zu einer Eiche und die andere zu einer Linde, und bis auf den heutigen Tag hängen die Menschen Kränze in diese heiligen Bäume.

Ich war acht oder neun Jahre alt, als mein Vater mir zum ersten Mal die Geschichte von Baukis und Philemon erzählte. Ich war sechzehn, als er starb. Mein Vater war ein gebürtiger Grieche. Er gab mir einen griechischen Namen: *Timotheos*, »der Gott ehrt«. Aber er passte sich den römischen Lebensgewohnheiten an, denn er diente Rom. Die Verwaltung unserer Stadt beruhte vollständig auf römischer Sitte. Kaiser Augustus selbst hatte Lystra zu einer römischen Kolonie gemacht, und obwohl die meisten Bürger der Stadt aus dieser Gegend stammten, also weder Griechen noch Römer waren, war ihre Regierung römisch und kaiserlich. Mein Vater erfüllte sein Leben lang die Aufgabe, für den Magistrat der Stadt die Papiere zu verwalten. Sein Leben hing von dem guten Willen des Magistrats ab. Er sagte, er habe sich gut eingerichtet, als wäre dies die natürlichste Sache der Welt, und so glaubte ich, dass er Rom liebte.

Als er gestorben war, behauptete meine Mutter, das sei alles nur eine Pose gewesen, ein notwendiges Theater, denn Rom habe *ihn* keineswegs geliebt, und, sagte sie mit deutlich mehr Nachdruck, als er es getan hätte: »Sein Leben hing davon ab.«

Er hat mich römisch erzogen.

Am neunten Tag meines Lebens, an meinem Namenstag, brachte er gemäß dem Ritus ein Opfer für die Reinigung seines Sohnes dar. Dann band er mir eine *bulla* um den Hals, ein kleines, goldenes Kästchen mit einem winzigen Amulett, das mich gegen Zauberkräfte und den bösen Blick schützen sollte. Ich trug diese *bulla* immer um den Hals, all die Jahre meiner Kindheit.

Mein Vater lehrte mich Griechisch und Latein lesen und schreiben. Er erzählte mir Geschichten von den Göttern und Heroen. »Es war am Ende der Straße in

Ikonion«, sagte er, »wo Perseus das von Schlangen umrankte Haupt der Medusa abschnitt. – Homer nennt Perseus den berühmtesten aller Menschen.« Mein Vater zitierte lange Passagen, die vom Zorn des Achilles und der tragischen Größe des Hektor handelten. Was auch immer er zitierte, wiederholte ich, indem ich die Worte vor mich hin schrie, bis ich sie auswendig konnte. Dann küsste er mich und sagte mir, wie sehr er sich wünsche, ich würde so alt werden wie Priamus und doch ein glücklicheres Leben haben als dieser, denn der Sohn meines Vaters sollte nicht in einer blutigen Schlacht sterben.

»Ehre die Götter«, sagte er.

Mit Worten und mit tatkräftiger Hilfe und mit einem erstaunlichen Wissen über den menschlichen Körper lehrte mich mein Vater auch all die Dinge, zu denen er selbst nicht mehr im Stande war: Ringen, Kämpfen mit dem kurzen Schwert und dem Schild sowie Speerwerfen. Er gab sich besondere Mühe, dass ich ein guter Läufer wurde. In diesem Punkt war er ganz Grieche. Er meinte, ich sollte an einem der Spiele der Hellenen teilnehmen und durch das Laufen die Götter verehren. »In Isthmus, nahe Korinth«, sagte er, würde ich durch meinen Sieg »den Kindergott Melikertes ehren, der auf dem Rücken eines Delfins von der Stelle, an der seine Mutter ins Meer gesprungen war, bis zur Küste von Isthmus getragen wurde. Sie verbrennen dort den schwarzen Bullen«, sagte er. »Sie opfern einen ganzen schwarzen Bullen, unzerteilt! Und ich werde mit dir gehen, mein Sohn. Ich werde überglücklich sein, dich bekränzt zu sehen.«

Meiner Mutter machte dies alles keine Freude. Sie liebte weder die athletischen Wettkämpfe der Griechen noch die blutigen Zweikämpfe der Römer. Sie hatte

Angst um meinen Vater, der selbst nicht tun konnte, was ich an seiner Stelle tun sollte, und sie konnte seine Zitate auf den Tod nicht ausstehen. Mein Vater hustete. Er hatte keinen Atem für seinen eigenen körperlichen Ehrgeiz.

Es wurde lange im Voraus bestimmt, dass am siebzehnten Tag des März im sechzehnten Jahr meines Lebens meine Kindheit enden würde und ich in das Erwachsenenalter eintreten sollte. Mein Vater wählte dieses Datum, das römische Fest des Liber – die Liberalia –, damit die Führer der Stadt von mir Notiz nahmen und in mir die exzellente Vorbereitung für ein Amt in der Verwaltung erkannten, mochten sie nun in der Lage sein, selbst an den Feierlichkeiten teilzunehmen, oder nicht.

Früh an diesem auserkorenen Morgen sollte ich zu dem Altar unserer Hausgötter gehen, mich hinknien und zum ersten Mal seit dem neunten Tag meines Lebens die *bulla*, das kaiserliche Siegel, von meinem Hals nehmen und sie auf den Altar legen. Als Nächstes würde ich die karminrot gesäumte *toga praetexta* des Jungen ablegen, sie ebenfalls auf den Altar legen, gemeinsam mit meinem Vater ein kleines Opfer darbringen, und dann die *tunica recta* anziehen, das Gewand der persönlichen Freiheit, das in einem Stück gewebt war und mir ohne einen Gürtel bis zu den Knöcheln reichen würde. Schließlich wünschte sich mein Vater, dass meine Mutter mir die reine, weiße Toga eines Mannes, die *toga virilis*, anziehen sollte. Sie hatte sich eigentlich nie damit einverstanden erklärt, aber sie hatte auch nicht widersprochen, und so hatte mein Vater Grund zur Hoffnung.

Aber es sollte sein letzter Wunsch sein.

Er starb am ersten Tag des März. Er war nicht mehr da, um mich am siebzehnten zu einem Mann werden zu lassen. Es spielte keine Rolle. Der Tod machte mich zu einem Mann. Und es war meine Mutter, die am Abend seines Todestages die *bulla* an meiner Brust ergriff und sie mir vom Leib riss. Sie öffnete die Tür und warf sie mitten auf die Straße, wo die Abwässer der Stadt entlangflossen.

»Ein Mann!«, rief meine Mutter aus. »Ein Mann! Ich brauche einen Mann, der mir hilft, das Blut seines Vaters abzuwischen, das Blut, das ihn in seiner Kehle ertränkt hat.«

Der Leichnam meines Vaters lag weiß und sauber in unserem größten Zimmer. Die Nachbarn hatten dafür gesorgt. Am nächsten Tag würden wir ihn auf eine hölzerne Bahre legen und zu einem römischen Grab tragen. Aber das, was nur uns etwas anging, war in seinem Schlafzimmer. Blut hatte sich über seine Liege bis auf den Boden ergossen. Meine Mutter und ich knieten nebeneinander und wuschen mit sauberen Tüchern das Holz und den Stein, mit Wasser und Lauge wischten wir das Blut meines Vaters weg.

»Sich gut einrichten!«, schimpfte sie, während sie auf Händen und Knien umherrutschte und mit den blutigen Tüchern über den Boden wischte. »Durch seine Sanftmut wurde er ihr Sklave. Höflichkeit, Gehorsam – und dieses verträumte Wesen! Erst haben sie ihm seine Freiheit genommen, dann haben sie seine Seele gestohlen, und jetzt haben sie sein Leben. Aber seinen Sohn werden sie nicht bekommen!«

Am selben Abend führte mich meine Mutter zu einem Fenster in unserem Haus, das nach Osten hinausging, und sagte, ich solle mich hinknien. Von ihren persönlichen Gegenständen hatte sie ein quadratisches Wolltuch mitgebracht, das an den Ecken weiße Quasten hatte, und jede Quaste war mit einem einzelnen blauen

Faden durchwirkt. Dieses Tuch drapierte sie über meinen Kopf. Dann fiel sie neben mir zu Boden und begann zu weinen.

»Nun ist es schon so spät. So spät«, schluchzte sie. Dann flüsterte sie leise und sehr hastig: »Niemand ist heilig wie der Herr, niemand außer dir, Herr; es gibt keinen Fels wie unseren Herrn, nein keinen außer dir, Herr. Hier ist mein Sohn. Hier ist der Sohn meines Schoßes für dich.«

Die Stimme meiner Mutter flüsterte so schmerzerfüllt, dass ich Angst bekam. Ich weinte mit ihr. Ich sagte: »Mama?«

Plötzlich griff sie mich am Handgelenk und zischte: »Timotheus, sage die Worte nach, die ich sage. Sage sie!«

Und dann sprach sie Worte in einer Sprache, die ich nicht kannte, aber ich versuchte, jeden Laut nachzumachen: »*Höre, Israel: Der Herr, unser Gott, der Herr, ist einzig. Und du sollst Gott, den Herrn, lieben, mit deinem ganzen Herzen und mit deiner ganzen Seele und mit all deiner Kraft.*«

»Hebräisch, Kind«, flüsterte sie nach einer langen Stille. »Es ist Zeit, dass ich jemanden finde, der dich in Hebräisch unterrichtet. – Still«, sagte sie, »Still. Du musst nicht mehr weinen. Du bist jetzt ein Mann, hast du das vergessen?«

Ich hockte mich zu meiner Mutter auf den Boden und legte meinen Arm um sie. Bald spürte ich ein tiefes Schluchzen in ihr, und dann flüsterte sie etwas zu dem Gott ihrer Kindheit, dem Gott ihres Volkes und auch meines Volkes: dem Gott der Juden.

»Aber ich habe ihn geliebt. Aber ich habe den Mann geliebt, und ich bin wie tot ohne ihn.«

Es gab keine Synagogen in Lystra und nur sehr wenige Juden. Nach jenem Tag, nach dem ersten Tag des März in meinem sechzehnten Jahr, suchte meine Mutter nach einem Juden, der mich so gut Hebräisch lehren konnte, wie ich Griechisch und Latein konnte.

Kurz nach dem Passahfest meines siebzehnten Jahres kam sie aufgeregt ins Haus.

»Ich habe ihn gefunden!«, rief sie. »Ich habe den Lehrer gefunden, der dir Hebräisch beibringen kann.« Die Augen meiner Mutter leuchteten vor Freude über ihre Entdeckung. »Timotheus, komm mit mir zum Marktplatz. Er sagt, er kenne die griechischen Schriften auswendig, aber er könne die hebräischen lesen. Er nennt sich Paulus. Er hat einen Freund, der ihn Saulus nennt – aber unserem ersten König Saul sieht dieser kleine Mann überhaupt nicht ähnlich.«

LUKAS

20

So wurden Barnabas und Saulus – und Johannes Markus mit ihnen – vom Heiligen Geist ausgesandt und auf den Weg geschickt. Sie gingen hinab nach Seleuzia und reisten von dort mit dem Schiff zur Insel Zypern.

Als sie in die Stadt Salamis kamen, verkündeten sie die Botschaft Gottes in den jüdischen Synagogen. Dann durchzogen sie die ganze Insel und kamen nach Paphos.

Dort trafen sie einen Juden namens Barjesus, der war ein Magier und falscher Prophet. Er gehörte zum Gefolge des römischen Statthalters der Insel, Sergius Paulus, einem gebildeten Mann. Der Statthalter hatte Barnabas und Saulus rufen lassen und wollte die Botschaft Gottes hören.

Aber als sie Elymas, wie Barjesus sich auch nannte – das bedeutet »Magier« –, gegenüberstanden, trat er ihnen entgegen und versuchte mit allen Mitteln zu verhindern, dass der Statthalter der Botschaft glaubte.

Saulus – mit seinem römischen Namen heißt er übrigens Paulus – sah den Magier scharf an; erfüllt vom Heiligen Geist, sagte er zu ihm: »Du Sohn des Teufels, du bist voll List und Tücke und kämpfst gegen alles Gute. Wann willst du endlich aufhören, die klaren Absichten Gottes zu durchkreuzen? Jetzt, sage ich dir, ist Schluss! Der Herr wird dich dafür bestrafen: Du sollst blind sein und für einige Zeit das Sonnenlicht nicht mehr sehen!«

Im selben Augenblick fand sich der Magier in die tiefste Dunkelheit getaucht. Er tappte umher und suchte einen, der ihn an der Hand führte.

Als der Statthalter sah, was geschehen war, kam er zum Glauben; denn er war tief beeindruckt davon, wie mächtig sich die Lehre von Jesus, dem Herrn, erwiesen hatte.

Paulus und seine Begleiter bestiegen in Paphos ein Schiff und fuhren nach Perge in Pamphylien. Dort trennte sich Johannes Markus von ihnen und kehrte nach Jerusalem zurück. Die beiden anderen zogen weiter über die Berge nach Antiochia in Pisidien.

Am Sabbat gingen sie dort in die Synagoge und setzten sich unter die Zuhörer. Nach der Lesung aus dem Gesetz und den Schriften der Propheten ließen die Synagogenvorsteher den Gästen sagen: »Brüder, wenn ihr dem Volk ein ermutigendes Wort zu sagen habt, dann sprecht!«

Da stand Paulus auf, bat mit einer Handbewegung um Ruhe und begann: »Ihr Männer aus dem Volk Israel und ihr anderen, die ihr den Glauben Israels teilt, hört mich an!

Der Gott unseres Volkes, der Gott Israels, hat unsere Vorfahren erwählt und hat sie zu einem großen Volk gemacht, während sie als Fremde in Ägypten lebten. Mit hoch erhobenem Arm führte er sie aus Ägypten heraus, und vierzig Jahre lang ertrug er sie in der Wüste. Er vernichtete vor ihnen sieben Völker im Land Kanaan und gab ihnen ihr Land zum Besitz. Das war etwa vierhundertundfünfzig Jahre, nachdem unsere Vorfahren nach Ägypten gekommen waren.

Dann gab er ihnen Richter bis zur Zeit des Propheten Samuel. Von da an wollten sie einen König haben, und Gott gab ihnen Saul, den Sohn von Kisch aus dem Stamm Benjamin. Nach vierzigjähriger Herrschaft aber verstieß er Saul und erhob David zu ihrem König. Ihm stellte er das Zeugnis aus: *David, den Sohn von Isai, habe ich erwählt, einen Mann, der mir gefällt. Er wird alles ausführen, was ich will.* Und einen der Nachkommen von eben diesem David hat Gott nun seinem Volk Israel als Retter gesandt, wie er es versprochen hatte, nämlich Jesus.

Bevor Jesus kam, hatte Johannes alle im Volk Israel dazu aufgerufen, sie sollten umkehren und sich taufen lassen. Aber als Johannes am Ende seines Wirkens stand, sagte er zu den Leuten: *Ich bin nicht der, für den ihr mich haltet. Aber nach mir kommt der Erwartete; ich bin nicht einmal gut genug, ihm die Schuhe aufzubinden.*

Liebe Brüder, ihr Nachkommen Abrahams, und ihr anderen hier, die ihr den Glauben Israels teilt: Jetzt hat Gott uns, die wir hier versammelt sind, die Botschaft von dieser Rettung gesandt!

Die Bewohner Jerusalems und ihre führenden Männer haben Jesus nicht erkannt. Sie haben ihn verurteilt, aber mit diesem Urteil haben sie nur die Ankündigungen der Propheten in Erfüllung gehen lassen, die jeden Sabbat vorgelesen werden. Sie forderten nämlich von Pilatus seine Hinrichtung, obwohl sie kein todeswürdiges Verbrechen an ihm gefunden hatten. Und nachdem sie alles getan hatten, was in den Heiligen Schriften über Jesus vorhergesagt ist, nahmen sie ihn vom Kreuz und legten ihn ins Grab.

Aber Gott hat ihn vom Tod auferweckt, und als Auferstandener zeigte er sich während vieler Tage den Männern, die mit ihm von Galiläa nach Jerusalem gekommen waren. Diese sind heute seine Zeugen vor dem Volk Israel. Und wir verkünden euch nun also die gute Nachricht, dass Gott seine Zusagen eingelöst hat! Was er unseren Vorfahren versprochen hatte, das hat er für uns, die Nachkommen, in Erfüllung gehen lassen. Er hat Jesus vom Tod auferweckt, und damit ist eingetreten, was beispielsweise im zweiten Psalm geschrieben steht, wo Gott sagt: *Du bist mein Sohn, heute habe ich dich dazu gemacht!* Dass er ihn mit der Auferweckung aber für immer dem Tod und der Verwesung entrissen hat – und mit ihm auch uns –, das stellt er klar mit den Worten: *Ich gebe euch die heiligen und unvergänglichen Gaben, die ich David versprochen habe.* Und in einem anderen Psalm: *Du gibst deinen Heiligen nicht der Verwesung preis.*

David selbst hatte nur eine Aufgabe an seiner eigenen Generation zu erfüllen. Dann ist er nach Gottes Willen gestorben, wurde neben seinen Vorfahren beigesetzt und fiel der Verwesung anheim. Doch der, den Gott vom Tod auferweckt hat, verweste nicht. Und durch diesen Jesus – das sollt ihr wissen, Brüder – wird euch die Vergebung eurer Schuld angeboten! Das Gesetz Moses hatte nicht die Kraft, eure Schuld wegzunehmen; aber wer von euch Jesus vertraut, wird vor Gott als gerecht bestehen können.

Gebt also Acht, dass nicht eintrifft, was im Buch der zwölf Propheten gesagt wird: *Schaut her, ihr Verächter, wundert euch und geht zugrunde! Denn in euren Tagen werde ich etwas tun – wenn es euch jemand erzählte, ihr würdet es ihm nicht glauben!*«

Mit diesen Worten aus dem Propheten Habakuk beschloss Paulus seine Rede. Als Paulus und Barnabas aus der Synagoge gingen, wurden sie gebeten, am folgenden Sabbat weiter über diese Sache zu sprechen. Doch schon gleich nach dem Gottesdienst kamen viele mit Paulus und Barnabas mit, Juden und Leute, die zum Judentum übergetreten waren.

»Bleibt in der Gnade Gottes!«, sagte Paulus zu ihnen.

Bis zum nächsten Sabbat hatte fast die ganze Stadt von den beiden gehört und war in der Synagoge versammelt, um die Botschaft Gottes zu hören.

Aber als die Juden den großen Andrang sahen, wurden sie eifersüchtig. Ständig widersprachen sie dem, was Paulus sagte, und stießen Lästerungen gegen Jesus aus.

Schließlich erklärten Paulus und Barnabas frei und offen: »Euch musste als ersten die Botschaft Gottes verkündet werden. Aber weil ihr nichts davon wissen wollt und euch damit als unwürdig erweist, das ewige Leben zu empfangen, wenden wir uns jetzt an die Nichtjuden. Dazu haben wir vom Herrn den Auftrag erhalten; denn er hat gesagt: *Ich mache dich zum Licht für die anderen Völker, damit alle bis ans Ende der Erde durch dich meine rettende Hilfe erfahren.*«

Als die Nichtjuden das hörten, brachen sie in Jubel

aus. Sie wollten gar nicht mehr aufhören, Gott für seine rettende Botschaft zu preisen. Und alle, die für das ewige Leben bestimmt waren, kamen zum Glauben. Die Botschaft Gottes verbreitete sich in der ganzen Gegend.

Aber die Juden hetzten vornehme Frauen, die sich zur jüdischen Gemeinde hielten, und die führenden Männer der Stadt gegen Paulus und Barnabas auf. Die beiden wurden festgenommen, aus der Stadt ausgewiesen und mussten die Gegend verlassen.

Vor der Stadt schüttelten sie den Staub von ihren Füßen, ihnen zur Warnung, und gingen nach Ikonion. Die neugewonnenen Jünger und Jüngerinnen in Antiochia aber wurden von Freude und vom Heiligen Geist erfüllt.

In Ikonion gingen Paulus und Barnabas wieder genauso in die Synagoge, und sie sprachen dort auch so, wie sie es schon in Antiochia getan hatten. Eine große Zahl von Menschen kam daraufhin zum Glauben, Juden wie Griechen. Aber die übrigen Juden, die sich nicht überzeugen lassen wollten, fingen an, die nichtjüdische Bevölkerung der Stadt gegen die Christen aufzuhetzen.

Trotzdem konnten Paulus und Barnabas noch längere Zeit in der Stadt bleiben. Im Vertrauen auf den Herrn verkündeten sie die Botschaft von der rettenden Gnade frei und offen, und der Herr bestätigte die Botschaft durch die wunderbaren Taten, die er durch Paulus und Barnabas geschehen ließ. So kam es, dass die Stadt schließlich in zwei Lager gespalten war: die einen hielten zu den Juden, die andern zu den Aposteln.

Die feindlich gesinnte Gruppe – Nichtjuden ebenso wie Juden samt den beiderseitigen führenden Männern – bereitete einen Anschlag gegen Paulus und Barnabas vor. Sie wollten an den beiden ihre Wut auslassen und sie steinigen.

Aber Paulus und Barnabas merkten, was sie vorhatten. Sie flohen nach Lystra und dann weiter nach Derbe, zwei Städte in Lykaonien. Dort und in der weiteren Umgebung verkündeten sie die Gute Nachricht.

BARNABAS

21

In Ikonion wollte man uns töten. Wir waren lange genug dort geblieben, um einerseits Jünger zu gewinnen und uns andererseits Feinde zu schaffen – und sowohl die einen als auch die anderen waren zum Äußersten entschlossen. Saulus besaß diese Fähigkeit; er war ein kleiner, furchtloser Kämpfer mit einem Kopf voller Worte und einer Stimme wie eine Peitsche. Je weiter wir reisten, desto mehr überließ ich ihm das Predigen. Ich stand nur noch da und staunte. Saulus begann immer in einem sehr vernünftigen Ton, als ob er sagen wollte: »Kein Mensch möchte einfältig sein. Und wie steht es um euch? Ihr möchtet es auch nicht. Und wir *wollen* auch nicht, dass ihr unwissend bleibt ...« Und er meinte, was er sagte! Es war keine Ironie. Er hatte ihnen etwas zu sagen, und es drängte ihn so sehr, es sofort zu sagen, es schnell zu sagen, dass er seinen vernünftigen Ton bald wechselte und eine flammende Rede hielt. Dann wurden seine Sätze länger, die Worte kamen aus seinem Mund wie ein Vogelschwarm, und der Glaube dieses Mannes beflügelte die Herzen der Menschen. Sie brachen in Begeisterung aus und es war, als ob sie zu fliegen begönnen. Andere aber waren abgestoßen, und wieder andere bekamen Angst angesichts dieses leidenschaftlichen Glaubens, und das waren diejenigen, die ihn zu hassen begannen, genau, wie es in Ikonion passierte. Diejenigen, die seiner Predigt glaubten, erregten den Argwohn der Ungläubigen, die vor der Erneuerung in ihrer Stadt Angst hatten. »Der Mann ist eine Gefahr«, sagten unsere Feinde. »Er zersetzt die bestehende Ordnung. Ja, er stellt die ganze Welt auf den Kopf!« Also machte man in Ikonion Pläne, uns zu töten. Sogar die Führer hatten vor, uns zu steinigen.

Aber unsere Anhänger warnten uns rechtzeitig, und auf einer guten römischen Straße flohen wir in das dreiundzwanzig Meilen weiter südlich gelegene Lystra.

Vor dem Stadttor von Lystra gibt es einen Zeustempel, ein schlichtes Gebäude ohne Gärten und Springbrunnen. Es besteht aus einem kleinen Wald von Säulen unter einem hölzernen Dach und umschließt eine Statue des Zeus. Vor dem Säulengang und den Eingangsstufen befindet sich ein Altar.

Als wir zu dem Tempel kamen, sahen wir eine Gruppe von Leuten an dem Altar. Jemand rief: »Lasst Ruhe einkehren!« Nicht alle Reisenden um uns herum blieben stehen, aber einige: alte Frauen mit von Gicht befallenen Knöcheln, alte Männer, die an Krücken gingen, und junge Mütter mit ihren Kindern.

»Die Frommen«, flüsterte Saulus neben mir. »Die Gläubigen bei ihrem gefährlichen Kult.«

»Gefährlich?«, fragte ich.

Auf dem Altar brannte ein Feuer. Ein Priester wusch seine Hände in einer silbernen Schüssel, die von einem Diener gehalten wurde. Er trocknete sich die Hände an einem Handtuch ab, das ein weiterer Diener bereithielt. Dann zog er sich die Kapuze seines Gewands über den Kopf.

Plötzlich stimmte jemand auf einer Flöte einen Mark und Bein durchdringenden Laut an. Er blies und blies und schien nicht mehr aufhören zu wollen.

Saulus blieb stehen und schüttelte den Kopf. »Dieses Geräusch kann keine Musik sein«, sagte er. »Ein solcher Laut verheißt nichts Gutes. Man möchte schreien, wenn man so etwas hört.«

Ein Junge brachte dem Priester ein weißes Lamm, dessen kleine Hörner ganz vergoldet waren und das einen schweren Kranz aus Blumen um den Hals trug. Das Opfer von Lämmern war mir vertraut, aber das heidnische Gold und der heidnische Blumenkranz missfielen mir. Der Priester tröpfelte Wein auf den Kopf des Lammes, streute noch Mehl und Salz dazu, und schnitt dann zwischen den Hörnern etwas Wolle ab und warf sie in das Feuer auf dem Altar. Er hob seine Hände und rief fremdartige Worte aus, und ich konnte hören, wie Saulus vor sich hin sagte: »Sinnlose Gebete. Eitle Worte. Gefährlich!«

Nun trat ein weiterer Diener mit einer schweren Keule nach vorn, holte weit aus und versetzte dem Lamm einen einzigen Schlag auf die Stirn. Es fiel sofort tot um. Es war gute Arbeit, ein gekonnter Schlag. Im Tempel von Jerusalem habe ich Schlimmeres gesehen. Dieser Mann verstand sein Handwerk. Sofort kniete er sich hin. Mit einem Messer schnitt er den Hals an einer Seite auf und fing das Blut in einer Schale auf. Diese reichte er dem Priester, der das Blut mit Wein und einem kleinen Kuchen vermischte und dann in das Feuer auf dem Altar goss. Zur selben Zeit schnitt der Diener den Bauch des Lammes auf, und dann betrachteten alle die Eingeweide und murmelten immerzu heidnische Sprüche. Der schrille Laut der Flöte war immer noch zu hören. Saulus schimpfte weiter vor sich hin, und auch ich verabscheute, was wir da mit ansehen mussten, denn sie suchten in den Eingeweiden nach einem Zeichen der Götter. Dann griff der Priester hinein und zog die Galle, die Gedärme und die Leber heraus. Wein und Mehl wurden darüber verteilt, und dann wurde die ganze Masse in das Feuer auf dem Altar geworfen, wo sie zischte und krachte und in einem süßlichen weißen Rauch aufging.

Als der Flötenton verstummte und die Menge sich wieder zu zerstreuen begann, hörte ich Saulus reden. Er hatte die ganze Zeit geredet. Er sagte: »Gefährlich für ganze Heidenvölker!«

»Schau! Schau dort hinein«, sagte er und erhob seinen Arm zu einer so theatralischen Geste, dass Leute sich umwandten und ihn ansahen. Er deutete hinter den Altar, durch die Vorhalle auf die Statue des Zeus, einen breitschultrigen, bärtigen, verächtlich blickenden steinernen Gott.

»Sie haben die Herrlichkeit des unendlichen Gottes eingetauscht gegen Bilder, die einen sterblichen Menschen zeigen«, sagte Saulus.

»Weißt du«, lachte ich, fasste ihn am Arm und zog ihn weiter, »als ich noch ein einfacher Levit war, ein Jude unter Juden, habe ich mir über die Heiden nie viele Gedanken gemacht. Unser Leben ist nicht gerade leichter geworden.«

Aber mein Freund ging auf meine scherzhafte Bemerkung nicht ein. »Der Zorn Gottes«, sagte er aufbrausend, »kommt vom Himmel herab auf die Gottlosigkeit und die Verderbtheit, die die Wahrheit entstellt.« Er löste seinen Arm aus meiner Umklammerung und ging in einer stolzen Haltung weiter.

Ich hatte angenommen, dass er mit mir sprach. Aus meiner Sicht waren wir immer noch auf dem Weg in eine neue Stadt, wo wir uns nach einem geeigneten Ort für eine Predigt umsehen würden. Welch ein Irrtum! Saulus hatte bereits angefangen. Die Worte kamen schon wieder wie ein Vogelschwarm aus seinem Mund.

Und als wir durch das Stadttor gingen, hielt mein Freund und Mitstreiter schon eine Predigt für die Bewohner der Stadt. »Was man über den wahren und lebendigen Gott wissen kann, ist für alle Menschen einsichtig. Für alle Menschen!«, rief er aus. Und Bürger, Kaufleute und Bauern wurden auf ihn aufmerksam und hörten ihm immer mehr zu.

»Seit der Erschaffung der Welt«, erklärte Saulus, »ist das unsichtbare Wesen des einzigen, wahren Gottes, sind seine unvergängliche Macht und seine Göttlichkeit in den Dingen sichtbar gewesen, die er gemacht hat. Deshalb hat niemand eine Entschuldigung. Alle Menschen haben gewusst, wer Gott ist. *Ihr Menschen* habt gewusst, wer Gott ist. Deshalb ist dies euer Fehler: dass ihr nicht ihn als Gott verehrt und nicht ihm Dank bezeugt. Ihr habt die Wahrheit gegen eine Lüge eingetauscht. Ihr verneigt euch vor steinernen Bildnissen, die von Menschenhand erschaffen wurden. Ihr verherrlicht die Geschöpfe anstelle des Schöpfers, der auf ewig Segen spendet! Amen!«

Ich versuchte, nahe bei Saulus zu bleiben. Die Menge schwoll mit überraschender Schnelligkeit an. Diese Menschen! Es schien ihnen nichts auszumachen, wie scharf die Worte meines Bruders waren. Sie lächelten, ja, sie strahlten über das ganze Gesicht. Jemand ergriff meine Hand und versuchte, sie zu küssen. Als Saulus »Amen« sagte, hörte ich zwanzig oder dreißig Mal »Amen« aus der Menge. Sie sprachen ihm genau nach. Sie gaben sich große Mühe damit. Und dann merkte ich, was sich hier abspielte, und musste laut lachen.

»Saulus«, rief ich.

Aber er ging ganz im Fluss seiner Rede auf und sagte: »Und weil ihr Gott nicht anerkannt habt, hat er euch der Bosheit, der Gemeinheit, der Begierde, der Niedertracht überlassen ...«

»Saulus«, brüllte ich. »Saulus, hör ihnen einmal zu! Sie sprechen eine fremde Sprache. Sie verstehen kein Wort von dem, was du sagst.«

Ach, mein guter Freund! In diesem Moment glaubte ich fast, dass ich doch mehr vom Leben verstand als er. Er wurde still, und ich sah ihn schon gemeinsam mit mir über die Peinlichkeit unserer Lage lachen.

Aber anstelle von Gelächter hörte ich, wie er flüsterte: »Dank sei Gott, hier ist jemand für mich.«

Ich schaute hin und sah, dass er einen Krüppel, einen Bettler, anstarrte, der an der Stadtmauer diesseits des Tores saß – und dieser Bettler erwiderte den Blick des Saulus.

Ganz leise flüsterte mein Freund vor sich hin: »Ich sehe dir an, dass du das Vertrauen hast, wieder ein gutes Leben zu führen.«

Der Austausch der Blicke zwischen diesen beiden Männern, Saulus und dem Bettler, war so durchdringend, dass die Menge verstummte. Alle waren ganz still. Niemand redete mehr. Eine gespannte Erwartung schien über der ganzen Stadt zu liegen.

Plötzlich klatschte Saulus in die Hände und rief: »Steh auf! Erhebe dich!«

Und genau das tat der Bettler. Wie eine unverhofft wieder sprudelnde Quelle sprang er auf seine Füße, lief aufgeregt umher, tanzte auf der Straße. Die Menge war erschrocken und erstaunt. Eine große Unruhe entstand. Alle redeten wild durcheinander, einige liefen aus der Stadt hinaus, andere durch die Straßen. Ein paar Leute kamen auf mich zu, begrüßten mich überschwänglich, strichen über meinen Bart und zogen an meinen langen Haaren. In dem Stimmengewirr meinte ich das Wort »Zeus« zu hören.

Saulus wurde von mir abgedrängt. Trotz aller Bemühungen gelang es mir nicht, in seiner Nähe zu bleiben. Bald konnte ich ihn nicht einmal mehr sehen.

Jemand näherte sich mir von hinten und warf mir eine sehr aufwändig gearbeitete Toga über. Die Menschen, die vor mir standen, berührten meine Brust mit ihren Händen. Sie befühlten die Muskeln meiner Arme, meine Hände, meine Finger. »Was ist los?«, fragte ich. Das war alles, was mir unter dem Ansturm so vieler Menschen einfiel. »Was geschieht hier?«

Jetzt versammelten sich neue Scharen von Menschen in den Straßen. Sie kamen aus ihren Häusern und ihren Geschäften. Es schien, als wollte die ganze Stadt hierher kommen. Der verkrüppelte Mann wurde auf den Schultern starker Männer umhergetragen, während andere mit dem Finger zeigten und Dinge erklärten, die ich nicht verstehen konnte. Menschen tanzten und sangen und feierten. Ich fragte mich, ob der Geist sich wieder zeigte, wie am Pfingstfest vor siebzehn Jahren.

»Was geschieht hier?«, murmelte ich erneut.

Zu meinem großen Erstaunen antwortete mir eine Stimme in fehlerfreiem Griechisch: »Jede Frau ist jetzt Baukis, und jeder Mann ist Philemon.« Ich drehte mich um und sah eine ältere Frau mit dunkler Haut. »Aber ich«, sagte sie, »bin eine Jüdin, so wie du ein Jude bist.«

Dann hörte ich auf einmal den schrillen Ton der Flöte, die bei der Opferung gespielt worden war. In der Menge kehrte Ruhe ein. Die Lieder und Rufe verstummten. Die Menschen beherrschten sich und wandten sich dem Stadttor zu.

Tamburine, Rasseln, diese Flöte – und durch das Tor kam der Priester, der dem Tempel des Zeus diente. Er war in ein langes, weißes Leintuch gehüllt. Er trug eine Axt. Seine Diener führten zwei große Ochsen neben ihm her, die mit bunten Bändern und Schleifen geschmückt und zum Opfer hergerichtet waren.

Ein weiterer Diener, der den anderen vorausging, hob einen großen, weißen Stab in die Höhe, und die Musik verstummte.

»Dem Zeus!«, rief der Diener. »Und dem Hermes.«

Dann legte sich die gesamte Stadt in Ehrfurcht auf den Boden, als ob eine unsichtbare Sense ein Feld abgemäht hätte. Nur drei Menschen blieben stehen: Saulus, der am anderen Ende des Platzes stand, ich und die Frau neben mir.

Die Frau sagte: »Sie halten euch für Götter, die als Sterbliche auf die Welt gekommen sind.«

Der Anblick war furchtbar. Die Bürger von Lystra hatten sich vor uns auf den Boden geworfen. Vor Saulus und mir!

Ich warf die teure Toga ab und begann aus Verzweiflung, meine Tunika zu zerreißen. Saulus wiederum, mein redegewandter Freund, lief, so schnell er konnte. Er raffte sein Gewand bis zur Brust hoch und rannte auf seinen nackten, dünnen Beinen bis zu dem steinernen Podium auf der anderen Seite des Platzes. Er betrat es, fiel auf die Knie und sah fast beschwörend auf die Menge.

»Warum tut ihr das? Warum?«, flehte er die Menschen an. Er löste sein Gewand. Dann fasste er seine Tunika mit beiden Händen am Hals und riss sie entzwei. Seine dünne, blasse Brust wurde sichtbar.

»Wir sind Menschen wie ihr!«, rief er ihnen entgegen. »Wir leben im Fleisch wie ihr, atmen, bluten und weinen Tränen. Wir sind keine Götter. Wir sind Geschöpfe

Gottes, von Gott erschaffen. Wie könnten wir selbst Götter sein?«

Saulus stand auf. »Aber wir kennen Gott!«, rief er. »Wir kennen den einen, wahren, lebendigen Gott. Wir kennen ihn so gut, dass wir ihn Vater nennen.«

Saulus ging zur linken Seite des Podiums und fuhr fort: »Und das ist der Gott, der die Himmel gemacht und sie in Licht getaucht hat, der die Erde gemacht und sie grün gekleidet hat, der die Senken ausgehoben und sie mit Seen gefüllt hat, der die Welt mit Vögeln, Fischen und wilden Tieren bevölkert hat. Das ist der Gott, den wir Vater nennen.«

Jetzt ging Saulus auf die rechte Seite. »Früher erlaubte Gott den Völkern, ihre eigenen Wege zu gehen, eitle Dinge zu verehren, von Menschen erschaffene Gebilde aus Holz und aus Stein. Aber niemals ließ er uns ohne ein Zeugnis von ihm. Die Natur hat immer von seiner Größe erzählt. Denn er ist der Gott, der es auf euch regnen lässt. Er ist der Gott, der euch Freude schenkt und gute Ernten, der euch zu Essen gibt und euch im Inneren erfüllt.

Und nun, vor nicht allzu langer Zeit, hat er seinen Sohn in die Welt geschickt, durch den wir alle, alle Menschen jedes Volkes, ihn Vater nennen dürfen.

Wir sind seine Gesandten! Keine Götter, keine Engel, sondern Prediger. Wir beide, Barnabas dort drüben, und ich, Paulus, ein Apostel Jesu.«

Mein Bruder schritt auf dem Podium hin und her. Wusste er, ob diese Menschen ihn überhaupt verstehen konnten? Ich wusste es nicht. Vielleicht sprachen einige Griechisch, wie die Frau neben mir, aber als die Worte des Saulus ihre aufrüttelnde Dringlichkeit verloren, nahmen immer mehr Menschen auf dem Boden eine bequeme, hockende oder sitzende Haltung ein.

Der Priester des Zeus und seine Diener zogen sich sichtbar angewidert durch das Stadttor zurück. Saulus musste ihnen wie ein Verrückter, ein Schwätzer vorkommen.

Dann stand Saulus plötzlich in der Mitte des Podiums und rief so laut er konnte: »Bürger von Lystra, steht auf! Erhebt euch! Verneigt euch vor niemandem! Verehrt nichts außer dem wahren Gott. Kommt zu seinem Sohn, dem lebendigen Herrn Jesus. Kommt zu seinem Sohn, bevor Gott über die Welt Gericht hält. Kommt, und ihr werdet nicht sterben, sondern leben, und an jenem letzten Tag werdet ihr wie Kinder vor Gott stehen und sagen: ›Vater, Vater; du bist mein Vater.‹«

Dann war mit einem Mal alles vorbei.

Saulus kam über die steinernen Stufen von dem Podium herunter. Die Menschen standen auf und gingen weg, bis auf fünf oder sechs, die auf ihn zukamen.

Aber ich, ich stand sprachlos da, summte leise vor mich hin und war verblüfft über das, was Saulus gerade getan hatte. Er hatte vor den Heiden nichts über Israel gesagt, nichts über den Gott Israels, nichts über unsere Schrift, nichts über den Bund, über Abraham, Mose und die Propheten! Zum ersten Mal überhaupt hatte Saulus sich von der ganzen Religion, von der ganzen Geschichte der Juden, frei gemacht. Vor den Heiden war er von der Schöpfung gleich zu Jesus gekommen.

Aber ich bin immer noch ein Levit. Und ein Jude wie Saulus.

Ich stand regungslos da und fragte mich, ob ich mich im Stich gelassen fühlen sollte. Und gleichzeitig fragte ich mich, ob ich Saulus auf seinem Weg folgen musste und auch noch dieses letzte, mein Judentum, hinter mir lassen sollte. Ich hatte mein Vermögen den Aposteln zu

Füßen gelegt. In Antiochia hatte ich die Synagoge verlassen, um in den Häusern der Gläubigen zu beten. Aber nun dies, die Schrift und unser gesamtes Erbe – würde ich mich auch davon trennen müssen?
Zur Freiheit hat uns Christus befreit.
Jemand zog an meiner Tunika. Es war die jüdische Frau. Sie sah mich mit ernster Miene an und fragte: »Könnt ihr Hebräisch lesen?«

Genau sieben Tage später, im Schutz der Dunkelheit, griff eine Bande von Schlägern meinen Bruder Saulus an.
Wir wissen nicht, wer diese Männer geschickt hatte. Vielleicht war es der Priester des Zeus. Vielleicht hatten auch unsere Feinde die Tagesreise von Ikonion hierher gemacht, um zu vollenden, was sie dort geplant hatten. Sicherlich war der Angriff kein Zufall, da sie sich gerade Saulus aussuchten, um ihn zu töten. Und das glaube ich wirklich: dass sie ihn töten wollten.
Wir hatten die Einladung der jüdischen Frau angenommen, während der Zeit, die wir in Lystra verbringen wollten, bei ihr zu wohnen. Sie hieß Eunike. Saulus hatte sich bereiterklärt, ihrem Sohn Timotheus Hebräisch beizubringen. Das Haus gehörte ihrer Mutter Lois. Alle drei wollten Neuigkeiten über die Juden hören, und dann erzählten wir ihnen von Jesus. Es erfreute mich nun mehr denn je, wenn mein Bruder die Schrift zitierte.
Als wir an einem Abend durch eine schmale Gasse zum Haus zurückkehrten, versperrten uns fünf Männer den Weg, zwei kamen von vorn, während weitere drei uns den Weg nach hinten abschnitten. Schweigend packten mich die hinteren drei und rangen mich zu Boden, während die anderen zwei auf Saulus losgingen.

Ich schrie und wehrte mich und kämpfte, aber ich konnte die Männer nicht abschütteln, um ihm zu helfen. Saulus sagte nichts. Er sah seine Angreifer an, und ich bemerkte, dass er abwartete. Er konzentrierte sich.

»Lauf, Saulus! Lauf!«

Er lief nicht weg. Er musste einen furchtbaren Schlag gegen die Rippen hinnehmen. Er krümmte sich nach vorn und bekam einen weiteren Schlag ins Kreuz. Er fiel zu Boden. Eigenartigerweise wichen seine Angreifer zurück. Dann glaubte ich einen Platzregen zu hören, aber ich spürte kein Wasser. Es war auch kein Wasser. Im nächsten Augenblick sah ich, was geschah. Schattenhafte Gestalten auf den Dächern warfen Steine, ließen Steine hinunter in die Gasse fallen. Sie steinigten Saulus! Ich hörte das Prasseln der Steine auf dem Boden. Ich sah, wie Steine seinen Körper trafen. *Saulus! Saulus!* Ich konnte beobachten, wie sich sein Körper unter dem Steinhagel versteifte. Dann rollte er sich schützend zusammen. Schließlich schien er bewusstlos zu werden. Ein Stein traf ihn am Kopf, aber er bewegte sich nicht, zuckte nicht zusammen und erzitterte nicht. Er lag da wie eine zerbrochene Statue in einer dunklen Straße. Die Männer fassten ihn an den Armen und zerrten ihn weg.

Ich wurde noch eine Weile von denen festgehalten, die mich zu Boden gerungen hatten. Dann sagten sie zu mir: »Du findest ihn bei dem dritten Meilenstein, in einem Graben.« Schließlich ließen sie von mir ab und gingen.

Einen Augenblick lang lag ich reglos da, wie gelähmt. Dann begann ich, am ganzen Körper zu zittern. Ich stand auf und knickte wieder ein. Ich stand noch einmal auf und rannte zum Haus der Eunike. Ich hämmerte gegen die Tür. »Timotheus, Timotheus, ich brauche deine Hilfe!«, rief ich, und als er aus dem Haus gekommen war, lief ich sofort in die Richtung des Stadttors.

»Sie haben Saulus gesteinigt«, keuchte ich. »Sie haben ihn umgebracht, Timotheus! Ich glaube, sie haben ihn umgebracht.«

Außerhalb der Stadt war an jenem Abend niemand mehr. Die Wächter hatten die Tore offen gelassen. Wir rannten durch das Tor und dann die Straße entlang, und in meinem Inneren rief ich: *Saulus! Mein Bruder Saulus!*

Das Lamm, das von einem Schlägel mitten auf den Kopf getroffen wurde, fiel um und war sofort tot. Jeder konnte es sehen. Es ließ sich nicht mehr ungeschehen machen. *Saulus, Saulus, was haben sie mit dir gemacht?*

In einem Graben! Sie mussten ihn in einen Graben geworfen haben. Gleich hinter dem dritten Meilenstein fanden wir ihn am Abhang einer Schlucht. Seine Beine waren verschlungen, seine Arme lagen über seinem Gesicht und sein Kopf war blutig. Ich sprang und rutschte zu ihm hinunter, beugte mich über ihn, nahm den Ärmel meines Gewands und begann, das gerinnende Blut abzuwischen. Timotheus stand regungslos auf der Straße über uns. *Saulus. Saulus.*

»Wir tragen ihn nach Hause«, flüsterte ich, und genau dies, die Worte und meine schmerzerfüllte Stimme, ließ mich zusammenbrechen. Ich begann zu weinen.

Verächtlich und gleichzeitig humorvoll sagte dann mein Bruder und Mitstreiter: »Fang nur nicht an zu weinen, Barnabas.«

Saulus hatte die Augen geöffnet! Seine Augäpfel reflektierten das spärliche Licht. Er sah mich an. Er bewegte sich. Er verlagerte sein Körpergewicht. Er hob seine Hand und berührte mein Gesicht.

»Es gibt keinen Grund für Tränen«, sagte er. Dann stützte er sich auf, kletterte auf allen Vieren zurück zur Straße, stand auf und sagte: »Lasst uns gehen.«

Timotheus war schneller als ich. Er lief zu dem Mann, dem dieses Wunder Jesu widerfahren war, und bot ihm seine kräftige Schulter an, damit er sich darauf stützen konnte. So gingen wir zurück in die Stadt.

Ja, Jesus, ja: selbst mein Judentum! Ich konnte die gesamte Tradition aufgeben und diesem kleinen, mutigen Mann mit den krummen Beinen folgen, wo auch immer er hinging.

LUKAS

22

In Derbe verkündeten Paulus und Barnabas die Gute Nachricht und konnten viele Menschen als Jünger und Jüngerinnen für Jesus gewinnen. Dann traten sie die Rückreise an.

Sie kamen wieder nach Lystra und dann nach Ikonion und schließlich ins pisidische Antiochia. Überall machten sie den Christen Mut und ermahnten sie, unbeirrt am Glauben festzuhalten. »Der Weg in Gottes neue Welt«, sagten sie zu ihnen, »führt uns durch viel Not und Verfolgung. So ist es der Wille Gottes.«

In jeder Gemeinde setzten sie Gemeindeälteste ein und stellten sie und alle, die zum Glauben an den Herrn gekommen waren, mit Gebet und Fasten unter dessen Schutz. Dann zogen sie weiter durch Pisidien nach Pamphylien. Sie verkündeten die Botschaft Gottes in Perge und gingen hinunter ans Meer nach Attalia.

Von Attalia kehrten sie mit dem Schiff zum Ausgangspunkt ihrer Reise, nach Antiochia in Syrien, zurück. Hier waren sie der Gnade Gottes anbefohlen worden für das Werk, das sie nun vollendet hatten.

Nach ihrer Ankunft riefen sie die ganze Gemeinde zusammen und berichteten, was Gott alles durch sie getan hatte und dass er den Nichtjuden die Tür zum Glauben geöffnet habe. Paulus und Barnabas blieben nun für längere Zeit bei den Brüdern und Schwestern in Antiochia.

LUCIUS ANNAEUS SENECA

23

Seneca, im letzten Monat seiner Verbannung auf Korsika,
An Gallio, meinen Bruder in Rom,
Im neunten Jahr der Regentschaft des Claudius:

Sei gegrüßt!

Halte Ausschau nach mir, mein Gallio, denn ich komme nach Hause. Vierzehn Tage noch, dann halte die Augen auf in den Straßen von Rom und suche nach einem großen, kahlköpfigen Mann in einer Toga aus grauer Wolle, einem Mann, der nach neun Jahren erzwungener Entbehrungen mager geworden ist, einem Mann mit einer gelblichen Haut und einem Gesicht, dem die hektische Röte unseres geteilten Leidens, unseres *suspirium*, anzusehen ist. Gehe auf diesen Mann zu. Umarme ihn. Betrachte die Tränen, die aus seinen Augen fließen, und dann frage ihn leise, ob er Seneca sei.

Es wird Seneca sein. Und er wird dich küssen und glücklich sein, dich wiederzusehen.

Ach, mein Gallio, in meinem dreiundfünfzigsten Jahr stehe ich von den Toten auf und darf eine Position bekleiden, mit der ein wenig Einfluss in der Stadt verbunden ist, doch wie viel Einfluss genau es ist und wie ungestört ich ihn ausüben kann, bleibt einstweilen abzuwarten. Agrippina, die so plötzlich die Frau unseres allgewaltigen Kaisers Claudius geworden ist, hat bei ihrem Mann meine Freilassung erwirkt und überträgt mir zwei Ämter: zum einen das des Praetors – wäre unsere Tante nicht hoch erfreut, mich im Magistrat zu sehen, wo sie doch so sehr für unseren Aufstieg gekämpft hat! –, zum anderen das des Erziehers ihres Sohnes Lucius Domitius. Dieses letztere Geschenk ist mit weniger öffentlichem Ansehen verbunden, verschafft mir aber Zutritt zum Hausstand des Kaisers, wo persönlicher Einfluss gewichtig sein kann – oder gefährlich. Ich werde das Angebot der Agrippina selbstverständlich nicht ablehnen, aber ich denke viel über meine zukünftige Rolle als Mentor nach und suche schon jetzt nach den Krallen, die das Junge bekommen könnte, sobald es ein ausgewachsener Löwe ist.

Du weißt so gut wie ich, dass Männer, die im Hausstand des Kaisers leben, noch öfter als die Hunde in den Abfallhaufen an dem sterben, was sie essen. Je näher wir der Macht kommen, desto näher kommen wir der Habgier, der Bosheit und dem feigen Mord. Woran ist die vorherige Frau des Claudius gestorben? Was sagen die Gerüchte, Gallio? Sicherlich nicht an Altersschwäche oder schwerer Krankheit. Und wie gelang es Agrippina, den Kopf eines alten Mannes wieder zur Heirat geneigt zu machen? Und wie, bei den Göttern, hat sie den Senat überredet, die festgefügtesten Gesetze menschlicher Moral, die unverrückbaren Vorschriften Roms zu übergehen? Sie ist seine Nichte! Er ist ihr Onkel! Das ist Inzest!

Und dennoch habe ich gehört, dass eine große Volksmenge von Römern sich zum Palatin begeben haben soll, um nach der inzestuösen Verbindung der Agrippina zu *verlangen*. Sofort soll der Senat einer Ausnahme zugestimmt haben, und so liegt nun der unersättliche Alte, unser Kaiser, umschlungen in den weißen Armen einer Löwin.

Als sie mir anbot, die Erziehung ihres Sohnes zu übernehmen, ließ Agrippina mich wissen, dass Claudius den Jungen ohne Zweifel in weniger als einem Jahr adoptieren wird. Damit deutet sie an, welchen kostbaren Schatz sie in meine Hände legt. Kühn fügt sie hinzu, dass dieser Sohn eines Kaisers eines Tages selbst Kaiser sein wird, und das, obwohl Claudius noch einen leiblichen Sohn, Britannicus, hat. Aber sie bekräftigte ihre Voraussage, indem sie mir eine Geschichte erzählte, die ich hier in meinen eigenen Worten wiedergebe, damit du, mein Bruder, dir ein Urteil über diese unberechenbare Frau bilden kannst.

Als sie ein halbes Jahr mit dem Jungen schwanger war, ließ sie von einem persischen Astrologen sein Horoskop erstellen. »Du wirst einen Sohn zur Welt bringen«, sagte er, »der Kaiser werden und als Kaiser seine Mutter ermorden wird.«

Sofort antwortete die furchtlose Agrippina: »Soll er mich töten, wenn er nur herrscht!«

Das ist die Frau, in deren Dienst ich mich stellen werde.

Ihr Sohn wird bei seiner Adoption einen Namen erhalten, der »stark« und »tapfer« bedeutet: Sie wird ihn Nero nennen, und dann werden wir sehen, was solch ein Name bewirken kann. Soweit ich weiß, ist ihr Sohn zwölf Jahre alt und hager; seine Mundwinkel sind nach unten verzogen; seine blassblauen, hervorstehenden Augen sind kurzsichtig; er hat kupferfarbene Haare und er liebt den Tanz, die Musik und die Dichtung mehr als die Kriegskunst oder die Regeln des Gesetzes und der Verwaltung. Und das ist der Ton in meinen Händen. Aus ihm soll ich einen »Nero« formen, einen Tapferen, einen Kaiser. So wird es verlangt.

Gallio, ich bin ein Philosoph. Selbst auf dieser kargen Insel kann ich mich in Freiheit meinen Betrachtungen hingeben. So sage mir, und sage mir die Wahrheit: Kann ich in einem kaiserlichen Palast, wo die Löwen mit scheinbarer Gelassenheit umherstreifen, genauso frei sein?

Nun, vielleicht kann ein Philosoph die Katze trotz ihrer Mutter zähmen und doch noch einen guten Herrscher formen.

JAKOBUS

24

Jakobus in Jerusalem,
An Simon Petrus in Cäsarea:

Bitte, wirf den Mantel, unter dem du dich versteckt hältst, für eine Weile ab und komme eilends nach Jerusalem. Saulus aus Tarsus und Josef Barnabas sind schon unterwegs von Antiochia hierher; ob über Land oder auf dem Seeweg, weiß ich nicht. Es ist möglich, dass sie im Hafen von Cäsarea ankommen und sogar ganz in deiner Nähe sind, während du diesen Brief liest, aber ich möchte, dass du vor ihnen hierher kommst. Wir müssen über die Dinge sprechen, die in Antiochia geschehen, bevor wir die Führer der Stadt zur Rede stellen.

Die Stimmung in Jerusalem ist aufgeheizt. Das ist sie freilich immer, und wir tun gut daran, uns in Selbstdisziplin zu üben, damit wir in dieser ungestümen Stadt standhaft bleiben können. Aber ich spreche von der Stimmung in unserer eigenen Gemeinde.

Vor einem Monat kam Judas zornerfüllt aus Antiochia zurück und erhob zahllose Vorwürfe. Er war aus eigenem Entschluss dorthin gereist – ich habe ihn nicht geschickt –, »um Saulus und Barnabas zu begrüßen«, wie er sagte, nachdem diese ein Jahr auf Zypern und in den nördlichen Provinzen verbracht hatten. Er ist ein Pharisäer wie Saulus. Er gibt an, er habe ein offenes Gespräch mit dem Mann gesucht, der bei dem Rabbi Gamaliel studiert hat. Barsabbas hat bei diesem großen Lehrer keine Aufnahme gefunden.

Nun ist Barsabbas zurück, rauft sich die Haare und erzählt mir, wie entsetzt er war, als er erfuhr, dass die Gläubigen in Antiochia von den Synagogen verachtet und als Apostaten und Gotteslästerer bezeichnet werden. Die Juden, sagt Barsabbas, haben sich in zwei Lager gespalten, die nichts miteinander zu tun haben. Die Gläubigen, die jetzt »Christen« genannt werden, verschaffen sich Zulauf, indem sie Griechen und Heiden von der Straße holen, während die Synagogen leerer werden, weil die gottesfürchtigen Heiden und Proselyten sich von ihnen abwenden – »Und von Gott, dem Herrn!«, klagt Barsabbas – und sich den häuslichen Gemeinden anschließen, in denen ein krankhafter Verfall der Sitten zu beobachten ist.

»Sie wenden sich ab von Gott, dem Herrn«, erregt sich Judas Barsabbas, »denn in Antiochia lehren diese ›Christen‹, dass Heiden sich nicht beschneiden lassen müssten! Die Taufe genüge und Jesus sei alles!« Barsabbas lief sehr aufgeregt in meinem kleinen Zimmer auf und ab. »Sie brauchen sich um das Gesetz nicht zu kümmern!«, sagt er. »Ja, in ihren häuslichen Gemeinden habe ich gesehen, wie Reine und Unreine beieinander saßen, und sie haben Fleisch gegessen, in dem noch das Blut der Tiere war, sie haben Fleisch von Tieren gegessen, die nach heidnischem Brauch geschlachtet wurden.

Und der lautstärkste Anführer von allen«, sagte Barsabbas und schüttelte den Kopf, »ist Saulus aus Tarsus. Oh, wie ich gehofft hatte, bewundernd zu ihm aufblicken zu können. Aber ich traf ihn, wie er den Heiden predigte und nichts von Israel lehrte, nichts von Mose und auch nichts von Abraham. Er verlangt nichts, was diese Heiden zu ihrer Rettung beitragen sollen, außer dass sie an Jesus glauben, an seine Auferstehung und seine Wiederkunft.«

Simon, wir beide kennen Judas Barsabbas und wissen, wie leidenschaftlich und unbeherrscht er sein kann. Aber ich sage dir, er ist in seinem Herzen ein guter Mann. Er wünscht sich wirklich die Rettung aller Menschen. Und er befürchtet, dass Saulus das Wort bedenkenlos verdreht und somit die Rettung der Heiden, die ihm vertrauen, vereitelt. Deshalb blieb Barsabbas ein halbes Jahr in Antiochia, redete öffentlich gegen Saulus und Barnabas und lehrte die Menschen ohne Umschweife: »Wenn ihr euch nicht nach dem Brauch des Mose beschneiden lasst, könnt ihr nicht gerettet werden!« Er sagt, Gott habe ihm einigen Erfolg beschieden. Er hat dafür gesorgt, dass viele Menschen die Führer in Antiochia in Frage stellen und einige sich öffentlich von Saulus und Barnabas abgekehrt haben. Aber er befürchtet, dass dies nicht genügt.

Deshalb hat Judas Barsabbas überall unter den Gläubigen hier in Jerusalem wütende Reden gehalten. Während des vergangenen Monats hat er vor allem die Gemüter der Pharisäer unter uns erhitzt. Er möchte »die Gemeinde reinigen«, sagt er, »und den Namen Jesu von diesen verräterischen Lügen reinwaschen.« Er sagt, selbst der Griechisch sprechende Stephanus habe nie mit den Synagogen gebrochen, und auch die Anhänger des Stephanus – Philippus, Timon, Prochorus – hätten sich niemals irgendwo anders versammelt als dort, wo man den Gott Abrahams, Isaaks und Jakobs kenne und verehre.

Du musst wissen, Simon, dass Barsabbas nicht der Einzige ist, der diese Befürchtungen hat. Er ist lediglich der Leidenschaftlichste.

Und nun höre ich, dass Antiochia Abgesandte nach Jerusalem schickt, die hier ihre Position vortragen sollen. Saulus und Barnabas sind auf dem Weg und werden von irgendeinem jungen Heiden begleitet. Die Nachricht von ihrem Kommen und ihren Absichten hat sich hier bereits verbreitet.

Möge der Geist des Herrn Jesus Christus uns die Worte und die Weisheit für die kommenden Auseinandersetzungen geben!

Weißt du, wo Thomas ist? Ich habe seit achtzehn Monaten nichts mehr von Thomas gehört.

Bring Philippus mit.

Lass deine Frau zurück. Bring sie nicht in Gefahr! Reise mit leichtem Gepäck.

Bitte, Simon, beeile dich!

TITUS

25

Ich bin außer Atem. Ich kann kaum Schritt halten. Barnabas sagte, wir sollten mit dem Schiff nach Süden fahren. Paulus sagte: »Nein, wir gehen zu Fuß.« Barnabas fragte: »Warum?« Paulus sagte: »Damit wir unterwegs mit allen sprechen können.« Und so haben wir es gemacht. Kaum ein Tag Pause. Keine Ruhe. Es ist Regenzeit, aber Paulus wird vor der Dämmerung wach und läuft los, ob es regnet oder nicht. Er läuft schnell. Wir folgen, so gut wir können. Mittags kommen wir in ein Dorf, in dem Gläubige wohnen – woher weiß er, wo alle die Gläubigen wohnen? –, und wir gehen in ihr Haus. Wir essen ein wenig, und Paulus erzählt seine Geschichte, wie er Jesus auf dem Weg nach Damaskus traf. Je weiter wir nach Süden kommen, desto weniger Leute haben Paulus je gesehen. Für sie ist es eine wunderbare Geschichte. Ich höre sie immer wieder. Paulus sagt: »Ich habe die Gemeinde Gottes verfolgt. Ich wollte sie vernichten.« Er sagt: »Ich kämpfte so sehr für die Überlieferung der Juden, dass ich mehr über die Religion wusste als jeder andere in meinem Alter.« Dann schlägt er auf den Tisch oder sonstwo hin und sagt: »Aber Gott hat mich auserwählt, bevor ich geboren wurde! Und als ich auf der Straße nach Damaskus unterwegs war, zeigte er mir seinen Sohn. Jesus von Nazareth erschien mir und sagte ›Saulus, Saulus!‹ und nannte mich den Apostel der Heiden.«

Das ist es. Das erzählt Paulus, wo auch immer wir Halt machen. Und manchmal weinen die Leute und vergießen Freudentränen über seine Wandlung. Immer und überall sagen sie: »Gelobt sei Gott! Ehre sei Gott, dem Vater.« Dann erzählt ihnen Paulus, was passierte, als Barnabas und er zu den Heiden gepredigt haben. Wie der Heilige Geist auf die Heiden genauso wie auf die Juden gekommen ist. Und dann sind unsere Gastgeber wie verrückt. Alle singen Lieder, und wenn jemand ruft »Im Namen Jesu«, tue ich das, was ich kann. Ich kann tanzen und in Zungen reden. Der Heilige Geist lässt mich in Zungen reden.

Ich sage zu Paulus: »Warum hast du mich mitgenommen? Was soll ich tun, wenn wir in Jerusalem sind?« Er sagt zu mir: »Nichts. Tue nichts.« So macht man sich wichtig. Deshalb sage ich: »Ich verstehe nicht.« Er schaut mir in die Augen und sagt: »Titus.« Er sagt meinen Namen ganz ernst und feierlich. Da kommt mir mein Name wie ein heiliger Name vor. »Titus«, sagt er, »die frohe Botschaft, die ich den Heiden predige, werde ich nicht umsonst verkündigen. Ich bin auch nicht umsonst unterwegs. Ein paar verräterische Brüder haben die Freiheit, die wir in Christus Jesus haben, misstrauisch beobachtet. Sie wollen uns wieder in Fesseln legen. Sie wollen meine Predigt zunichte machen. Aber du, mein junger Bruder, du bist mein Beweis. Wer du bist, was du tust, was man mit dir nicht getan hat: Das ist ein Beweis der Macht Jesu.«

Und wenn er das gesagt hat, geht mir nur noch durch den Kopf: Bei diesem Laufschritt bist du wirklich nicht umsonst unterwegs. Du schaffst es, mich umzubringen. Ich habe Barnabas den Scherz erzählt. Normalerweise hat er Humor. Aber diesmal sagt er zu mir: »Saulus ist es ernst.« Und ich will sagen: »Ich weiß, dass er es ernst meint. Das ist es ja.«

Aber Barnabas läuft schon wieder hinter Paulus her, der große Mann hinter dem kleinen Mann wie ein Bär hinter dem Hasen. Und dann laufe auch ich schneller, der jüngste Mann von allen, der kaum mitkommt.

BARNABAS

26

Judas Barsabbas sagte: »Ich bin Jude.«

Saulus sprang auf. »Und ich etwa nicht? Ich bin genauso sehr Hebräer wie alle anderen hier!«

Die Menschen in Jerusalem stehen nicht auf, wenn sie reden. Das tut nur der griechische Rhetor. Die Rabbiner lehren im Sitzen. Jesus lehrte im Sitzen. Als Saulus immer wieder aufstand, erregte er zwar Aufmerksamkeit, aber nicht so, wie er es sich wünschte.

Saulus zeigte mit dem Finger auf Judas Barsabbas und rief ihm zu: »Bist du ein Israelit?« Er klopfte sich auf seine schmale Brust. »Ich bin es auch!«

Ich richtete mich auf und fasste Saulus am Arm. »Saulus«, flüsterte ich, »Saulus.«

Simon Petrus sprach mit noch lauterer Stimme aus der anderen Ecke. »Ich kann es kaum abwarten zu hören, was du zu sagen hast, Bruder«, sagte er. »Ich weiß, wie gewaltig deine Worte sein werden. Aber höre zunächst einmal zu, damit du umso besser antworten kannst. Bitte, Saulus, setz dich hin.«

Saulus setzte sich wieder zwischen mich und den jungen Titus.

Ich war ihm und Gott ausgesprochen dankbar, dass er sich nun geistige Fesseln anlegte und zuhörte. Ich war ihm dankbar und auch ein wenig erleichtert, da wir als Abgesandte Antiochias gekommen waren und ich der Berichterstatter sein sollte, mein Mitapostel aber die Angewohnheit hatte, allen anderen über den Mund zu fahren. Ich hoffte, er würde die Fesseln angelegt lassen. Aber er hockte da wie auf der Lauer, die kleinen Augen starr auf den Gegner gerichtet.

Judas Barsabbas, das war ein Mann mit einem langen, feinen Bart, über den er beim Sprechen streichelte. Er war lange ergraut, aber in ihm wallte noch das Blut. Seine Aufregung kam mir immer seltsam vor, wie zerberstendes Eis.

»Ich bin Jude«, sagte Judas Barsabbas noch einmal. »Ich bin als Jude geboren, am achten Tag beschnitten und genannt nach dem Makkabäer, dem Retter des alten Israel, der immer, auch unter den widrigsten Umständen, die Gesetze Gottes beachtet und in Ehren gehalten hat. So wie er wurde ich erzogen, mich an die Gesetze zu halten, und seitdem ich selbst erwachsen bin, habe ich die Feiertage beachtet, mich von Unreinheit ferngehalten, nichts Unreines gegessen, am Sabbat geruht und Tag und Nacht das Gesetz studiert. Ich bin Jude. Ich bin als Israelit geboren. Ich gehöre zu Gottes auserwähltem Volk.«

Er machte eine Pause, um die Falten seines Gewands zu glätten. Dann sagte er: »Aber jetzt bin ich im Namen Jesu zweimal Jude und doppelter Israelit! Und wie«, fragte er mit einem kalten Lächeln, »kann das sein?«

Wir saßen auf langen Bänken. Einige waren aus Stein und in die Wände eingelassen, andere waren aus einfachem Holz und füllten die Mitte des Raumes. Die Holzbänke gaben einen leichten Rauchgeruch ab, als hätte man sie aus einem brennenden Haus gerettet. Sie waren alt und von der langen Benutzung glatt geworden. Ein so großer Raum war in den Häusern Jerusalems etwas Ungewöhnliches, aber meine Tante Maria hatte eigens eine Wand einreißen lassen, um Platz für eine große Versammlung von Gläubigen zu schaffen.

Judas Barsabbas saß auf einer steinernen Bank in der nördlichen Ecke. »Und wie kann das sein?«, fragte er und wandte sein graues Gesicht nach links und nach rechts, ohne in unsere Augen zu sehen. Er sah selten Menschen in die Augen. Er schaute auf unsere Hälse und unsere Haare und beantwortete die Frage, die er selbst gestellt hatte. »Weil ich zu dem Juden der Juden gekommen bin. Weil ich an den Israeliten glaube, den Gott, der Vater, als Letzten und Besten aller Juden auserwählt hat, als die Erfüllung Israels. Denn der Gott, der Abraham erwählt hat, der Gott, der Israel zu seinem Volk erwählt hat, der Gott, der die Propheten erwählt hat, um das Volk zu sich zurückzurufen, dieser Gott, der seine Natur nicht verleugnen kann, hat sein heiliges Wesen bezeugt, indem er noch einmal jemanden auserwählt hat, für immer und ewig. Als Krönung und Abschluss aller seiner Erwählungen hat er Jesus von Nazareth zu seinem Sohn erwählt, seinen geliebten Sohn, den Messias. Und was bedeutet das, Brüder? Nun, es bedeutet, dass wir ein Israel innerhalb Israels sind! Deshalb müssen wir der Sauerteig für alle sein.«

Saulus hörte zu. Jede Faser seines schlanken Körpers zitterte leicht, aber er sah Barsabbas mit seinen durchdringenden Augen an.

Jakobus warf den beiden Pharisäern abwechselnd Blicke zu. Einmal trafen sich unsere Blicke, und er schien wissen zu wollen, was in mir vorging. Ich lächelte unsicher. Ich wusste wirklich nicht, was ich empfinden sollte. Ich mochte Judas Barsabbas nicht. Er ist ein unangenehmer Mensch, unfreundlich und anmaßend. Aber ich muss gestehen, dass seine Worte mich berührten, und auf einmal entdeckte ich diesen flüchtigen Gedanken in mir: *Wie schön, wieder zu Hause zu sein.*

Wir hatten uns im Haus meiner Tante Maria versammelt. Sie war die Mutter meines Vetters Johannes Markus und schon sehr alt. Es gab für mich keinen schöneren Ort in Jerusalem. Sie hatte einen großen Garten, gleich hinter dem Tor, das zur Straße führte, und der Raum, in dem wir uns versammelt hatten, konnte, seitdem er vergrößert worden war, dreißig bis vierzig Leute aufnehmen. Für mich war hier mein Zuhause. Nachdem ich meinen Besitz verkauft und alles verschenkt hatte, war es Maria gewesen, die mich bei sich aufgenommen, unterstützt und verpflegt hatte. Die roten Ausmalungen auf ihren Wänden, die Mosaiken auf den Böden, der Geruch ihrer Krüge und Körbe, der zusammengebundene Knoblauch, die getrockneten Blüten in einer Schale, die kunstvoll gearbeitete Menora, die eisernen Kerzenleuchter, die blassblauen Lampen – alles das rief in mir ein Wohlgefühl hervor. *Wie schön, wieder zu Hause zu sein.*

Und hier waren die Menschen, die bei jenem wunderbaren Pfingstfest vor neunzehn Jahren dabei gewesen waren. Apostel und Propheten, Jünger und Lehrer und Freunde, die ich länger als ein Jahrzehnt nicht gesehen hatte. Dieselben Menschen, die, als sich der Heilige Geist zum ersten Mal gezeigt hatte, in Zungen gesprochen hatten wie anschließend nicht noch einmal. Hier, im Haus der Maria, auf den Bänken um mich herum, saßen Männer mit alten Narben, denn damals waren wir alle glücklich, geschlagen zu werden, glücklich, für den Namen Jesu leiden zu dürfen. Simon Petrus saß hinter meinem Bruder Saulus, Jakobus beanspruchte einen Platz für sich allein, Johannes, der Sohn des Zebedäus, dessen Bruder für seinen Glauben sterben musste, saß zwischen seiner Mutter und Maria aus Magdala, die nun furchtbar hager und weißhaarig geworden war. Im ganzen Raum sah man die Gesichter aus den ersten Tagen, aus der Zeit, bevor die Verfolgungen uns auseinander gerissen hatten. Ernste, vertraute Gesichter: meine Tante Maria und Johannes Markus und Andreas und Matthias und die junge Rose, Rhode, deren krumme Nase ich geliebt hatte, als sie sechs Jahre alt war. Ich war der Mann, den sie am besten kannte, eine Art Vater. Sie alle waren noch einmal nach Jerusalem gekommen, um der Einheit der Gemeinde willen. Welch eine angenehme Gesellschaft. *Und wie schön, wieder zu Hause zu sein.*

Nur einer der in Marias Raum Versammelten war am Anfang nicht dabei gewesen. Er hatte nicht zu uns gehört, obwohl er in der Stadt gelebt hatte, und war wie ein Teufel durch die Straßen stolziert: Saulus aus Tarsus, der neben mir hockte wie eine lauernde Wildkatze, der seine rot unterlaufenen Augen auf Judas Barsabbas gerichtet hatte und dessen schwarze Augenbrauen zitterten.

»Ich kenne den Messias, den Gott auserwählt hat«, sagte Judas Barsabbas. »Ich glaube an Jesus, den Herrn und Retter und die Erfüllung der Hoffnungen der Juden. Brüder, wir sind Israel in Israel! Denn wir haben in Jesus den Kern der Frucht. Er ist der Same in der Blume. Der Herd im Hause. In ihm haben wir mehr als das Versprechen Gottes: Wir haben die Erfüllung aller Versprechen. In Jesus werden das Gesetz und die Propheten vervollkommnet und sind dadurch schöner und bindender als jemals zuvor. Der Glaube an Jesus trennt mich nicht ein Jota von meinem Volk. Nein, er ist das nächste Wort in unserer Geschichte und auch das letzte Wort. Viele sind unter uns aufgetreten und haben behauptet, der Messias zu sein, der Gesalbte des Herrn, unseres Gottes. Der Unterschied zwischen ihnen und Jesus ist einfach und einzigartig: Jesus *ist es.*«

Als ob das Buch des Gesetzes gerade geöffnet worden wäre, sagten einige leise: »Amen, Amen.«

Barsabbas schielte mit seinen feuchten Augen zu denen, die gesprochen hatten. »Und was sonst sollte die Gemeinde sagen?«, fragte er sie. »Was sonst braucht die Gemeinde den Juden wie den Heiden zu predigen? Wir verkünden, dass Jesus die Blüte eines starken und alten Baumes ist. Und wir, die an ihn glauben, sind die Früchte. Warum sollte irgendjemand diesen Baum fällen wollen?«

Verschiedene Leute sagten: »Niemand will ihn fällen. Wer sollte ihn fällen wollen?«

Barsabbas sagte: »Es würde die Blüte und die Früchte absterben lassen!«

Jetzt erhob er die rechte Hand und deutete auf Saulus. »Aber dieser Mann glaubt, die Blüte könne ohne den Baum bestehen!« Die Worte, die er sprach, hatten eine eisige Folgerichtigkeit. »Dieser Mann möchte ein Israel *neben* Israel pflanzen, als ob Gott sein Volk zurückweisen würde, als ob Gott sich selbst verleugnen könnte. Dieser Mann leugnet die Notwendigkeit des Gesetzes Gottes für die Rettung der Heiden.«

»Als ob Gott sein eigenes Wesen verleugnen könnte!«, kam es aus der Gemeinde.

»Aber Gott«, sagte Barsabbas in einem ebenso sanften wie entschlossenen Ton, »hat Jesus als Juden zu den Juden gesandt, damit wir ihn lieben und seinen Namen reinhalten, und als Juden laden wir die Völker ein, zu uns zu kommen und ihn ebenfalls zu lieben. Denn alle Menschen können gerettet werden, wenn sie zu Zion kommen. Gott hat Jesus, einen Nachkommen Abrahams, auserwählt, damit alle Geschlechter auf Erden in Abraham gesegnet werden. Und so kommen sie zu Zion: indem sie das Gesetz des Mose halten! Und so lieben sie den Messias: indem sie das Gesetz des Mose halten! Und so können in Abraham alle Geschlechter auf Erden gesegnet werden: indem sie das Gesetz des Mose kennen und ehren und befolgen und bewahren.

Die Beschneidung«, sagte Barsabbas als spreche er eine Gebetsformel, »ist für die Rettung absolut notwendig!«

»Amen! Gott hat zu uns gesprochen! Er ist wahrhaft ein Prophet!«

Der blasse Judas Barsabbas war erschöpft, aber der Widerhall seiner Worte und Gedanken erfüllte immer noch den Raum, zunächst in Zurufen und dann in Gesprächen unter den Anwesenden. Kalte Wut hatte seinen Worten ihre Dringlichkeit verliehen, aber was er gesagt hatte, war auch gut begründet. Und weil das so war, begannen nun auch seine Zuhörer, leidenschaftlich zu streiten.

Rode, die Jungfrau, brachte Karaffen mit Wein, den sie mit Honig und Wasser vermischt hatte. Sie stellte überall im Raum Körbe mit getrockneten Früchten hin, verteilte frische Pfefferminzblätter und schüttete dann jedem einen Becher Wein ein. Den schönsten Becher und das schüchternste Lächeln reservierte sie für Titus, der dasaß und grinste wie ein Stück Melone.

Unter anderen Umständen hätte ich laut gelacht und mich über die beiden lustig gemacht, aber mich beschäftigte das, was Barsabbas gesagt hatte. Es war offensichtlich, wie sehr er die Leute überzeugt hatte. Jakobus, Petrus und Johannes hatten sich in eine Ecke des Raumes zurückgezogen, wo sie leise miteinander sprachen. Andere kauten und lachten unbeschwert, als sei alles bereits bereinigt. Das war äußerst beunruhigend. Mir wurde mehr und mehr deutlich, wie sehr Saulus und ich als Fremde wahrgenommen wurden. Wir hatten Wege genommen, die von den anderen gemieden worden waren, und jetzt waren wir hierher gekommen, um mit ihnen über die Wahrheit unserer Botschaft für die Heiden zu sprechen, hierher, an den wichtigsten und heiligsten Ort der Gläubigen. Und wir hatten Titus, der an der wechselvollen Geschichte der Juden ganz und gar unschuldig war, als Zeugen dafür mitgenommen, dass wir unseren anderen Weg zu Recht gingen.

Ich sah Saulus an. Er erwiderte meinen Blick nicht. Er hatte seinen großen Kopf gesenkt. Er schien so versunken in seine eigenen Gedanken, dass meine Angst zunahm und ich mich ein wenig einsam fühlte.

Petrus, Jakobus und Johannes, die »Säulen der Gemeinde«, wie Saulus sie nannte, kehrten zu ihren Plätzen zurück und setzten sich wieder hin.

Wenn ich in ihren Gesichtern hätte lesen können, dann hätte ich sie für besorgt gehalten, aber das entsprach zu sehr meiner eigenen Stimmung, und deshalb vertrieb ich den Gedanken.

Petrus sagte: »Bruder Saulus?«

Die anderen im Raum merkten auf und wandten ihre Aufmerksamkeit Petrus und Saulus zu, aber mein Gefährte schien nichts davon mitzubekommen.

Noch einmal sagte Petrus: »Saulus.«

Saulus hob den Blick, als hätte ihn jemand erschreckt. Er sah sich mit einem so zurückhaltenden und freundlichen Gesichtsausdruck im Raum um, dass die Leute still wurden und sich eine gespannte Erwartung ausbreitete. Plötzlich war mir klar, dass Saulus die ganze Zeit hellwach gewesen war und nur so getan hatte, als wäre er in Gedanken verloren.

Saulus ließ seinen Blick durch den Raum schweifen und schien jeden Einzelnen ansprechen zu wollen. »Darf ich jetzt sprechen? Ist es mir jetzt erlaubt, etwas zu sagen?«

Petrus lächelte etwas verunsichert, als ob er darauf wartete, dass jemand anderes die Antwort gab. Dann sagte er: »Ja.«

Aber Saulus sah zu Jakobus hinüber und sagte: »Die Dinge, die wir im Namen Jesu getan und gesehen haben – können diese nun der Gemeinde vorgestellt werden?«

Jakobus nickte.

»Vielen Dank. Danke«, sagte Saulus. Er erhob sich mit einer steifen Förmlichkeit, wie es kleine Männer gerne tun.

»Ob ich auf die – die Vorwürfe meines Bruders, der soeben gesprochen hat, antworten muss, werden wir sehen. Vielleicht wird die Zeit kommen. Oder die Zeit wird nicht kommen, weil keine Notwendigkeit besteht. Jedenfalls ist es mir ein Vergnügen, euch zunächst meinen Freund und Gehilfen Titus vorstellen zu können.« Saulus deutete auf den unschuldig blickenden, rothaarigen Jungen neben ihm. »Brüder, bitte begrüßt euren neuen Bruder Titus.«

Die Leute taten es in verschiedenen Sprachen. »*Schalom*«, sagten sie, »*Eirene*. Friede sei mit dir. *Ave*.«

»Ich danke euch«, sagte Saulus.

Als ob ihm gerade erst die Idee gekommen wäre, sagte er dann: »Warum soll ich meinen jungen Freund nicht bitten, selbst zu euch zu sprechen? Titus kann euch berichten, welche Erfolge wir im Namen Jesu in fremden Ländern erzielten.«

Das Gesicht des armen Titus wurde so weiß wie eine Mandelblüte.

Petrus bemühte sich, verbindlich zu sein. »Natürlich«, sagte er mit dröhnender Stimme.

»Ihr müsst nämlich wissen, dass dieser junge Mann vom Heiligen Geist erfüllt ist«, sagte Saulus mit zunehmender Begeisterung. »Titus ist ein Heide, der vom Heiligen Geist erfüllt ist. Das gibt ihm sicherlich das Recht, in dieser guten Gesellschaft, dieser Versammlung hoch angesehener Männer zu sprechen. Und wir alle sind uns gewiss darüber einig, sein Zeugnis als Wahrheit anzuerkennen. Habe ich Recht?«

»Aber ja«, sagte Simon. »Jeder, in dem der Geist wohnt, ist würdig, zu uns zu sprechen. Und wir werden ihm zuhören.« Simon Petrus und ich sind uns sehr ähnlich: In einer spannungsgeladenen Atmosphäre wollen wir beide unbedingt verbindlich erscheinen.

»Wenn wir in den Häusern von Antiochia Gott ehren«, sagte Saulus, »ist Titus immer mit dabei. Und wenn der Geist über die versammelte Gemeinde kommt, dann erfüllt er auch Titus. Er nimmt an der Feier genauso teil wie Barnabas oder ich, obwohl wir allein predigen. So zeigt sich bei uns der Geist: in unserer Predigt. Bei ihm zeigt sich der Geist Gottes auch, aber auf eine ganz eigene Art.«

»Wie schön für euch«, sagte Simon Petrus. »Wir freuen uns, dass du heute Abend mit uns feiern wirst, junger Freund.«

Nachdem Petrus dies gesagt hatte, lächelten viele Leute Titus freundlich an und sagten leise Lobsprüche vor sich hin.

»Es ist wahr«, antwortete Saulus, »der junge Titus hat Vertrauen zu Jesus, denn er bekennt, dass Jesus für seine Sünden gestorben und zu seiner Rettung auferstanden ist. Ja, es ist wahr. Der junge Titus ist ein Gläubiger wie wir, denn durch ihn hat sein Vater die Frohe Botschaft gehört. Das Kind war des Mannes Vater, und die Frohe Botschaft leuchtet nun in den Gesichtern seiner Eltern.«

Einige der Anwesenden klatschten Beifall. Titus nickte. Das Lob freute ihn sehr, und seine Augen begannen zu leuchten.

Saulus lächelte und sagte: »Er wandelt im Licht, obwohl er kein Jude ist.«

Die Leute sagten: »Amen.«

Saulus sagte: »Und aus diesem Grund ist Titus heute hier. Er ist ein lebendiges Beispiel für die Wirkung unserer Predigt, für die Frohe Botschaft, die wir den Heiden predigen. Wir sind nicht aus eigenem Entschluss losgezogen, Barnabas und ich. Wir wurden auserwählt. Auserwählt vom Heiligen Geist und von der Gemeinde in Antiochia als Apostel losgeschickt. Und Titus, dieser junge Heide, zeigt die Früchte unserer Arbeit. Er ist nur einer von Hunderten, die den Namen des Herrn Jesus Christus anrufen. Und verbindet ihn das nicht mit allen, die hier anwesend sind? Schaut, wie er sich seiner Rettung erfreut!«

Nun klatschten alle in die Hände. Einige riefen Titus aufmunternde Worte zu.

Ich sah, wie bewegt Titus war. Er zitterte. Und auch mich durchfuhr ein Schauer, denn ich begriff: Hier in Jerusalem wurde er von der Gemeinde und den Aposteln freundlich aufgenommen. Er erhielt seinen Platz und durfte sich geliebt fühlen.

Saulus ließ sich von der freundlichen Stimmung wegtragen, als segelte er in einem Boot auf den Wellen der Gefühle dieser Menschen. »Schaut, wie sich Titus seiner Rettung erfreut!«, rief er aus. »Mit ungetrübter Freude erwartet er die Wiederkunft unseres Herrn Jesus Christus.«

»Amen«, antworteten die Versammelten.

»Und es ist ein Zeichen der Rettung und des Vertrauens«, sagte Saulus, »ein besonders deutliches Zeichen, dass er vor der Wiederkunft Jesu keine Angst hat. Er fürchtet das Gericht nicht! Er sehnt sich danach! Er ist genauso wie wir. Er kann es nicht erwarten, das Angesicht des Herrn zu sehen.«

»Amen, unser Bruder! Amen!«

Eine Frau stand auf, ging zu Titus, nahm seine Hände und bat ihn aufzustehen. Dann umarmte sie ihn und küsste ihn überglücklich, während andere seinen Namen laut aussprachen, um ihn Gott anzuvertrauen.

Ich spürte ebenfalls eine große Freude in mir, die wie ein tiefes Durchatmen, eine große Erleichterung war. Ich lehnte mich zurück, und in meinem Inneren begann ich ein Lied zu singen.

Dann sah ich die junge Rhode draußen im Garten, und mir war, als tanze sie, als drehe sie sich im Kreis und hebe ihre Arme wie Blütenblätter, und ihre Bewegungen folgten der Melodie, die ich in meinem Inneren hörte.

Und Saulus sprach mit seiner hohen Stimme: »Wir wollen euch nichts anderes berichten als das, was Christus durch uns bewirkt hat, um die Heiden zu seinen Jüngern zu machen!«

»Amen! Amen!«

»Was Christus durch uns bewirkt hat«, rief Saulus, »durch Wort und Tat, durch die Macht von Zeichen und Wundern, durch die Kraft des Heiligen Geistes, durch die Predigt der Frohen Botschaft.«

»Halleluja!«

»Gelobt sei …«, rief Paulus, und plötzlich fuhr Simon Petrus fort: »Gelobt sei der heilige Name Jesu!«

Saulus rief noch einmal: »Gelobt sei der Name Jesu!«

Und diesmal antworteten alle: »Gelobt sei sein heiliger Name!«

Da rief meine Tante Maria: »Im Namen Jesu!«

Und ich kniete mich vor meiner Bank auf den Boden. Und auch alle anderen knieten sich hin, von Ehrfurcht ergriffen.

Aber Titus breitete seine Arme aus, und die Frau, die Titus umarmt hatte, tat dasselbe, während sie ihm gegenüberstand. Und dann begann er zu tanzen, zwei Schritte nach links und zwei Schritte nach rechts. Und er senkte seine Arme wie die Flügel eines Habichts in der Luft. Dann blickte er auf, schloss die Augen und begann, in einer unverständlichen Sprache zu reden, so, wie er es auch in Antiochia getan hatte. Überall wurde gelacht. Die Leute hoben ihre Hände in freudiger Ehrfurcht. Simon Petrus lächelte peinlich berührt. Der Geist des Pfingstfests zeigte sich noch einmal. Und ich sang, so laut ich konnte, ein neues Lied:

Schaut, wie er seinen Geist ausgießt,
Wie er seinen Geist ausgießt,
Wie er ihn vor unseren Augen ausgießt!

Schaut, wie Christus seine Gnade zeigt,
Wie Christus seine Gnade zeigt,
Wie er uns ewiges Leben schenken will!

Mit hochrotem Kopf schrie der junge Titus seine fremdartigen Laute heraus, und der ganze Raum war wie von Feuer erleuchtet.

Dann, als ich noch sang, sah ich, wie Saulus auf Titus zuging. Er legte seine Arme um den Jungen und drückte ihn ganz fest und ganz lange an sich. Da hörte Titus auf, in Zungen zu reden und erwiderte die Umarmung des Saulus. Umschlungen standen die beiden mitten unter den anderen wie ein friedlicher Ruhepol, bis ihr beharrliches Schweigen auch unser Schweigen wurde und sich eine wundervolle Stille ausbreitete.

»Jesus Christus ist der Herr«, sagte Saulus in die zerzausten Haare des jungen Mannes hinein, »zur Ehre Gottes, des Vaters.«

Dann sagte er zu uns allen: »Ihr seid Zeugen der

Gabe geworden, die der Heilige Geist Titus verliehen hat. Mein Freund spricht in Zungen. Und wo der Geist ist, da ist die Liebe und die Nähe Gottes.«

Saulus machte eine Pause. Er stieg auf eine Bank und sah in die Gesichter, die auf ihn gerichtet waren. Mit sanfter Stimme sagte er: »Brüder, ihr könnt wohl nicht sagen, dass wir uns umsonst bemüht hätten, Barnabas und ich?«

Er legte seine Hände auf den Kopf des Titus, als wollte er ihn segnen und sagte: »Ist dies nicht der Beweis, dass der Geist durch uns zum Segen der Heiden wirkt, so wie derselbe Heilige Geist durch Petrus zum Segen der Juden wirkt?«

Im Haus entstand Unruhe, aber es war eine Unruhe, die Zustimmung erkennen ließ. Simon Petrus sagte sichtbar bewegt: »Wir haben es mit unseren eigenen Augen gesehen. Ja, Saulus, es stimmt. Ja, mein Bruder.«

»Als letzten Beweis dafür, dass Jesus mich beauftragt hat, den Heiden die Frohe Botschaft zu übermitteln, möchte ich dieser Versammlung der Auserwählten Jesu noch etwas anvertrauen.« Saulus sprach diese Worte so leise, dass es schien, als flüstere er sie. Aber er sagte sie klar und deutlich, und die Leute lehnten sich nach vorn, um ihn besser hören zu können.

»Titus«, sagte Saulus, »ist nicht beschnitten und wird sich auch niemals beschneiden lassen.«

Sofort war ein Zischen im Raum zu hören, ein Zischen, und dann ein Pfeifen, und schließlich hörte man das Reißen von Stoff. Ich sah Judas Barsabbas in seiner Ecke, wie er sein Gewand zerriss, seinen schütteren Bart umkrallte und sich auf die Zunge biss.

Er war nicht mehr grau, sondern weiß wie der Tod, und seine Gegenwart war Furcht erregend. Die Enthüllung des Saulus kam nun auch mir ungeheuerlich vor, obwohl ich auf seiner Seite stand. Aber er hatte Dinge miteinander vermischt, die man besser auseinander gehalten hätte, einfache Dinge und schwierigere Dinge. Es sah wie ein abgekartetes Spiel aus, und für einen Moment nahm ich Saulus seine Taktik und sein Vorpreschen übel. Er war nicht der Einzige, der nach Jerusalem gesandt worden war! Wir waren eine Abordnung!

Judas Barsabbas wand sich vor Schmerz. Andere klagten mit ihm. Fühlten sie sich in ihren Empfindungen verletzt? Waren diese Leute wirklich enttäuscht und traurig? Ich wusste es nicht. Die Versammlung war wie ein See, über dem plötzlich ein Sturm aufgekommen war, aufgewühlt und unberechenbar.

Dann fand Barsabbas seine Stimme wieder und redete, als wollte er Schläge austeilen: »Die Juden allein wurden auserwählt. – Ein Heide kann nur ... gerettet werden ..., wenn er ein Jude wird ... durch Beschneidung ...«

Judas Barsabbas, der Pharisäer, war aufgestanden. Nicht um zu lehren. Er stand nicht da, um zu lehren. Er stand da, um anzuklagen: »Saulus aus Tarsus«, brüllte er mit geschwollenem Hals, »du willst ein Volk Gottes – außerhalb des Volkes Gottes schaffen! Saulus aus Tarsus, mit diesem falschen Glauben an Jesus untergräbst du das Gesetz. Saulus aus Tarsus, du hast den Herrn Jesus zu einem Werkzeug der Sünde gemacht, und alle, die dein Wort hören, nähren sich von Staub und Tod und halten es für das Brot des Lebens!«

Trotz des Sturms, der in Marias Haus losgebrochen war, trotz der Verwirrung der Leidenschaften und des lauten Streits, trotz der kämpferischen Stimme des Saulus bemerkte ich mit einem Mal etwas, das mich im Innersten berührte.

Im Garten stand die kleine Rhode, barfuß, mit hilflos

herabhängenden Armen und weinte. Es hatte zu regnen begonnen. Ihr Gesicht war den Wolken zugewandt, aber ihre Augen waren geschlossen und ihr Mund war von Schmerz verzerrt. Ich ging aus dem Haus. Ich kam auf sie zu. Als ich die Schulter des Mädchens berührte, erschreckte es sich, und ich sah Entsetzen in seinen Augen. Aber dann erkannte Rhode mich und brach in meinen Armen zusammen.

Jemand rief: »Jesus ist nicht gekommen, um das Gesetz abzuschaffen! Er hat es selbst gesagt: Das Gesetz wird nicht vergehen, bevor Himmel und Erde vergehen!«

Jemand anderes rief noch lauter: »Er hat gesagt, dass jeder, der das kleinste Gebot bricht, und jeder, der andere so etwas lehrt, im Himmelreich der Geringste sein wird!«

Die kleine Rhode mit der gekrümmten Nase hatte ihr Gesicht in den Falten meines Gewands vergraben. Sie zitterte am ganzen Körper, als sie schluchzte. Meine Tunika wurde warm von ihren Tränen, während meine Schultern von dem Regen kalt wurden. Ich fühlte mich wie ein ungelenker Riese. Und ich schämte mich, dass es so weit gekommen war.

JAKOBUS

27

Eine bestimmte Erinnerung hat sich in mein Gedächtnis eingegraben, ein einzelner Vorfall, der so ernst war und so weitreichende Folgen haben sollte, dass ich heute noch den Atem anhalte, sobald ich daran denke, und mich große Trauer überkommt. Es war der Anfang der Spaltungen innerhalb der Gemeinde.

Als dieser Vorfall Gegenwart war, hielt ich ihn freilich nur für ein vorübergehendes Hemmnis – eine ernste Angelegenheit, gewiss, ein Problem, das große Schwierigkeiten bereiten würde, wenn uns keine Lösung gelänge, aber doch ein Problem, das lösbar war und nur auf einen kleinen Kreis innerhalb der Gemeinde beschränkt schien. Tatsächlich machten mir die vielfältigen Anfeindungen von außerhalb viel größere Sorgen, die Angriffe sowohl auf unser jüdisches Volk als Ganzes als auch auf den Kern der Gläubigen, die das Erbe Jesu für die Juden verwalteten. Die kleineren Verwerfungen innerhalb unserer Gemeinschaft hielt ich insofern für gefährlich, als sie unsere Geschlossenheit angesichts der äußeren Bedrohungen schwächten. Ein »lösbares« Problem habe ich es genannt. Vielleicht wäre es ehrlicher zu sagen: ein zu vernachlässigendes Problem. Denn ich fürchte, mein Bestreben war schlechterdings, mich der Sache möglichst schnell und einfach zu entledigen. Mir fehlte es an der notwendigen Geduld. Ich war verärgert. Und meine Gedankenlosigkeit ließ mich zu verhängnisvoll paradoxen Schlüssen kommen: *Teilung um zu einen – und um des Überlebens willen.*

Und das ist geschehen: Saulus, der Antipharisäer, überragt alle anderen in dem Versammlungsraum im Haus der Maria, schlägt mit den Armen wie ein Hahn und kräht und kräht. Er steht auf einer Bank. Er streitet sich leidenschaftlich und mit schelmischem Vergnügen mit den anderen Pharisäern im Glauben, die ebenso laut reden wie er, aber vergeblich, denn sie sind zwar mehrere, doch er spricht mit einer alles wie ein Feuer verzehrenden Stimme. Und er ruft bei seinen Gegnern eine solche Empörung hervor, ein solches Aufwallen der Gefühle, dass einige sich fragen, ob die Entscheidung für Jesus nur der Anfang einer Kette noch schwierigerer Entscheidungen ist.

Saulus, der dünnbeinige Gockel, stolziert auf seiner Bank wie auf einer Hühnerstange und kräht. Das ist der Mann, den ich einst bewundert habe, der einmal ein so kluger, so begeisternder Schüler der Tora war. Das ist derjenige, von dem ich glaubte, er könnte Barnabas das geben, woran es ihm mangelt: Weisheit, Beständigkeit, Ernsthaftigkeit. Da stand er nun, der König des Tumults, und schämte sich nicht, aus guten Männern wütende Hyänen zu machen. Der Vorfall war für alle beunruhigend, aber für mich war er die Bestätigung einer Enttäuschung. Ich hatte von seinem Gesinnungswandel gehört, aber nun sah ich ihn mit eigenen Augen.

Ich stand auf und bahnte mir einen Weg durch den Tumult in die nördliche Ecke des Raumes.

»Barsabbas!«, sagte ich. »Sei jetzt bitte ruhig. Das hier ist eine sündhafte Maßlosigkeit.«

Ich hatte ihn mitten im Satz unterbrochen, und er sah mich nur flüchtig an. Ich wartete nicht, bis er meiner Aufforderung Folge leistete, sondern wandte mich wieder von ihm ab. Ich ging erst zu Simon und dann zu Johannes, bat sie, mir zu folgen, und verließ dann das Haus. Ich hoffte, die Leidenschaften würden sich dadurch glätten, und wer gehen wollte, würde sehen, dass er es durfte.

In einer Ecke des Gartens sah ich den breitschultrigen Josef Barnabas. Er war nicht im Haus und kämpfte nicht an der Seite des Saulus. Er kniete draußen in dem heftigen Regen und tröstete die junge Rhode. Man stelle sich vor: Er hatte sich überhaupt nicht an dem Streitgespräch beteiligt. Der große, bärtige Levit hatte das

Kind an seine Brust gezogen und, so vermutete ich, sang für sie leise ein Lied.

»Barnabas«, sagte ich.

Simon und Johannes, die mir folgten, blieben stehen und sahen ihn an.

»Barnabas, wenn Saulus wieder jemandem zuhört, dann sag ihm, er soll zum Haus des Simon kommen. Wir gehen voraus und warten dort auf euch. Kommt, und lasst uns im Haus des Simon unter uns reden.«

Wir nannten es wahrscheinlich aus alter Gewohnheit das Haus des Simon. Seit seiner Flucht aus dem Gefängnis des Agrippa und seinem Weggang aus Jerusalem hatte die Gemeinde das Haus einer neuen Bestimmung zugeführt. Wir hatten aus dem Haus eine Herberge für gläubige Pilger gemacht, für diejenigen, die kamen, um die Feste einzuhalten. Hier lehrten und lernten wir im kleinen Kreis. Einen Raum hatten wir wie eine Bibliothek eingerichtet, für unsere Bücher, die Schriften und die Briefe, die uns die Apostel aus anderen Ländern schickten.

Als wir aber an jenem Nachmittag in das Haus kamen, richtete Simon Petrus sich ein, als sei es immer noch sein eigenes. Und als Saulus und Barnabas dazukamen, war es Simon, der uns in das Speisezimmer führte und an dem mittleren der drei Tische den Platz des Gastgebers einnahm. Saulus ging sofort zu dem Tisch zur Rechten des Simon. Barnabas folgte ihm. Johannes und mir blieb keine Wahl, als uns an den Tisch zur Linken des Simon, dem Pharisäer und dem Leviten gegenüber, zu setzen.

Wir aßen gemeinsam zu Abend.

Die Frau des Simon trug das Essen auf. Entgegen meinem Vorschlag hatte er sie nicht in Cäsarea zurückgelassen, aber so, wie sich die Dinge entwickelten, war ich froh, dass sie dabei war. Ihre Anwesenheit hatte eine mäßigende Wirkung auf Saulus. Wir hatten uns noch nicht richtig hingesetzt, da wiederholte der Mann bereits beflissen seinen Standpunkt: »Es gibt keinen Grund, Titus zu beschneiden. Wenn ihr das verlangt, fügt ihr der Frohen Botschaft, die Jesus mir offenbart hat, etwas hinzu. Und wenn ihr der Frohen Botschaft etwas hinzufügt, haltet ihr sie für nicht genügend. Aber Jesus genügt vollauf. Wir werden Titus nicht beschneiden ...«

In diesem Moment kam die Frau des Simon in das Speisezimmer, sie brachte Handtücher und Schalen mit Wasser, und Saulus geriet mitten in seiner Rede ins Stocken. »Oh!«, sagte er. Er sah den Eindringling flüchtig an und wollte gerade weiterreden, als er sich die Frau, die hinter ihm stand, näher ansah. »Du bist es!«, rief er aus. »Petrus, deine Frau ist hier!« Der kleine Mann sprang auf, riss ihr die Schüsseln aus der Hand, setzte sie auf den Tisch und gab ihr einen Kuss, wobei er grinste wie ein kleiner Junge. »Wie schön, dich wiederzusehen.« Er nahm ihr die Handtücher ab. »Wie lange haben wir uns nicht gesehen? Vierzehn Jahre. Es war hier in diesem Raum.«

Sie lächelte ihn freundlich, aber beherrscht an, ganz so, als wäre er tatsächlich ein kleiner Junge. »Du bist älter geworden«, sagte sie, »und übel zugerichtet, armer Mann.« Sie zeigte mit den Fingerspitzen auf seinen Kopf. »Du hast Narben«, sagte sie. Dann nahm sie ihre Handtücher, legte eines davon zu jeder Wasserschale und ging aus dem Raum.

Ihre Geste zeigte eine bemerkenswerte Wirkung. Als Saulus sich wieder hinsetzte, wirkte er nach innen gekehrt, und sein Gesichtsausdruck war weniger erbittert.

Was mich betraf, so machte ich erst jetzt meine Augen richtig auf – wie hatte ich die dicke, wurmähnliche Strieme an seinem Haaransatz übersehen können? Warum hatte ich die vielen kleinen Narben auf seiner Stirn und an seinen Schläfen nicht gesehen? Plötzlich konnte auch ich mich erinnern, wie wir vor sieben und sieben Jahren zu dritt hier zusammengekommen waren und gemeinsam gegessen hatten. Die Frau des Simon hatte das Essen aufgetragen.

Johannes sagte: »Wohin Petrus geht, dahin geht Miriam.«

Simon sagte: »Nur nicht ins Gefängnis.«

Die Frau kam mit einem großen Tablett zurück, auf dem sie Schalen aus Ton und einen dampfenden Topf mit Linsensuppe trug. Sie stellte alles zur Rechten des Simon auf den Tisch. Er beobachtete sie dabei, wie sie die Schale des Saulus mit der sämigen Suppe füllte. Dann sagte er: »Ich werde mich nicht mit dir streiten, Saulus. Erwarte von mir keinen Streit. Eher werde ich mich mit Jakobus streiten.« Er tauchte seine Finger in die Schüssel mit Wasser und trocknete sie auf einem Handtuch. Er sah mich an. »Saulus mag vielleicht das Messer ansetzen, Jakobus«, sagte er, »aber die Klinge wurde vor einigen Jahren gegen mich gerichtet – und zwar vom Heiligen Geist. Saulus erfüllt nur den Willen des Geistes: dass Gott nicht mehr Partei ergreift. Jeder, der ihn ehrt und das Gute tut, egal, aus welchem Volk er stammt oder welche Hautfarbe er hat, ist für Gott annehmbar.«

Ich spürte Hitze in meinem Gesicht. »Das weiß ich«, sagte ich. »Das habe ich immer gewusst. Das habe ich auch niemals bestritten.«

Jetzt bekam Simon seine Suppe aus der Hand seiner Frau. Er sagte: »Ich habe gesehen, wie der Heilige Geist über andere gekommen ist, wie heute über den jungen Mann. Es waren Römer darunter. Und Unbeschnittene, Jakobus. Und der Herr selbst hat mir aufgetragen, niemanden zurückzuweisen.«

Seine Frau ging weiter zu Johannes, der rechts neben mir saß.

»Simon, hör mir zu«, sagte ich. »Darum dreht sich der Streit nicht. Ich weise niemanden zurück. Das habe ich kein einziges Mal getan.«

Jetzt kam sie zu mir und gab mir Suppe. Sie lächelte, aber es war ein zurückhaltendes Lächeln. Es war immer meine Haltung im Leben, engere Freundschaften zu Frauen weder zu suchen noch solche Angebote anzunehmen. Ich nickte und erwiderte damit den Gruß. Ich hielt mich auch dadurch zurück, dass ich in einem sehr höflichen Ton sprach. »Es geht nicht um Zurückweisung«, sagte ich, »sondern um die Art der Aufnahme. *Wie* wir jemanden aufnehmen sollen, den wir aufnehmen. Direkt durch die Taufe? Ohne Mose und außerhalb der Tore Israels?«

Simons Frau ging leise aus dem Raum.

Ich sprach ein wenig lauter, aber ich wahrte weiterhin die Form und beherrschte mich. »Willst du das zulassen? Und wenn du es willst, sieht es dann nicht so aus, als ob du zwei Wege zur Rettung predigtest? Das ist nicht nur unvernünftig, sondern es stellt sich auch die Frage, wie es möglich sein soll. Wärest du bereit, aus dem Messias der Juden einen ›Christus‹ für die Griechen zu machen? Antworte mir, Simon: Ist Jesus zweigeteilt?«

Während ich sprach, erhob er die Arme, als wollte er vor dem Essen ein Dankgebet sprechen. Aber ich redete weiter.

»Saulus lehnt Hinzufügungen zu der Frohen Botschaft, die er den Heiden predigt, ab«, sagte ich. »Aber es wird etwas hinzugefügt, und es wird auch etwas weggenommen. Es steht geschrieben: *Ihr sollt nichts dazutun zu dem, was ich euch gebiete, und sollt auch nichts wegnehmen, auf dass ihr bewahrt die Gebote des Herrn, eures Gottes, die ich euch gebiete.* Aber Saulus, der jede Hinzufügung ablehnt, nimmt selbst nicht bloß einen kleinen Teil vom Gesetz weg. Nein, er erklärt gleich die ganze Tora für bedeutungslos.«

Die Antwort des Saulus ließ keinen Augenblick auf sich warten: »Für den einen oder anderen, aber nicht für alle«, sagte er und sah mir direkt in die Augen. »Für Titus oder für die Heiden, denn der Herr Jesus Christus ist alles für alle, und er allein genügt. Aber nicht für die Juden, Jakobus«, sagte er schnippisch, »du hast mir nicht richtig zugehört! Ich sage es noch einmal: Das Gesetz ist das Gesetz, ein gutes Fundament für die Juden. Und Jesus ist sowohl Messias als auch Christus, denn Jesus erfüllt das Gesetz und ist gleichzeitig die Erfüllung für die schreiende Not der Welt! Nein, nein, Jesus ist nicht zweigeteilt. Aber wenn du von Titus Gefolgschaft gegenüber Jesus und genauso sehr Treue zum Gesetz des Mose verlangst, dann wird Jesus in seiner Bedeutung geschmälert, und es ist der Himmel selbst, den du zweiteilst!«

Josef Barnabas sprach. »Saulus. Iss etwas«, sagte er. Er hatte schon lange zu essen begonnen, aber nun legte er seinen Löffel hin und sah mich an. »Die Werke Gottes sind der Beweis für die Gegenwart Gottes – und seine Zustimmung«, sagte Barnabas.

Ich rührte mich nicht. Ich machte ein ernstes Gesicht und hielt seinem Blick stand. Er sagte: »Gott hat Saulus Zeichen und Macht gegeben.«

Wie müde Barnabas wirkte! Aber der Mann hatte nie

das Stehvermögen eines tapferen Kämpfers gehabt. Er war zu freundlich, zu weich.

Er konnte den Blick, mit dem er mich ansah, nicht durchhalten. Er blickte vor sich auf den Tisch, sah dann Simon an und sagte: »Ich kann mich erinnern, wie du zusammen mit Johannes einen Krüppel, einen Bettler, der am Tor des Tempels saß, geheilt hast. Du sagtest: ›Silber und Gold habe ich nicht, aber was ich habe, gebe ich dir. Im Namen des Messias Jesus von Nazareth, stehe auf und gehe.‹ Er tat es. Er stand auf und lobte Gott. Petrus, Johannes. Im Namen Jesu hat Saulus genau dies in fremden Ländern getan. In Städten, in denen es keine Synagogen gibt. Die Menschen wundern sich sehr. Sie hören zu. Sie glauben. Sie loben Gott. Es ist derselbe Jesus, ob in Lystra oder in Jerusalem, und dieselbe Rettung. So geschieht es. Saulus hat Recht. Die Frohe Botschaft genügt.«

Ich sagte: »Barnabas, sieh mich an. Willst du deshalb das Gesetz abschaffen? Es ist seit den Zeiten des Mose unsere Festung gewesen. Ohne das Gesetz wären wir schon tausendmal untergegangen, aber mit dem Gesetz haben wir die Assyrer und die Babylonier und die Perser und Alexander und die Ptolemäer und die Seleukiden überlebt! Und Rom. Schaffe das Gesetz ab, und wir werden ganz gewiss untergehen.«

Saulus sagte: »Was macht das schon? Der Herr wird bald wiederkommen!«

»Und der Herr möchte, dass seine Diener *arbeiten*, bis er wiederkommt. Beseitige das Gesetz, und du beseitigst sofort uns alle! Tatsächlich haben wir aber keine Wahl: Wir müssen wachsam sein und uns um Gerechtigkeit bemühen, bis zu dem Tag, an dem die Gerechtigkeit selbst erscheinen wird. Wir kämpfen für die Gerechtigkeit, gerade weil der große und schreckliche Tag des Herrn kommen wird.«

Ich sah, dass die Frau des Simon in der Tür stand, und presste meine Lippen zusammen. Plötzlich rief Simon von ganzem Herzen: »Esst! Esst, was meine Frau für uns zubereitet hat ...«

Aber Saulus beugte sich fast über den Tisch und rief: »Kämpfe, kämpfe! Lass alle für die Gerechtigkeit kämpfen! Halte alle dazu an, im Licht zu wandeln! Aber behindere meine Verkündigung nicht, verurteile sie nicht und untergrabe sie nicht. Ich bin dazu berufen, den Heiden zu predigen. Ich werde mich nicht vergeblich abmühen!«

Simon Petrus nahm ein kleines Brot und warf es, zu meiner großen Verblüffung, quer über den Tisch. Es traf Saulus am linken Ohr, und der kleine Pharisäer schnaubte wie ein Ochse. Die Frau in der Tür gab einen Laut von sich und bedeckte dann ihren Mund. Barnabas aber holte tief Luft, warf den Kopf zurück und brach dann in schallendes Gelächter aus. Der große Mann hielt sich den Bauch vor Lachen. Simon strahlte und war mit sich selbst zufrieden.

Johannes neben mir schmunzelte.

Ich sagte nichts. Simon kann sich wie ein Bauer benehmen, und dafür lieben ihn die Menschen.

Simon sagte: »Halt den Mund, Saulus. Iss deine Suppe. Und lass ein einziges Mal jemand anderen deine Sache vertreten!«

Saulus sah sich zu der Frau des Simon um, die ihm aufmunternd zuzwinkerte. Barnabas schien nun noch mehr Appetit zu haben als zuvor. Johannes nahm seinen Löffel in die Hand. Und Petrus brach ein großes Stück Brot ab, steckte es sich in den Mund und begann zu reden:

»Als Miriam und ich in Joppe waren, am Tag vor unserer Weiterreise nach Cäsarea, hatte ich eine Vision«, sagte er. »Um die Mittagszeit war ich auf dem Dach des Hauses und betete. Ich bekam großen Hunger, und dann fiel ich in eine Art Dämmerzustand. Ich sah die Himmel sich öffnen. Ich sah so etwas wie ein großes Tuch, das an allen vier Enden auf die Erde heruntergelassen wurde. Als es den Boden erreichte, sah ich darin alle Arten von Kriechtieren und Vögeln und vierfüßigen Tieren, einige davon rein, andere unrein. Und dann hörte ich eine Stimme, die sagte: ›Petrus, stehe auf und schlachte und iss!‹ Ich sagte: ›Nein, Herr. Ich habe noch nie etwas Gemeines oder Unreines gegessen.‹ Aber die Stimme sagte: ›Was Gott gereinigt hat, darfst du nicht gemein oder unrein nennen.‹ Jakobus, das geschah dreimal. Dreimal kam das Tuch auf die Erde. Dreimal wurde mir geboten zu essen, und dreimal habe ich mich geweigert – wegen des Gesetzes. Dann wurde das Tuch wieder in den Himmel gehoben, und ich wachte auf und wunderte mich sehr über diese Vision.«

Ich sagte: »Warum siehst du mich an? Erzählst du diese Geschichte nur für mich?«

Simon schmunzelte. »Und dann erschloss sich mir der Sinn dieser Vision – durch den Heiligen Geist! Kurz nachdem ich aufgewacht war, klopften drei Männer unten an die Tür. Sie waren aus Cäsarea gekommen. Ein Zenturio der Italischen Kohorte hatte sie geschickt, dem der Herr gesagt hatte, er solle herkommen und mich holen. Ein Heide, Jakobus. Ein gottesfürchtiger Mann, ein Römer, der nie beschnitten wurde. Aber als wir zu seinem Haus kamen und wir ihm die Nachricht von Jesus Christus, dem Herrn aller Menschen überbrachten, wusste ich, dass der Geist über seinen Hausstand gekommen war, über alle in seinem Haus, denn sie begannen in Zungen zu reden und lobten Gott.

Jakobus, das war nichts anderes als das, was der junge Freund des Saulus heute im Haus der Maria getan hat. Ich ließ Wasser bringen, um diesen Heiden und seine Leute zu taufen. Es gab keinen Grund, sie zu beschneiden. Warum hätte ich sie beschneiden sollen? Sie hatten den Geist bereits empfangen. Alle Menschen«, sagte Simon feierlich, und Wut stieg in mir auf, weil es so belehrend klang. »Alle Menschen, egal, aus welchem Volk sie stammen oder welche Hautfarbe sie haben, sind für Gott annehmbar.«

»Du meinst, ich leugne das?«, sagte ich.

»Nun, das hast du.«

»Nein, das habe ich nicht.«

»Doch, Jakobus. Doch, du tust es. Du verlangst die Beschneidung. Du möchtest aus denen Juden machen, die keine Juden sind. Nur als Juden findest du sie annehmbar.«

»Simon!«

»Was ist?«

»Ist es deine Absicht, mich auszugrenzen?«

»Nein, überhaupt nicht.«

»Dann muss es deine Absicht sein, unsere jüdischen Überlieferungen, die heiligen Überlieferungen, die ich in Ehren halte und die auch dieser Mann dort einmal in Ehren gehalten hat, in den Schmutz zu ziehen.«

»Nein, ganz gewiss nicht!«

»Aber genau das tust du, Simon!«, sagte ich mit Bestimmtheit. »Und du willst den Willen des Allmächtigen nicht gelten lassen. Die Stimme in deiner Vision hat dir geboten, Dinge zu essen, die vorher unrein waren. Vielleicht sollten wir deshalb Menschen bei uns aufnehmen, die vorher verschmutzt und unrein waren. Diese Auslegung würde ich zulassen. Aber ...«, ich lehnte mich nach vorn, damit dieser große Mann mich wirklich verstand, »aber diese Stimme, die Stimme des Herrn, Simon, hat dir niemals geboten, selbst unrein zu werden! Das Gesetz, das für uns gilt, ist immer noch das Gesetz.«

»Jakobus!« Saulus sprach. Ich wandte meinen Kopf in seine Richtung. »Worin unterscheiden wir uns dann?«, fragte er. »Was du von Petrus verlangst, erbitte ich von dir. Ich gestatte den Juden, Juden zu sein. Wenn Simon das Gesetz halten muss, dann lass Simon das Gesetz halten. Verlange nur nicht, dass auch die Heiden Juden werden.«

Sofort kam mir eine Erwiderung in den Sinn: Wenn Simon mit Heiden isst, dann hält Simon das Gesetz nicht! Aber ich hielt mich zurück.

Ich faltete die Hände und legte mein Kinn auf die Brust. Mir war plötzlich sehr unwohl. Ich brauchte Zeit zum Nachdenken, denn mein Mund war schneller gewesen als mein Geist. In meinem letzten Satz schien ich tatsächlich einen anderen Standpunkt vertreten zu haben, und Saulus war der Unterschied schneller aufgefallen als mir selbst. Er hatte sich auf meine Worte gestürzt und sie zu seinen Gunsten ausgelegt. Das Gesetz, das für uns gilt, ist immer noch das Gesetz, hatte ich gesagt und dabei betont: *für uns.* Das erlaubte Saulus den Schluss: *aber nicht für die Heiden.*

Lass die Juden Juden sein. Der Mann wiederholte meinen Gedanken mit überraschender Großzügigkeit, als ob er im nächsten Satz sagen wollte: »Und lass die Heiden Heiden sein.«

In der Pause unseres Gesprächs kam die Frau des Simon ins Speisezimmer und trug ein Tablett mit Oliven, Rosinen und Käse herein. Sie sah, wie wenig Suppe gegessen worden war, sagte nichts, um unser Schweigen nicht zu brechen, zog sich dann aber zurück und nahm das volle Tablett wieder mit.

Nach einer langen Pause sprach Johannes.

Er hatte eine Öllampe zu sich herübergezogen und umschloss die Flamme mit seinen Händen. Der Feuerschein umspielte sein Gesicht. Nach dem heftigen Streit wirkte der Mann ermattet.

Und als er die ersten Worte sprach, verstand ich den Grund. Er redete mit Bedacht, und mir wurde deutlich, dass auch ich meine Zunge wieder mehr beherrschen sollte.

Er sagte: »Vor vier Jahren wurde mein Bruder außerhalb der Mauern dieser Stadt hingerichtet. Ich bin schwach. Ich sollte über seinen Tod nicht trauern. Es war das, was der Herr vorausgesagt hat. Er hat gesagt, dass wir, mein Bruder und ich, denselben Becher trinken müssten wie er. Aber ich denke jeden Tag an ihn. Und das ist, was ich denke, Jakobus: Warum hat Agrippa ihn getötet? Weil Agrippa die Unterstützung der Juden wollte – und er hat meinen Bruder nicht als Juden unter Juden angesehen! Er sah ihn als einen anderen, obwohl wir nicht anders sind.«

Johannes holte Luft. Seine Nase weitete sich, aber sein Mund blieb geschlossen. Er blickte ernst.

»Jakobus«, sagte er. »Sowohl für uns als auch für die Juden insgesamt ist heute die Spaltung die größte Schwierigkeit. Wir erscheinen der Welt gespalten, und wir *sind* innerlich gespalten.«

Er holte noch einmal Luft und starrte in die Flamme der Öllampe, die durch das Fleisch seiner Finger rötlich erschien. Er war offenbar auf der Suche nach einem geeigneten Ausgangspunkt für das, was er sagen wollte. Er sagte: »Was in Antiochia geschieht, darf uns in Jerusalem nicht schaden, ja man sollte es nicht einmal mit uns in Verbindung bringen können. Denn je größer die Zahl der Heiden ist, die Gläubige werden, desto weniger werden gläubige Juden als Juden angesehen.«

Er sah mich an. »Stimmst du mir zu?«

Ich gab ihm keine Antwort. Das Mitgefühl für den Verlust, den er erlitten hatte, zwang mich beinahe dazu, mich zustimmend zu äußern. Aber stärker als das Mitgefühl war der Eindruck, unter diesen Männern mit meiner Position zunehmend allein dazustehen, und das Misstrauen gegenüber meinen eigenen Worten.

»Wir sollten als Juden angesehen werden, oder etwa nicht?«, sagte Johannes und sah mich dabei weiterhin an. »Nicht, weil mein Bruder sonst nicht hätte sterben müssen – obwohl er als bloßer Jude nicht gestorben wäre –, sondern weil es das ist, was wir sind. Ist es nicht so, Jakobus?«

Simon, den mein Schweigen verzweifeln ließ, antwortete für mich: »Natürlich. Natürlich ist das so. Wir sind ein Teil von Israel mit einer Botschaft für Israel.«

Johannes wandte sich Simon zu:

»Dann sollten wir auch auf der Seite unseres Volkes stehen – besonders jetzt, wo es überall im Reich bedroht wird. Besonders jetzt, wo die Gunst des Kaisers so sehr der Willkür und dem Zufall unterworfen ist. Jetzt ist weder die Zeit für Spaltungen noch für eine Verwässerung des Selbstverständnisses der Juden«, sagte Johannes. »Wir müssen das Judentum einigen und stärken.

Jakobus«, sagte er und sah mich an, wie er mich beinahe die ganze Zeit ansah. »Du hast Recht. Das Gesetz des Bundes hat uns immer und immer wieder das Leben gerettet, und das muss es auch heute tun. Deshalb lasst uns das Gesetz des Bundes rein halten und unsere Zugehörigkeit zum Volk der Juden bekräftigen. Jetzt ist auch nicht die Zeit, das Gesicht der Juden vor der Welt zu verhüllen.«

Er hielt inne. Er wandte seinen Blick wieder der Flamme der Öllampe zu, holte noch einmal Luft und schien seine Gedanken neu zu ordnen. Johannes hat übergroße Augen. Er ist ein grüblerischer Mensch. Wenn man ihn in seiner Rede unterbricht, hat man das Gespräch beendet. Dann schweigt er nur noch. Als sein Bruder noch lebte, schwieg Johannes die meiste Zeit.

Mit einer Stimme, die kaum hörbar war, stellte er nun einige Fragen: »Was geschah mit Israel vor zehn Jahren in Alexandria?«

Barnabas sagte leise: »Schreckliche Verfolgung.«

Simon sagte: »Synagogen wurden niedergebrannt. Frauen und ihre Kinder ermordet. Es war mehr als Verfolgung, Barnabas. Es war ein Abschlachten. Und die Überlebenden wurden wie Vieh in ein eigenes Stadtviertel gepfercht.«

Die Augen des Johannes glänzten. Der Schein der Öllampe zeigte seine Tränen. Johannes ist ein Mann des Mitgefühls.

»Und danach?«, fragte er die Flamme. »Vor acht Jahren wollte der Kaiser ein Bildnis von sich im Allerheiligsten des Tempels aufstellen lassen! Wieder einmal erlebten wir den Schrecken völliger Verzweiflung. Saulus, vielleicht hast du das Wehklagen der Juden in jenen Tagen gehört. Ein halbes Jahr lang wurden wir von Schmerz geschüttelt, beteten, bereiteten einen Krieg vor und weihten unsere Körper dem Tode, sollte das Bildnis wirklich kommen. Der Kaiser änderte immer wieder seine Meinung, und nur seine Ermordung bewahrte uns vor dem Grauen. Das war Caligula. Nun haben wir Claudius. Und die Launen des einen sind nicht besser als die Launen des anderen. Die Juden«, sagte Johannes und hob seinen Blick, »müssen als eine sichtbare Einheit des Blutes erscheinen – und eine solche sein –, wohin auch immer dieser Kaiser Claudius seinen Blick wendet.

Saulus«, sagte er. »Barnabas, wisst ihr, was in diesem Jahr während des Passahfestes hier in Jerusalem geschehen ist?«

Barnabas starrte auf seine Hände und sagte: »Wir haben gehört, Menschen seien unter den Füßen von Fliehenden getötet worden.«

»Ja«, sagte Johannes. »Habt ihr eine Zahl gehört? Wisst ihr, wie viele Menschen gestorben sind?«

»Nein«, sagte Barnabas.

Johannes sagte: »Petrus weiß es. Wie viele Menschen sind hier gestorben, Petrus?«

Simon antwortete auf diese Frage mit leiser Stimme und in einem vollständigen Satz. »Zwanzigtausend Pilger sind gestorben.«

»Wisst ihr, warum?«, fragte Johannes. »Wisst ihr, was eine solche wilde Panik unter den Menschen hervorgerufen hat, dass zwanzigtausend von ihnen am Passahfest sterben konnten?«

»Nein«, sagte Simon.

»Jakobus weiß es.« Johannes blieb einen Moment wortlos. Das flackernde, feuchte Feuer in seinen Augen ließ auch mir Tränen in die Augen treten.

Johannes sagte: »Jakobus, warum erzählst du ihnen nicht, wodurch die Panik hervorgerufen wurde? Nenne ihnen einen Grund, warum die Juden in diesem Reich der Römer zusammenstehen sollten.«

Ich sagte: »Der Statthalter hatte eine Kohorte im Vorhof des Tempels stationiert, um einem Aufruhr während des Festes vorzubeugen. Das ist keine ungewöhnliche Maßnahme. Aber in diesem Jahr geschah es, dass ein Soldat, ein Heide, ein Unbeschnittener, seinen Lendenschurz hochhob und sich zeigte.« Ich hielt inne und seufzte. »Die Pilger waren empört über die Gotteslästerung. Sie gerieten so sehr in Wut, dass der Statthalter glaubte, ein Aufstand sei ausgebrochen. Deshalb befahl er der gesamten Legion, den Tempelberg zu stürmen. Unser Volk floh in Panik. Und in den engen Gassen Jerusalems trampelten Juden andere Juden zu Tode. Die Beschnittenen trampelten die Beschnittenen zu Tode, während die Unbeschnittenen uns verhöhnten.«

Die Augen des Johannes verloren sich wieder in der Flamme. Er atmete leise. Dann sagte er: »Und nun erreicht uns die Nachricht aus Rom, dass Claudius Synagogen schließen lässt. Der römischen Religion soll wieder Geltung verschafft werden. Rom verabscheut den vermeintlichen Aberglauben der Juden. Und der Kaiser, so hört man, droht damit, die Juden auszuweisen – wegen des Streits innerhalb unseres Volkes. Weil die Meinungsverschiedenheiten auf schändliche Weise an die Öffentlichkeit getragen werden, Meinungsverschiedenheiten, die, wie ich gehört habe, Jesus betreffen. Gott möge uns helfen: Wir ziehen den Zorn der weltlichen Macht auf uns.«

Johannes sagte: »Für Claudius macht es keinen Unterschied, ob einige Juden Anhänger Jesu sind und andere nicht. Für Rom sind alle Juden gleich.«

Wiederum wandte er sich mir zu. Seine Wangen und sein Kinn leuchteten orange im Schein der Öllampe. Seine Augen lagen im Dunkel.

Er sagte: »Aber Rom nimmt einen Unterschied wahr zwischen Heiden und Juden, und ein Heide bleibt ein Heide, ob er nun beschnitten ist oder nicht. In den Augen Gottes ist das sicherlich von Bedeutung. Sicherlich, Jakobus. Aber nicht in den Augen des Claudius. Um des Volkes und des Glaubens willen darf er nicht mit ansehen, wie Juden sich über Jesus streiten. Andererseits muss er Israel weiterhin als ein Volk unter den anderen Völkern wahrnehmen können, sonst verlieren wir unseren Platz und unsere Rechte im Reich. Aber ich glaube, je mehr er Israel mit Heiden durchmischt sehen wird, desto weniger wird er Israel überhaupt sehen. Jakobus«, sagte Johannes, »stimmst du mir zu?«

Ich nickte.

Mit echtem Mitgefühl und großer Zuneigung – was für meine Zurückhaltung und Selbstbeherrschung äußerst bedrohlich ist – legte Johannes seine Hand neben meine auf den Tisch und fuhr fort: »Dann weißt du es, nicht wahr? Um unserer Gemeinde willen, um der Gläubigen willen und um der Juden überall im Reich willen, müssen die Heiden als Heiden erkennbar sein und tatsächlich Heiden bleiben, so wie Saulus es verlangt. Jetzt ist die Zeit, auf unseren Namen, unser Volk und unser Gesicht gegenüber der Welt zu achten und nicht ununterscheidbar zu werden. Es gibt nur einen Gott und einen Herrn und einen Jesus und einen Messias für uns alle. Das ist das, was alle Gläubigen eint, ob sie Juden oder Heiden sind. Trotzdem werden wir Gläubigen vor einer Welt, die den Geist des Herrn nicht kennt, als gespalten erscheinen. Das können wir nicht ändern. Aber wir können es uns zunutze machen.

Saulus, mein Bruder«, sagte Johannes und setzte sich mit der ihm eigenen Förmlichkeit aufrecht hin. Er war bei seinem entscheidenden Punkt angekommen. »Ja, geh zu den Heiden mit deiner Frohen Botschaft«, sagte er. »Geh in Freiheit, ungehindert und ungehemmt. Gründe Gemeinden außerhalb der Synagogen. Wir jedoch werden weiter den Juden in den Synagogen Jesus verkündigen.

Jakobus, mein Bruder«, sagte er zu mir, »wenn die große Not und der Untergang kommen – und wie könnte das in dieser Welt ausbleiben? –, würden die Entzweiungen des Fleisches unser Volk vollends spalten. Die Juden würden den Heiden nicht zutrauen, ihr Leben für den Tempel und das Gesetz zu opfern – auch den beschnittenen Heiden nicht. Verdächtigungen und innere Spaltungen würden unseren Feinden helfen, das auserwählte Volk zu besiegen …«

Johannes hielt inne. Er fand keine Worte mehr. Er berührte meinen Handrücken, ohne mich anzusehen, und zog dann seine Hand wieder zurück. Alle schwiegen. Barnabas hatte seinen Kopf auf dem Tisch in seine Armbeuge gelegt. Saulus befühlte seine Stirn mit dem Zeigefinger der rechten Hand. Ich vermochte den Gesichtsausdruck des Mannes nicht zu deuten, aber ihm musste die Tragweite der Worte des Johannes klar gewesen sein. Für ihn war der Weg nun frei. Ich konnte und wollte gegen das letzte Argument des Johannes nichts einwenden, denn ich liebte den Tempel mit ganzem Herzen, und ich liebte mein Volk, die Juden.

Ich stand auf und ging hinaus in die winzige Küche, in der die Frau des Simon allein im Dunkeln saß, die Hand vor dem Mund, neben ihr das Tablett mit dem Käse, den wir nicht gegessen hatten.

»Miriam«, sagte ich, »bitte bring uns etwas Wein. Wir sind bald soweit.«

Sie fragte: »Steht es gut um uns?«

Ich zögerte und sagte dann: »Es wird alles gut.« Danach ging ich zurück ins Speisezimmer. Alle saßen noch genauso da wie vorher. Ich glaube nicht, dass jemand in meiner Abwesenheit ein Wort gesagt hatte.

Ich ging von hinten auf Saulus und Barnabas zu und streckte jedem von ihnen eine Hand entgegen. Saulus stand auf und nahm meine rechte Hand lächelnd in seine Rechte. Barnabas nahm – sehr vorsichtig für einen so kräftigen Mann – die Finger meiner linken in seine rechte Hand.

Ich sagte: »Es ist soweit. Morgen sprechen wir vor allen anderen und versichern ihnen, dass ihr die gute Nachricht für die Heiden genauso verkünden solltet wie Simon die gute Nachricht für die Juden.«

Ich zögerte und ließ die Hand des Saulus noch nicht los. Was sagte ich *nicht*? Was würde ich verlieren, wenn ich diese einmalige Gelegenheit, es zu sagen, verstreichen ließe? Es war ein sehr ereignisreicher Tag gewesen. Ich denke nicht sehr schnell. Mein Denken ist umständlich und mühsam. Was könnte ich morgen bereuen, heute nicht gesagt zu haben? Die vielen zu Tode getrampelten Menschen, die Johannes erwähnt hatte, kamen mir in den Sinn.

»Ohne Zweifel«, sagte ich, »gibt es Reichtum unter den Heiden. Wird Antiochia an die Armen in Jerusalem denken? Werden die Gemeinden in Antiochia Geld sammeln für das Überleben der Gläubigen in Jerusalem? Werden sie uns etwas schicken?«

Der Mann strahlte regelrecht vor Freude. »O ja«, sagte er und küsste meine Wange mit feuchten Lippen und einem kratzenden Kinn. Er war von Freude erfüllt. Sie hätten sich nicht zu sehr freuen sollen. Es war kein Sieg. Es konnte nicht als ein Sieg angesehen werden.

Barnabas blieb sitzen.

Die Frau des Simon kam mit einem guten süßen Wein. Als sie den Becher ihres Mannes füllte, fragte sie ihn leise: »Simon, was haben wir getan?«

RHODE

28

Abba Barnabas, du hast wieder mein Lied gesungen! Nach all den Jahren kanntest du noch mein Wiegenlied, und du hast es gesungen, und ich habe mich wieder so gut gefühlt. Ich habe dich die ganze Zeit vermisst.

Du hast gesehen wie ich weinte. Und ich war überrascht, denn ich wusste nicht, dass ich beobachtet wurde. Abba, du hast so eine liebevolle Art! Und deine Stimme ist so sanft in meinem Ohr.

»Kleine Rose« hast du gesungen, wie damals, als ich fünf Jahre alt war.

Kleine Rose,
meinst du nicht,
ich liebe alles
an deinem Gesicht?

Krumme Nase,
Augen, Mund ...
ich liebe alles
von Herzensgrund!

Es ist ein so einfaches Lied. Aber es berührt mich mitten in meinem Herzen. Du erinnerst dich doch, wie ich weinte, als ich Angst im Dunkeln hatte. Ich hatte immer so große Angst, aber du bist zu meinem Schlaflager gekommen, hast dich neben mir hingekniet, deine Hand auf meine Stirn gelegt und gesungen.

Kleine Rose,
wie schön bist du!
Drum mache nun
die Augen zu.

Und du hast mich geküsst! Dein großer Bart kratzte in meinem Gesicht, und du hast meine Augen geküsst. Und dann, Abba, hast du wunderschön gesungen.

Schlaf tief und fest
und sei nicht bange;
der Tag war schön,
die Nacht währt lange.

In meinem Arm
ich meine Rose halt'.
Noch hat sie Angst,
doch wird sie alt,
dann wird sie wissen,
was die Väter wissen.

Ich bin doch jetzt immer noch nicht alt! Was die Väter wissen, ist noch nichts für mich. Vielleicht will ich es auch gar nicht wissen.

Abba, du warfst mich in die Höhe, dass ich vor Glück jauchzte. Mir wurde ganz mulmig. Du hast mich fliegen lassen. Und als du mich wieder auffingst, lachtest du wie der Donner in den Himmeln über uns.

Warum lachst du nicht mehr so viel?

TITUS

29

Wie aufregend das alles war, und was für eine Ehre! Und was für Leute, mit denen ich da gemeinsam nach Hause gegangen bin, viel langsamer als auf dem Weg nach Jerusalem, aber da waren wir ja auch nur zu dritt, und Paulus war so übereifrig gewesen. Jetzt sind wir neun, zwei davon sind Frauen und niemand hat es eilig. Doch was für Leute! Ich schaue mich um, hier draußen im Regen, und wen sehe ich vor mir hergehen? Es ist wundervoll: Petrus, vor dem alle so viel Respekt haben, geht Seite an Seite mit Paulus, und man sieht ihnen an, dass sie glücklich sind, und ich kann gar nicht sagen, wie glücklich mich das macht. Ich muss grinsen. Meine Wangen tun mir weh. Dass ich auch dabei sein darf! Paulus sagt ganz schnell etwas, und Petrus antwortet ihm und klopft ihm auf die Schulter, dass das Wasser nur so umherfliegt, und ich fürchte, der kleine Paulus wird vornüber in eine Pfütze fallen, aber seine Beine sind genauso geschickt wie seine Zunge. Er stolpert ein wenig, und dann weicht er aus, sobald der große Apostel ausholt.

Und fast alle sind in dieser Stimmung. Wir reden und lachen. Die Frau des Petrus ist hinter mir mit einer anderen Frau, und da ist Philippus, und der spricht mit Johannes Markus. Philippus geht ein Stück mit uns zurück, bis nach Cäsarea am Meer, aber Petrus und Miriam und Johannes Markus und die andere Frau begleiten uns bis Antiochia. Jesus, ich möchte dir ein Lied singen! Ich könnte hier auf dem Weg einen Lobgesang anstimmen. Als ich das Gesicht des Paulus sah, nach dem langen Treffen, dem Treffen, bei dem wir nicht dabei sein durften, als er in mein kleines Zimmer an mein Schlaflager kam und mich mit seiner Lampe weckte und ich sein Gesicht sah, da war es wie ein Sonnenaufgang mitten in der Nacht. Er nahm mich an der Hand und zog mich zu sich und küsste mich und sagte, dass ich sein Sohn sei! Er sagte, ich sei sein Sohn und sein Bruder, so wie ich bin. Er nannte mich einen Heiligen, und er tanzte mit mir barfuß auf meinem Lager, und er sang, obwohl er überhaupt keine Stimme hat. O Jesus! Er nahm mein Herz und ließ es in die Lüfte fliegen, und ich flog, denn ich gehöre auch dazu.

Und jetzt sehe ich Barnabas, der alleine hinter der Gruppe hergeht, und ich warte und lasse ihn aufholen. Ich bleibe stehen in dem Regen, bis er mich einholt, und dann gehe ich mit ihm im Gleichschritt und klopfe ihm auf die Schulter. »Was sagst du nun?«, frage ich lächelnd. »Was denkst du über das alles?«, sage ich. Ich kann das Lächeln gar nicht unterdrücken. Und er sagt: »Nun, es ist sicherlich ein großer Wandel.« Und ich sage: »Sicherlich.« Und nun platzt es nur so aus mir heraus. Ich bin froh, dass ich neben ihm hergehe und sagen kann, welcher Gedanke mir gekommen ist. Ich sage: »Barnabas, ich werde ein Fest veranstalten.« Und er schüttelt den Kopf und sieht mich an, und ich sage: »Nein, wirklich, ich möchte ein Fest veranstalten. Ein Dankesfest. In meinem eigenen Haus, mit meinem eigenen Essen und von meinem eigenen Geld. Glaubst du nicht, dass es an der Zeit ist?« Aber ich will seine Antwort gar nicht erst abwarten. Was könnte er anderes sagen als Ja? Ich rede einfach weiter und sage: »Ich bin jetzt an der Reihe und lade die Gemeinde zu mir ein. Barnabas, ich werde bestickte Kissen ausleihen und gute Teller und wunderschönes Silber, und wir werden drei Gänge essen! Wir fangen an mit Pilzen und Eiern. Und dann essen wir Fleisch, viel besseres Fleisch als Ziegenfleisch. Vielleicht Hammelfleisch. Vielleicht eine gute Wurst, die richtig würzig schmeckt. Mein Vater sagt immer, dass man ein echtes Festessen an der Wurst erkennt. Aber ich verrate dir noch etwas«, sage ich und klopfe ihm wieder auf die Schulter – und dieses Mal sehe ich, wie er hinter seinem Bart ein Lächeln verbirgt, und deshalb klopfe ich mir auf die Schenkel und rede weiter: »Ich verrate dir noch etwas. Die Römer kennen ein Gericht, von dem mir mein Vater erzählt hat. Es heißt ›Der Schild der Minerva‹. Es besteht nur aus den feinsten Zutaten, Salatblättern und Zwiebeln und Artischocken, und dann gibt man noch Fischleber dazu, und das Hirn von Fasanen und das Hirn von Pfauen und die Zungen von Flamingos und die Innereien von Neunaugen! Nun, was hältst du davon?«

Und so bringe ich Barnabas zum Lachen. Wir gehen unseren Weg, nass wie die Fische, und unsere Freunde vor uns sind auch nass und lachen zusammen. Was für ein Tag! Was für ein glücklicher Tag!

Ich sage also: »Barnabas, was hältst du davon? Wirst du zu mir zum Essen kommen?«

Und er legt seine große Hand auf meine Schulter. »Ja«, sagt er, »ja.«

BARNABAS

30

Wir waren kaum eine Woche zurück, da verbreitete sich in Antiochia und der ganzen Umgebung die Neuigkeit, dass Saulus und Barnabas in der Nähe des Pantheons predigten.

Das war nicht die ganze Wahrheit. Nur die halbe.

Saulus predigte. Ich war dabei. Aber eigentlich half ich ihm nur.

Die Menge wurde von Tag zu Tag größer. Die Menschen kamen aus Daphne, Seleuzia und sogar aus Aleppo, um ihn zu hören. Und warum auch nicht? Das Völkergemisch in Antiochia liebt eine gute Rede. Die pragmatischen Römer mögen Selbstvertrauen. Sie wollen eine kühne *thesis* hören, und sie muss mit einer Reihe von Beweisen gestützt werden, die solide sind wie Stein. Die Griechen schätzen das Geistreiche und Raffinierte, Worte, die wie Füchse hin und her springen und einen überraschen, indem sie gleichzeitig kommen und gehen. Wenn ein Redner heute das eine und morgen das Gegenteil behauptet, nennen die Griechen es einen Triumph. Die Römer nennen es eine Lüge. Nun, die Syrer wiederum wollen Leidenschaft, ein Heulen wie das des Windes in der Wüste. Ägypten liebt eine tiefe Stimme und magische Augen, die geheimnisvolle Art von jemandem, der zwischen der sichtbaren und der unsichtbaren Welt steht.

Saulus war das alles zusammen. Kühn und raffiniert, seiner selbst bewusst und atemlos in seinen Visionen für den Glauben – das alles zusammen, ohne jemals eine Rede im Voraus geplant zu haben. Er stand einfach auf, öffnete den Mund und predigte.

In der Nähe des Pantheons gibt es einen Brunnen, der von einem eleganten Bauwerk umrahmt wird. Ein offener Säulengang begrenzt den Teich an drei Seiten, doppelte Reihen von Säulen, Kapitelle und Statuen in den Nischen. Hinter dem Teich steigt der Boden an. Dort stellte Saulus sich hin, um zu predigen. Der Stein ließ seine hohe Stimme laut auf die Straße erschallen.

Eine Stunde nach Sonnenaufgang, als die Dienerinnen ihren Tratsch beendet hatten und die Wasserkrüge auf ihren Köpfen davontrugen, kam Saulus immer die Straße hinunter und sprühte vor Energie und guten Vorsätzen. Stets nahm er noch sieben oder acht Gläubige mit. Ich musste natürlich schon früher da sein und mich mitten unter die schwatzenden Wasserträgerinnen mischen, denn Saulus wollte immer, dass ich mich schon einmal an seinen Platz stellte, damit die Leute sehen konnten, dass er gleich kommen würde.

Saulus und Barnabas predigen in der Nähe des Pantheons.
Ich predigte immer, bevor er kam. Und dann wieder, nachdem er gegangen war. Und selbst während er sprach, bewegte ich mich durch die Menge und wandte mich denjenigen zu, die auf ein Wort von Mensch zu Mensch warteten. Ich habe mich über die Aufgabenteilung nie beklagt. Ich bin Levit. Ich tröste Menschen, tröste sie unbehindert durch großes Talent. Was ich tat, war das, was ich am besten konnte. Und Saulus? Nun, er war Grieche und Römer, Ägypter, Syrer, Jude; er war Sklave und freier Mann, unverheiratet und doch mit allen verheiratet, Mann und Frau, Kind und Greis, die Trommel, die Trompete, die Panflöte, eine Stimme voller Kraft und Überzeugung – eine Stimme! Saulus war eine Stimme des Kosmos.

Es war recht so, dass er predigte, während ich dem Wort diente, das aus seinem Mund kam.

Und diese Aufgabe hätte ich für immer dankbar erfüllt. Aber keine vier Wochen nach unserer Rückkehr aus Jerusalem war unsere Partnerschaft zerbrochen, und Saulus war im Zorn aus Antiochia weggegangen.

31

In jenen Tagen lebte Titus bei seinem Vater. Seine Mutter war bei dem furchtbaren Erdbeben vor elf Jahren umgekommen, als der Junge erst sieben Jahre alt war. Sein Vater war aus dem römischen Heer in den Ruhestand getreten und war gut situiert, wenn auch nicht unbedingt reich. Auf der Welle der Begeisterung seines Sohnes war der alte Mann das erste Mal zu uns gekommen. Er kam nun immer noch regelmäßig, um mit uns zu beten. Doch er war ein schweigsamer, verschlossener Mann, streng, aber nicht mürrisch. Als seine Frau noch lebte, war er ihr Gegenteil. Jetzt ist er das Gegenteil seines Sohnes.

In dem Alter, in dem andere junge Römer die *bulla*, das kaiserliche Goldsiegel, von ihrem Hals nehmen, versank der junge Titus nackt im Orontes, im Waschwasser der Taufe. Titus tauchte mit einem solchen Schwung wieder auf, dass ich laut lachen musste. Ein Athlet! Ein muskulöser Körper, ein schonungsloser Mund und eine unverbrüchliche Treue – ein Mensch hätte nicht glücklicher sein können. Ich mochte ihn. Ich mochte Titus sehr. Selbst an den Tagen, an denen ich zu verzweifeln drohte, konnte er mich zum Schmunzeln bringen. Und dann grinste er wie ein Sieger und stieß mir mit dem Finger in die Seite und klopfte mir auf die Schultern, und ich konnte wieder über mich selbst lachen. Titus war so unbekümmert und liebenswert wie ein täppischer junger Bär. Und wahrscheinlich genauso vergesslich.

Als er mich dann fragte, was er für sein »Dankesfest«, wie er es nannte, zu essen besorgen sollte, antwortete ich ihm gern. Es war ein einfaches Thema, und das kam mir entgegen.

Brot: Titus wollte das leichteste, weißeste Brot aus ägyptischem Weizen. »Welcher Bäcker ist dann der beste für mich? Wo soll ich es kaufen?« Er wollte Gebäck, das mit Honig gebacken und mit geschnittenen Früchten gefüllt werden sollte.

Fleisch: Er hatte verschiedene Fleischsorten im Sinn, Huhn, Hase, Wildbret – »Kein Ziegenfleisch!« – Rebhuhn, Wachtel – »Wenn ich doch eine Meeräsche bekommen könnte« – Wurst, Schinken und Rindfleisch. Rindfleisch, sagte er, weil der Anlass so wichtig sei und wir es uns sonst nie leisten könnten. »Zu welchem Schlachter soll ich also gehen?«, fragte er. Die Tiere sollten nicht früher als am Tag vor dem Festessen geschlachtet werden. Am besten natürlich am selben Morgen. Aber ich kannte die Schlachter in der Stadt nicht. Jedenfalls nicht die, die ihre Ware auf dem großen Markt anboten. Ich kannte nur die wenigen Juden, die sich an die Reinheitsvorschriften hielten, bei denen jedes Tier vollständig ausbluten musste, kein Tier durch Umdrehen des Halses getötet werden durfte, kein Fleisch von heidnischen Opfertieren angeboten wurde – selbst wenn nur ein paar Haare des Tieres auf einem Hausaltar verbrannt worden waren – und von denen nur bestimmte Tiere überhaupt als rein angesehen wurden. Titus musste seinen Vater fragen, wo dieser sein Fleisch kaufte, und sein Vater sagte: »Bei Lanius, am Aleppotor.« So tat es auch Titus.

Und der junge Mann wollte Melonen aushöhlen und sie mit Kirschen und Pfirsichen füllen, mit einer Paste aus Quitten, mit Walnüssen und Haselnüssen und Mandeln und Mohn und »genau sieben Anissamen« – seine eigene Abwandlung.

»Wie aufregend!«, sagte er immer wieder.

Und er stürzte sich in Planungen: Wie die Tische aufgestellt werden sollten, wie viele kommen würden, wo er sie platzieren sollte, wann es anfangen und wie lange es dauern sollte. Simon Petrus hatte gesagt, er käme gemeinsam mit Miriam. Simon Niger und Rufus und Alexander und die Dame des Hauses hatten alle zugesagt. Saulus natürlich. Lucius von Kyrene, Timon, Gaius, ein junger Römer namens Quintus …

»Barnabas, was meinst du?«, fragte er mich immer wieder schmunzelnd. »Würdest du zu mir nach Hause zum Essen kommen?«

Und ich sagte: »Ja.«

Und er gab mir einen freudigen Klaps auf die Schulter.

Aber dann wurde unter uns ein Brief von Jakobus und der Gemeinde in Jerusalem verlesen.

Der Brief. Er war von Judas Barsabbas nach Antiochia gebracht worden. Silas, ein Angehöriger unserer Gemeinde, hatte ihn auf seinem Weg nach Norden begleitet.

Aber wer von uns konnte überhaupt wissen, dass sie in der Stadt waren?

Barsabbas erschien zu einem Zeitpunkt, den er selbst bestimmt hatte, und stellte sich der Gemeinde noch einmal vor, indem er sagte, er sei gemeinsam mit Saulus und mir hierher gekommen. Vielleicht sah er das wirklich so, weil Silas und er kurze Zeit später angekommen waren, oder vielleicht musste er es so ausdrücken, weil er glaubte, unsere Namen ließen ihn für diejenigen erwünschter erscheinen, die er bei seinem letzten Besuch eingeschüchtert hatte. Doch bevor er uns über seine Anwesenheit in Kenntnis setzte, verbrachte er mehrere Wochen bei den Juden in den Synagogen. Später erfuhr ich auch, dass er zunächst mit Petrus unter vier Augen gesprochen hatte.

Für mich war es das erste Anzeichen der bevorstehenden Unannehmlichkeiten, dass ich Silas in Antiochia begegnete. Ich sah sein Gesicht in der Menge. Am vierzehnten Tag nach unserer Rückkehr stand Silas morgens bei dem Brunnen in der Nähe des Pantheons. Ich bahnte mir einen Weg durch die Menschenmenge und umarmte ihn. »Silas, du bist zurück. Ich wusste nicht, dass du zurück bist«, sagte ich.

»Ja, ich bin wieder zurück«, sagte er, »und ich habe einen Auftrag.«

Ich zog ihn zur Seite, zu einem Säulengang auf der anderen Straßenseite, aber er sah sich immer wieder um und schüttelte den Kopf.

»Was ist mit ihm geschehen?«, sagte er. »Sieh dir diese Menge an.«

Ich lächelte und sagte achselzuckend: »Er ist glücklich. Nein, überglücklich. Was er sagt, kommt direkt aus seinem Herzen. Was für einen Auftrag, Silas?«

Silas hat eine langsame Art. Er kann nicht schnell die Richtung wechseln, weder beim Laufen noch im Gespräch. Er beobachtete immer noch Saulus und sagte: »Ich habe ihn vor Jahren einmal predigen hören, aber das hier ist etwas ganz anderes. Seine Worte sind wie – wie Enterhaken. Barnabas, er verschlägt mir den Atem.«

Nun hielt auch ich inne und hörte zu, um die Wandlung einzuschätzen, die Saulus durchgemacht hatte. Wie er nun predigte, das war mehr als selbstsicher, mehr als kühn. Seine Predigt war ungestüm und fröhlich ausgelassen. Es war, als hätte man ein junges Fohlen losgebunden.

»Hör zu«, sagte ich. »Hörst du das? Das Geräusch, das aus der Menge dringt? Sie kichern, Silas!« In diesen Tagen machten die Leute fröhliche Gesichter, wenn sie Saulus zuhörten, und die Menge kicherte wie ein Schwarm Spatzen in den Lüften.

Und dann sagte ich: »Was für einen Auftrag, Silas?«

Er sah mich an, lächelte und sagte: »Nachdem ihr Jerusalem verlassen hattet, hat die Versammlung noch weiter über die Angelegenheiten in Antiochia gesprochen. Ich glaube, sie dachten, dass sie die Folgen ihres Handelns nicht richtig bedacht hatten. Deshalb sind sie zu einigen Entscheidungen gekommen. Und sie haben einen Brief geschrieben mit ein paar Anweisungen, die dem Frieden innerhalb der ganzen Gemeinde dienen sollen. Jakobus hat sie formuliert, weißt du. Und sie haben mich und Judas Barsabbas losgeschickt, um den Brief zu überbringen. Wir sollten gut aufpassen.«

Dann bat mich Silas sehr ernst, ich möge ihm dabei helfen, alle Mitglieder unserer Gemeinde zusammenzurufen, damit der Brief allen verlesen und erklärt werden konnte.

Also kam die Gemeinde am ersten Tag der Woche im Haus des Simon Niger zusammen. Ich sah Saulus nicht. Während des Essens fragte ich mich die ganze Zeit, ob Saulus beschlossen hatte, gar nicht erst zu erscheinen.

Nach dem Essen sangen wir Loblieder und trugen einige Gebete vor, aber kein Prophet erhob an diesem Tag die Stimme, niemand redete in Zungen.

Als der Zeitpunkt gekommen war, zu dem stets Prediger predigten oder Lehrer lehrten, trat Judas Barsabbas nach vorne und setzte sich in die Mitte des Atriums im Haus des Simon. Er zog eine dünne Rolle aus den Falten seines Gewands hervor und öffnete sie genau vor seinem Gesicht. Es war ein einzelnes Blatt. Der graue Barsabbas – feuchte, schlechte Augen, die Augenbrauen mit der Förmlichkeit eines Gesandten hochgezogen, sein Bart ein bemitleidenswerter Haufen Fusseln. Er verlas den Brief mit eisiger Stimme.

Wir, die Apostel und Ältesten, eure Brüder, wünschen Heil den Brüdern aus den Heiden in Antiochia und Syrien und Zilizien.

Seid gegrüßt!

Weil wir gehört haben, dass einige von den Unseren, denen wir doch nichts befohlen hatten, euch mit Lehren irregemacht und eure Seelen verwirrt haben, so haben wir, einmütig versammelt, beschlossen, Männer auszuwählen und zu euch zu senden zu unseren geliebten

Brüdern Barnabas und Paulus, Männer, die ihr Leben eingesetzt haben für den Namen unseres Herrn Jesus Christus. So haben wir Judas und Silas gesandt, die euch mündlich dasselbe mitteilen werden.

Denn es gefällt dem Heiligen Geist und uns, euch weiter keine Last aufzuerlegen als nur diese notwendigen Dinge: dass ihr euch enthaltet vom Götzenopfer und vom Blut und vom Erstickten und von Unzucht. Wenn ihr euch davor bewahrt, tut ihr recht.

Lebt wohl!

Judas Barsabbas rollte den Brief langsam und fest mit beiden Händen zusammen. Dann lächelte er und begann, uns über die Einzelheiten dieser neuen Bestimmungen zu unterrichten.

»Es ist der Wille des Jakobus«, sagte er und machte eine kurze Pause, um den Kopf leicht zu senken, »und natürlich auch unser Wille, dass ihr Heiden, die ihr euch Gott zugewandt habt, weder jetzt noch in Zukunft durch uns, unsere Lebensweise und unsere Überlieferungen, belästigt werden sollt.

Wenn ihr vor einigen Wochen mit mir in Jerusalem gewesen wäret, würdet ihr mir zustimmen, dass unser Bruder Saulus eure Sache ganz wunderbar vertreten hat, ja gewiss. Tatsächlich hat er so geschickt geredet, dass Jerusalem überzeugt werden konnte, euch von den Sitten des Judentums zu entbinden. Ihr braucht nicht die Feste zu beachten und das Gesetz zu halten, wenn ihr dies nicht wünscht.

Andererseits besteht eure Gemeinde zwar zum größten Teil aus Heiden, aber es sind immer noch Juden unter euch. Seht ihr sie? Dort sitzt Josef Barnabas und neben ihm sein Neffe Johannes Markus. Hier bei mir ist einer der Pfeiler des Tempels unseres Herrn Jesus Christus, Simon Petrus, der gute Fels des Herrn. Ich sehe Manaen in einer Ecke, einen Mann, der an den Höfen des Herodes groß geworden ist. O ja, ich glaube, dass einer von vieren in eurer Gemeinde Jude ist. Um ihretwillen bitten wir euch um Verständnis: *Sie* sollen auch nicht durch euch belästigt werden. Das, glauben wir, ist ein gerechter Handel. Denn das Gesetz verbietet ihnen, etwas Unreines zu essen. Wenn ihr, die Heiden, etwas auf den Tisch bringt, das unrein ist, dann bringt ihr entweder eure Gemeinschaft in Gefahr, wenn sie sich weigern, es zu essen, oder ihr bringt sie selbst in Gefahr, ihre Seelen und ihre Rettung. Ihr bringt auch uns in Gefahr, die Gläubigen in Jerusalem, die über den Verlust von Brüdern und Schwestern, die wir lieben, nur trauern können.

Sicherlich wird eure Liebe zu denen, die euch die Liebe Jesu gebracht haben, euch dazu bringen, diese kleine Bitte aus Jerusalem zu erfüllen und euch von einigen wenigen Dingen, wie dem Götzenopferfleisch, der Unzucht und dem Tierblut, zu enthalten. Sicherlich wird niemand von euch Dingen nachtrauern, die ...«

»*Anathema eto!*«, rief plötzlich eine Stimme aus dem Haus. »Verflucht sei dein Brief!«

Barsabbas unterbrach seine Rede. Mit offenem Mund starrte er in die Richtung, aus welcher der Zuruf gekommen war. Währenddessen erschien Saulus und kam mit steifen Schritten auf das Atrium zu.

»Wortbruch!«, schrie Saulus. Er rang nach Luft. Die Worte blieben ihm im Hals stecken. Er blieb an der Umfassungsmauer des Atriums stehen und sah Barsabbas mit feuerroten Augen an. Plötzlich sprang er hinein und rief: »Gesetze! Den Heiden werden Gesetze auferlegt!«

Barsabbas erhob beide Hände. Aber Saulus blieb direkt vor dem grauen Mann stehen und rührte sich einen

Augenblick lang nicht mehr, während ein eigenartiges, leises Knurren aus seinem Mund drang. Sein Gesicht war bleich wie Leinen, die Narben in seiner Haut hellrot und verhärtet. Seine Glieder zitterten. Er fletschte die Zähne. Er schien nicht sprechen zu können. Sein Mund bewegte sich, aber er brachte kein Wort hervor.

Dann plötzlich, mit einem seltsamen Stöhnen, lief Saulus zur Tür und hinaus in die Dunkelheit. Er ließ einen zitternden Judas Barsabbas zurück. Doch die Augenbrauen dieses Gesandten waren immer noch hochgezogen und die Lider nur halb geöffnet: ein Muster an Selbstbeherrschung.

Ich senkte den Kopf und verhüllte mein Gesicht. Mir war übel. *Saulus, Saulus! Warum musst du uns so gegeneinander aufbringen?*

In meiner schmerzerfüllten Dunkelheit hörte ich, wie Leute auf Barsabbas zukamen, ihm Trost spendeten, sich für den Ausbruch entschuldigten und sein Taktgefühl lobten. Das Lob galt bald auch Jakobus und seinen Erwartungen an ihr eigenes Taktgefühl. Sie ehrten den Überbringer der Botschaft und baten Barsabbas, noch einmal zu sprechen. Er musste gesehen haben, wie sehr die Leute danach verlangten, und so sprach er. Ich blickte auf und hörte zu. Er erhob keinen Vorwurf gegen Saulus. Er erwähnte Saulus nicht einmal, und auch nicht das ungeheuerliche Geschehen, das gerade erst vorüber war. Stattdessen half er mit vielen Worten der Gemeinde in Antiochia. Er stärkte die Menschen, und sie fühlten sich stark, und sie waren sehr glücklich über diese Lektion.

Schließlich war auch Simon Petrus einverstanden. »Jakobus und Jerusalem haben Recht«, sagte er. »Wenn man die Wahl hat zwischen dem Stolz und der Liebe, soll man die Liebe wählen.«

32

Am zweiten Tag jener Woche, etwa um die neunte Stunde, ging ich allein zu dem Haus, in dem Titus und sein Vater lebten.

Die Straßen in Antiochia sind nicht so wie in Jerusalem, wo sie verwinkelt und schattig sind. Hier sind die Straßen breit und gerade. Sie überschneiden sich im rechten Winkel und teilen die Bebauung in Quadrate ein. Und die Hauptstraße ist mit neuem Marmor gepflastert, in dem sich das Sonnenlicht spiegelt.

Es war ein sehr angenehmer Frühlingsnachmittag. Die Regenzeit war vorbei. Der Himmel war freundlich, klar und blau. Die Haferfelder außerhalb der Stadt wurden weiß und sahen der Ernte entgegen. Die Schiffsrouten auf dem großen Meer konnten wieder passiert werden, und so war die Stadt voll von Kaufleuten aus dem Westen, die frische Waren brachten. Auf den Märkten ging es zu wie auf einem Ameisenhaufen.

Es war nicht nötig, Titus anlässlich seines Festes ein Geschenk mitzubringen, aber ich tat es trotzdem. Ich hatte einen kleinen silbernen Anhänger in einen ledernen Umschlag verpackt, und dazu eine Kette, damit Titus, wenn er wollte, den Anhänger um den Hals tragen konnte. Die Kette hatte ich gekauft. Sie sah sehr griechisch aus. Den Anhänger hatte ich in der vergangenen Nacht selbst gemacht. Manchmal mache ich so etwas, wenn auch nicht sehr gut. Aber mit Metallen kann ich umgehen.

Schon von weitem konnte ich sehen, dass die Tür zum Haus seines Vaters offen stand. Sie stand nicht weit offen, war aber auch nicht bloß angelehnt und wurde von keinem Diener bewacht. Sie war offen. Ohne zu klopfen ging ich hindurch und schloss sie hinter mir. Niemand erwartete mich im Innenhof. Es waren keine Geräusche zu hören.

»Titus?« Ich rief seinen Namen leise und zögernd. »Titus, bist du hier irgendwo?«

Ich trat in das Haus. Die Eingangshalle war dunkel, aber ich sah jemanden in der hinteren Tür, der sich nicht bewegte.

»Titus, bist du das?«

Meine Augen gewöhnten sich an das Dunkel. Ich ging weiter. Es war der junge Titus, und er kämpfte mit den Tränen.

»Barnabas?«, sagte er. »Komm her und schau dich um.«

Er führte mich durch einen engen Durchgang in das Speisezimmer. Die Tische waren blank poliert. Auf jeder Bank lagen neue Kissen. Überall waren Blumen verstreut.

Noch jemand war hier: Saulus. Er ging an der Wand auf und ab wie ein Leopard in einem Käfig. Abgesehen von Saulus war der Raum leer.

Titus sah mir flehend wie ein Kind in die Augen.

»Barnabas«, flüsterte er ganz leise. »Wo sind sie? Warum sind sie nicht gekommen?«

Saulus hörte auf umherzugehen. Der kleine Mann starrte mich wütend an.

Hilflos öffnete ich den ledernen Umschlag und holte den Anhänger und die Kette hervor. »Das ist für dich«, sagte ich.

Titus trug ein strahlend weißes Gewand. Es war frisch gebleicht, das Gewebe weich. Sein Haar hatte er gesalbt. Der Raum roch frisch und gut.

Er nahm mein Geschenk, das Leder in die linke Hand und den Anhänger in die rechte, aber ich glaube nicht, dass er wusste, was er gerade tat.

Ich sagte: »Die Kette ist griechisch. Ich habe keine ...«

Dann plötzlich verlor Saulus die Beherrschung. »Antworte dem Jungen!«, brüllte er. »Und sag es mir auch! Bring ihre Scheinheiligkeit zum Sprechen! Warum sind die Gäste nicht gekommen? Warum?«

»Oh«, sagte ich, »ich weiß es nicht so recht.« Die Wahrheit war jetzt wie ein Messer in meinem Herzen. Ich wusste es. Ich wusste es, aber ich flüsterte: »Vielleicht haben sie es sich anders überlegt.«

»Warum?«, donnerte Saulus.

Titus schloss die Augen. Die Stimme des Saulus ließ ihn zusammenfahren.

»Sei nicht wütend auf mich«, sagte ich zu Saulus. »Ich bin gekommen.«

Saulus bebte vor Wut. »*Warum*, Barnabas?«

Das »Warum« traf Titus wie ein Schlag. Tränen rollten über seine Wangen.

Er tat mir schrecklich Leid, als ich ihn ansah. Ich flüsterte: »Vielleicht kommen sie erst, wenn er Essen auf den Tisch bringt, das rein ist, nicht – unrein.«

»Und auf wessen Seite stehst du, Barnabas?«

»Auf wessen Seite? Was soll das bedeuten? Saulus, so dürfen wir das doch nicht sehen.«

»Komm mit«, befahl der kleine Mann. Er hatte sich schon in Bewegung gesetzt und stakste mit seinen dünnen Beinen auf die Tür zu. Er fasste Titus am Handgelenk und zischte: »Komm mit!« Dann zerrte er den armen jungen Mann aus dem Raum, aus dem Haus, durch den Innenhof und auf die Straße.

Ich folgte den beiden angsterfüllt.

Wie Saulus Titus gepackt hatte, sah der Junge wie ein Sklave aus. Er hielt mit Saulus Schritt, weil sein Körper dazu fähig war, nicht, weil sein Geist es wollte.

Nachdem wir dreimal in eine andere Straße eingebogen waren, wusste ich, wo Saulus hingehen wollte. Alles in mir hasste diesen Tag. Der Sonnenschein war ein Hohn und der blaue Himmel Betrug.

Saulus, warum musst du uns so gegeneinander aufbringen?

Es mag sein, dass er im Recht war. Es mag sein, dass er Gerechtigkeit wollte. Aber die Gerechtigkeit des Saulus war für mich wie ein Sonnenstich.

Saulus hämmerte gegen die Tür des Hauses, in dem Simon Petrus zu finden war. Er hörte nicht auf zu klopfen, bis Johannes Markus die Tür öffnete, dann drängte er sofort hinein und zog Titus hinter sich her.

Johannes Markus trat zur Seite und sah mich an. Achselzuckend lief ich hinterher.

Im Haus waren Petrus und Judas Barsabbas und Manaen und Simon Niger mit seiner Frau und seinen beiden Söhnen. Da waren alle die Juden, die Titus eingeladen hatte und die nicht gekommen waren. Sie hatten sich stattdessen hier versammelt.

Titus starrte verlegen auf den Boden.

Saulus stand aufrecht im Raum, sein großer Kopf war nach vorn gereckt, seine roten Lippen von Zorn verzerrt.

»Wer entschuldigt sich bei dem Jungen?«, sagte er herrisch. »Gibt es hier jemanden, der sich schämt?«

Petrus stand auf. Er sagte: »Titus, wir lieben dich ...«

Saulus schnitt ihm das Wort ab: »Aber auf einmal wollt ihr nicht mehr mit ihm zusammen essen? Ihr habt schon oft genug mit ihm gegessen. Was hat sich geändert? Wer hat euch umgestimmt? Jakobus schreibt einen Brief, und sofort verneigt sich Simon vor ihm und wird zu einem Heuchler!«

Petrus sagte: »Das ist ein schlimmes Wort, Saulus. Es geht hier lediglich um Fragen des Anstandes und des guten Einvernehmens ...«

Saulus durchtrennte die Worte des Petrus wie mit einer Säge. »*Zur Freiheit hat uns Christus befreit!*«, schrie er.

Petrus sagte: »Dann lass Titus seine Freiheit dazu gebrauchen, eine Brüskierung der Juden zu vermeiden. Er kann sich freiwillig dazu entscheiden, nur reine Speisen auf den Tisch zu bringen.«

Saulus trat einen Schritt auf Petrus zu und streckte seinen Kopf vor: »Wenn du, ein Jude, wie ein Heide gelebt hast«, zischte er, »wie kannst du dann jetzt einen Heiden dazu zwingen, wie ein Jude zu leben?«

»Ich lerne dazu. Ich besitze Verstand«, sagte Petrus. »Ich bin bereit, auf fromme Männer zu hören. Gib Titus auch die Gelegenheit dazu.«

»Nicht auf deine Anordnung hin«, sagte Saulus wütend. »Wenn du oder Barsabbas oder der fromme Jakobus es anordnen, kann es keine Freiheit sein. Dann ist es Gehorsam!«

Petrus donnerte zurück: »Jesus, nicht ich! Jesus weist uns an, Gott zu lieben und uns untereinander zu lieben.«

Die Stimme des Saulus wurde plötzlich leiser. Sie wurde geschmeidig und kam so fest und doch leise wie eine Schlange daher. »Ich bin davon überzeugt«, sagte er und musterte alle Anwesenden mit seinen rot unterlaufenen, glänzenden Augen, »dass in Jesus nichts von sich aus unrein ist. Es ist nur unrein für diejenigen, die es für unrein halten. Ihr Juden glaubt, euer engstirniges Denken sei der Freiheit überlegen, die Jesus uns allen schenkt. Ihr verlangt von Heiden, dass sie sich den Regeln eurer Schwachheit unterwerfen. Und ich weiß jetzt, und werde es von nun an überall predigen, wo ich hinkomme, dass alle, die auf die Werke des Gesetzes bauen, unter einem Fluch stehen. Unter einem Fluch, Simon.

Denn das ist es, was das Gesetz vor allem erreicht: Es fördert die Sünde in uns zu Tage, die Schwäche in uns, wie die Schwäche, die ich jetzt bei dir finde. Und das führt uns zu den Versprechen und der Gerechtigkeit, die wir in Christus Jesus, unserem Herrn, haben.«

Petrus gab hierauf keine Antwort. Niemand tat es. Alle im Raum waren sprachlos.

Selbst ich, der ich in einigem Abstand zu meinem alten Gefährten und Mitapostel stand, war über seine Worte erschrocken. Denn noch vor einem Monat war die Tora für Saulus lediglich vernachlässigbar gewesen. Wir hatten beide dasselbe gesagt. Hatten wir nicht in ganz Antiochia dasselbe verkündet? Ja, und wir hatten es lachend und jubelnd getan: »In Christus«, hatten wir immer wieder gesagt, »zählt weder die Beschneidung noch das Unbeschnittensein, sondern allein der Glaube, der durch die Liebe wirkt.«

Jetzt aber sagte Saulus etwas völlig anderes. Etwas Neues. Etwas Beängstigendes. Die Tora sollte nicht nur unbedeutend sein, sondern die Tora sollte einen Fluch bedeuten.

Was hätte man zu einer solchen Ungeheuerlichkeit sagen sollen?

Aber nein, nein, er gestattete mir nicht, einfach nur zu schweigen.

Saulus deutete die Blicke der Menschen im Raum wie jemand, der das Wetter zu deuten versucht. Ich bin sicher, dass ihm die Folgen seiner Erklärung sofort bewusst waren. Er hatte sich aus dem Kreis der Gläubigen an diesem Ort ausgeschlossen.

Der kleine Mann erhob sein Kinn. Er stand da wie ein steinernes Bildnis der Halsstarrigkeit. Ich sah in seinem Gesicht denselben Ausdruck, den ich gesehen hatte, als er sich selbst aus der Umarmung des Todes befreit hatte, als er aus dem Graben vor den Toren von Lystra hervorgekommen und blutend zurück in die Stadt gelaufen war.

Saulus drehte sich um und sah mich an.

»Barnabas«, sagte er leise, »stimmst du mir zu?«

Mein Schweigen wurde nun zu einer Aussage.

»Barnabas?«, sagte Saulus noch einmal.

Ich blickte auf den Boden. Ich senkte den Kopf. Nur mit großer Mühe konnte ich mich überhaupt noch aufrecht halten. Ich wollte auf den Boden sinken und weinen.

Die Stimme des Saulus blieb leise und nachdenklich, als er sich Titus zuwandte. »Was kann an dem Geschenk eines Fremden Gutes sein, Titus?«, fragte er ihn.

Einen Augenblick danach spürte ich die Finger des jungen Mannes an meinem Handgelenk. Er hob meine linke Hand hoch und füllte sie mit gefaltetem, schweißnassem Leder. In meine rechte Hand legte er eine warme Kette und einen filigranen silbernen Anhänger. Gemeinsam gingen sie dann fort. Sie gingen allein. Ich ging ihnen nicht nach. Ich konnte ihnen nicht nachgehen. Ich hörte, wie die Tür am Ende des Innenhofes zunächst geöffnet und dann zugeschlagen wurde. Ich hörte die Fußtritte von jemandem, der sich von uns entfernte. Dann schob jemand den Riegel in seine metallene Halterung. Dieses Geräusch, die Tür, die abgeschlossen wurde, diese Geste, ließ mich vor Traurigkeit auf die Knie sinken.

33

Simon Petrus blieb nach der Abreise des Saulus in Antiochia. An dem großen Brunnen predigte niemand mehr. Petrus begann stattdessen, in einer großen Höhle unterhalb eines felsigen Hügels im Osten der Stadt zu predigen.

Er stellte sich an die hinterste Wand. Die Menschen füllten den Innenraum der Höhle bis zu dem Eingang aus. Die Höhle war dreißig Fuß breit, vierzig Fuß tief und ungefähr so hoch wie breit. Die Stimme des Petrus brauchte das Echo des Steines. Sie wäre sonst zu voll und zu weich gewesen. Man hätte die Laute hören, aber die Worte nicht verstehen können, wenn das Rund der Wände sie nicht zurückgeworfen hätte.

In der Höhle gab es eine kleine Quelle. Das Wasser sammelte sich in einer steinernen Vertiefung. Dort tauften wir die Heiden, die an Jesus glaubten. In den Monaten und Jahren darauf lebte die Gemeinde in großer Eintracht. In Harmonie. Sie wuchs beständig. Und Jerusalem war zufrieden.

Was Saulus betraf, so sagten die Leute: »Lasst ihn ziehen. Unser Volk und unsere Synagogen sind überall im Reich. Was kann ein einzelner Mann schon tun angesichts eines ganzen Volkes?«

Ich selbst jedoch war zu traurig, um zu bleiben. Ich musste Antiochia für eine Weile verlassen.

Ich ging zu Johannes Markus und gestand ihm, was mich bedrückte.

Ich sagte: »Ich wünschte, der Herr würde bald wiederkommen. Morgen. Heute.«

Ich sagte: »Johannes, ich fühle mich hier wie ein Gast. Ich habe keine Heimat, außer bei Jesus.«

Ich sagte: »Würdest du mich auf Reisen begleiten?«

Ich hielt inne und dachte darüber nach, was uns erwarten würde.

Ich sagte: »Ärgere dich nicht über Saulus, Johannes. Er ist wütend auf dich, deshalb ist er mit Silas fortgegangen. Er ist auch wütend auf mich. Er hat mich übergangen und lieber jemanden genommen, der wie er selbst ein römischer Bürger ist. Er ist wütend auf alle, Johannes. Auf Petrus. Auf Antiochia. Jerusalem.«

Ich atmete tief durch.

»Reise mit mir, Johannes. Lass uns gemeinsam predigen, als Brüder und Gefährten.«

Und so kam es, dass wir mit einem Schiff nach Zypern fuhren. Es ist die Insel, auf der ich geboren wurde. Es war die erste Station meiner Reise mit Saulus gewesen, vor so langer Zeit.

Teil 3

KORINTH

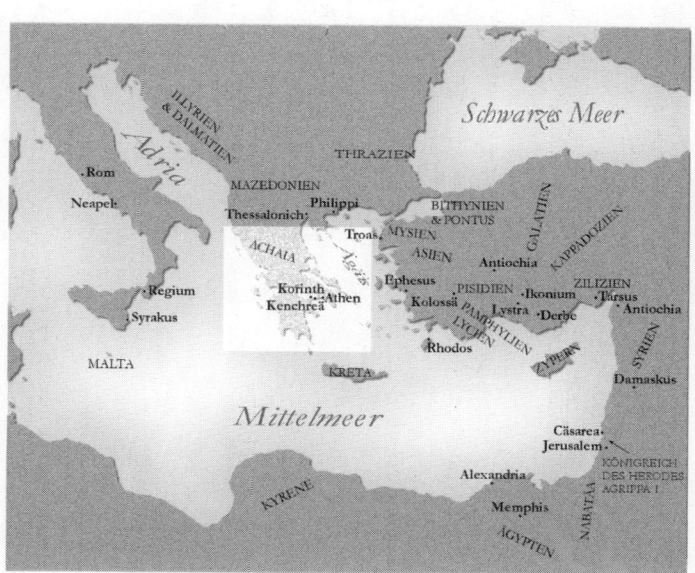

TIMOTHEUS

34

In meinem neunzehnten Lebensjahr kehrte der Apostel Paulus noch einmal nach Lystra zurück, kam in unser Haus, als wäre er nie fort gewesen, und blieb eine Woche bei uns. Der leutselige Barnabas war diesmal nicht bei ihm. Ich vermisste diesen gut gelaunten Mann mit seinem lauten Lachen und seinem riesigen Bart. Ein anderer Mann begleitete Paulus auf seiner Reise. Er war langsam, phlegmatisch, weder freundlich noch unfreundlich, gleichmütig bei allem, was er tat, und sagte, sein Name sei Silas. Aber Paulus bestand darauf, ihn Silvanus zu nennen, was in Jerusalem niemand täte.

Paulus erzählte uns, dass sie im Frühjahr, kurz nach der Schneeschmelze, durch Zilizien gereist waren. Sie hatten den hohen, beschwerlichen Pass über die Berge nördlich von Tarsus, der Heimatstadt des Paulus, genommen. Er berichtete uns, dass sie den Gemeinden, die er vor zwei Jahren gegründet hatte, kurze Besuche abgestattet hatten, um bei ihnen zu predigen und sie zu unterstützen.

»Wie gut ist dein Hebräisch inzwischen?«, fragte er mit der Andeutung eines Lächelns in seinem Gesicht. In seinen langen Fingern hielt er meine Hand. Er saß neben mir auf der Bank. »Wie gut ist dein Hebräisch inzwischen?«

»Ich kann Hebräisch lesen«, sagte ich. »Ich lese jeden Abend meiner Mutter vor. Sie lernt die Worte auch.«

»Kannst du Griechisch schreiben?«

»Das kann ich. Schon lange. Und auch Latein.«

»Könntest du dich in Rom mit den Römern unterhalten?«

»Ja.«

»Timotheus«, sagte Paulus. Sein Lächeln war verschwunden. Er sah mir in die Augen und hatte sich nach vorn gebeugt wie jemand, der ungeduldig auf etwas wartet. »Wie wäre es, wenn du mit mir kämest? Wie wäre es, wenn wir gemeinsam reisten?«

Er hatte sich verändert.

Als er das erste Mal nach Lystra gekommen war, war er stets auf das eingegangen, was um ihn herum geschah, schnell wie ein Vogel, hellwach, lernend. In seinem Gesicht hatte man ablesen können, wie das, was er gesehen hatte, auf ihn wirkte, und seine Worte waren die umfassende Antwort darauf gewesen.

Jetzt machte Paulus seinen eigenen Weg, geradlinig wie ein Segelschiff, und erwartete, dass die Welt auf *ihn* einging. Der Ausdruck in seinem Gesicht richtete sich nun nach dem, was in seinem Inneren vorging, und seine Worte wollten – wie die Worte des Schöpfers – neue Dinge zum Leben erwecken, Ereignisse hervorrufen, appellieren. So stellte er seine Frage, als wäre sie die Planke, über die man an Bord seines Schiffes gelangte: »Wie wäre es, wenn du mit mir kämest?«

Die Narben von der Steinigung durch die Lystraner waren dick und hellrot an seinem Haaransatz; sie erregten Aufmerksamkeit. Seine Kleidung war ärmlich: raue ungebleichte Wolle. Und er trug auf Reisen zwei lederne Beutel bei sich, einen für Essen, Kleidung, Feder, Papier und persönliche Gegenstände, den anderen für die Nadeln, Messer und Rohstoffe seines Handwerks. Ich hatte vorher nicht gewusst, dass er mit Tuch und Leder arbeitete.

Er sagte: »Ich brauche einen Gehilfen.«

Ich fragte: »Wohin werden wir gehen?«

»Ich bin jetzt niemandem gegenüber Rechenschaft

schuldig«, sagte Paulus, der in seinen eigenen Gewässern segelte. »Keinem Volk. Keiner Gemeinde. Keinen Ältesten, weder in Jerusalem noch in Antiochia. Nur Christus Jesus, meinem Herrn.«

Er ließ meine Hand los und erhob den Zeigefinger, als ob er darauf die Welt balancieren würde, eine unsichtbare Sphäre und ein Mysterium. Er sagte: »Was ich predige, kommt von Jesus. Als ich ein Mann war, der Gewalt wollte, rief er meinen Namen, und ich hörte, und ich kam, und ich wurde ein Mann des Friedens. Aber lange bevor ich überhaupt hören konnte, schon im Schoß meiner Mutter, hat Gott, der Herr, mich berufen, in der Stärke des Namens Jesu zu predigen. Und dann, vor fünf Monaten ...«

Sein Blick traf mich wie ein Feuerstrahl. »Timotheus«, flüsterte Paulus, »vor nicht einmal fünf Monaten, als ich mit unbedecktem Kopf im Frühregen stand, hat Gott die Schleier der Zukunft weggezogen und mir aufgetragen, nach Jerusalem zu gehen. Nach vierzehn Jahren kehrte ich nach Jerusalem zurück und berichtete den Aposteln von der Frohen Botschaft, die Jesus mir für die Heiden mitgegeben hatte. Die Apostel fügten dem nichts hinzu! Warum hätten sie es auch tun sollen? Es ist Jesus, der mich schickt! Diese Hand«, sagte Paulus und streckte die Finger seiner rechten Hand aus, »schüttelten die Säulen der Gemeinde in Freundschaft. – Timotheus, nimm meine Hand. Komm mit mir. Gehe mit mir zu den Völkern.«

Er streckte mir wieder seine Hand entgegen. Aber ich war mir nicht sicher! Ich war mir in diesem Moment nicht sicher, ob ich sie ergreifen sollte oder nicht. Ich zögerte. Er hielt mir weiter die ausgestreckte Hand hin, und sein Gesichtsausdruck veränderte sich nicht.

Dann erhob er den Arm und deutete nach hinten.

»Wohin ich gehe?«, sagte Paulus mit kräftiger Stimme. »In diese Richtung, Timotheus. Nach Westen. In die Welt. In die große Welt, die das Meer umschließt. Und dies ist mein Plan: Wir werden in den Städten predigen, in den Metropolen des Reiches, wo die gepflasterten Straßen sich kreuzen, wo Rom Statthalter einsetzt und wo der Handel eine weite Umgebung erreicht. In jeder Stadt werden wir Gemeinden ins Leben rufen, Timotheus, Menschen so berufen, wie du selbst berufen wurdest. Und genau wie wir werden diese Gemeinden die Frohe Botschaft in das Land weitertragen, in die Städte und Dörfer, in die Höfe und Hütten. Bevor der Herr wiederkommt, werden sie von ihm gehört haben. Sie werden an ihn glauben und an seine Wiederkunft. Sie werden mit ihren Lippen bekennen, dass Jesus der Herr ist. Sie werden in ihren Herzen glauben, dass Gott ihn von den Toten auferweckt hat. Und so werden sie gerettet werden. Jeder, der den Namen des Herrn anruft, wird dem Zorn entgehen, der kommen wird.

Aber Timotheus, mein Sohn, mein lieber Sohn, wie sollen sie jemanden anrufen, an den sie nicht glauben? Und wie sollen sie an jemanden glauben, von dem sie nie etwas gehört haben? Und wie sollen sie von ihm hören, wenn sie keinen Prediger haben? Nimm meine Hand. Nimm sie. Timotheus, zieh deine Sandalen an und geh mit mir in die Welt. ›Wie lieblich sind auf den Bergen die Füße der Freudenboten, die da Gutes predigen.‹ Komm und hilf mir, die Nachricht von der Rettung zu verbreiten!«

Ein außergewöhnlicher Mann. Er rührte sich nicht. Er zwinkerte nicht und änderte die Richtung seines Blickes nicht, bis ich selbst wegsehen musste. Meine Ohren, meine Stirn, mein Gesicht, mein Nacken – alles glühte. Und da war immer noch die Hand dieses Mannes, die schlanken Finger ausgestreckt und leicht gekrümmt, wartend.

Mutter, weine nicht. Du darfst nicht weinen. Du hast mich den einen, wahren Gott erkennen lassen. Du hast mich durch dein Gebet seine Stimme hören lassen. Die Stimme Gottes hat mich gerufen, Mutter, und ich habe keine andere Wahl als zu gehen. Sorge du nun für deine Mutter, meine Großmutter. Es ist so wenig Zeit.

Paulus und Silvanus – und ich in meinen Sandalen – machten sich auf den Weg. Wir lernten schnell, wie er vorgehen wollte.

Wir verbrachten einige Tage in Ikonion.

Und dann noch in Antiochia in Pisidien.

Und obwohl Paulus von dort aus nach Westen zeigte, verwehrte uns der Heilige Geist diese westliche Route.

Stattdessen reisten wir in nördlicher Richtung durch Phrygien, zwanzig Meilen jeden Tag. Paulus überwand die Distanzen mit Leichtigkeit; Silvanus kam stets eine Stunde nach uns an. Wir trugen Stöcke bei uns, gegen Bären und Wölfe und Banditen. Mein Vater hatte mir beigebracht, mit dem kurzen Schwert umzugehen, und ich trug es unter meinem Gewand in einer Scheide. Paulus und seine Zunge, ich und meine Klinge – das waren die Waffen, mit denen wir uns nachts schützen konnten. Zwanzig Meilen, zwanzig Meilen, und die Herbergen, die uns am Ende eines Tages erwarteten, waren lausige Absteigen im griechischen Stil. Die Gebäude gruppierten sich um einen Innenhof, unten die jedem zugänglichen Räume zum Essen und Trinken, oben die Schlafkammern, auch die Gänge noch mit Fremden vollgestopft. Paulus, Silvanus und ich bildeten beim Schlafen einen Kreis um unsere Taschen und Beutel.

Zwanzig Meilen, zwanzig Meilen, während derer

Paulus kaum zu atmen schien, so entschlossen war er, an sein Ziel zu gelangen. Aber an dem Tag, als wir in den äußersten Westen Galatiens kamen, stimmte etwas nicht mit ihm. Paulus stöhnte, fiel vornüber auf den steinigen Boden und blieb bewusstlos liegen. Er war hart genug aufgeschlagen, um an jeder Seite seines Körpers Staub aufzuwirbeln.

Der gleichmütige Silvanus legte weder eine Pause ein, noch sagte er etwas. Er packte den Apostel, nahm ihn auf seine Schulter und begann, ihn mit langsamen Schritten zu der östlich gelegenen Stadt Pessinus zu tragen. Ich folgte ihm. Die Stadt und ihre Umgebung werden von einem Fluss, dem Sangarius, umschlossen.

Ich hatte keine andere Wahl, als auf einem Platz mitten in der Stadt auf ein paar Fremde zuzugehen. Ich grüßte sie förmlich auf Griechisch und sagte: »Mein Vater ist krank. Könnt ihr uns bei euch aufnehmen?«

Sie nahmen uns auf. Obwohl wir in Galatien fremd waren, behandelten sie uns nicht schlecht. Sie ließen uns weder Verachtung noch Ablehnung spüren. Sie deckten Paulus zu, wärmten und wuschen ihn, massierten seine Arme und Beine, und einige galatische Frauen nahmen frisches Wasser in den Mund und spien es ihm in den Hals, sodass er es schlucken musste. Auf dieselbe Weise fütterten sie ihn. Sie kauten das Essen zunächst und führten es dann seinem Mund zu, wie durch einen Kuss. Seine seltsame Krankheit war eine Prüfung für ihre Klugheit und ihre Barmherzigkeit. Fünf Tage lang lag er ohne Bewusstsein auf einem fremden Lager. Aber als er aufwachte, war diese Barmherzigkeit und diese Klugheit das, was ihn am tiefsten berührte.

Paulus wachte auf und empfand große Zuneigung zu denen, die ihn gepflegt hatten. Und seine Liebe wurde bald zur Rede. So, wie sie ihm aus ihren Mündern zu Essen gegeben hatten, hörten sie aus seinem Mund den Namen Jesu, und der Geist Jesu nährte ihre Herzen. Sie waren glücklich über die Nachricht, die sie hören durften.

Und wenn es eines Beweises für die Richtigkeit meiner Entscheidung, Paulus zu begleiten, bedurft hätte, dann war es dies: dass die Galater ihn bei sich aufnahmen, als wäre er ein Engel Gottes, als wäre er Christus Jesus selbst.

LUKAS

35

Als Paulus und Barnabas auf ihrem Weg nach Westen an die Grenze von Mysien kamen, wollten sie von dort in das nördlich gelegene Bithynien weiterziehen. Aber das ließ der Geist, durch den Jesus sie leitete, nicht zu. So zogen sie an Mysien vorbei und gingen ans Meer hinunter nach Troas, wo ich mit neuer Medizin für Paulus' Augen zu ihnen stieß.

Dort in Troas hatte Paulus in der Nacht eine Vision: Er sah einen Mann aus Mazedonien vor sich stehen, der bat ihn: »Komm zu uns herüber nach Mazedonien und hilf uns!«

Darauf suchten wir sofort nach einem Schiff, das uns nach Mazedonien mitnehmen konnte. Denn wir waren sicher, dass Gott uns gerufen hatte, den Menschen dort die Gute Nachricht zu bringen. Wir fuhren von Troas auf dem kürzesten Weg zur Insel Samothrake, und am zweiten Tag erreichten wir Neapolis. Von dort gingen wir landeinwärts nach Philippi, einer Stadt im ersten Bezirk Mazedoniens, einer Ansiedlung von römischen Bürgern. Wir hielten uns einige Tage dort auf.

Am Sabbat gingen wir vor das Tor an den Fluss. Wir vermuteten dort eine jüdische Gebetsstätte und fanden sie auch. Wir setzten uns und sprachen zu den Frauen, die zusammengekommen waren.

Auch eine Frau namens Lydia war darunter; sie stammte aus Thyatira und handelte mit Purpurstoffen. Sie hielt sich zur jüdischen Gemeinde. Der Herr öffnete ihr das Herz, sodass sie begierig aufnahm, was Paulus sagte. Sie ließ sich mit ihrer ganzen Hausgemeinschaft, ihren Angehörigen und Dienstleuten, taufen.

Darauf lud sie uns ein und sagte: »Wenn ihr überzeugt seid, dass ich treu zum Herrn stehe, dann kommt in mein Haus und nehmt dort Quartier!« Sie drängte uns, die Einladung anzunehmen.

Wochen später, auf dem Weg zur Gebetsstätte der Juden, trafen wir eine Sklavin, aus der redete ein Geist, der die Zukunft wusste. Mit ihren Prophezeiungen brachte sie ihren Besitzern viel Geld ein.

Das Mädchen lief hinter Paulus und uns anderen her und rief: »Diese Leute sind Diener des höchsten Gottes! Sie zeigen euch den Weg zur Rettung.«

Das ging viele Tage so, bis Paulus es nicht länger anhören konnte. Er drehte sich um und sagte zu dem Geist: »Ich befehle dir im Namen von Jesus Christus: Fahre von ihr aus!«

Im gleichen Augenblick fuhr der Wahrsagegeist von ihr aus.

Die Besitzer der Sklavin sahen sofort, dass mit dem Geist auch ihre Hoffnung auf Gewinn ausgefahren war. Sie packten Paulus und Silas und schleppten sie zum Marktplatz vor das städtische Gericht. Sie stellten sie vor die beiden Stadtobersten und erklärten: »Diese Menschen hier stiften Unruhe in unserer Stadt. Juden sind sie; sie wollen Sitten einführen, die gegen unsere Ordnung sind und die wir als römische Bürger nicht annehmen dürfen.«

Auch die Volksmenge war aufgebracht und verlangte ihre Bestrafung. Die Stadtobersten ließen Paulus und Silas die Kleider vom Leib reißen und gaben Befehl, sie mit Stöcken zu prügeln. Nachdem man ihnen viele Schläge verabreicht hatte, brachte man sie ins Gefängnis. Dem Gefängniswärter wurde eingeschärft, sie sicher zu verwahren.

Er sperrte sie darauf in die hinterste Zelle und schloss ihre Füße in den Block.

Um Mitternacht beteten Paulus und Silas und priesen Gott in Lobgesängen. Die anderen Gefangenen hörten zu.

Da gab es plötzlich ein gewaltiges Erdbeben. Die Mauern des Gefängnisses schwankten, alle Türen sprangen auf, und die Ketten fielen von den Gefangenen ab. Der Gefängniswärter fuhr aus dem Schlaf. Als er die Türen offen stehen sah, zog er sein Schwert und wollte sich töten, denn er dachte, die Gefangenen seien geflohen.

Aber Paulus rief, so laut er konnte: »Tu dir nichts an! Wir sind alle noch hier.«

Der Wärter rief nach Licht, stürzte in die Zelle und warf sich zitternd vor Paulus und Silas nieder. Dann führte er sie hinaus und fragte: »Ihr Herren, Götter oder Boten der Götter! Was muss ich tun, um gerettet zu werden?«

Sie antworteten: »Jesus ist der Herr! Erkenne ihn als Herrn an und setze dein Vertrauen auf ihn, dann wirst du gerettet und die Deinen mit dir!« Und sie verkündeten ihm und allen in seinem Haus die Botschaft Gottes.

Der Gefängniswärter nahm Paulus und Silas noch in derselben Nachtstunde mit sich und wusch ihre Wunden. Dann ließ er sich mit seiner ganzen Hausgemeinschaft, seiner Familie und seinen Dienstleuten, taufen. Anschließend führte er die beiden hinauf ins Haus und lud sie zu Tisch. Er und alle die Seinen waren überglücklich, dass sie zum Glauben an Gott gefunden hatten.

Als es Tag geworden war, schickten die Stadtobersten die Amtsdiener zum Gefängniswärter mit der Weisung: »Lass die beiden Männer frei und sorge dafür, dass sie das Stadtgebiet verlassen!«

Der Gefängniswärter berichtete es Paulus und sagte: »Die Stadtobersten haben mir befohlen, euch freizulassen und wegzuschicken. Verlasst also das Gefängnis und die Stadt; geht im Frieden Gottes!«

Aber Paulus wandte sich an die Amtsdiener und sagte: »Die Stadtobersten haben uns öffentlich prügeln lassen, ohne Prozess und richterliches Urteil. Dabei besitzen wir das römische Bürgerrecht! Auch noch ins Gefängnis haben sie uns gesteckt. Und jetzt wollen sie uns heimlich abschieben? Das kommt nicht in Frage! Sie sollen persönlich herkommen und uns freilassen.«

Die Amtsboten meldeten das den Stadtobersten. Als diese hörten, dass Paulus und Silas römische Bürger seien, erschraken sie. Sie kamen selbst und entschuldigten sich. Dann führten sie die beiden aus dem Gefängnis und baten sie, die Stadt zu verlassen.

Vom Gefängnis aus gingen Paulus und Silas zu Lydia. Dort trafen sie die Brüder und Schwestern und machten ihnen Mut. Danach verließen sie die Stadt.

36

Über Amphipolis und Appollonia kamen Paulus und Silas nach Thessalonich. Dort gab es eine jüdische Gemeinde, und nach seiner Gewohnheit ging Paulus in ihre Synagoge. An drei aufeinander folgenden Sabbaten sprach er zu den Versammelten. Er ging von den Heiligen Schriften aus, half ihnen, sie zu verstehen, und wies ihnen daraus nach, dass der versprochene Retter leiden und sterben und danach vom Tod auferstehen musste. »Und dieser versprochene Retter«, sagte Paulus, »ist Jesus. Den verkündige ich euch.«

Von den Juden ließen sich nur wenige überzeugen; aber von den Griechen, die sich zur jüdischen Gemeinde hielten, schloss sich eine große Anzahl Paulus und Silas an, darunter auch viele einflussreiche Frauen.

Aber etliche Juden wurden von Eifersucht gepackt. Sie holten sich ein paar Männer, die auf dem Markt herumlungerten und zu allem fähig waren, brachten mit ihrer Hilfe einen Volksauflauf zustande und versetzten die ganze Stadt in Aufregung. Mit der Volksmenge zogen sie vor das Haus Jasons und wollten Paulus und Silas herausholen, um sie vor die Volksversammlung zu stellen. Als sie die beiden dort nicht fanden, schleppten sie Jason und einige andere Brüder vor die Stadtobersten.

Sie riefen: »Die Leute, die in der ganzen Welt Unruhe stiften, sind in unsere Stadt gekommen! Jason hat sie in sein Haus aufgenommen. Allesamt verletzen sie die Gesetze des Kaisers und behaupten, ein anderer sei König, nämlich Jesus.«

Mit diesen Worten versetzten sie die Volksmenge und die Stadtobersten in große Aufregung. Jason und die anderen Christen mussten eine Kaution stellen, bevor man sie wieder freiließ.

Noch in der Nacht brachten die Brüder Paulus und Silas auf den Weg nach Beröa. Auch dort gingen die beiden bei der ersten Gelegenheit in die Synagoge. Die Juden in Beröa waren aufgeschlossener als die in Thessalonich. Sie nahmen die Botschaft mit großer Bereitwilligkeit auf und studierten täglich die Heiligen Schriften, um zu sehen, ob das, was Paulus sagte, auch zutraf.

Viele von ihnen kamen zum Glauben, auch viele einflussreiche Griechen, Frauen wie Männer.

Aber als die Juden von Thessalonich erfuhren, dass Paulus auch in Beröa die Botschaft Gottes verkündete, kamen sie und brachten mit ihren Hetzreden auch hier die Volksmenge gegen ihn auf. Deshalb schickten die Brüder Paulus schnell weiter, hinunter zur Küste. Silas und Timotheus blieben in Beröa.

Die Brüder, die Paulus das Geleit gaben, brachten ihn bis nach Athen, dann kehrten sie zurück. Für Silas und Timotheus gab Paulus ihnen die Anweisung mit, sie sollten so bald wie möglich nachkommen.

Während Paulus in Athen auf die beiden wartete, war er im Innersten empört, weil die Stadt voll von Götzenbildern war. Er redete in der Synagoge zu den Juden und zu denen, die sich zur jüdischen Gemeinde hielten, und er sprach jeden Tag mit den Leuten, die er auf dem Marktplatz antraf. Darunter waren auch Philosophen der epikureischen und stoischen Richtung, die mit ihm diskutierten.

Einige von ihnen meinten: »Was will dieser Schwätzer eigentlich?«

Andere sagten: »Er scheint irgendwelche fremden Götter zu verkünden.« Paulus hatte ihnen nämlich die Gute Nachricht von Jesus und der Auferstehung verkündet. Sie nahmen ihn mit sich zum Areopag und wollten Näheres erfahren.

»Uns interessiert deine Lehre«, sagten sie. »Manches klingt sehr fremdartig, und wir würden gerne genauer wissen, was es damit auf sich hat.« Denn die Athener und die Fremden in Athen kennen keinen besseren Zeitvertreib, als stets das Allerneueste in Erfahrung zu bringen und es weiterzuerzählen.

Paulus trat in die Mitte des Areopags und sagte: »Ihr Männer von Athen! Ich sehe, dass es euch mit der Religion sehr ernst ist. Ich bin durch eure Stadt gegangen und habe mir eure heiligen Stätten angesehen. Dabei habe ich auch einen Altar entdeckt mit der Inschrift: *Für einen unbekannten Gott*. Was ihr da verehrt, ohne es zu kennen, das mache ich euch bekannt.

Es ist der Gott, der die Welt geschaffen hat und alles, was darin lebt. Als Herr über Himmel und Erde wohnt er nicht in Tempeln, die ihm die Menschen gebaut haben. Er ist auch nicht darauf angewiesen, von den Menschen versorgt zu werden; denn er selbst gibt ihnen das Leben und alles, was sie zum Leben brauchen. Er hat aus einem einzigen Menschen die ganze Menschheit hervorgehen lassen, damit sie die Erde bewohnt. Für jedes Volk hat er im Voraus bestimmt, wie lange es bestehen und in welchen Grenzen es leben soll.

Und er hat gewollt, dass die Menschen ihn suchen, damit sie ihn vielleicht ertasten und finden könnten. Denn er ist ja jedem von uns ganz nahe. Durch ihn leben wir doch, regen wir uns, sind wir! Oder wie es einige eurer Dichter ausgedrückt haben: ›Wir sind sogar von seiner Art.‹

Wenn wir Menschen aber von Gottes Art sind, dann dürfen wir nicht meinen, die Gottheit gleiche den Bildern aus Gold, Silber und Stein, die von Menschen mit ihrer Erfindungskraft und Kunstfertigkeit geschaffen wurden!

Nun, Gott ist bereit, mit Nachsicht über das hinwegzusehen, was ihr bisher aus reiner Unwissenheit getan habt. Jetzt aber fordert er alle Menschen überall auf, umzudenken und einen neuen Anfang zu machen. Denn er hat einen Tag festgesetzt, an dem er über die ganze Menschheit ein gerechtes Gericht halten will, und zwar durch den Mann, den er dazu bestimmt hat. Ihn hat er vor aller Welt dadurch ausgewiesen, dass er ihn vom Tod auferweckt hat.«

Als sie Paulus von der Auferstehung reden hörten, lachten ihn einige aus; andere sagten: »Darüber musst du uns ein andermal mehr erzählen.«

Als Paulus darauf die Versammlung verließ, schlossen sich ihm ein paar Männer an und kamen zum Glauben, darunter Dionysius, der dem Areopag angehörte, außerdem eine Frau namens Damaris. Danach verließ Paulus Athen und ging nach Korinth.

LUCIUS ANNAEUS SENECA

37

Seneca, mit Nero und Agrippina in ihrer Villa in Antium,
An Gallio, meinen Bruder in Rom,
Im neunten Jahr der Regentschaft des Claudius:

Sei gegrüßt!

Ich vermute, man wird es als einen Vorzug meines Amtes betrachten dürfen, dass auch ich in der Lage bin, den frostigen Schmutz in den Straßen Roms während der letzten eisigen Tage des Winters zu meiden. Am Meer lässt der Frühling nicht so lange auf sich warten und ist dazu noch umso lieblicher. Und diese Villa vermag aus dem überzeugtesten Stoiker einen Epikureer zu machen. Bester *Gallio*, die Wände sind blendend weiß, innen und außen herrscht die Pracht eines Tempels – und dieser Zufluchtsort der Agrippina befindet sich auf der äußersten Spitze einer Landzunge, von wo aus man das Meer überblicken kann. Herrliche Sonnenuntergänge tauchen diese Wände in Rot. Wir, die wir auf dem Vorbau stehen, sind wie entflammt. Selbst unser Fleisch wird ätherisch. Und die Hügel hinab führen marmorne Stufen zu begrünten Terrassen und von wilden Rosen umrankten Säulengängen.

An diesem Ort, am fünfzehnten Tag des Dezembers, vor dreizehn Jahren und drei Monaten, brachte Agrippina ihren Sohn Nero zur Welt, meinen heutigen Schüler und den künftigen römischen Kaiser. Man schnitt ihn aus dem Mutterleib. Eine unerträgliche Qual für die Mutter, ein Omen für die anderen. Ominös. Gallio, dieser Junge ist zu erschreckenden Grausamkeiten fähig. Ich habe selbst gesehen, wie er dem Schädel seines Stiefbruders Britannicus einen dumpfen Schlag versetzt hat, flink wie eine Katze und auch mit der Teilnahmslosigkeit einer Katze. Und weswegen? Im vergangenen Monat hat Kaiser Claudius die Adoption zum Abschluss gebracht. Nero ist nun sein ältester Sohn. Nero ist vollkommen »Nero«. Aber Britannicus missachtet den Adoptionsnamen und ruft ihn bei seinem Geburtsnamen, Domitius. Deshalb bricht der Ältere dem Jüngeren den Schädel, ohne eine Wort zu verlieren.

»Nero« bedeutet »stark« und »tapfer«. Möglicherweise. Oder der Name steht für Stärke und Ausschweifung. Schon mit seinen dreizehn Jahren lässt er sich bei seinen Vergnügungen keine Einschränkungen auferlegen. Und obwohl ein maßloses Wesen eines Tages andere maßlos beschenken könnte, könnte es sie ebenso gut maßlos strafen. Oder könnte sich an ihren Qualen ergötzen. Wenn dieser junge Löwe einmal menschliches Blut leckt, glaube ich nicht, dass er noch einmal mit pflanzlicher Kost zufrieden sein wird.

Ja, gewiss – aber ich tröste mich hiermit: dass ich die Katze in der Hand hatte, als sie noch ein Junges war, mag ihr Wesen zumindest ein wenig geformt haben. Zu einem gewissen Grad habe ich vielleicht seine bestialische Natur zähmen können, ihm Verstand beigebracht, einen denkenden Geist, ihn im Zaum gehalten und geführt. Ach, sieh: Ich habe gerade das Wort »bestialisch« benutzt. Ich sollte vorsichtig mit meinen Vergleichen sein, damit den Bestien kein Unrecht widerfährt. Menschen handeln durch Willen und freien Entschluss. Wilde Bestien handeln aus Instinkt. *Instinktiv* behandeln Tiere einander mit einem natürlichen Anstand. Sie beißen ihresgleichen nicht und zerfleischen sich nicht. Wo Tiere ihrem Instinkt folgen, können Menschen sich nur dazu entschließen, ihrer Vernunft zu folgen. Dies beides, das gleichzeitig den Unterschied zwischen Mensch und Tier ausmacht, dient dazu, die Gewalt zu zügeln. Wenn sie der Vernunft nicht gehorchen, oder überhaupt keine besitzen, werden Menschen bestialischer als Bestien und zerfleischen einander. Ich hege die Hoffnung, dass ich den Sohn, für den ich Verantwortung trage, schließlich doch in die langen, kühlen Hallen der Vernunft geführt habe.

Möglicherweise.

Er ist begabt, Gallio. Er ist auch überempfindlich und verdorben durch die Schmeichelei, die ihm überall entgegengebracht wird. Obwohl er klein und dicklich ist, hat ihn das Vertrauen in diese Schmeichelei die Pose eines Aristokraten annehmen lassen. Mit seinen dreizehn Jahren erregt dieser Junge schon einige Aufmerksamkeit. Es ist kaum vorstellbar, dass er sich dessen nicht bewusst sein könnte. Sein Haar ist natürlich gelockt und hat einen schönen Glanz. Seine Augenbrauen sind stark gewölbt. Seine Nase ist vornehm. Aber sein Benehmen steht im Widerspruch zu seinem Äußeren. Selten nur macht er ein freundliches Gesicht. Sein Mund neigt zu einem schmollenden Ausdruck, und seine Mimik lässt zumeist Verachtung erkennen. Harfenklänge und schöne Gemälde können meinen lieben Nero sicherlich entzücken. Und manche halten solche Regungen für den Beweis eines angenehmen Wesens. Aber ich empfinde sie als maßlos. In ihnen zeigt sich die Zügellosigkeit seiner Seele, und das bereitet mir Sorge, denn es ist kein Anzeichen von Vernunft.

Nero Claudius Drusus Germanicus. Selbst jetzt, wo ich dir dies schreibe, kann ich ihn im Sonnenlicht sitzen sehen, dort, wo man das Meer bis zum Horizont überblickt. In seiner rechten Hand liegt etwas Flaches und Glänzendes. Lange und sehnsuchtsvoll betrachtet er eine frisch geprägte Münze – eine goldene Münze, auf der das Abbild des Claudius und das seiner Mutter zu sehen ist. Agrippina, die Königin der Welt! Was mag ihr Sohn denken, wenn er sie in seiner Hand hält? Agrippina, eine Frau mit den hochfliegendsten Plänen für seine Zukunft. Agrippina, eine Mutter, die seine Vergangenheit bereits verdorben hat.

Und wenn sie für seine Vergangenheit nichts erreichen konnte, was hätte sie für die Zukunft des Reiches tun sollen?

Siehst du, Gallio, welche Höhen und Tiefen meine Aufgabe für mich bereithält? Wie ich zwischen Hoffen und Bangen schwanke?

Eine bessere Mutter hätte den Jungen nicht durch Verzärtelung verdorben! Nichts macht Kinder launischer und hochnäsiger, als sie zu verwöhnen. Keine Beschränkungen; jegliche Freiheit; die Erfüllung jeden Wunsches, den sein törichtes Herz hervorbrachte! – Diese Nachlässigkeit hat einen Jungen hervorgebracht, der keinerlei Tadel ertragen kann. Man hätte ihn auf der Grundlage der Wahrheit erziehen sollen, nicht des Lobes. Man hätte ihn Ehrfurcht lehren sollen. Man hätte ihn zwingen müssen, die Älteren zu achten, in ihrer Gegenwart aufzustehen. Dann hätte er gewusst, wie er den Respekt, den man ihm heute entgegenbringt, einzuschätzen und zu erwidern hätte. Nero hätte niemals erhalten dürfen, wonach er im Zorn verlangte, sondern er hätte es bekommen sollen, sobald er wieder gelächelt hätte – als Geschenk und als Belohnung, nicht als Verdienst. Der Junge hätte den Reichtum seiner Mutter sehen, aber nicht für sich beanspruchen dürfen. Er hätte getadelt werden müssen!

Trotz allem bemühe ich mich weiterhin tapfer und mit philosophischer Stärke, denn ich glaube, dass der Junge dem Älteren in seiner Nähe nacheifern wird. Im Haus des Platon wuchs ein Junge auf. Als er nach Hause kam, beobachtete er seinen eigenen Vater und geriet aus nichtigem Anlass in heftige Wut. »Vater«, sagte er, »das habe ich im Haus des Platon niemals gesehen.« Wem von beiden wird der Junge nacheifern? Schicke ihn zurück zu Platon! Lass ihn im Geiste des Platon wachsen! Und was Nero betrifft, wen wird er sich zum Vorbild nehmen? Ich werde in seiner Nähe bleiben und beten, dass die Vernunft ihn stärker formen möge als die herzlose, gedankenlose Berechnung seiner Mutter.

Verzeih mir, Bruder. Bisher war in diesem Brief nur von mir die Rede. Aber zum Schluss soll es um dich und deine Zukunft gehen, denn das ist viel wichtiger.

Gallio! Ich habe den Hausstand des Kaisers überredet, dich in Rom in das Amt des Konsuls zu erheben! Noch in diesem Monat wirst du berufen. Es wird bald bekannt gemacht werden.

Doch warte. Es folgt noch ein Geschenk! Denn ich habe das Versprechen erhalten, dass du in einem Jahr noch weiter aufsteigen wirst, in das Amt des Prokonsuls. Du wirst Statthalter von Achaia werden und in der geschäftigen Stadt Korinth deinen Amtssitz nehmen.

PRISKA

38

Auf dem Meer weht der Wind meist in östlicher Richtung. Kennen wir das nicht aus unserer eigenen Erfahrung, Aquila und ich? Zu Beginn unserer Reise nach Korinth war es, als flögen wir wie ein Seevogel über die Adria. Doch dann mussten wir uns nach Süden durchkämpfen, entlang der Küste von Mazedonien und Achaia. In der Bucht von Korinth nahm unser Schiff schließlich wieder schnelle Fahrt auf, in Richtung Osten.

Auf der anderen Seite Korinths liegt die Bucht von Saronikos, wo der in östlicher Richtung wehende Wind im Frühjahr sehr heftig ist und die nach Westen Reisenden beschwert. Ungefähr ein halbes Jahr, nachdem wir von Westen gekommen waren, wollte der Apostel Paulus von Osten kommen, aus Athen. Die Winterstürme mit ihrem Brausen hatten sich gelegt. Die Schiffe segelten wieder. Doch wegen des Windes und der wechselhaften Meere entschloss er sich, zu Fuß nach Korinth zu kommen. Er wollte die Freiheit und Unabhängigkeit – die Reise ganz aus eigener Kraft bewältigen. Er machte sich Sorgen. Allein war er; und auch einsam, glaube ich. Seine junge Gemeinde in Thessalonich ließ ihm keine Ruhe. Deshalb hatte er Timotheus in den Norden geschickt, um nach dem Rechten zu sehen. Er war auch geschwächt. Körperlich. Von einem Zusammenbruch in Galatien hatte er sich nie wieder richtig erholt. Und in Philippi hatten ihn die Römer geschlagen. Einiges davon erzählte mir Paulus lange Zeit später. Anderes habe ich selbst gesehen, als wir uns das erste Mal in Korinth begegneten. Wieder anderes kann ich mir zumindest vorstellen. Aber vielleicht kennt ihn niemand besser als ich, und so ist es um meine Vorstellungskraft gar nicht schlecht bestellt. Ich glaube jedenfalls nicht, dass Paulus länger als zwei Tage unterwegs sein wollte.

Der Tag, an dem er in Athen aufbrach, war also ein ziemlich langer Tag für ihn. Er nahm den Heiligen Weg nach Eleusis, das sind ungefähr vierzehn Meilen. Dort machte er Rast und aß Feigen. Dann folgte er weitere zwölf Meilen der Küste von Saronikos, bis er nach Megara kam. Dort schlief er auf einer ledernen Decke in einem Olivenhain.

Am zweiten Tag musste Paulus fünf Meilen auf einem engen Pfad zurücklegen, der in einen felsigen Abhang gehauen war. Links von ihm ging es steil hinab zum Meer. Rechts von ihm erhob sich eine unüberwindbare Felswand. Man nennt diese Gegend die Felsen von Skerion. Skerion war ein Räuber, von dem man erzählt, er habe einsame Reisende gezwungen, sich vor ihm hinzuknien und ihm die Füße zu waschen. Dann, als sie gerade fertig waren, habe er sie mit seinem sauberen Fuß die Klippen hinuntergestoßen. Paulus ging diesen gewundenen Pfad, wie er mir erzählte, von übel riechendem Schweiß durchtränkt, nicht so sehr aus Angst vor Räubern – obwohl sich diese immer noch in den zerklüfteten Felsen oberhalb des Weges versteckt halten –, sondern aus Angst vor dem Sturz in die Tiefe. Große Höhen machten ihm zu schaffen, sagte er. Große Höhen riefen in ihm ein seltsames Verlangen hervor, an den Abgrund zu kriechen, sich hinüberzulehnen, sich so weit zu lehnen, bis das Gleichgewicht schwindet, schließlich zu fallen. Sein Herz poche bei dem Gedanken. Dieses Pochen ist wohl zum einen Teil Sehnsucht, zum anderen Teil Angst vor der Möglichkeit, etwas so Törichtes tatsächlich zu tun. *In mir kämpfen zwei Männer um die Seele eines Einzigen.*

Nun möchte ich, so gut ich kann, davon berichten, was Paulus erlebte, als er nach Korinth kam. Oder vielleicht sollte ich sagen: was Paulus tat. Ich verstehe die Geschichte eigentlich selbst nicht so recht. Aber sie hat sich tief in mein Gedächtnis eingegraben. Das heißt, sie verlangt danach, erzählt zu werden.

Als er sich an jenem Nachmittag der Stadt näherte, noch bevor er den Isthmus von Korinth erreicht hatte, hob Paulus den Blick und sah zum ersten Mal den Akrokorinth. Er erhob sich wie ein mächtiger Fürst über dem ihn umgebenden Land. Er raubte ihm den Atem. Dieser einzelne Felsen, dieser zerklüftete, eine halbe Meile hohe Brocken fesselte seinen Blick und gab seiner Reise ein Ziel. Beinahe, glaube ich, wurde er zu seinem Schicksal.

Einem Gespenst gleich, überwand er die Landenge und hatte für nichts anderes Augen als für den mächtigen Felsen vor ihm. Wie kam es dazu? Ich weiß es nicht. Ich verstehe es nicht. Dies jedoch weiß ich: dass es eine gepflasterte Straße gibt, welche die beiden Seiten des Isthmus verbindet, dass sie sich vier Meilen von der Bucht von Saronikos im Osten zur Bucht von Korinth im Westen erstreckt, dass entlang dieser Straße Treidler die Ladungen von Schiffen, und auch die Schiffe selbst, auf großen Flößen von Meer zu Meer ziehen – und dass Paulus diese Straße mit ihren schreienden Männern und geschundenen Tieren und an Land gezogenen Schiffen entlangging, ohne irgendetwas davon wahrzunehmen! In Korinth konnte er sich nicht an das Geringste erinnern.

Er erinnerte sich an den Akrokorinth, nur daran.

Er sagte, er sei zitternd vor körperlicher Schwäche nach Korinth gekommen. Vielleicht ließ seine Schwäche ihn diesen unverrückbaren Felsen bestaunen, so wie ein Kranker im Dunkeln in das Licht einer Öllampe starrt. Der Felsen ließ ihn weitergehen, soviel ist gewiss. Er gab seinen Schritten eine Richtung.

Auf der Krone des Akrokorinth stehen Mauern, eine letzte Zuflucht, sollte die Stadt jemals belagert werden. Paulus, der von Osten kam, sah, wie diese hohe, gleichmütige Befestigung von der untergehenden Sonne entflammt wurde. Dann wurde der mächtige Felsen selbst zu einem schwarzen, schattenhaften Umriss vor dem Hintergrund eines tief dunkelgrünen Himmels. Als er in der Abenddämmerung durch das östliche Stadttor kam, sah er einen Fackelzug am Hang des Berges hinaufziehen. Die Fackelträger selbst konnte er nicht sehen, aber er sah das Zickzackmuster der Flammen, die sich langsam nach oben bewegten; ein Feuerstreif um die Gürtellinie des Akrokorinth, der ihm nun noch mächtiger vorkam als zuvor, ein schwarzer Herrscher, der der Erde den Atem raubt. Es gibt dort Tempel, zehn Heiligtümer entlang dem Weg, der nach oben führt.

Paulus sah auch den Schein ihrer Feuer, die über den Hang verteilt waren. Weiter oben gibt es alte, heilige Speisesäle, steinerne Tische und steinerne Bänke, die für die Feste zu Ehren der Demeter gebaut wurden. Ganz oben und auf den Höhen verborgen befindet sich der Tempel der Aphrodite, nicht größer als andere Tempel, aber umgeben von den Zellen der Priester und erweitert um unterirdische Kammern, von denen eine weit genug in den Felsen reicht, um in ihr das Wasser einer Quelle zu sammeln.

Paulus legte sich in einem Weinberg am Fuß des Felsens auf seine lederne Decke. Vielleicht schlief er. Wenn er schlief, dann war es ein leichter und unruhiger Schlaf, aus dem er schon nach ein oder zwei Stunden wieder erwachte. Die Last des Akrokorinth ruhte schwer auf ihm. Er sagte, der Berg sei wie ein Thron auf seiner Brust gewesen.

Stunden vor Tagesanbruch stand er also auf, faltete das Leder zusammen, packte seine Beutel und machte sich im Mondschein auf den Weg. Die ganze Stadt schlief. Er war allein, der Kies knirschte unter seinen Sandalen.

Paulus entdeckte den Weg, der auf den Felsen führt, und begann mit dem Aufstieg. Der Weg beginnt auf der Nordseite zwischen einzelnen Gebäuden, die noch zur Stadt Korinth gehören, führt dann durch Obstgärten, wird immer steiler und führt dann abwechselnd nach rechts und nach links, in den langen Kehren, die Paulus vom Feuerschein erleuchtet gesehen hatte. Nun waren dort keine Fackeln zu sehen. Keine Menschen. Allein quälte er sich vorwärts. Durch die Mühsal des Aufstiegs wurde ihm warm in der Kälte. Die Umrisse seiner Füße folgten den Furchen, welche die Räder der Karren im Boden hinterlassen hatten. Die Landschaft unter ihm lag wässrig blass im Mondlicht, aber die Nordseite war die dunkle Seite des Felsens, und er konnte nicht immer erkennen, wo der Weg aufhörte und es in die Tiefe ging.

Schließlich wand sich der Weg nicht mehr im Zickzack, sondern führte direkt über den nördlichen Hang zum großen Vorsprung des Akrokorinth und nach einer weiteren Biegung zu den westlichen Felswänden. Kurz bevor er abbog, sah Paulus einen Feuerschein weit entfernt im Hafen von Lechaion in der Bucht von Korinth. Dann verlor sich der Ausblick. Auf der anderen Seite der Biegung erwartete ihn das Licht eines untergehenden Mondes. Auch frischte der Wind hier plötzlich heftig auf, zerrte an seinem Umhang und wollte seine Beutel forttragen. Der Wind blies mit einer Angst einflößenden Gewalt und wollte nicht nachlassen. Über ihm leuchtete der Fels silbern im Licht des weißen Mondes, kalt und teilnahmslos. Unter sich sah er einen Grat, der zu einem anderen, tiefer gelegenen Felsen führte. Paulus war jetzt außer Atem, ballte seine rechte Hand zu einer Faust und schlug sich mehrmals heftig gegen die Stirn, um seiner Seele Mut abzuringen. Mit Willenskraft trieb er sich weiter und höher, als ob aus dem Aufstieg ein Kampf geworden wäre. Und sein Wille wurde tatsächlich stärker, und, ja, er stieg weiter, aber sein Gesicht verkrampfte sich vor Angst, denn er war schon so hoch oben, und der Weg war eng und manchmal kaum befestigt und oft steil, und er konnte seine eigenen Schritte nicht hören. Er konnte seinen Atem nicht hören. Er hörte nur das Tosen des Windes in seinen Ohren. Aber er stieg weiter.

Er konnte ein wenig verschnaufen, als er an eine Stelle kam, wo der Weg an beiden Seiten von Wänden aus Kalkstein begrenzt wird. Und als er einen weiteren steilen Abschnitt bewältigt hatte, fand er sich in einer Art Talsenke wieder, in der es schattig und düster war. Der Boden war uneben und voller Steine, aber der Weg stieg nicht mehr so steil an, und der Wind wurde von den Felswänden um ihn herum gebrochen.

Nun verloren die Sterne ihre Leuchtkraft und die Tiefen des Himmels ihr reines Schwarz. Im Osten, hinter den beiden höchsten Gipfeln des Akrokorinth, wurden die Himmel langsam grau.

Paulus legte keine Pause ein in der Düsternis. Er strebte dem nördlichen Gipfel entgegen, dem höheren der beiden.

Er kletterte. Ohne einen Weg, den er hätte nehmen können, bewegte er sich auf Händen und Füßen über loses Geröll. Er kletterte, und der graue Himmel wurde heller, und der Wind fegte durch den Staub, den er lostrat.

Wie kann man solch einen Drang verstehen? Paulus wusste nur, dass er unbedingt den Gipfel erreichen musste. Nach der dünnen Luft schnappend, mit Muskeln, die von der Anstrengung brannten, kletterte er.

Ganz oben, auf dem Gipfel, waren rau behauene Steine wie zu einem Altar aufgeschichtet, und auf diesem Steinhaufen befand sich eine glatte Fläche, die gerade groß genug war, dass ein Mann darauf stehen konnte. Paulus legte seine Beutel hin. Er zog seinen Umhang aus und beschwerte ihn mit seinem Gepäck. Er kletterte auf die steinerne Fläche, blieb erst auf den Knien und stand dann langsam auf. Er hob den Blick, atmete tief ein und stieß dann einen Schrei des Entsetzens aus.

In dem erbarmungslosen, roten Glühen des Morgens war Paulus das Höchste auf Erden. Er sprach zu seiner Seele: *Ein Sturm zieht auf!* Der Himmel machte ihm Angst. Der Ort, den er betreten hatte, flößte ihm Entsetzen ein. Verräter waren sie, der Wind und der Himmel gleichermaßen, sie bedrängten seinen Körper. Tief dort unten, an allen Seiten rings umher, konnte er die Welt aus der Dunkelheit hervortreten sehen, die Schollen, die von Bauern beackert wurden, Weinberge, Obstgärten; im Norden die Bucht von Korinth und das Ionische Meer und die Schiffe, die vor Anker lagen; im Osten die Bucht von Saronikos und die Ägäis, flach wie eine Scheibe; in der Nähe, wie Geröll zu seinen Füßen, die Stadt Korinth. Der Wind toste. Der Wind toste immer noch ungebrochen. *Ein Sturm zieht auf!* Paulus fror und spürte kalten Schweiß. Er hatte das törichte Verlangen, sich kopfüber vom Himmel auf die Erde zu stürzen. Aber der Wind hinderte ihn.

Der Wind versuchte mit einer solchen Gewalt, ihn zu Fall zu bringen, dass Paulus wütend auf diese widerspenstige Kraft wurde und den Willen aufbrachte, gegen den Wind anzukämpfen. Der äußere Kampf machte den inneren Drang vergessen. Er rang mit dem Wind, und der Kampf läuterte ihn, ließ seine Gedanken klarer werden und gab seinem Dasein einen Sinn.

Plötzlich warf er seinen Kopf zurück und begann, laut zu rufen: »Jesus Christus! Herr Jesus, hab Erbarmen, Erbarmen mit mir! Ich möchte nichts, als dich erkennen. Ich möchte nichts, als dich verkünden. Christus, ich möchte nichts *sein*, als mit dir gekreuzigt sein. Lebe in mir! Lebe in mir, Jesus!«

Und unmittelbar darauf erschien Jesus in dem Wind und sagte: *Hab keine Angst. Ich bin bei dir. Nichts wird dich bedrängen und nichts verletzen. Und schweige nicht. Gehe hinab und verkündige genauso, wie du es sagst, denn ich habe viele Menschen in dieser Stadt.*

Paulus hörte auf zu rufen und spürte nur noch den Wind in seinem Gesicht. Golden war der Himmel über ihm, rotgelb der Fels, auf dem er stand, und rot das Meer der winzigen Häuser tief unten. Nur noch einen Augenblick, und die Sonne würde über der Ägäis erscheinen. Und Paulus war der Erste auf der ganzen Welt, der sie sehen und begrüßen würde.

39

»Priska«, sagte Aquila, »wo warst du?«

An dem Tag, als ich Paulus zum ersten Mal auf dem Marktplatz begegnet war – nachdem der Regen aufgehört, die Menge sich zerstreut und der Mann wieder angefangen hatte, das Zelt des Timotheus mit gekonnten Nadelstichen wasserfest zu machen –, sagte ich: »Kann ich mich eine Weile zu dir setzen?« Er hielt inne und starrte mich an. Seine Augen haben die Farbe gewachster Walnüsse. »Priska«, sagte er. Ich nickte. »Die Frau des Aquila«, fuhr er fort, »Zeltmacher aus Rom.« Ich nickte wieder und konnte meinen Blick nicht von ihm abwenden. »Warum willst du dich zu mir setzen?«, fragte er, und ich antwortete sogleich: »Weil du den Namen Jesu genannt hast.«

Ich erwähnte nicht, dass ich den Tod meiner Mutter betrauerte. Ich sprach auch nicht von dem Trost, den seine Worte von vorhin mir gespendet hatten: *Zuerst werden die Toten, die in Christus gestorben sind, auferstehen. Danach werden wir ...* Er steckte seine Nadel in die Naht, nahm meine rechte Hand in seine linke und befühlte meine Fingerkuppen. Mit einer Schwiele an der Spitze seines rechten Zeigefingers berührte er eine ähnliche Schwiele an meinem Finger. »Setz dich«, sagte er. Ich setzte mich. *Wir bitten euch aber*, sagte er, als er die Nadel wieder in die Hand nahm. Timotheus schrieb: *Wir bitten euch aber, liebe Brüder, erkennt an, die an euch arbeiten und euch vorstehen in dem Herrn und euch ermahnen; habt sie umso lieber um ihres Werkes willen.* Ein kleiner Mann – ungefähr so groß wie ich. Leidenschaftlich wirkt er, wie glühendes Eisen im Feuer des Schmiedes. Sein großer Kopf ist von Narben entstellt, seine Halswirbel sind nicht dicker als ein Schößling – und doch kann der Mann so sanft wie eine Mutter sein. Seine Berührung ließ mich um meine Mutter weinen, die mich nie wieder berühren würde.

»Priska«, wiederholte Aquila seine Frage, »wo warst du?«

Es war später Nachmittag. Die Straßen von Korinth waren verlassen. Die Einheimischen, Reiche wie Arme, waren in die Badehäuser gegangen, um sich zu vergnügen. Ich war allein nach Hause gegangen. Als ich durch die Tür trat, fiel mein Schatten über die Handarbeiten meines Mannes, worauf er seine Arbeit unterbrach und sich umdrehte.

Ich konnte nicht antworten.

Aquila stand auf, kam näher und betrachtete mein Gesicht. Er sieht nicht gut. Er kann nichts erkennen, was weiter entfernt ist. In allen seine Bewegungen ist er langsam und äußerst vorsichtig.

»Priska, was ist los mit dir?«, sagte er. Er fasste unter mein Kinn und hob mein Gesicht ein wenig an. »Hast du geweint?«

Ich streichelte seinen Handrücken und ging an ihm vorbei in die winzige Werkstatt. »Nein, aber ich habe gute Neuigkeiten«, sagte ich. »Wir sind nicht allein. Aquila, wir müssen nicht mehr so einsam sein.«

Ich drehte mich um. Er war ein Schatten, der den Türrahmen ausfüllte und den Raum verdunkelte, so wie ich es eben gewesen war. Er sagte: »Ich bin nicht einsam gewesen.«

Ich sagte: »Ich habe zwei Männer getroffen, die den Namen Jesu bekennen. Hier in Korinth. Es gibt einen dritten, der nicht dabei gewesen ist. Ich werde ihn morgen kennen lernen. Aquila! Aquila, einer dieser Männer ist ein Apostel, der den Herrn Jesus lebendig gesehen hat. Nach der Auferstehung! Was hätte uns Schöneres passieren können als das? Und du solltest die Nähte sehen, die er macht. Selbst während er spricht, gleiten seine Finger über das Material – lange Finger, tadellos im Umgang mit Leder. Auch mit Leintuch, da bin ich mir ganz sicher. Er besitzt sein eigenes Werkzeug. Das ist wichtig. Und was er sagt, Aquila! Die Worte, die aus seinem Mund kommen! Die Stimme in ihm! Sei gewarnt, die Stimmlage ist unschön, aber was er sagt, Aquila, wird deine Seele beruhigen und deinen Geist trösten ...«

Mein Mann sagte: »Trink das hier.«

Er war zu dem Wasserkrug gegangen, hatte einen Becher gefüllt und ihn mir gebracht. »Priska«, sagte er, »trink das und setz dich hin.«

Ich nahm zwei Schlucke. Ich setzte mich nicht.

»Aber das ist, was ich gemacht habe und was ich dir erklären muss.«

Mir war bewusst, dass ich nun langsam ängstlich klang. Aquila blieb ruhig neben dem Wasserkrug stehen und schien bereit mir zuzuhören.

»Ich hatte es nicht vor«, sagte ich. »Ich habe es einfach getan. Ich glaube, dass es das Richtige war. Vielleicht hat es der Geist Jesu durch mich getan. Aber wir werden wirklich nicht mehr alleine sein! Denn er wird bei uns wohnen. Ich habe ihm angeboten, bei uns zu wohnen, und mit uns gemeinsam das Geschäft zu betreiben. Aquila? Er hat zugesagt.«

Aquila stellte den Becher auf das kleine Regalbrett,

kam zu mir und setzte sich auf seinen Hocker. »Priska«, sagte er. »Etwas langsamer bitte. Lass mich dir folgen. Wie ist sein Name?«

»Paulus«, sagte ich. »Er ist ein Pharisäer. Oder er war einer.«

Aquila nickte.

Ich wartete und sagte weiter nichts.

Er sagte: »Dieser Paulus hat den auferstandenen Herrn gesehen?«

»Ja. Wahrhaftig. Vor ungefähr achtzehn Jahren. Er ist nach Korinth gekommen, um den Namen Jesu zu verkünden.«

Aquila sagte: »Diejenigen, die gekommen sind, um Jesus in Rom zu verkünden, haben viel Streit gebracht.«

»Wenn dieser Mann Streit bringt, wird es ein heiliger Streit sein.«

»Woher weißt du das? Wie kannst du das behaupten?«

»Mein Herz sagt es mir, denn das ist, was ich spüre. Und mein Verstand sagt es mir, denn ich habe ihn von der Wiederkunft Jesu sprechen hören. Paulus weiß, was dann geschehen wird, selbst mit denen, die jetzt entschlafen sind. Aquila, er weiß, was mit meiner Mutter geschehen wird. Wenn der Erzengel ruft und die Posaune Gottes die Himmel teilt, wird meine Mutter zuerst auferstehen. Noch vor uns. Paulus sagte *zuerst*, denn wir, die wir leben und übrig bleiben, werden dann mit ihr entrückt werden, um dem Herrn in der Luft zu begegnen. Aquila! Die Tränen, die du in meinem Gesicht gesehen hast, waren Freudentränen.«

»Drei Männer?«, fragte er. »Hast du allen dreien angeboten bei uns zu wohnen?«

Mein armer Mann. Mein geduldiger Mann. Nur allzu oft bin ich viel schneller als er.

»Timotheus und Silvanus begleiten den Apostel auf seinen Reisen«, sagte ich. »Aber nein, sie werden nicht bei uns wohnen. Sie schlafen im Haus des Titius Justus, neben der Synagoge. Bis heute war auch Paulus dort. Ich habe ihn zu uns eingeladen, weil Erastus, der Verwalter der Märkte, ihm gedroht hat. Ich sagte, dass unsere Marktgebühren die Kosten für einen Mitarbeiter abdeckten. Also ist Paulus jetzt unser Mitarbeiter. Ich habe ihn also nicht nur für einige Tage eingeladen, sondern er soll bei uns bleiben, solange er hier in der Stadt ist ...«

Mein Mann erhob einen Finger, was bedeutete, dass ich einen Augenblick ruhig sein sollte. Er tippte sich mit dem Finger an seine Nase und schielte durch die Tür in das Tageslicht.

Schließlich sagte er: »Diese kleinen Räume werden nicht ausreichen.«

»Aber Aquila!«

»Priska, wir haben nicht genug Platz.«

»Aber ich habe es versprochen.«

»Ruhig«, flüsterte er. »Auf dem Markt im Norden stehen noch Geschäfte zum Verkauf. Er ist gut und neu gebaut. Die Abwässer werden auf dem Platz geschickt geleitet.« Aquilas Worte gingen in ein Murmeln über, als wollte er sich an einen abgeschiedenen Ort zurückziehen. Aber ich, seine Frau, die ich nun schwieg, war froh darum, denn wenn er murmelt, überlegt er.

»Es gibt mehr als vierzig Geschäfte auf diesem Markt, und alle Eingänge befinden sich unter einem schönen, breiten Säulengang, und der Säulengang verläuft an allen Seiten um den Platz. Ja, ja. Die Geschäfte, die ich gesehen habe, sind dreizehn Fuß tief, breit und hoch. Und hinten führen Stufen zu einem weiteren Stockwerk. Also«, sagte Aquila und warf mir seinen kurzsichtigen

Blick zu, »schlafen wir beide im oberen Stockwerk. Und Paulus, der Apostel, kann bei den Bänken und dem Werkzeug unten in der Werkstatt schlafen.«

40

Paulus! Es ist wie ein Sonnenaufgang, dass du in unser Leben gekommen bist.

Schon wenige Tage nach unserem Umzug in das neue Geschäft auf dem nördlichen Markt hatten wir drei uns wunderbar aufeinander eingespielt.

Im oberen Stockwerk gab es ein Fenster nach Osten, das Aquila und ich nachts mit Läden verschlossen. Aber man konnte die Fensterläden einen Spalt aufstehen lassen, um Luft hineinzulassen und ein wenig vom Himmel zu sehen. Paulus wachte immer im Morgengrauen auf und weckte mich durch die Geräusche, die er unten machte. Ich vermutete, er zog sich an. Kannen lärmten auf den hölzernen Brettern. Wasser ergoss sich in Schüsseln aus Messing. Ich hörte ihn stöhnen, es war das tiefe Stöhnen mühsamer Bewegung. Dann hörte ich durch das Fenster die Schritte von Sandalen in der Kälte, und die Tür des Geschäftes öffnete sich und schloss sich wieder mit dem leisen Geräusch des Riegels, und noch bevor die Vögel sangen, begrüßte die leise Unterhaltung zwischen Paulus und Timotheus den Tag. Wie eine Decke, die weicher ist als Leinen, waren diese Stimmen unter meinem schläfrigen Körper. Jeden Tag, bis er mit dem Brief nach Thessalonich aufbrach, bestimmt jeden Tag, immer im Morgengrauen, kam dieser hübsche junge Mann mit dem dichten blonden Haar und begrüßte den Apostel geradezu förmlich. Doch bald darauf verstummte das Gespräch. Vor meinem geistigen Auge sah ich Paulus und Timotheus, die sich wie zwei alte Juden den Bauch hielten und sich vor und zurück wiegten in wortlosem Gebet. Und dann sah ich durch das Fenster, wie das Feuer der Morgenröte sich in den Wolken entzündete, und Aquila wurde wach, stand auf und zog sich an, und um diese Zeit konnte ich hören, wie Paulus seine Messer an einem Schleifstein schärfte, während Timotheus laut aus der Schrift vorlas, wie er es morgens zum Lob Gottes zu tun pflegte. Nur ich blieb immer noch liegen, alleine im Obergeschoss, und ließ meine Seele von der einfachen Freude guter Gesellschaft ergriffen werden.

Aquila hatte wahrscheinlich die Wahrheit gesagt: Er war hier in Korinth nicht einsam gewesen. Aber ich war es gewesen. Während des letzten halben Jahres hatte ich furchtbar unter der Einsamkeit gelitten.

Nach den Erfahrungen mit der erbitterten Spaltung in Rom hatten wir beschlossen, in der Synagoge kein Wort zu sagen. Mein Mann versteckte sich zwischen den anderen Männern, und ich kam den Frauen oben auf der Empore durchaus nicht verdächtig vor. Das Alleinsein passt zu Aquilas Charakter. Aber für mich ist es wie ein Makel. Ich werde traurig, wenn ich keine Freunde habe, und die Traurigkeit wächst sich zu einer ernsten Krankheit aus. Ich kann nichts mehr essen. Ich fühle mich ständig den Tränen nahe. Und dann, im Frühling jenes Jahres, schrieb mein Vater – Mein Vater!

Wie kann der Mann nur seinen Unmut zu einem solchen Dolch werden lassen? Spürt er seine Grausamkeit nicht? Mein Vater benutzte sogar den Tod seiner Frau, um mich für meine Überzeugung zu strafen, für den Glauben, den er nicht akzeptieren wollte.

»Deine Mutter ist tot«, schrieb er mir. Und das ist der ganze Rest seines Briefes: »Sie ist an ihrem Schmerz zerbrochen, keine zehn Tage, nachdem du sie allein in Rom zurückgelassen hast.«

Vater, ich habe sie bei dir zurückgelassen.

Du hast deine Mutter im Stich gelassen.

Nein, das habe ich nicht. Ich habe sie gebeten mitzukommen, aber sie hat sich für dich entschieden.

Du hast deine Mutter im Stich gelassen.

So litt ich denn an etwas unendlich Schlimmerem als Einsamkeit. Ich spürte einen tiefen Schmerz in meinem Herzen. Erlebte furchtbare Gefühle der Schuld, die meinen Körper erzittern ließen. Aquila sah alledem besorgt, aber hilflos zu. In jenen Tagen hatte ich sehr viel Mitgefühl mit ihm. Und ein Teil von mir wollte ihm unbedingt Trost spenden. Aber es war der kleinere Teil. Ich konnte meinem Mann auch nicht helfen, konnte nur weinen und meine Tränen einfach nicht beherrschen. So erlebte er seine eigene Form von Einsamkeit.

Aber dann kam dieser hagere kleine Mann, dieser rastlose, krummbeinige Prediger, diese streitsüchtige, unnachgiebige Stimme, dieser große Kopf, die Morgensonne meines Lebens. Und ich sagte zu meinem Mann: »Ich habe ihm angeboten, bei uns zu wohnen.« Und mein lieber Mann antwortete: »Er kann unten in der Werkstatt schlafen.«

»Der Herr sei mit dir«, sang Paulus am Morgen, als ich endlich die Stufen vom oberen Stockwerk hinunterstieg.

»Und auch mit dir«, antwortete ich ihm ebenfalls fröhlich singend, während ich mich nach dem Wasserkrug bückte und dann nach draußen an die frische Luft ging.

Der Herr sei mit dir. Ach, welch ein Wohlklang. Du, o Herr, hast mein Herz mit mehr Freude erfüllt, als Getreide in Scheunen ist, als Wein in Fässern ist.

So sah nun unser Tagesablauf aus: Timotheus las aus der Schrift vor. Paulus und Aquila arbeiteten an ihren Werkbänken, um die Aufträge unserer Kunden zu erfüllen. Und ich ging zu dem Brunnen in der Nähe des Weges, der Lechaeum heißt. Auf dem Weg machte ich einige einfache Besorgungen und füllte meinen Beutel mit geräuchertem Fisch, getrockneten Früchten und Brot vom Vortag, das stets billiger und schneller zu bekommen war als frisches Brot.

Und jedes Mal, so verlässlich wie der Tagesanbruch, erlebte ich dies: Als ich zum nördlichen Markt zurückkehrte, hörte ich von der anderen Seite des Platzes her diese Stimme, diese hohe, durchdringende, näselnde Stimme, wie sie schmeichelte, wie sie peitschte, wie sie schimpfte und wie sie zu der ganzen Stadt Korinth sprach. Vom Morgen bis zum frühen Nachmittag maß der Apostel das Leder aus und redete, schnitt das Leder in vollkommenen Rundungen zurecht und redete, hämmerte und nähte und bog an der Werkbank und redete. Allein durch Geräusch und Geist schuf er ein Zuhause, einen Wohnort für meine Seele.

Reden und Arbeiten.

Wenn, sagen wir, eine in Leinen gekleidete Frau ihren Gürtel zur Reparatur brachte, dann legte Paulus zur Seite, woran er gerade arbeitete, bat sie, sich hinzusetzen, holte schnell einen besseren Faden, beurteilte den Schaden an dem Gürtel, indem er ihn mit seinen empfindsamen Fingern befühlte – und nebenbei, zur gleichen Zeit, gewann er die Aufmerksamkeit der Frau durch seine Fragen. Nachdem er sich selbst ebenfalls hingesetzt hatte, nahm er ihre Antworten zum Anlass für einen Vortrag und redete so lange, wie sie im Geschäft blieb.

»Gute Frau, wie ist Euer Name?«

– Er schneidet und schabt an dem zerfetzten Rand des Leders. –

»Welchem Volk gehört Ihr an? Wo seid Ihr geboren?«

– Er macht neue Löcher in dem alten Material. –

»Euer Mann ist Soldat? Aus Gallien, jenseits der Alpen? Im Ruhestand?«

– Er näht und näht. –

»Und in welchem Krieg kämpft Euer Fortunatus jetzt?«

»›In keinem‹, sagt Ihr. O ja, er ist ›im Ruhestand‹, gewiss.«

– Er näht und festigt seine Stiche langsamer als nötig. –

»Aber natürlich! Ich weiß, dass der ›Römische Friede‹, wie Ihr sagt, den ganzen Erdkreis umfasst. Mit meinen eigenen Augen habe ich gesehen, wie dieser wunderbare Friede des Augustus rund um das Meer immer wieder allen Kriegen vorbeugt. Ist nun Euer Mann deshalb ein friedlicher Mensch? Ist er friedlich in seinem Herzen? Seid Ihr es?«

– Er beißt auf den Faden, durchtrennt ihn mit seinen Zähnen, findet ein gutes Öl, mit dem er das Leder auffrischen kann. –

»Hört zu: Die *Pax Romana* mag gut sein, aber sie ist nicht heilig. Man kann nicht zu ihr beten. Und sie wird nicht ewig halten. Der Friede der Welt kann schließlich die Welt nicht überdauern, oder? Genau. Er wohnt auch nicht in den Herzen der Menschen. Ist Euer Mann Fortunatus ein friedlicher Mensch? Seid Ihr es? Wisst Ihr, was Ihr tun werdet, wenn die Welt und ihr Friede untergehen? Denn sie werden untergehen am Tag des

Zornes, dem Tag, an dem Gottes gerechtes Urteil offenbar werden wird. Dann wird diese Welt vergehen. Und es wird ...« Er reibt das Leder, reibt es mit schlanken Händen, macht es geschmeidig. »... es werden sich Drangsal und Not ausbreiten unter allen, die Böses tun, aber Herrlichkeit und Würde und Friede unter denen, die Gutes tun.« Er reicht der Frau den Gürtel zurück, lächelt mit seinen sanften Lippen. »In welchem Krieg kämpft Euer Mann, der gute Fortunatus, heute?«

Den ganzen Tag lang, Tag für Tag, zog es Menschen zu der Stimme wie zu einer flatternden Fahne im Wind. Ich war nicht allein. Ich durfte ein Wunder mein Zuhause nennen. Der kleine Paulus schien wahrhaft an Statur zu gewinnen; seine schmale Nase bekam in meinen Augen etwas Vornehmes, und mit seinen buschigen Augenbrauen sah ich ihn der Welt trotzen.

Paulus, du verbreitest einen strahlenden Glanz, wenn du redest; es ist, als sprudele Wasser im Licht der aufgehenden Sonne.

Trotz der Abreise des Timotheus war unser Geschäft im Mai voller Menschen. Sie standen an die Wände gelehnt und saßen auf dem Boden. Einige fanden nur noch vor der Tür auf der Veranda Platz. Mein lieber Aquila arbeitete still und geduldig auf immer engerem Raum. Er spricht selten mit irgendjemand, außer mit mir. Wenn Paulus dabei war, schwieg er immer – vielleicht aus Ehrfurcht. Vielleicht brachte ihn die Fähigkeit des Apostels zum Schweigen, einen Raum plötzlich mit Worten zu überschwemmen.

An den Abenden, als er die Werkstatt für sich hatte, baute Aquila nach seinem eigenen Entwurf eine zusammenklappbare Werkbank. Ich wusste nichts von seinem Vorhaben, bis zu dem Morgen, an dem er sie hinaustrug, die Werkzeuge des Paulus darauf zurechtlegte und den Hocker des Apostels daneben stellte. Von diesem Tag an arbeitete und predigte Paulus an seiner Werkbank auf der Veranda, wo eine größere Menge ihm zuhören konnte.

»Ihr wisst, was das Gute ist. Es ist euch ins Herz geschrieben. Ihr wisst auch, was das Böse ist, denn wenn ihr es tut, müsst ihr die Klage eures Gewissens erdulden. Wenn ihr es tut, geraten eure geheimen Gedanken in Aufruhr. Was vor der Welt verborgen ist, ist nicht vor euch verborgen. Es ist auch nicht vor Gott verborgen, der über alle Geheimnisse der Menschen richten und die Bösen bestrafen wird. Und wie könnt ihr an jenem Tag der Strafe entgehen?«

In allem, was du sagst, höre ich den Geist Gottes. Ich, Priska, verkaufe Waren. Ich nehme in dem Geschäft hinter dir Bestellungen entgegen. Durch die offene Tür beobachte ich dich in deinem Eifer und staune über die Menge deiner Zuhörer.

»Götzenbilder können euch vor dem Zorn nicht erretten. Alles, was Menschenhände erschaffen, ist weniger als der Mensch und ein Nichts vor dem lebendigen Gott. Und nichts vermehrt den Zorn Gottes so sehr wie dies: dass die Menschen, die er geschaffen hat, sich von ihm abwenden und die Werke ihrer eigenen Hände verehren, als ob sie ihm an Schöpferkraft gleich wären!«

Paulus, wie sehr du die gekrümmte Haltung verabscheust, in der du predigst. Die Haltung des Arbeiters, des Sklaven, sie ist erniedrigend. Und doch hast du sie frei gewählt. Und wenn wir allein sind, sagst du mir, darin komme für dich zum Ausdruck, dass du ein Sklave des Herrn seist. Ja, gewiss. Aber ich beobachte deinen Blick und ich weiß, du hasst es, gebeugt zu sitzen.

Die Menge wird trotzdem immer größer. Frauen kommen mit ihren Männern zurück. Männer holen

Freunde dazu. Fortunatus bringt einen Mann namens Stephanas mit. Stephanas bringt Achaikus mit, der gerade rechtzeitig kommt, um die zornerfüllte Seite deiner Predigt zu erleben.

»Dies ist die Geschichte des Volkes Israel, mit dem der wahre Gott seinen Bund schloss, das Gott durch die Speise seiner Gnade am Leben erhielt.

Als sie an seinem heiligen Berg auf ihn warteten, wurden die Kinder Israels ungeduldig. Sie meinten, Gott verberge sich zu lange in Schweigen. Also nahmen sie die Dinge in die eigene Hand. Sie kochten ihre Armreife, Fußspangen, Halsketten und alle ihre goldenen Ringe, und aus dem geschmolzenen Gold gossen sie ein Kalb. Sie sagten: ›Dies ist dein Gott, O Israel!‹ Dem Kalb brachten sie Opfer dar. Und ihm zur Ehre setzten sich die Menschen hin und aßen und tranken. Und dann standen sie auf und tanzten.

Was war dieses Kalb? Ein Nichts. Ein Götzenbild! Korinther, hört euch dies an: An einem einzigen Tag mussten dreitausend Menschen wegen ihrer Sünden sterben.«

Während du diese Geschichte erzählst, fällt mein Blick auf einen Mann in der Menge, der heftig nickt und dir zustimmt. Du sitzt gebeugt und kannst nichts sehen, aber mir verschlägt es die Sprache, welche Kraft deine Botschaft entfaltet. Paulus, dieser Mann ist Crispus, der Vorsteher der Synagoge, und deine Worte lassen ihn glauben.

»Die Geschichte von dem Goldenen Kalb wurde aufgeschrieben, um für uns alle eine eindringliche Warnung zu sein – denn Israel steht für uns alle vor Gott, und wir sehen dem Ende der Zeiten entgegen! Korinther, wenn Gott das Volk seines Bundes nicht verschont hat, warum sollte er euch verschonen?«

Jetzt räumst du deine Werkbank leer, springst auf und

stellst dich darauf. Ich laufe schnell hinaus und halte sie fest, damit sie nicht umkippt. Du rufst mit lauter Stimme:

»Ich habe euren Akrokorinth bestiegen. Auf dem Weg zum Gipfel kam ich an den Speisesälen vorbei, wo die Menschen mit ihren Gastmählern Demeter verehren.

Sagt mir: Wer ist Demeter? Was ist sie?

Die Göttin der Fruchtbarkeit, sagt ihr? Die Mutter der Wiedergeburt im Frühjahr der Erde? Dass ich nicht lache!

Demeter ist ein Dämon! Sie ist zerstörerischer als tausend Götzenbilder! Wenn ihr sie verehrt, dann tauscht ihr den lebendigen Gott gegen etwas, das unter der Erde kriecht und seibert! Wie könnt ihr meinen, eine solche Anmaßung errege nicht den Zorn des Gottes, der unser aller Vater ist? Und warum sollte er euch von seinem Zorn verschonen?

Aber trotz allem will Gott euch verschonen. Gott hat seine Liebe zu euch bewiesen, indem er seinen Sohn in die Welt geschickt hat, um den Tod zu sterben, den ihr hättet sterben sollen.

Während ihr ein gottloses Leben führtet, während ihr mit Dämonen Umgang pflegtet, während ihr Sünder und Feinde des Himmels ward, starb sein Sohn, der Herr Jesus Christus, am Holz des Kreuzes. Glaubt dies! Glaubt es! Und lasst euren Glauben darauf beruhen, dass Gott ihn von den Toten auferweckt hat. Ich, der ich heute zu euch spreche, bin Zeuge dieser Auferstehung.

Entsagt den Dämonen! Wendet euch dem zu, der euch vor dem Zorn, der kommen wird, erretten kann! Wendet euch an Jesus, den Sohn Gottes und den Herrn der Herrlichkeit. Weil er mir erschienen ist, habe ich die Vollmacht zu rufen: Kommt! Kommt zu ihm, der gerecht machen wird am Tag seiner Wiederkunft. Denn es steht geschrieben: ›Wohl dem, dem die Übertretungen vergeben sind, dem die Sünde bedeckt ist! Wohl dem Menschen, dem der Herr die Schuld nicht zurechnet.‹«

Paulus, wie die Morgenröte ist deine Gegenwart in Korinth.

Der nördliche Marktplatz ist nicht übermäßig ausgedehnt. Die Agora, der Hauptplatz von Korinth, ist vier- bis fünfmal so groß. Und ich gebe offen zu, dass Redner dort frei sprechen konnten, dass sie der Ort in der Stadt war, an dem große Volksmengen zusammenkamen. Trotzdem habe ich kein Verständnis dafür, wie Erastus gegen Paulus vorging. Es war übertrieben. Darin zeigte sich – davon bin ich immer noch überzeugt – eine besondere Abneigung des Verwalters der Märkte gegen den Apostel.

Als ungefähr siebzig, vielleicht achtzig Menschen auf dem Platz standen und Paulus zuhörten, als er von der wackeligen Werkbank herab predigte, während ich sie mit beiden Händen festhielt, mein Gesicht beunruhigend nahe an seinen Füßen, als Aquila und Timotheus zum Hafen von Kenchreä gegangen und uns hier mit dem Geschäft allein gelassen hatten, änderte sich plötzlich die Stimmung auf dem Marktplatz, und die Geräusche waren nicht mehr die gewohnten.

Paulus stand mit einem Mal wie angewurzelt da und hörte auf zu reden. Ich spürte ein Trommeln auf der Erde, das Galoppieren eines Pferdes. Hinten in der Menge begannen einige zu schreien. Ich wollte etwas sehen. Ich wollte die Werkbank loslassen und mich aufrecht hinstellen, um zu sehen, welches Unheil sich da anbahnte, aber ich hatte Angst loszulassen. Paulus hätte herunterfallen können. Ich hielt weiter fest, während ich Rufe und Flüche hörte, das Klirren von Metall, das Geräusch harter Gegenstände, die auf menschlichem

Fleisch und Knochen auftreffen, Schreie von Verletzten. Dann rannten die Menschen und verstreuten sich in alle Richtungen. Schließlich sah ich mitten in der Menge ein Pferd im leichten Galopp, und auf dem Pferd saß der feiste Erastus mit seinem hochroten Kopf.

Er war umgeben von jungen Fußsoldaten mit Helmen, Rüstungen und Waffen, die mit ihren Fäusten und den flachen Seiten ihrer Schwerter die Menge auseinander trieben.

»Weg mit euch, weg! Seht, dass ihr fortkommt!«, riefen sie. »Ihr versperrt die Geschäfte! Geht nach Hause, ihr Bummler!«

Aber Erastus hatte seine Augen auf Paulus gerichtet. »Du stellst meine Geduld auf eine harte Probe«, sagte er und brachte sein Pferd genau vor uns zum Stehen.

Paulus auf seiner Werkbank und der Marktverwalter zu Pferde – hoch über mir waren sie auf Augenhöhe. Mein Haar verlor langsam seinen Halt und verwehrte mir die Sicht.

Mit einer weit ausholenden Bewegung zog Erastus sein Schwert. »Warum versteifst du dich darauf, den Handel in meiner Stadt zu behindern?«, fragte er gebieterisch. Mit der Spitze seiner Waffe berührte er den Hals des Paulus. »Einmal«, sagte er, »habe ich Gnade walten lassen. Aber zweimal ist einmal zu viel für meine Gnade.«

Das Pferd, auf dem der stolze Erastus saß, ließ den Kopf hängen und neigte den Rücken. Das arme Tier war erschöpft. Der Reiter trug zwei schwere Gewänder über seiner Tunika, Ringe und Halsketten und geschnürte Sandalen an seinen aufgedunsenen Füßen. Doch mag seine Erscheinung auch lächerlich gewesen sein, seine Augen funkelten vor Wut. Feindseligkeit stand ihm ins Gesicht geschrieben. Und seine Soldaten, die alle Leute vertrieben hatten und uns nun umstellten, waren kalt, gefühllos und gefährlich.

Paulus blieb aufrecht stehen und sah den Verwalter der Märkte unverdrossen, ja mit einer eigenartigen Neugier an. Aus meiner Froschperspektive sah es ganz so aus, als kämpften seine Lippen mit einem Lächeln.

Erastus blähte die Wangen und sah in eine andere Richtung. »Es steht in meiner Macht«, sagte er und schwang sein Schwert, um seinen Worten Nachdruck zu verleihen, »Störungen zu beseitigen. Diese Macht habe ich und noch mehr: Unflätigkeit kann ich bestrafen und die Verachtung aus den Gesichtern der Hochmütigen prügeln!«

Paulus! Hör auf ihn und komm herunter!

Aber Paulus musterte Erastus nur umso neugieriger, lehnte sich nach vorn und legte seinen großen Kopf zur Seite.

Erastus, dem Verwalter, entging die Geste nicht. »Fesselt ihn!«, schrie er. »Fesselt ihn und schleift ihn aus der Stadt!«

Drei Soldaten traten nach vorn, einer davon mit einem Seil.

»Erastus«, sagte Paulus mit leiser Stimme und einem verwunderten Ausdruck. »Ich kenne dich.«

Mit Leichtigkeit sprang er von der Werkbank und berührte die Nase des Pferdes, das vor ihm stand. »Ich weiß genau, wovor du Angst hast.«

Ein Soldat griff ein. Er packte Paulus an seiner Tunika.

»Wartet!«, rief ich.

Aber ein anderer Soldat schlang von hinten seinen Arm um mich.

Das arme Pferd scheute.

Erastus starrte Paulus an. Er wandte seinen Blick nicht mehr vom Gesicht des Apostels ab.

»Mein Bruder«, sagte Paulus, »du hast Angst, du könntest ein Niemand sein. Du fürchtest, in dieser Stadt ein Nichts zu sein.«

Der Soldat zog die Arme des Paulus nach hinten und wand seine Ellenbogen um den Schaft eines Speeres.

Paulus sagte: »Und alles nur, weil du nicht von adliger Geburt bist. Aber ich sage dir, Erastus, Gott erwählt dich!«

Ein Soldat trat mit Seilen zu Paulus und begann, dessen Handgelenke vor dem Bauch zusammenzubinden. Erastus reckte tatsächlich den Hals, um an dem Soldaten vorbei Paulus sehen zu können.

Paulus sagte: »Du wurdest als Sklave geboren, nicht wahr? Und du hast dir deine eigene Freiheit erkauft. Du bist ein freier Mann, aber kein Edelmann. Und die Angst macht dich zum Gefangenen, denn diejenigen, die von adliger Geburt sind, haben die Macht, dich zu verspotten. Du kämpfst und kämpfst und kämpfst um eine angesehene Stellung in der Welt. Aber, Bruder, das ist nicht nötig, denn Gott erwählt dich jetzt.«

Zwei Soldaten packten jeweils ein Ende des Speeres und hoben ihn an. Paulus verlor den Boden unter den Füßen. Seine Tunika zerriss an der Brust. Paulus mit seinem kleinen Körper hing an dem Speer und stöhnte vor Schmerzen.

Aber er dehnte den Hals und ließ seinen Blick nicht ab von Erastus, und aus seinem Mund drang immer noch dieselbe Stimme: »Hör zu!«, sagte Paulus. »Dies ist die Wahrheit: Gott erwählt, was schwach ist in dieser Welt, um die Starken zu beschämen. Erastus! Gott erwählt die Einfältigen, um die Weisen zu beschämen. Gott erwählt die Niedrigen und alle Verachteten – sogar die, die ein Nichts sind –, um die zu einem Nichts zu machen, die denken, sie seien etwas ...«

Ich glaube, dass nur die körperliche Entfernung des Paulus, eingerahmt von zwei Soldaten, den Verwalter der Märkte schließlich aus seiner Gedankenverlorenheit aufmerken ließ, und er sich erinnerte, welchen Befehl er seinem Trupp gegeben hatte.

»Wartet!«, rief Erastus. »Wohin geht ihr? Bringt den Kerl zurück.«

Ich wand mich aus dem kalten Griff meines Soldaten, nahm ein Messer von der Werkbank und lief zu Paulus. Während die Soldaten, die Paulus gefangen genommen hatten, versuchten, aus dem Verstand ihres Befehlsgebers klug zu werden, durchschnitt ich das Seil, mit dem Paulus gefesselt war. Er rutschte auf seine Knie, und tatsächlich, er schmunzelte dabei. In irgendeiner tieferen Schicht schien dieser Mann die ganze Episode genossen zu haben. Seine Freude war wie ein Sonnenstrahl, der auf mich fiel, und auch meine Seele war wie befreit. Wir drehten uns um und sahen, wie Erastus in seinen üppigen Gewändern zu Fuß auf uns zukam.

In seinen bebenden Wangen lag ein Verlangen, ein ernstes Anliegen.

»Bitte«, sagte er und legte vor seiner Brust beide Handflächen gegeneinander, »welcher Gott ist das?«

41

Doch dann kam der Morgen, an dem ich nicht durch die Geräusche unseres Arbeitskameraden unten im Geschäft geweckt wurde, sondern durch den Klang meines eigenen Namens.

»Priska, Priska«, hörte ich ganz klar und deutlich und war sofort hellwach. Wer …?

»Priska.«

Aquila war es nicht. Er schlief hier oben tief und fest. Tatsächlich machte das Pfeifen seines Atems mir bewusst, dass sich die Stimme, die meinen Namen rief, nicht in unmittelbarer Nähe befand. Sie drang zu mir durch die Spalten zwischen den Dielenbrettern.

»Priszilla, komm nach unten. – Ich brauche deine Hilfe.«

Und zwischen den Sätzen war ein Seufzen, ein Stöhnen, das von angestrengter Bewegung herrührte.

Ich ging barfuß nach unten, ohne vorher mein Haar hochzustecken.

Paulus stand seltsam gegen die Kante der Werkbank gelehnt da. Sein Rücken und sein Oberkörper sahen eigenartig verrenkt aus. Er war wie erstarrt in dieser Haltung.

»Paulus?«

»Priszilla«, sagte er, ohne sich umzudrehen oder überhaupt zu bewegen, »ich schaffe es nicht allein. Bitte. Sei du Timotheus für mich.«

Priszilla. Noch nie hatte mich jemand Priszilla genannt. Immer war ich die *kleine Priska* gewesen, und alle hatten dadurch ihre Zuneigung ausgedrückt.

»Ich muss mich gegen dich lehnen«, stöhnte er. »Setz mich langsam auf den Boden.«

Ich bückte mich neben ihm und spürte, wie sich sein Körpergewicht von dem Tisch auf meine Schultern verlagerte. Langsam kniete ich mich hin. Er ächzte und spuckte vor Schmerz, aber als er den Boden erreicht hatte, rollte er von meinem Rücken auf seine Seite.

»Paulus?«

»Zieh mir die Tunika aus«, sagte er.

»Was ist los mit dir? Was ist geschehen? Warum hast du solche Schmerzen?«

»Ach, kleine Priska«, lachte er leise. »Betrachte es als

meine allmorgendliche Waschung. Bitte zieh mir die Tunika aus.«

Ich tat es. Er löste sich aus seiner verkrampften Haltung. Er drehte sein Gesicht zum Boden und streckte die Arme aus, und im Licht der Öllampe konnte ich seinen Rücken sehen, und ich stieß unwillkürlich einen kurzen, leisen Schrei des Schreckens und des Mitleids aus.

Paulus sagte: »In dem Krug auf dem Tisch ist Olivenöl.«

»O Paulus!«, flüsterte ich.

Das Fleisch seines Rückens war voller Kerben, war glänzend weiß vor alter Wunden und Narben, vor Streifen und Striemen, die so trocken waren, dass die gesamte Haut zerplatzt war wie der Boden in der Wüste.

»Bitte«, sagte er in den Staub auf dem Boden, »gieß das Öl auf meinen Rücken. Und dann drück deine Handflächen, so fest du kannst, in das Fleisch und die Knochen.«

Leise begann ich zu weinen. Ich holte den Krug, der auf dem Tisch stand, neigte ihn leicht und ließ das Öl auf sein geschundenes Fleisch fließen.

Das kalte Öl ließ ihn erzittern. Ich kniete mich neben ihn und berührte ihn mit meinen Handflächen. Ich spürte, wie schartig er durch die Peitschenhiebe und Stockschläge geworden war, und begann ganz vorsichtig über seine Haut zu streichen.

»Drücken«, sagte er.

Ich tat es. Ich drückte fester, aber plötzlich stöhnte er, und ich zog meine Hände rasch zurück.

»Fest drücken, Priszilla«, befahl er mir geradezu.

Ich versuchte es. Ich schloss die Augen. Ich versuchte, jedes Gefühl in mir zu vergessen, und stemmte mich mit meinem gesamten Körpergewicht auf die Knochen seines Rückens. Aber dieses Mal schrie er laut, und ich schrie auch und erstarrte.

Ein Augenblick verstrich.

Dann sagte Paulus: »Wenn du das nicht tust, werde ich heute nicht aufrecht stehen können. Und jede Bewegung könnte meine Haut aufreißen. Und dann werden meine Kleider blutig. Kleine Priska, es tut mir so Leid, aber ich brauche deine Hilfe.«

Wiederum geschah eine Zeit lang nichts. Ich starrte auf meine Hände, die im Licht der Öllampe glänzten. Draußen lag die Stadt im fahlen, grauen Licht der Dämmerung. Ich hörte die ersten Vögel die Morgenluft befragen.

Dann sagte Paulus: »Erastus hat mir angeboten, in seinem Haus zu wohnen. Was hältst du davon? Er sagt, er habe mehr als ein Zimmer übrig. Er klatscht in seine weichen Hände und sagt, es sei das Mindeste, was er tun könne. Es würde, sagt er, seinem Namen und seiner Familie zur Ehre gereichen, wenn ich in sein Haus zöge.«

Der gerissene Paulus, der Apostel Gottes! Ich ließ meine Hände wieder sinken und rieb ganz langsam über seinen geschundenen Rücken. Er stöhnte. Dieses Stöhnen fühlte ich, als ob es mein eigenes wäre, aber ich drückte. Ich drückte immer fester und fester, bis ich selbst tatsächlich stöhnte.

Paulus redete weiter. Das war mir gerade recht. Solange er redete, solange ich mich auf seine Worte konzentrierte, brauchte ich mir das Ausmaß seines Leidens nicht vorzustellen.

»Priszilla«, sagte er. Er nannte mich bei diesem schönen Namen und sagte: »Ich hatte keine Angst vor dem Marktverwalter. Kein Schwert und kein Soldat könnten mir jemals Angst machen. – Drück. Fester. – Von Anfang an wusste ich, dass mein Wort Macht über den Geist der Heiden haben würde. Du weißt, dass ich auf dem Weg nach Damaskus den auferstandenen Christus gesehen habe. Jeder, der mich kennt, weiß das. Aber ich habe bis jetzt niemandem erzählt, wie Jesus aussah. – Drück, Kind. Wo ist deine Kraft? Drück doch!«

Ich bin eine zierliche Frau. Meine Hände sind klein. Rhythmisch massierte ich ihn und warf immer wieder meinen ganzen Körper nach vorn. Ich stemmte mich mit solcher Kraft auf ihn, dass ich meine Zähne knirschen hören konnte.

Paulus stöhnte auf. Dann lachte er und sagte: »Hör zu. Als ich meinen Blick von der Erde erhob, sah ich das Firmament aufgerissen, und ich schaute in den Himmel. Priszilla, ich habe den Ort gesehen, an dem Gott, der Vater, wohnt. – Ja, so ist es gut.«

Der sich aufhellende Himmel ließ das Innere des Raumes dunkler erscheinen als zuvor. Paulus sagte: »Ich sah einen stürmischen Wind und eine große Wolke, die von Licht umgeben war, und Feuerzungen. Ich sah das Firmament funkeln wie einen Kristall. Ich hörte ein Geräusch wie rauschendes Wasser, und über dem Firmament war etwas, das wie ein Thron aussah, ein Thron aus Saphir, klar und leuchtend blau. Dort nahm der Vater seinen Sitz, während vor ihm ein Feuerstrom entsprang. Und Tausende und Abertausende dienten ihm. Zehntausend mal Zehntausend standen vor ihm. Und Priska, Priska! Auf der großen Wolke, die von Licht umgeben war, kam der Herr, der Christus, der Sohn Gottes. Er setzte sich zur Rechten des Vaters, weit über aller Macht und Herrschaft und Obrigkeit und Regierung, über jeden Namen, den diese Zeit ausruft, und die Zeiten, die noch kommen werden, auf dass alle Völker, alle

Nationen, alle Sprachen der Erde ihm dienen. Sein Reich währt ewig. Es wird niemals zerstört werden.

Das ist der, der mich bei meinem Namen genannt und mich auf den Weg geschickt hat. Er, die sichtbare Erscheinung des unsichtbaren Gottes.

Einst leuchtete Adam im Glanz dieser Herrlichkeit, Priszilla. Aber er hat sie verloren, und alle seine Kinder haben sie ebenfalls verloren. Doch das ist, was ich gesehen habe: dass Jesus Christus gekommen ist, um diese Herrlichkeit wieder aufzurichten, erst unter den Juden, und dann unter den Heiden, denn er ist der neue Adam, der strahlende Herr des Kosmos, durch den alle Dinge und alle Menschen existieren. *Sein* Wort ist in meinem Mund. Warum sollte ich irgendeine Macht auf dieser Welt fürchten? Ich tue es nicht. Ich tue es nicht. – Allenfalls fürchte ich den Zorn der Priska, sollte ich auch nur daran denken, die Einladung eines hohen Beamten zu akzeptieren und ihr bescheidenes Geschäft zu verlassen. Nein, meine teuerste Priska«, sagte Paulus lächelnd und stützte sich auf seine Ellenbogen. »Du kannst jetzt übrigens aufhören zu drücken. Die Muskeln sind gelockert. Die Haut brennt nicht mehr. Ich höre deinen Mann oben. Es ist Zeit, sich an die Arbeit zu machen.«

TIMOTHEUS

42

»Sieh«, sagte Erastus und deutete mit seinem massigen Arm auf fünf Bittsteller, die sich im Atrium seines Hauses eingefunden hatten und ihn freundlich anlächelten, »sieh, was ich für euren Meister tun kann.«

Als ich aus Thessalonich zurückgekehrt war, hatte Erastus darauf bestanden, dass Silvanus und ich aus dem kleinen Haus neben der Synagoge in sein Haus umzogen. Obwohl das großzügige Angebot uns dreien gegolten hatte, wollte Paulus lieber im Geschäft des Aquila wohnen bleiben.

»Sieh, welche Freude es mir bereitet, mein Geld zu verschenken.«

Jeden Morgen, wenn Erastus aus seinem winzigen, fensterlosen Schlafzimmer kam, wurde er von zwei Dienern erwartet; der eine legte im Vorraum die Kleider auf blank polierten Ablagen zurecht, während der andere ihm den Körper wusch und ihn abbürstete, um ihn auf den Tag vorzubereiten. Angezogen, geschmückt und wohlriechend, nach einem angenehmen Frühstück, das aus in Honig getauchtem Brot, ein paar Datteln und ein paar Oliven bestand, trat der Verwalter der öffentlichen Märkte in sein Atrium, wo ihn ein halbes bis ein Dutzend Männer erwartete, die bei seinem Anblick aufsprangen und seine Größe priesen. Er gab ihnen Münzen. Oder er ließ einen Diener kleine Körbe mit Speisen herbeibringen. Manchmal machte er zweien oder dreien von den Männern das Angebot, ihn auf seiner täglichen Runde zu begleiten und dabei kleinere Aufgaben, die immer wieder anfielen, für ihn zu erledigen.

»Sieh«, sagte Erastus und verteilte Münzen unter den bedürftigen Männern, die sich unterwürfig duckten, »diese Männer bedeuten mir nichts. Sie sind meinem Herzen nicht näher als mein Atrium. Und doch sorge ich für sie. Aber dieser Paulus!«, rief er aus und öffnete seine Arme. »Paulus liebe ich! Den furchtlosen Paulus verehre ich! Wer hat jemals so zu mir gesprochen wie er? Euer Meister hat eine Zunge wie eine Schaufel, er hat die Qual aus meiner Seele gegraben. Timotheus, du bist viel zu jung, um zu wissen, wie wunderbar es ist, wieder schlafen zu können. Wieder? Nein, ich habe in meinem ganzen Leben noch nie so tief und fest geschlafen. Der Adler, der an meiner Leber fraß – der Adler ist tot. Mein kleiner Bruder, ich möchte ihm danken. Ich möchte ihn mit Dank überschütten. Warum weist er mich und meine Geschenke zurück?«

»Ich glaube, es ist für ihn eine Frage des Gewissens«, sagte ich. »Er möchte für die, denen er dient, keine Last sein, Erastus.«

»Keine Last!«, bellte Erastus. »Es wäre mir überhaupt keine Last. Ich habe ein Haus mit sieben Zimmern. Mir fehlt nichts, wenn ich eines davon abgebe. Ich würde einen Gast gewinnen. Es wäre mir eine Ehre.«

»Aber Paulus sagt, dass die Frohe Botschaft jedem geschenkt wird. Niemand soll die Wahrheit kaufen. Niemand könnte es. Das ist das Geschenk, Erastus, und es kommt von Gott.«

»Kleiner Bruder«, sagte er mit seiner dröhnenden Stimme und raubte mir den Atem aus der Lunge, »mein griechischer Bruder, der Apostel Paulus, ist dünn wie eine Pfeife! Wir müssen dafür sorgen, dass etwas Fleisch auf diese Knochen kommt!«

Und so kam es, dass Erastus uns jeden Tag zum Abendessen einlud – und nicht nur uns, sondern jeden, den er in Gesellschaft des Paulus antraf. Im Leben dieses Mannes hatte tatsächlich eine Wandlung stattgefunden. Als Freund und Wohltäter machte er zwischen den Habenichtsen und den Hochgestellten keinen Unterschied mehr. Freilich behielt er selbst seine hoch gestellte Position schon dadurch, dass er als Wohltäter wirkte. Jeden, den Paulus liebte, liebte auch Erastus. Und denjenigen, die schon länger an Jesus glaubten als er, galt seine ganz besondere Zuneigung. Und die – sehr wenigen – Menschen, die Paulus selbst getauft hatte, konnten erst recht der überschwänglichen Verehrung des Erastus gewiss sein.

Als es Herbst geworden war, erleuchteten Öllampen und Fackeln das komfortable Haus des Erastus bis tief in die Nacht, denn stets nahm eine beachtliche Zahl von Menschen seine Einladung an. Selbst als die Abende kühler wurden, ließ die Umtriebigkeit meines Gastgebers nicht nach, und er schwitzte glücklich und zufrieden.

Glücklicher Erastus! Armer Erastus – feinfühliger, als man hätte vermuten können.

»Timotheus«, sagte er eines Abends, als wir allein waren. »Timotheus, verrate mir etwas.« Er nahm meine Hand und sah mich fragend an. »Bin ich deinem Freund zu nahe getreten?«

Er war nie in der Lage gewesen, Silvanus auch *seinen* Freund zu nennen, da der andere Gefährte des Paulus so wortkarg war. Silvanus sagte fast nichts. Auch erwiderte er weder Umarmungen noch Küsse. Erastus verstand es, mit dem Schweigen seiner Untergebenen umzugehen, aber das Schweigen eines Gastes seines Hauses befremdete ihn. Es machte ihn verlegen und ratlos. An manchen Tagen verfolgte er den schweigsamen Silvanus geradezu mit angeregter Plauderei. An anderen Tagen versuchte er, es ihm gleich zu tun, und dann wandelten zwei Stumme durch das große Haus. Doch dann, als langsam die Zeit der Weinlese gekommen war, machte Silvanus sich heimlich davon. Er verließ Korinth und das Haus des Erastus, ohne ein Wort zu sagen. Keine Erklärung. Kein Wort des Dankes oder des Abschieds.

Erastus sagte: »Hat er mit dir gesprochen? Hat er dir einen Grund genannt?« Mein beleibter Gastgeber hielt immer noch meine Hand und zog mich neben sich auf die Bank. »War ich zu freundlich für seinen Geschmack?«, fragte Erastus. Aber seine Augen starrten ins Leere und er beantwortete seine eigene Frage: »Nein, ein Mann kann niemals zu freundlich sein. Was die Freundlichkeit betrifft, ist es immer besser, mehr zu tun als nötig.« Dann drückte er meine Hand und warf mir wieder einen bohrenden Blick zu. »Was ist überhaupt los mit Silvanus? Weißt du es? Weiß es Paulus? Ich bin sicher, Paulus weiß es. Und ich auch. Weißt du, kleiner Bruder, ich glaube, dieser Mann hegt einen Groll gegen die Welt. Vielleicht verabscheut er die besseren Kreise. Vielleicht hat er nie gelernt, wie man sich dort verhält – oder konnte sich nie dieselbe Unabhängigkeit schaffen wie einige von uns und missgönnt uns nun unseren Erfolg. In jedem Fall ist es wahrscheinlich besser so. Es ist das Beste, wenn er seine eigenen Wege geht und wir uns um unser Wohlergehen kümmern.

Timotheus!« Er beschloss seine Rede, indem er mir heftig auf die Schulter klopfte. »Du bist der klügste Grieche, der mir je begegnet ist.«

Und es ist unbeschreiblich, mit welcher Freude, welchem strahlenden Gesicht dieser hohe Beamte der Stadt die Gläubigen in seinem Haus willkommen hieß, um mit ihnen zu beten und das Herrenmahl zu feiern.

Wir beteten auch immer noch im Haus des Titius. Aquila und Priska kümmerten sich dort nach wie vor um die Gläubigen. Aber als Krispus, der Vorsteher der Synagoge nebenan, in das Haus kam und von seinem neuen Glauben an Jesus berichtete, folgten ihm die meisten gottesfürchtigen Heiden. Der Synagoge gingen also Seelen verloren, während die Speisezimmer des Titius überfüllt waren. Und die Speisezimmer des Erastus, des Verwalters der öffentlichen Märkte von Korinth, boten nun denjenigen Raum, die im Haus des Titius keinen Platz mehr finden konnten.

Die Gastfreundschaft des Erastus war vollkommen ungekünstelt. In seinem prächtigen Gewand führte er selbst, und nicht etwa einer seiner Diener, Sklaven durch sein Atrium zu den privaten Räumen seines Hauses, Sklaven, egal ob gebildet oder pöbelhaft, dazu Tagelöhner, Bettler, Seeleute, Bäcker, Geldwechsler, Menschen ohne Namen, Menschen, die unsichtbar waren für die Welt, Menschen ohne Glanz und Ruhm – jedermann.

Zu jedem sagte er: »Der Herr sei mit dir.«

Er sprach mit dem Akzent der Wohlgeborenen, und seine vollen Lippen verliehen den Worten einen üppigen Glanz. »Der Herr sei mit dir«, sagte er, und dann küsste er sie alle mit einem Ausdruck überschwänglicher Freude in seinem Gesicht.

Das ist derselbe Mann, der den Körper des Paulus, gefesselt und hilflos, mit seinem Pferd aus der Stadt schleifen wollte.

Nun sah ich ihn mit größtem Vergnügen die Gläubigen in seine privaten Räumlichkeiten schleifen und grinste heimlich über diese Wandlung.

Und immer noch wuchsen wir. Immer noch belohnte unser wundervoller Herr unsere Predigt mit Zuwachs, sodass ich im Winter die Führung derjenigen übernahm, die sich im Haus des Erastus zum Gebet und zum Herrenmahl einfanden. Selbst zwei große Häuser boten nun nicht mehr genug Platz für alle.

Paulus hatte einen Mann ausfindig gemacht, dessen Haus sich am Fuß des Akrokorinth befand. Das Haus war in der Tat der einzige Grund gewesen, weshalb Paulus sich für den Mann interessiert hatte. Es ging ihm um diese Villa, die doppelt so groß war wie das Haus des Erastus und sich außerdem, wie Paulus sagte, an den Toren des Götzenkultes befand. Paulus war seit neun Monaten regelmäßig an dem Haus vorbeigekommen, da er während dieser Zeit immer wieder und immer allein den Weg genommen hatte, der zu jenem schaurigen, gewaltigen Felsen führt, von dem unsere Sonne im Winter verschluckt wird.

Eines Nachmittags wandte er sich plötzlich zur Seite. Er klopfte an die Außentür der Villa und fragte nach dem Namen des Besitzers.

»Gaius«, sagte eine Dienerin.

»Ist Gaius zu sprechen?«, fragte Paulus.

Die Dienerin sagte, ihr Herr sei zu den Bädern gegangen.

So machte sich denn mein Freund und Meister sofort auf den Weg zu den Bädern östlich der Straße von Lechaeum. Immer noch ganz Jude, durchschritt er vollständig bekleidet den Raum mit den Becken voll lauwarmem Wasser, bis er in den Raum kam, der von dem Dampf des heißesten Wassers erfüllt war. Dort fand er Gaius ausgestreckt unter den Händen eines Dieners liegend, der ihm mit einem gerundeten Messer den Schweiß von seinem Fleisch schabte.

Paulus setzte sich zu ihm und fragte ihn: »Seid Ihr Gaius? Gehört Euch das Haus zwischen der Stadt und dem Fuß des Akrokorinth?«

Schon im Januar trafen sich die Gläubigen auch in diesem Haus. Und so gab es nun drei Gemeinden in Korinth.

Obwohl sich Priska und Aquila ihre Aufgabe teilten, spielte Priska in der Gemeinde, die im Haus des Titius zusammenkam, die herausragendere Rolle. Ihre laut vorgetragenen Gebete und ihre prophetischen Reden entfalteten eine viel größere Wirkung. Sie half den

Schwächsten auf, gab den Mutlosen neue Kraft und tröstete die Verzweifelten.

Und obwohl ich der vermeintliche Leiter der Gemeinde war, die sich im Haus des Erastus traf, stand die Persönlichkeit unseres vortrefflichen Gastgebers ganz im Mittelpunkt. Er war entzückt von der Zungenrede. Immer, wenn jemand die Neigung dazu verspürte, erhob Erastus seine stämmigen Arme und klatschte aufmunternd Beifall. Er betete immerzu, der Heilige Geist möge ihm dieselbe Gabe schenken – die ihm der Heilige Geist jedoch vorenthielt, bis Paulus und ich aus Korinth fortgingen. Doch das ist wieder eine ganz andere Geschichte. Im Haus des Titius fand somit ein eher leiser, nachdenklicher Austausch statt, während die besonders lautstarken Gläubigen zu uns kamen.

Aber trotz seiner Leutseligkeit, seiner Fröhlichkeit und seiner unerschöpflichen Gastfreundschaft vermisste Erastus die Gesellschaft des Paulus beim heiligen Mahl. Seitdem Paulus die Gottesdienste im Haus jenes Mannes namens Gaius leitete – eines Mannes übrigens, der seinen Rang ererbt und nicht durch Klugheit und Fleiß erworben hatte –, führte Erastus mit mir nächtliche Gespräche in seinem Atrium.

»Wie geht es Paulus? Wie geht es dem Apostel? Gefällt es ihm im Haus des Gaius? Wie viele Leute, glaubst du, kommen regelmäßig dorthin? Weniger als hierher, vermute ich. Alles Neue braucht seine Zeit, um zu wachsen.«

An einem milden Abend im März kehrte Erastus von einer Einladung zum Essen in einem anderen Haus zurück und war so aufgewühlt, dass seine Wangen zitterten. Er nahm meine Hand, führte mich zu der Bank, auf der wir uns zu unterhalten pflegten, setzte sich und kämpfte einige Minuten lang mit seinen Gefühlen, bevor er sprechen konnte.

»Timotheus«, sagte er. Sprechen zu müssen ließ Tränen in seine Augen treten. Er bedeckte sein Gesicht mit seinen massigen Händen. Seine Schultern hoben und senkten sich. Dann sagte er in das Hohle seiner Hände: »Paulus, der Apostel – heute Abend habe ich erfahren, dass Paulus, der Apostel, Gaius getauft hat. Ja, seine ganze Familie. Timotheus, warum hat er mich nicht getauft?«

Was danach geschah, war ganz und gar der Plan des Paulus. Ich erwähnte lediglich, wie niedergeschlagen Erastus sich fühlte.

Vier Wochen später, im April, einen Monat vor Beginn der Isthmischen Spiele, als Erastus und ich früh am Morgen in das Atrium gingen, um nach den Bedürftigen zu sehen, trafen wir dort zu unserer großen Überraschung nur einen einzigen Mann an. Es war mein hagerer Freund, der knochige Paulus mit dem riesigen Mond, der sein Kopf war. Auf seinen Lippen zeichnete sich ein schelmisches Grinsen ab, seine kleinen Augen lachten, sein ganzer Körper war Erastus zugewandt, wie sich die Biene einer Blüte nähert. Neben ihm auf dem Boden lag ein großes, zusammengefaltetes Tuch.

»Erastus«, sagte Paulus feierlich, »das ist für dich.«

Der vornehme Mann neben mir war verblüfft. Schon stiegen heftige Gefühle in ihm auf, welche Gefühle indes, war noch nicht ausgemacht.

Paulus sagte: »Ein Mann deines Ranges muss während der Spiele angemessen untergebracht sein.«

»Ich?«, flüsterte Erastus.

»Ein Mann«, sagte Paulus, in einem Ton, in dem man Verordnungen verkündet, »ein Mann, der so hoch gestellt ist wie du, sollte allerdings in dem Stadion nicht zu lange in der Sonne sitzen.«

»Ich?«

»Deshalb, mein lieber Freund«, sagte Paulus, »habe ich ein Geschenk für dich. Ich habe ein Sonnenzelt von höchster Qualität genäht, das dir während der Spiele Schatten spenden wird, guter und edler Erastus.«

Paulus bückte sich und begann, das Tuch zu entfalten.

Erastus beobachtete Paulus vornübergebeugt und mit solch atemloser Aufmerksamkeit, dass er beinahe zu Boden fiel.

Paulus sagte: »Es ist ein Baldachin, der feiner ist als jedes Segel. Und Aquila hat dafür einen leichten hölzernen Rahmen gebaut. Kannst du es sehen? Siehst du, wie groß es ist?« Er stellte sich gerade hin und trat zur Seite. »Es ist groß genug, dass zwei Personen bequem darunter Platz finden.«

Der magere Zeltmacher ging auf den Beschenkten zu und legte seine Hände auf dessen breite Schultern.

»Erastus«, sagte er, »wie dankbar wäre ich, wenn ich diese zweite Person sein dürfte. Was meint Ihr, Herr? Darf ich die Spiele an Eurer Seite sehen?«

Welch ein Überschwang der Gefühle herrschte an jenem Morgen im Atrium des Marktverwalters, was für eine Dankbarkeit, welches Glück.

Es ist wahr: Paulus liebte Erastus ebenso sehr wie mich.

»Mein Kind«, sagte er und stützte den hünenhaften Körper des Erastus, dessen Umarmungen wie der Einsturz von Häuserwänden waren. »Mein gutes Kind.«

43

Etwas in meinem Inneren trieb mich zu der Startschranke. Ich wollte die steinerne Schwelle unter meinem Fuß spüren, und mich niederbeugen, die rechte Schulter senken. Ich wollte hören, ob die Seile in den Rinnen unter mir Geräusche machten. Ein Läufer kann die Seile nämlich hören. Er kann sie unter Anspannung singen hören, sobald der Starter an ihnen zieht. Noch bevor die Stangen an den Startpfosten fallen und die Bahn vor ihm frei ist, weiß der Läufer, dass sie fallen werden. Die Seile an den Pfosten, die Seile an den Stangen der Schranke sind wie Schnüre an seinen Fersen, seinen Hüften und seinem Herzen. Wie sehr wollte ich noch einmal diese vollkommene, schreiende Konzentration erleben, wenn ich zum Start bereit gebeugt bin und es keine Menschen mehr gibt, keine steil ansteigenden Sitzreihen, überhaupt keine menschlichen Wesen auf der ganzen Welt, außer den Männern in der Reihe links und rechts von mir, und das einzige Stück Land die weiße Tonerde der Bahn ist, die sich vor mir erstreckt und wartet.

In jenem Frühjahr wanderte ich einige Male allein zum Isthmus, immer am Abend, wenn die Handwerker bereits nach Hause gegangen waren und das Stadion verlassen unter dem offenen Himmel lag. Dann erlaubte ich meinen Erinnerungen, mich zu überwältigen. In jenen Tagen roch die gesamte Anlage nach dem Staub frisch behauenen Steines, denn der alte Tempel des Poseidon und das Stadion waren beide gerade erst wiederaufgebaut worden.

Doch was bedeuten mir diese weißen, heidnischen Steinhaufen? Offen gestanden, einiges. Einiges.

Sie erweckten den Geist meines Vaters zum Leben.

In der Stille des Sonnenuntergangs ging ich zu der mit Steinen gepflasterten Stelle, an der die Läufer starten. Die hölzernen Pfosten waren bereits aufgebaut, einer für jeden Läufer. Ich kniete mich hin und berührte die langen Rinnen, die fächerförmig vom Standplatz des Starters zu den Pfosten führten. Acht Rinnen links und acht Rinnen rechts von ihm, sechzehn Seile zu sechzehn Pfosten für sechzehn Athleten in einer Reihe. Mein Vater wäre erstaunt gewesen über diese große Zahl. Ich zog meine Sandalen aus, legte meine Kleider ab und ging zu einem der Pfosten, der gerade mit neuen Kerben versehen worden war. Ich befühlte die Kerben und sah, wo der Querbalken eingefügt werden sollte. Der Starter zieht an sechzehn Seilen. Dann fallen sämtliche Balken, die Schranke ist offen, und sechzehn Herzen explodieren.

Ich wandte mein Gesicht der Bahn zu. Ich nahm eine entspannte Haltung ein, mein nackter Fuß auf der steinernen Schwelle. Ich senkte die rechte Schulter. Ich beugte mich so, wie ich es gelernt hatte, und sofort begannen meine Knie zu zittern. Bis zu seinem Tod hatte mein Vater mich hierauf vorbereitet, genau auf diesen Moment. Ob ich mich auch ohne meinen Vater für den Lauf hätte begeistern können, weiß ich nicht. Aber ich hatte mich mit ihm dafür begeistert. Es wäre für mich wohl zur Religion geworden. Ich hätte sicherlich Melikertes Ehre bereitet, dem Kindergott der abendlichen Spiele, der, wie mein Vater mir erzählt hatte, auf dem Rücken eines Delfins an diese Ufer gekommen war. Aber für ihn, für meinen Vater, wäre ich wie ein Geweihter gelaufen, flink und hingebungsvoll, denn er wäre mit mir gelaufen. Ach, mein Vater, mein leidgeprüfter Vater, dem der Husten jede Bewegung zur Qual machte, dessen Körper von seiner Krankheit steif geworden war – für ihn waren meine Glieder und meine Schnelligkeit so kostbar wie sein eigenes Leben.

Die Isthmischen Spiele? Es hätten gut und gerne auch die Olympischen, die Pythischen oder die Spiele von Nemea in der Argolis sein können. Es spielte keine Rolle. Ich habe keinen Zweifel, dass mein Vater seinen ausgetrockneten, geröteten Körper an jede Stätte des heiligen Wettkampfes geschleppt hätte, um mich laufen zu sehen – und im Überschwang der Freude über meinen Sieg zu sterben. Aber er starb zu Hause in Lystra, wenige Tage bevor ich ein Mann wurde und als Mann an den Spielen hätte teilnehmen und ihn retten können. Dann machte meine Mutter einen Juden aus mir. Und der Apostel machte mich zu einem Gläubigen. Und nun kann ich nicht mehr die Gelöbnisse ablegen, die von jedem Athleten verlangt werden. Ich kann nicht in die unterirdischen Kammern hinabsteigen und auf Götzen und Dämonen meinen Eid leisten. Ich kann nicht laufen.

Und so kam es, dass ich in der Dämmerung jenes Abends im April an einem Startpfosten kauerte und spürte, wie meine Knie zitterten, während ein leichter Wind den schmerzlichen Duft von Olivenblüten herübertrug. Allein meine Haltung, diese Haltung eines zum Start bereiten Läufers, ließ meinen Atem schwer werden vor Sehnsucht und vor Trauer. Mir war, als hörte ich meinen Vater meinen Namen rufen, als könnte ich im Osten, weit weg von mir, das Keuchen seines Hustens hören. Aber östlich von mir war die Bucht, und östlich davon die Ägäis, ein großes Meer, das kein Laut zu überqueren vermag.

LUCIUS ANNAEUS SENECA

44

Seneca, in Rom,
An Gallio, meinen Bruder in Korinth,
Im elften Jahr der Regentschaft des Claudius:

Sei gegrüßt!

Bist du wohlauf? Hast du dich gut eingerichtet? Hast du den Isthmischen Spielen deine Aufwartung gemacht? Hast du mit der Würde und Vornehmheit eines Annaeus die große Runde der Empfänge, Abendessen und Theateraufführungen absolviert – all die Schmeicheleien, mit denen ein neuer Prokonsul in sein Amt eingeführt wird? Welche Farbe hat dein Gesicht? Ist die Röte von den Wangen meines aufstrebenden Gallio gewichen? Sicherlich eifert Korinth Rom nach, wo die Schmeicheleien überhand nehmen. Hier in Rom ist ein Mann, der das Lob herunterspielt, nicht ehrlicher, sondern niedriger. Denn wie plump auch immer das Kompliment sein mag und wie feinsinnig und anständig unser Protest, so gieren wir doch nach der Süße des Honigs. Ist es nicht so? Erinnerst du dich an Crispus Passienus, den guten Freund unseres Vaters? Niemand konnte die menschlichen Schwächen so gut beim Namen nennen wie er. Und Crispus pflegte zu sagen, dass wir der Schmeichelei nie die Tür zuschlagen. Wir lehnen sie an wie ein Mann, der seine Geliebte zurückweist. Wenn sie die Tür wieder aufstößt, sind wir zufrieden – und wenn sie die Tür niederreißt, jubeln wir.

Ach, Gallio, ich treibe meine Späße mit dir. Ich kenne niemanden, der Schmeicheleien gleichgültiger hinnimmt. Und die Gleichgültigkeit ist ein wirksamer

Schutz, denn die Seite unseres Wesens, der man schmeichelt, ist auch die Seite, die angegriffen wird. Aber dich wird eine Zunge, die sich zum Dolch formt, niemals durchstoßen. Beim ersten Wort erkennst du sie, und vor dem zweiten Wort hast du sie schon abgeschnitten.

Ich wünschte, ich verfügte ebenfalls über diese zwei Eigenschaften, die du besitzt: den Liebreiz, der Schmeichelei verdient, und die Gabe, sie sofort zurückweisen zu können.

Wünsche, nichts als Wünsche, mein Bruder. Ich wünschte, das Mannesalter hätte Nero, der sich nun Princeps Juventutis nennen darf, eine solche Anmut und Bescheidenheit beschert.

Er ist jetzt zum Mann geworden, musst du wissen. Plötzlich ein Mann. Durch Erlass, durch öffentliche Akklamation, durch jene Mächte – welche auch immer es sein mögen –, die Zeit und Jahreszeiten aufheben und diesen Jungen zwei Jahre früher als jeden anderen Sterblichen in das Mannesalter zwingen können. Nun also ein Mann!

Er ist gerade einmal magere vierzehn Jahre auf der Welt, doch am Abend des Siebzehnten des März kleidete man den Knaben in eine weiße Tunika mit safrangelben Streifen – was in diesem Palast als gutes Omen gilt – und ließ ihn so angezogen zu Bett gehen. Am nächsten Morgen wurde er vor Sonnenaufgang geweckt und zu dem Hausaltar geführt, wo er eine Reihe von kultischen Handlungen vollzog. Er weihte das schöne, fein gewirkte Gewand seines Knabenalters den guten Geistern. Neros Verhalten zeigte die angemessene Ernsthaftigkeit, eine ungekünstelte Ernsthaftigkeit, wie ich gerne zugebe, jedoch auf dünnem Boden angesiedelt, denn seine Liebe zum Ritus ist in Wirklichkeit die Liebe zum Dramatischen und Theatralischen. Mit

Würde und Ernst nahm er also die goldene Kette und die goldene *bulla* von seinem Hals, die seiner kindlichen Verletzbarkeit Schutz gewährt hatte.

Als Nächstes begleitete ihn ein Gefolge kaiserlicher Diener zum Capitol. Im alten Tempel des Jupiter brachte unser kleiner Nero Gaben und Opfer dar, als wäre er bereits das Oberhaupt eines reichen und angesehenen Hausstands. Dann brachte der Priester die weiße Toga herbei. Und Nero neigte den Kopf. Der Hohe Priester schwenkte die weiße Toga vor ihm und hinter ihm und hüllte ihn schließlich in dieses Gewand, das weißer war als die Wolken, die am Himmel vorüberziehen. Als Nero Claudius Drusus Germanicus seinen Kopf wieder erhob, und als er seine rechte Hand auf die Brust legte, um die Falten der *toga virilis* zu umgreifen, eines Gewandes, strahlend wie eine Glorie, war aus dem Jungen ein Mann geworden.

Dann verließ die Gloriea den Tempel.

Er ging hinab zum Forum, wo eine begeisterte Menge wartete. Nun gab sich ganz Rom ausgelassenen Feiern hin. Der Tag des Nero war auch der Tag des Bacchus und der Tag der Trinkgelage. Priesterinnen mit efeubekränzten Köpfen backten an jeder Ecke kleine Kuchen, tauchten sie in Honig und verkauften sie an die Menschen, die Masken trugen und in den Straßen tanzten und sangen. Große Mengen Weizen wurden verschenkt. Soldaten erhielten einen Bonus in Silbermünzen. Der Circus Maximus öffnete seine Tore für einhunderttausend Menschen – und da war Nero, aufrecht und stolz in seinem leuchtenden, triumphalen Gewand, und setzte sich zum ersten Mal auf den Platz des Kaisers.

An jenem Tag, lieber Gallio, waren zwei Stimmen in den Ohren des jungen Mannes. Auf welche, glaubst du, wird er hören?

Eine dieser Stimmen war meine. Früh am Tag, als unsere Prozession sich mit nüchterner Entschlossenheit vom Palast zum Capitol bewegte, ging ich neben ihm und einen halben Schritt hinter ihm her und hatte Zeit für eine persönliche Ansprache, die ich mir vorher zurechtgelegt hatte.

»Unsere Seelen sind Ebenbilder Gottes«, sagte ich. »So sollte es jedenfalls sein. Nero, die natürliche Vernunft, welche die Welt beherrscht, ist der Wille Gottes, der in dem Streben der Menschen nach Erkenntnis sichtbar und greifbar wird. Aber die vertrautere, persönlichere Vernunft, die in uns selbst lebt, ist der Verstand Gottes. Bediene dich dieses Verstandes. Mache ihn dir zu Eigen. Kind, du wirst kein dauerhaftes Glück finden, wenn es nicht dem Frieden eines reinen Gewissens entspringt. Beherrsche deine Leidenschaften durch den göttlichen Verstand. Durch die Göttlichkeit des Verstandes in dir kannst du deine Leidenschaften beherrschen. Denke an unser aller Glück – beherrsche deine Leidenschaften.«

Der Junge ging verbissen weiter, mir einen halben Schritt voraus. Ich hielt mich auf der linken Seite etwas hinter ihm, während seine Mutter rechts neben ihm herging. An der Spitze wurde Claudius von sechs Dienern auf einem Diwan getragen.

»Eines Tages«, sagte ich zu dem Jungen in Hörweite seiner Mutter, »wird diese Prozession dich zu dem Thron der Allmacht tragen. In deine Hände wird man das Leben des Reiches, das Schicksal der Welt legen. Auf deinen Schultern wird ein furchtbar schweres Gewicht ruhen, denn man wird dir in menschlichen Dingen die Rolle eines Gottes anvertrauen. An dem Tag muss deine Seele in dem Ebenbild Gottes sein, damit alle deine Taten göttlich sind – um der Erde willen, um des *orbis terrarum* willen.«

Das war meine Stimme, die Stimme, die ihn in das Mannesalter entließ.

Die andere Stimme galt dem Mann, der er gerade geworden war. Laut, roh, vielgestaltig und machtvoll betörend erschallte diese zweite Stimme im Circus Maximus, donnerte durch jede Straße, die er betrat.

»*Nero Imperator!*«, rief die Stimme aus, obwohl noch zu Unrecht.

»*Nero Caesar!*«

Wild und überschwänglich und voller Schmeichelei brüllte die Stimme: »*Nero Divinus!*« Gottheit, schon jetzt.

Wünsche über Wünsche, *mein Gallio*. Ich wünschte, Nero wäre wie du, und solche Schreie, solch eigennützige Verlogenheit ließen ihn kalt. Denn wenn ein Kaiser allzu empfänglich für Schmeichelei ist, dann ist das Volk, sind wir selbst seine Angriffsfläche, die wir von seiner Einsicht und seinem Wohlwollen abhängig sind.

Kaiser? Nero Imperator?

Soweit ich es sehen kann, liegt dieser Tag in nicht allzu weiter Ferne. Der lächerliche Claudius ist alt, sehr alt. Er hat immer gezittert. Aber nun ist es ein würdeloses Schlottern. Er ist greisenhaft, sein Verstand taugt nicht mehr als ein Kopfkissen. Aber sein verlotterter Körper, Gallio, so aufgedunsen und einem Schwein ähnlich er auch sein mag, zittert immer noch von Begierde zu Begierde. Er isst und trinkt und hurt jetzt mehr als jemals zuvor. Es wird ihn wohl bald umbringen. Jeden Tag begibt er sich zu den Speisesälen, begleitet von vier Frauen: einer blonden Syrerin, einer großen Nubierin mit violetten Lippen, einer schlanken Jüdin, die ihn mit grausamen Zärtlichkeiten betört, und einer Ägypterin mit bronzener Haut. Wenn er speist, regnet es Rosen und parfümiertes Wasser von der Decke. Nackte Sklavinnen und Sklaven bedienen und tanzen, während sie bedienen. Und wenn der rotwangige Kopf des Kaisers langsam, mit der Nase voran, in die Reste der Mahlzeit zu sinken beginnt, erscheinen zwei weitere Tänzer, um vor den Augen des Kaisers und unter dem Kreischen und Kratzen von Flöten und Leiern die Vereinigung von Eros und Psyche zu vollziehen.

Ich beobachte Agrippina, die ihrerseits das Gelage beobachtet. Sie kommt her, aber sie isst nichts. Auch berührt sie ihren Mann nicht mehr. Doch er nimmt ihre Gegenwart überhaupt nicht wahr.

Ich beobachte, wie sie mit den starren, glänzenden Augen einer Schlange die Dinge beobachtet.

Nun, wie bekommt das Wetter in Achaia deiner Gesundheit? Deine Lungen, mein Bester – können sie diese griechische Feuchtigkeit einatmen, ohne zu ertrinken?

Schreib mir. Verschaffe mir Zerstreuung. Beschreibe Korinth. Unser Neffe Lucan lässt dich grüßen. Schreib!

TITUS

45

Ich bin auf dem Weg. Ich renne sozusagen. Warum sozusagen? Ich renne wirklich. Das Wetter ist gut. Zeit für die Dattelernte. Die Sonne steht hoch und trocknet gut. Meine Beine sind kräftig und ich habe tausend Gründe, mich zu beeilen, einige im Kopf, andere im Herzen. Aber eines ist sicher: Ich werde mit dem Schiff fahren, so viel ich kann. Die Zeit reicht nicht, um die ganze Strecke zu laufen. Wenn ich zum Hafen von Seleuzia komme – das wird noch heute sein, ich muss heute nur noch diese sechzehn Meilen schaffen –, werde ich versuchen, Arbeit zu finden. Vielleicht als Ladehelfer. Am besten als Matrose. Dann ginge ich an Bord und wäre weg. Ich kann es ja lernen. Wenn es unbedingt sein muss, bezahle ich auch für die erste Überfahrt. Ich habe ein wenig Geld in meinem Bündel. Sonst schaffe ich es alleine, ganz alleine – obwohl ich Barnabas gegenüber angedeutet habe, dass er besser mitkäme. Aber er kommt nicht mit. Er sagt, das Herz stehe ihm nicht mehr nach Reisen. Er finde keine echte Heimat mehr auf Erden. Zu alt. Zu müde. Wartet, bis Jesus kommt. Er sagt, seine letzte Reise nach Zypern sei die letzte überhaupt gewesen. Das ist über zwei Jahre her. Zur selben Zeit brachen Paulus und Silas auf. Ich glaube, Barnabas weiß nicht so recht, ob er Paulus wieder sehen möchte. Ich möchte Paulus wieder sehen. Das ist einer der tausend Gründe, warum ich es nicht mehr abwarten kann.

Wer hat gewusst, dass er nicht zurückkommen würde? Ich nicht. Petrus wusste es. Barnabas wusste es. Viele Leute wussten es. Ich nicht. Ich war wohl zu jung, um die Zeichen zu deuten. Dass Paulus wütend war, als er ging. Dass er – wie alle mir gesagt haben – den Kampf verloren hatte. Was für einen Kampf? Gab es einen Kampf? Ich dachte, er wäre nur gut zu mir gewesen und hätte den Leuten deutlich gesagt, dass sie mir wehgetan hatten, als sie nicht zu meinem Essen gekommen waren. Aber es war ein Kampf. Nun ja. So fragte ich mich, auf wessen Seite ich eigentlich stand. Dann predigte Judas Barsabbas, Paulus zerstöre das Reich Gottes, und die Leute stimmten ihm zu. Da fühlte ich mich immer mehr wie einer, der nicht dazugehört. Und der Heilige Geist nahm mir die Gabe der Zungenrede. Da war ich beim Gottesdienst nur noch ein Zuschauer. Und ich vermisste Paulus immer mehr, der in der einen

Nacht in Jerusalem mit mir getanzt hatte, der mir gesagt hatte, ich sei in Ordnung. In Ordnung. Einfach in Ordnung, so wie ich bin.

Das ist der Grund in meinem Herzen, warum ich mich jetzt auf ein so großes Abenteuer einlasse.

Ein guter Grund also: Einsamkeit. Und Liebe.

Aber der andere Grund hat den Ausschlag gegeben. Deswegen habe ich den Entschluss gefasst. Ich musste überhaupt nicht lange nachdenken. Gestern habe ich davon erfahren und heute bin ich losgerannt und morgen werde ich auf einem Schiff sein.

Letztes Jahr im Herbst tauchte Silas in Antiochia auf. Silvanus. Er sagt, Paulus nenne ihn Silvanus – und er hasst diesen Namen. Nun, als er kam, sagte er, sie seien bis nach Korinth gekommen. Er sagte, er habe sich entschieden zurückzukehren, sich mit seinen alten Freunden wieder zu vertragen und sich mit Petrus »auf Gedeih und Verderb« zusammenzutun, wie er es ausdrückte. Beim Gottesdienst im Haus des alten Simon Niger erzählte Silas uns dann von den Gemeinden, die Paulus und er auf der Reise nach Korinth gegründet hatten. Zuerst Gemeinden in Galatien, dann in Mazedonien und dann in Achaia. Ich war völlig überwältigt, als ich das hörte. Mein Freund, mein Paulus, tat immer noch so viel und an den entlegensten Orten, er gönnte sich keine Pause und verkündete Jesus. Das ganze Jahr davor war ich nicht so glücklich gewesen.

Aber diese Neuigkeiten wirkten auf Judas Barsabbas völlig anders. Er wurde an dem Abend sehr ernst und sehr blass. Ich erinnere mich gut daran, weil das Nächste, was geschah, war, dass er verschwand. Judas Barsabbas war plötzlich nicht mehr da, schon am nächsten Tag – und das einen Monat vor dem Wintereinbruch. Und wer bin ich schon? Niemand erzählte mir, wohin er gegangen war. Und ich machte mir auch nicht die Mühe zu fragen. So haben sich die Dinge verändert.

Aber gestern kam der gute alte Barnabas zum Haus meines Vaters und klopfte. Er wollte *mich* sprechen, nicht meinen Vater. Ein Gespräch unter vier Augen, sagte er. Von Mann zu Mann. Also führte ich ihn ins Speisezimmer und wir setzten uns. Dann legte er einen weichen Lederbeutel vor sich auf den Tisch, faltete seine Hände über dem Beutel und senkte seinen Kopf, sodass sein riesiger Bart gegen seine Brust drückte. Er wird jetzt grau, der Barnabas. Er hat Krähenfüße im Gesicht, und seine Nase erscheint größer und gerötet, und ich kann mich nicht erinnern, wann er das letzte Mal gelacht hat.

»Titus«, sagte er. Seine breiten Schultern hoben sich, und dann seufzte er tief durch die Nase. »Es gibt Neuigkeiten«, sagte er. Er drehte sich mir zu und sah mich mit seinen von Falten umgebenen Augen an.

»Judas Barsabbas schreibt uns aus Pessinus in Galatien, wo er seit einem halben Jahr predigt. Er ist in Siegerlaune. Ich bin ...«, sagte Barnabas und sah mich nicht länger an, sondern starrte auf seine gefalteten Hände, als ob es tote Fische wären, weiß, nutzlos. »Ich bin sehr beunruhigt«, sagte er. »Pessinus, Palia, Orcistus – kommen dir diese Namen bekannt vor, Titus? Silas hat uns über sie berichtet. Es sind die Städte, in denen Paulus Gemeinden gegründet hat. Jetzt schreibt Judas Barsabbas, dass er sie erfolgreich das Gesetz lehre. ›Froh und dankbar‹, wie er schreibt, bereiteten sich die Menschen dort darauf vor, beschnitten zu werden. Barsabbas zählt vierzehn Männer auf, die bereits Juden geworden seien, und bei weiteren zwanzig sei er sicher, dass sie sich noch in diesem Winter beschneiden lassen werden. Die übrigen Gläubigen, schreibt er, dankten Gott dafür, nun die Wahrheit zu kennen.«

So sitze ich also da, ich, Titus, und starre diesen großen traurigen Mann an, und halb frage ich mich und halb weiß ich, warum er mir das alles erzählt, und schon spüre ich ein Kneifen im Bauch, vor Angst und vor Freude, beides gleichzeitig.

Barnabas zog seine Hände auseinander, öffnete den Lederbeutel und begann, Dinge daraus hervorzuholen.

Ein auf beiden Seiten beschriebenes Blatt Papyrus. »Das ist eine Abschrift des Briefes, den Barsabbas geschickt hat, wortwörtlich, nur in meiner Handschrift.«

Eine Hand voll Geld. »Damit könnte ein anspruchsloser Reisender, wenn er geduldig zu haushalten versteht, bis nach Attalia kommen. Wenn er zu arbeiten versteht und nicht zu stolz ist, kann der Reisende auch den Rest des Weges bis nach Korinth schaffen. In fünf Wochen. Oder in sechs.«

Schließlich eine schöne Kette mit einem Verschluss. Und an der Kette ein Anhänger aus Silber.

»Das war einmal ein Geschenk«, sagte Barnabas und ließ die Kette durch seine Finger gleiten, während der Anhänger den Tisch berührte. »Ich habe es einmal meinem Freund gegeben, aber mein Freund hat es mir zurückgegeben. Ich frage mich«, sagte er, ohne mich anzusehen, den Blick auf den silbernen Anhänger gerichtet, »ich frage mich, ob es noch einmal ein Geschenk werden könnte. Und ob mein Freund es diesmal behalten würde. Denn ich liebe ihn. Und ich fürchte, ich werde ihn schrecklich vermissen.«

Das war gestern.

Und heute laufe ich also, so schnell ich kann. Gutes, sonniges Wetter, gute, kräftige Beine und tausend gute Gründe, sich auf den Weg zu machen. Ich renne den schmalen Weg entlang, an Felsen vorbei, komme immer tiefer ins Tal – der leichteste Abschnitt für heute. Seleuzia steigt terrassenförmig an. Gleich werde ich um eine Ecke biegen und die Bucht, die Kriegsschiffe der römischen Flotte und die Hafenbecken sehen. Ich werde Arbeit suchen. Es ist noch zu früh, um das Geld auszugeben, das Barnabas mir gegeben hat.

PRISKA

46

»He du! Frau! Bleib stehen!«

Ich war gerade aus dem Haus des Titius in das gleißende Mittagssonnenlicht getreten. Meine Augen mussten sich erst an die Helligkeit gewöhnen. Ich konnte den Mann, der da rief, nicht sehen, aber die Stimme kam mir bekannt vor. Er schien wütend zu sein.

»Bleib stehen!«, schrie er. »Frau des Aquila, Jüdin aus Pontus, ich habe dir etwas zu sagen.«

Er meinte mich. Ich blieb stehen. Ich schützte meine Augen mit meiner Hand gegen das Sonnenlicht und versuchte angestrengt, ihn ausfindig zu machen. Aber meine Augen tränten und meine Sicht verschwamm. Die sonnendurchflutete Straße war voller Menschen, die an mir vorübergingen. Karren bewegten sich langsam hinter Ochsen her, Räder schnitten tiefe Furchen in den Boden.

»Ja, du, mit deinem ausgestreckten Hals! Mit deinen Trippelschritten!«

Ich blinzelte, bis die Tränen aus meinen Augen wichen. Und da war er. Er ging an der Mauer der Synagoge entlang. Es war Sosthenes, der Vorsteher der Synagoge, der mit seinem schwerfälligen Gang auf mich zukam und mich schief von der Seite ansah wie ein vierbeiniges Raubtier.

»Hure!«, schrie er.

Ich drehte mich um und wollte an die Tür des Titius klopfen. Aber wer hätte mir schnell genug öffnen sollen? Ich drehte mich wieder in die andere Richtung, raffte mein Gewand hoch und wechselte die Straßenseite. »Wir haben nichts miteinander zu tun!«, rief ich ihm über die Schulter zu.

Sosthenes brach einen Ziegelstein aus der Mauer, die das Haus des Titius mit der Synagoge verband – jetzt wusste ich, wer während des Gottesdienstes Ziegelsteine auf uns geworfen hatte.

Die Synagoge befindet sich an der Nordseite der Straße von Kenchreä, aber der Eingang und die Fassade sind an der Ostseite, genau an der westlichen Mauer des Hauses des Titius Justus. Als Titius noch die Synagoge besuchte, wurde seine Mauer als ein Schutzwall gepriesen. Der gepflegte Garten zwischen dem Haus des Titius und der Synagoge wurde Klein Judäa genannt, und zur Freude aller hatte Titius Klein Judäa von der Straße abgegrenzt, indem er zwischen den Ecken der Gebäude eine Mauer aus Ziegelsteinen errichtet und in der Mitte ein sehr schönes Tor angebracht hatte.

Aber dann wurde Paulus aus der Synagoge ausgeschlossen.

Daraufhin verließ Titius, der Heide, ebenfalls die Synagoge und bot dem Apostel an, in seinem Haus zu predigen.

Als Nächstes folgte Krispus, der Vorsteher der Synagoge, Paulus in das Haus nebenan, was wie ein Wunder erschien. Eine Zeit lang betete er an beiden Orten.

Aber die Leute warfen ihm vor, sich nicht zwischen zwei Richtungen entscheiden zu können, und drängten ihn, sich von Paulus fern zu halten. Da er das nicht wollte, brach auch er endgültig mit der Synagoge.

Dieser Einschnitt hatte ein eigenartiges Ausbluten zur Folge. Die Heiden traten in Scharen von der Synagoge zu den Gemeinden in den Häusern anderer Heiden über: Titius Justus, Erastus, Gaius.

Ein neuer Synagogenvorsteher wurde eingesetzt – musste eingesetzt werden –, und dieser war ein Mann des Zorns, Sosthenes, der sich schwor, die Wunde in seiner Gemeinschaft zu heilen.

Aber er konnte es nicht. Es gelang ihm nicht. Und vielleicht trieb sein Versagen ihn zur Verzweiflung.

Vor kurzem hatte jemand Ziegelsteine gegen das Haus des Titius geworfen, während wir darin Gottesdienst feierten. Ich hatte immer Kinder im Verdacht gehabt – bis jetzt, da ich sah, wie Sosthenes diesen Ziegelstein aus der Mauer brach und auf mich zukam.

»Hure!«, brüllte er. »Hure! Nein, schlimmer als eine Hure: Ehebrecherin!«

Ich lief schneller. Ich sprang über die Abwässer, die mitten auf der Straße flossen. Es war Mittag, die Sonne schien und alles war auf der Straße. Ich musste mich an unzähligen Menschen vorbeidrängen, aber niemand nahm Notiz von mir.

»Ich habe nichts mit dir zu tun!«, rief ich. »Du hast nichts mit mir zu tun!«

»Du bist die Frau«, schrie Sosthenes, »die den Getreuen ihrer Jugend verlassen hat. Du hast den Bund deines Gottes verraten! Deine Wege führen in den Tod!«

Ich lief in westlicher Richtung auf die Basilica Juliana zu, dem Marktplatz entgegen. Ich lief wie eine Sklavin, hastigen Schrittes, mit entblößten Beinen.

Plötzlich bellte der Mann direkt hinter mir: »Du hast das Blut ...«

Ich schrie auf und warf mich nach vorn.

Aber er packte meine Tunika, zerrte daran und drehte mich zu ihm hin.

»Du hast das Blut einer Jüdin«, schrie er mich an und zwang mich mit Gewalt auf die Knie, »auch wenn du nicht ihr Herz hast.«

Sosthenes, dessen Gesicht in Flammen stand, dessen Haar ein verknotetes Grauen war, holte hoch über meinem Kopf mit dem Ziegelstein aus.

»Schlimm genug, dass du dich zu betenden Männern stellst«, schrie er. »Aber von dir habe ich noch ganz andere Dinge gehört.«

Gegen das Sonnenlicht betrachtet sah der Ziegelstein gewaltig aus. Ich spürte ein wildes Zucken an meinem Kopf – dort, wo der Stein auftreffen und die Haut zum Platzen bringen würde. Ich warf die Arme in die Höhe.

Sosthenes umfasste meine beiden Handgelenke mit seiner rechten Hand und verdrehte meine Arme. Ich schrie.

»Ich habe es selbst gehört«, zischte er und zwang mich noch tiefer zu Boden. »Ich habe gehört, wie du Schande über unser Volk gebracht hast.«

Er war unmittelbar über mir, schwarz wie ein Sturm. Die rauen Pflastersteine drückten sich schmerzhaft in meine Knie.

Sosthenes fauchte: »Ich habe dich beten hören, Frau – laut beten, unter Männern beten! Durch offene Fenster habe ich gehört, wie du Männer belehren wolltest, als ob deine Weisheit größer wäre als ihre. Was glaubst du, wer du bist?«

Er richtete sich auf, und der Ziegelstein stieg noch mehr in die Höhe, um mich noch härter zu treffen. Sosthenes begann, mich an meinen Handgelenken hin und her zu schleudern und schrie: »Zeig dein Gesicht! Zeig dein schändliches Gesicht!«

Dann stöhnte er laut auf.

Irgendwo oberhalb meines Kopfes stöhnte Sosthenes laut auf und ließ mich los.

Ich brach erschöpft zusammen.

Im selben Moment hörte ich das dumpfe Geräusch eines menschlichen Körpers, der auf dem Boden auftrifft. Mein Körper war es nicht.

Dann atmete ich einen angenehmen Duft, den Duft frisch gewaschener Haut. Zwei kräftige Arme umfassten meinen Rücken und meine Knie und hoben mich hoch, als wäre ich ein kleines Kind. Und wie ein kleines Kind musste ich weinen.

»Aber ich bedecke meinen Kopf«, schluchzte ich.

Der Mann, der mich hielt, fragte: »Was?«

»Ich rede nie prophetisch«, sagte ich, immer noch unter Tränen, »ohne vorher meinen Kopf zu bedecken.«

»Aber nein, natürlich nicht«, sagte der Mann. »Und wohin sollen wir Euch jetzt bringen?«

Ich sah mich um. Sosthenes saß in den Abwässern, seine Beine ausgestreckt wie die Griffe eines Handkarrens, atemlos, mit offenem Mund, sein Gesicht violett wie der Thron des Salomo. In seiner linken Hand hielt er immer noch den Ziegelstein, anscheinend ohne es zu bemerken. Was um ihn herum geschah, bemerkte er jedoch durchaus. Er sah die Menschen, die vorübergingen, sah den Ausdruck in ihren Gesichtern und sah den guten Menschen, der mich hielt.

»Wohin sollen wir Euch jetzt bringen?«

Mein Retter war schwarz, ein Nubier.

»Ich kann laufen«, sagte ich und schluchzte dabei immer noch ein wenig. »Ich kann zu Fuß nach Hause gehen.«

»Selbstverständlich könnt Ihr das. Aber meine Herrin wäre damit nicht einverstanden.«

»Welche Herrin?«

»Dort. Sie wartet auf Euch. Seht Ihr?«

Da sah ich eine Frau, die mich durch die geteilten Vorhänge einer luxuriösen Sänfte anlächelte. Sieben muskulöse Männer, die alle ähnlich groß waren und das gleiche rote Gewand trugen, standen neben den länglichen Holzstangen, die den schön gearbeiteten Kasten trugen. Auch der Mann, der mich trug, war rot gekleidet.

»Sie hat Eure Schreie gehört«, sagte er und ging aufrecht und stolz auf die Sänfte zu. »Sie hat mich geschickt, weil sie diesen feisten Schuft am Boden sehen wollte. Und nun bittet sie um Eure Gesellschaft.«

Und in der Tat zog die Frau die Vorhänge der Sänfte weit auseinander, sodass der Nubier mich im Inneren auf ihren Kissen absetzen konnte.

»Meine Ärmste«, sagte sie zur Begrüßung. Sie hatte feine Lachfalten um die Augen, einen lächelnden Mund und vorstehende Wangenknochen.

Als die Vorhänge wieder geschlossen wurden, reichte sie mir ein strahlend weißes Leinentuch.

Ich starrte es an. Es war äußerst fein gewebt.

»Für deine Tränen«, sagte sie. »Damit du sie dir trocknen kannst.«

Aber ich konnte das Tuch nicht nehmen, es nicht beschmutzen, und so lehnte sich die Frau selbst zu mir herüber, legte ihre Hand in meinen Nacken und tupfte meine Augen mit dem Tuch ab.

Ein Kind, ja, ein Kind, das war ich an jenem Tag: von einem wütenden Mann zu Boden geworfen, von einem Sklaven sanft aufgehoben und in die Obhut einer Frau gebracht, der ich nie zuvor begegnet war. Ein Engel, so schien es mir, den ich sofort lieb hatte.

»Wie ist dein Name?«, fragte sie. Sie hatte graue Augen. Ihre Stimme war die einer gurrenden Taube.

»Priska«, sagte ich.

»Nun, Priska«, sagte sie, befeuchtete das Tuch mit Speichel und säuberte die Schnittwunden an meinen Knien, »ich heiße Phöbe. Ich wohne in Kenchreä. Aber ich muss dich zu deinem Haus bringen, bevor ich zu meinem gehe.«

»Ich kann laufen«, sagte ich, obwohl mir die Gesellschaft der Frau ein lange nicht gekanntes Wohlgefühl schenkte.

»Wo wohnst du?«, fragte sie.

Und ich antwortete: »Am nördlichen Markt.«

Sie teilte den Vorhang. Sonnenlicht fiel herein. »Marcus«, sagte sie, »tragt uns zum nördlichen Markt. – Und zieh diesen armen Mann von der Straße weg. Wir wollen ihn nicht so unschicklich herumliegen lassen.«

Hatte ich Phöbe auf Anhieb lieb gewonnen, so erging es ihr mit Aquila ebenso. Schon am selben Nachmittag schätzte sie ihn als einen besonnenen und weisen Mann, sie, in deren Wesensart ich Besonnenheit, Weisheit und Anmut verkörpert sah.

Die Besonnenheit meines Mannes ist eigentlich auch eine Folge seiner Kurzsichtigkeit, durch die er etwas ängstlich und vorsichtig geworden ist, und nicht allein das Ergebnis großer geistiger Anstrengungen. Aber ich wollte ihrem ersten Eindruck nicht widersprechen.

An dem Tag, als wir uns das erste Mal begegnet waren, verbrachte Phöbe den ganzen Nachmittag mit uns in unserem Geschäft. Als ich Aquila die Geschichte von dem Angriff auf mich erzählte, hörte sie von Sosthenes und der Synagoge, und das ließ sie nachfragen: Warum stand dieser Mann uns so feindselig gegenüber? Aquila antwortete. Er war dieser Frau sehr dankbar dafür, dass sie nicht tatenlos zugesehen hatte. Und ich glaube, er war auch beeindruckt von ihrer Anteilnahme, ihren Umgangsformen und ihrer Bereitschaft zuzuhören. Unser bescheidenes Geschäft wurde durch ihren Besuch geadelt. Ja, Aquila antwortete, und er gab mehr von seinen Empfindungen preis, als ich es bisher von ihm gewohnt war. Seine Antwort warf nur noch mehr Fragen auf: Warum hatten wir die Synagoge überhaupt verlassen? Wie konnten diejenigen, die uns am nächsten standen, uns am meisten hassen? Und was verhalf uns zu dieser seltsamen Fröhlichkeit, wie sie es nannte, angesichts einer solchen Boshaftigkeit anderer Menschen?

Und zu wem, fragte sie, beteten wir im Haus nebenan?

Da begann Aquila, von Jesus zu erzählen. Langsam wie die Bewegung der Sonne beschrieb er das gerechte Leben unseres Herrn, während die Frau mit den grauen Augen ihn ansah und zuhörte und seine Worte trank wie Wasser. Er berichtete von dem furchtbaren Leiden, das Jesus durchgestanden hatte, und von seinem Tod für die Sünden der Menschen – damit die, die an ihn glauben, von der Sünde befreit werden können und vor Gott dem Vater so gerecht werden wie Christus selbst. Ich kochte einen großen Topf mit Haferbrei. Genug für alle. Timotheus kam hinzu. Wir erzählten ihm nichts. Was in unserem kleinen Geschäft geschah, kam uns beiden wie ein Wunder vor. Schweigend bedienten wir die Sklaven draußen vor der Tür, gaben ihnen Brei und einen mit Honig gesüßten Wein. Und alle hörten wir zu.

In der Dämmerung berichtete Aquila, dass Jesus Christus am dritten Tag von den Toten auferweckt worden war. Damit hatte der Tod seine Macht über uns verloren, und nichts konnte uns mehr betrüben und nichts unser Leben so beenden, wie es vorher möglich gewesen wäre.

»Das«, sagte Aquila, mein nüchterner Mann, ernst im Ton und mit einer Grabesmiene, »das ist der Grund für unsere Freude.«

Freude, sagte mein Mann, und nickte wie ein Esel bei einem Trauerzug. Er sagte *Freude*, und ich verlor die Beherrschung. Ich stand im Türrahmen und beobachtete Timotheus, in dessen wachen Augen sich dieselbe Heiterkeit abzeichnete. Dann musste ich laut lachen.

Die vornehme Phöbe sah mich halb lächelnd, halb fragend an.

Auch Timotheus hatte Mühe sich zu beherrschen. Das Gesicht des jungen Mannes war von einem verkrampften Grinsen verzerrt – bis er aufgab und schallend lachte.

»Ach, Aquila«, sagte ich. Seine Freuden sind niemals ungeniert, niemals aufdringlich und bringen selten ein Lächeln hervor. Aber seine Freude in ein so ernstes Gewand zu kleiden, kommt mir schon höchst erstaunlich vor.

»Ach, Aquila«, sagte ich, »du bist – wunderbar.«

»Ja«, sagte Phöbe, »Ihr seid ein wunderbarer Prediger, mein Herr.«

Daraufhin senkte er seinen kurzsichtigen Blick, und auf seinem Gesicht zeichnete sich nun doch noch ein zaghaftes Lächeln ab – aus Verlegenheit über die Röte, die seine Ohren glühen ließ.

Und ich liebte diese Frau aus Kenchreä immer mehr, denn sie hatte das Wunder genau beschrieben, dessen Timotheus und ich uns längst bewusst waren: Mein schweigsamer Mann, der wortlose Aquila, hatte gesprochen. Ja, er hatte sogar gepredigt, und der Geist Gottes war bei uns gewesen.

Phöbe sagte: »Ich komme morgen wieder. Morgen müsst ihr mir mehr von dieser Freude erzählen.«

Sie küsste Aquila. Danach küsste sie mich auch und band mir das kostbare Leintuch um den Hals. Dann ging sie nach draußen. Die Sklaven zündeten Fackeln an und hielten sie mit den freien Händen in die Höhe. Dann legten sie Trageriemen um ihre Schultern und trugen die Sänfte mit ihrer vornehmen Last leise fort.

Nun sangen wir drei gemeinsam Lieder. Wir sangen, bis unsere Lampen erloschen, bis die Stadt dunkel war und die Feuer auf dem Akrokorinth von ihrer Asche erstickt wurden.

47

Timotheus blieb die ganze Nacht bei uns. Er schlief in der Werkstatt und wollte Paulus die Tür öffnen, wenn er zurückkommen würde. Aber Paulus kam nicht zurück, und so versprach Timotheus, als er am nächsten Morgen ging, nach ihm Ausschau zu halten und ihn zu uns zu schicken, damit wir ihm ausführlich von Phöbe aus Kenchreä, dieser bezaubernden Frau, würden berichten können.

Später am Vormittag erschien der stattliche Erastus auf dem nördlichen Markt und zog mit seinem Gefolge die Blicke auf sich. Erst ging er entgegen dem Lauf der Sonne an den Geschäften vorbei, dann blieb er vor unserem stehen und pochte auf die zusammenklappbare Werkbank, die Aquila gebaut hatte. Er sei gekommen, seinen lieben Freund Paulus zu hören, sagte er. Wir sagten ihm, Paulus sei nicht hier. Er sagte, es täte ihm Leid, den Apostel verpasst zu haben, aber er sei froh, sagte er, während er mit dem schweren Ring an seinem Finger auf die Werkbank klopfte, dass Timotheus gut geschlafen habe, auch ohne die Nacht in seinem Zimmer im Haus des Marktverwalters verbracht zu haben. Sicherlich werde Timotheus in der folgenden Nacht das weiche Lager in einer privaten Villa dem rauen Nachtquartier in einer Werkstatt am Marktplatz vorziehen.

Und ob wir ihm, Erastus, wohl Bescheid geben könnten, wenn Paulus wieder zu lehren bereit sein würde.

Wir sagten, das täten wir.

Er dankte uns und widmete sich wieder seinen Pflichten.

Noch sechs oder sieben andere harrten vor unserer Tür aus. Ich sagte ihnen, dass es mich nicht überraschen würde, wenn Paulus an diesem Tag überhaupt nicht käme. Sie sagten, sie wollten trotzdem warten.

Aber Paulus ließ sich tatsächlich nicht blicken.

Es war Herbst geworden in Korinth, die Nächte wurden länger und die Tage kürzer. Die meisten derjenigen, die sich regelmäßig versammelten, um Paulus lehren zu hören, verbrachten die hellen Stunden des Tages in den Obstgärten und Weinbergen, wo sie Datteln und die noch süßeren Früchte ernteten und mit ihren Füßen aus Weintrauben Most kelterten. Alle waren mehr beschäftigt als sonst: Sklaven und Diener, Kaufleute, Schmiede, Kunsthandwerker, Ladenbesitzer – ja, selbst die Geldverleiher, die in diesen letzten Tagen der ruhigen See den Kaufleuten Geld für das Verschiffen ihrer Waren gaben. Im Sommer und im Winter hatten die Menschen Zeit für ein Gespräch und die Erbauung ihrer Seele. Aber im Herbst dachte jeder nur an seine Arbeit.

Im letzten Jahr um diese Zeit hatte Paulus seine öffentliche Lehre eingeschränkt, um sich einem kleineren Kreis zu widmen und uns darauf vorzubereiten, so zu predigen wie er. Ich nahm an, dass er in diesem Jahr dasselbe tun würde. Im letzten Herbst hatte er fünf von uns ausgewählt: mich, Aquila, den sanftmütigen Stephanas, Titius Justus, Timotheus natürlich und Silvanus, der dann plötzlich verschwand. Paulus hatte erklärt, er werde nicht für immer in Korinth bleiben. Er wolle aber einmal Lehrer zurücklassen. Er wolle Lehrer und Prediger in die umliegenden Städte und Dörfer aussenden. Und in diesem Jahr hatte er wieder sehr gute Leute für seinen Unterricht ausgewählt: Gaius, Crispus, einen Freien namens Tertius, der ebenso gut schreiben konnte wie Timotheus, einen Sklaven, der von allen Achaikus genannt wurde – und Phöbe. Auf diese wunderbare Frau namens Phöbe hielt ich jetzt schon große Stücke.

Es gab also keinen Grund, sich Sorgen zu machen, wenn Paulus einmal einen Tag nicht da war. Ich nahm an, dass er das tat, was jeder Bauer im Herbst tut, nämlich das ernten, was er im Frühjahr gesät hat: Prediger, welche die Frohe Botschaft verkünden können.

Aber am Abend kehrte er weder zu einem der Häuser zurück, in denen er häufig aß, noch kam er zum Schlafen in unsere Werkstatt.

Als die Nacht hereinbrach, kam Timotheus vorbei, brachte aber keine Neuigkeiten. Erastus fragte in der ganzen Stadt nach Paulus. Als er selbst nichts herausgefunden hatte, schickte er einige der Bedürftigen, die er regelmäßig unterstützte, vor die Tore der Stadt: zu der Handelsstraße, die voller Waren und Fremder war, zum Isthmus in der einen und nach Lechaion in der anderen Richtung. Aber auch sie konnten den Apostel nicht finden. Erastus war zunehmend beunruhigt. Er schlug vor, dass Timotheus noch eine zweite Nacht bei uns bleiben sollte, damit er sofort zu ihm eilen und sein ängstliches Herz beruhigen konnte, sobald Paulus eintreffen würde.

Ich legte mich in der Dunkelheit hin und konnte nicht schlafen. Aquila ging es anders. Er schlief so fest wie immer. Auch Timotheus, der sich unten auf sein Lager gelegt hatte, erfüllte die Werkstatt alsbald mit einem friedlichen Schnarchen. Er hatte sich beruhigt, als er sich an die Kompromisslosigkeit erinnert hatte, mit der Paulus auf seiner Freiheit und Unabhängigkeit beharrte.

»Weißt du, Priska«, sagte er, als ich mit einer Öllampe in der Hand an der Treppe stand, »er ist von Natur aus ein Einzelgänger und will niemandem gegenüber verpflichtet sein.«

»Aber wer soll am Morgen seine Narben behandeln?«, fragte ich.

Timotheus sah mich einen Augenblick lang verwundert an. Dann erschien das wunderschöne griechische Lächeln auf seinem Gesicht. Es ließ seine Wangen erstrahlen und besiegelte die Verbundenheit zwischen uns. Wir hatten eine gemeinsame Aufgabe.

»Geh schlafen«, sagte Timotheus. »Paulus kennt seine Grenzen so gut, wie er seine Freunde kennt.«

Ich stieg nach oben und löschte die Lampe. Aber ich schlief nicht.

Paulus kennt seine Grenzen. Ach, Timotheus war so jung, so ein aufgeweckter Junge. Er konnte das Herz eines Sohnes oder eines Bruders haben, das bestimmt – aber nicht das Herz einer Schwester des Paulus und nicht die Sorgen einer Mutter. Timotheus hatte durchaus Recht: Paulus kannte seine Grenzen. Aber ich konnte niemals glauben, dass er sie freiwillig respektieren würde.

Ich lag da, lauschte dem Wind und starrte durch den Spalt zwischen den Fensterläden. Es war eine kalte, sternklare Herbstnacht. Ich drehte mich auf den Bauch und stöhnte. *Nein, Paulus überschreitet seine Grenzen!* Meine Gedanken kamen nicht zur Ruhe. Ich fragte mich immer wieder, ob er gerade in diesem Moment sein Fleisch den Elementen aussetzte und sich in Gefahr brachte.

Manchmal blieb er die ganze Nacht weg. Dann stieg er alleine auf den Akrokorinth und kam erst am Morgen wieder herunter. Selbst wenn es nur eine Nacht war, machte mir diese Gewohnheit Angst. Aber was könnte ihn dazu bewegen, zwei Nächte zu bleiben?

Er hatte mir von dem Geruch der heidnischen Tempel erzählt, an denen er vorbeikam, welchen Ekel der Gestank der Ziegen bei ihm hervorrief, wie er es hasste, das Lesen in den Eingeweiden und die Vergötterung dämonischer Schatten. Ich will nicht behaupten, dass ich verstanden hätte, was ihn zu den Dingen zog, die er hasste, warum er sich in die Höhle des Feindes begab, warum er seinen Körper solchen harten Prüfungen aussetzte, dem Aufstieg, der Kälte, den Winden, die auf dem Gipfel wehten, der Höhe, vor der dieser Mann eigentlich Angst hatte. *Nein, Paulus überschreitet seine Grenzen!* Er erzählte mir, dass er oben auf dem nördlichen Gipfel des Felsens laut bete und seine Bitten den Zähnen eines schreienden Windes entgegenrufe. Eingekreist von den gesichtslosen Wesen der Himmel, so berichtete er mir, halte er Ausschau und warte, warte und flehe, dass Christus kommen möge – in dessen Angesicht alles still werde und alles friedlich sei und es mehr Wärme gebe als unter den Flügeln der Henne, die ihre Küken versammelt. Doch seine unbändige Sehnsucht und sein Flehen erfüllten ihn mit Scham, wie er mir anvertraute, da es immer noch Völker gab, denen er die Botschaft nicht gebracht hatte. *Komm, Jesus! Komm noch nicht!* Es gab noch so viel, so viel zu tun. Paulus erzählte mir diese Dinge mit Tränen in den Augen und mit einem Blick, der so undurchdringlich und geheimnisvoll war, dass ich glaubte, er hätte eine Vision. Vor seinem geistigen Auge sah er etwas, was ich nicht sehen konnte. Das machte mir Angst, denn einer von uns beiden schien nicht mehr in der wirklichen Welt zu leben. Einer schien hinübergetragen und einer zurückgelassen, und ich wusste nicht, wer von beiden Paulus war und wer die kleine Priszilla.

Was, fragte ich mich, als ich voller Sorge die Nacht durchwachte, könnte ihn zwei Nächte hintereinander dort oben auf dem Felsen gehalten haben? Was mochte seine Aufmerksamkeit so lange beanspruchen? Und wie würde er sich verändert haben, wenn er wieder zu uns hinabgestiegen käme?

Oder würde Jesus kommen und uns einen nach dem anderen zu sich rufen? Das wäre die grausamste Ernte, die man sich denken kann!

Ich wartete auf ein nächtliches Klopfen, aber niemand klopfte, und Timotheus schlief ungestört weiter.

TIMOTHEUS

48

»Sie stellen ihn vor Gericht! Heute Mittag! Am Mittag werden sie offiziell Anklage erheben!«

Einer der persönlichen Diener des Erastus, der sich nun als Ausrufer betätigte, machte uns auf die Zuspitzung der Lage aufmerksam. Aus dem Geschäft des Aquila taumelten wir in einen bitterkalten Morgen.

»Wen stellen sie vor Gericht?« Kleine Wolken entstanden in der kalten Luft, wenn wir sprachen.

»Paulus! Am Mittag. Auf dem Marktplatz.«

»Weshalb? Wie lautet die Anklage?«

Der Ausrufer wusste es nicht.

»Wer klagt ihn an?«

Das wusste der Ausrufer: Es war Sosthenes, im Namen der Synagoge.

»Was wollen sie von ihm?«

Der Ausrufer wusste es nicht.

»Ich meine, welche Strafe verlangen sie?« Das war Priska, mit weit aufgerissenen Augen. »Wollen sie ihn wieder schlagen?«

Der Ausrufer zuckte die Achseln.

»Wollen sie ihn diesmal töten?«

Der Ausrufer sah beunruhigt aus.

»Wo ist er jetzt?«

Der Ausrufer wusste es nicht.

Priska flehte: »Wer weiß es dann?«

Erastus vielleicht. Frag Erastus. Der arme Mann, der vor uns stand, war nur ein Diener, der die Nachricht von Erastus hatte, und mehr hatte Erastus ihm nicht gesagt.

»Ich gehe zu ihm«, sagte ich. Priskas Augen hatten sich verdüstert, ihr Gesicht sah schmal aus, ihre Knochen wirkten zerbrechlich. »Ich versuche, Erastus ausfindig zu machen.«

Sofort rannte ich los, so schnell ich konnte. Sollte ich außer Atem gekommen sein, so kann ich mich nicht daran erinnern. Meine Füße waren aus Silber. Ich lief zum Haus des Erastus. Er war nicht da. Als Nächstes zu seinem Amtssitz. Dort war er auch nicht, aber ein Schreiber sagte mir, er sei zum römischen Prokonsul Gallio gegangen und wolle sich um eine Audienz bemühen, noch bevor es zur Anklageerhebung kommen würde. Erastus wolle seinen Einfluss als Beamter geltend machen und Gallio davon überzeugen, die Anklage nicht einmal anzuhören.

Gott segne Erastus!

Da er möglicherweise mit anderen Beamten am Amtssitz des Prokonsuls auf seine Audienz wartete, rannte ich über den Marktplatz, an der Rednertribüne vorbei, an den Säulen des südlichen Ganges vorbei zum Eingang des Gebäudes. Gallio hatte neben seinem eigentlichen Amtssitz Räume für Zusammenkünfte eingerichtet, und Erastus war den anderen Beamten der Stadt gut bekannt.

Tatsächlich hatten einige der Beamten ihn noch vor kurzem gesehen. Aber wo er jetzt war, konnten sie nicht sagen. Und es interessierte sie auch nicht, die Sache weiter zu verfolgen.

Welcher Paulus? Paulus aus Tarsus? Kenne ich nicht.

Auch von einer förmlichen Anklageerhebung wussten sie nichts.

Die Synagoge? Wer weiß schon, was in dieser Synagoge geschieht.

Nein, nein, am Amtssitz des Prokonsuls braucht Ihr es nicht zu versuchen. Für die Öffentlichkeit sind die Türen schon geschlossen.

Es tut mir Leid. Ich kann Euch nicht helfen. Habt Geduld. Wartet, bis Gallio seinen Richterstuhl einnimmt, und alles wird ans Licht kommen.

Jetzt war ich wirklich außer Atem. Dieses fruchtlose Gespräch war anstrengender gewesen als der schnellste Lauf. Ich ging zum westlichen Ende des Säulenganges, keuchend wie nach einem Wettlauf, mit einem salzigen Geschmack im Mund.

Wer hielt Paulus fest? Wo sollte ich ihn suchen? Unter dem Haus des Prokonsuls gab es ein Gefängnis.

Wenn ich auf Reisen gewesen wäre, wenn ich wieder

in Thessalonich gewesen wäre, hätte ich mich nicht weiter von Paulus entfernt fühlen können als jetzt. Und ich hätte mich nicht so machtlos gefühlt.

Dann sah ich aus purem Zufall, wie Erastus aus einer Taverne kam, in der vornehme Römer am Morgen süßes Brot in Wein tauchen.

»Erastus!«, rief ich. »Erastus!«

In dem Gesicht, das er mir zuwandte, zeichnete sich eine Tragödie ab. Er ging langsam in meine Richtung.

»Was hat der Prokonsul gesagt? Wird er die Anklage abweisen?«

Der Mann ging an mir vorbei, unter den südlichen Säulengang und immer weiter, in Gedanken verloren, traurig und niedergeschlagen.

Ich lief ihm nach, bis ich ihn eingeholt hatte, und ging dann im Gleichschritt neben ihm her. Wir gingen hundert Schritte, bis zum Ende des Ganges, dann kehrte er um, und wir gingen dieselbe Strecke zurück. Dabei redete Erastus sowohl mit sich selbst als auch mit mir.

Er war nicht beim Prokonsul gewesen, nein, Gallio hatte ihn nicht empfangen.

Obwohl er keinen Diener vorgeschickt hatte, obwohl er in Person erschienen war und um eine Audienz gebeten hatte, hatten diejenigen, die selbst allesamt nur Diener waren, nicht einmal seinen Namen bis zum Prokonsul getragen. Erastus kam aus keiner der einflussreichen Familien. Erastus war ein Niemand, und sie behandelten ihn immer noch wie einen Sklaven.

Er schlug sich im Gehen gegen die Schenkel. »Ich bin machtlos«, sagte er vor sich hin. »Machtlos.« Auf seiner Oberlippe glänzten Schweißperlen.

Was hatte sein Ruf ihm überhaupt eingebracht? Er hatte die gesamte letzte Stunde mit einem lispelnden Faktotum verbracht, einem Untersekretär, der sich gerne das Essen hatte bezahlen lassen, sich des Falles aber nicht hatte annehmen wollen.

Es würde zu einer Anklage kommen, sagte Erastus, den Tränen nahe. Und sobald ein Verfahren eröffnet war, konnte niemand mehr Einfluss nehmen, schon gar nicht der machtlose Erastus. Gallio würde die Beweise würdigen. Gallio würde Recht sprechen. Gallio würde die Strafe verhängen. Möglicherweise würde Paulus das Recht gewährt, in eigener Sache zu sprechen …

»Aber wie soll Paulus sich verteidigen«, sagte Erastus und warf verzweifelt die Hände in die Höhe, »wenn er nicht vorher weiß, was ihm vorgeworfen wird?«

»Erastus, wo ist er? Wo ist Paulus?«, fragte ich.

Er blieb stehen.

»In einem Fremdenzimmer«, sagte er. Plötzlich begann er zu lachen. »Das ist unglaublich!« Erastus zerkratzte sich mit seinen Fingernägeln das Gesicht und lachte immer noch. »In einem Fremdenzimmer!«, rief er laut aus. Dann brach er in ein leises Schluchzen aus. »Entschuldige. Es ist nicht komisch. Es ist furchtbar«, sagte er und sah mich an. »Paulus ist in der Synagoge eingesperrt, in einem der Zimmer für müde Reisende …«

Aber ich kannte das Zimmer! Ich hatte selbst dort geschlafen. Paulus war nicht in römischer Gefangenschaft. Er war an einem vertrauten Ort. Mit einem Mal fühlte ich mich ihm wieder so nahe.

»Können wir ihn sehen?«, fragte ich. »Lass uns hingehen und mit ihm sprechen!«

»Kleiner Bruder, es tut mir Leid, aber das können wir nicht.«

»Wir können nicht? Warum nicht?«

»Sie sind wütend auf dich.«

»Auf mich, Erastus? Auf mich?«

»Auf alle Juden, die sich von ihnen abgewendet und sich Paulus angeschlossen haben.«

»Das ist nichts Neues!«, rief ich. »Seit Krispus gegangen ist, sind sie wütend.«

»Aber etwas anderes ist neu.«

»Was?«

Erastus schüttelte seinen betrübten Kopf.

»Beleidigung«, sagte er. »Vor zwei Tagen wurde Sosthenes, der Vorsteher unserer Synagoge, von einem Anhänger des Paulus gedemütigt. Einer Frau. Er sagt, sie habe acht Sklaven befohlen, ihn mitten auf der Straße, vor Tausenden von Menschen, zu schlagen. Er sagt, die Frau sei unsere kleine Priska gewesen ...«

»Priska?«, sagte ich atemlos.

Erastus stellte sich vor mich hin, die Schultern und Augenbrauen beschwörend hochgezogen: »Ich glaube es nicht«, schluchzte er. »Priska könnte niemanden schlagen. Es ist eine Lüge. Es ist eine verabscheuenswerte Lüge!«

»Priska«, flüsterte ich. *Deshalb sprichst du von Schlägen und von der Todesstrafe. Deshalb sind deine Augen vor Schreck verdüstert.*

»Mach dir keine Sorgen, Timotheus«, sagte Erastus und schickte sich an, mich zu umarmen. »Sie werden die kleine Priska nicht bestrafen. Sie wollen Paulus.«

»Erastus. Hör mir zu«, sagte ich und ergriff seine Hände, bevor sie mich umfassen konnten. »Die Frau mit den acht Sklaven ist Phöbe aus Kenchreä. Kennst du sie? Ich kenne sie. Wenn vor zwei Tagen jemand angegriffen wurde, dann war es nicht Sosthenes. Es war Priska.«

Erastus machte ein völlig verblüfftes Gesicht.

»Es ist schon öfter vorgekommen. Es verfolgt uns«, sagte ich und geriet wieder außer Atem, entsetzt über das Böse, das uns überall auf der Welt begegnete. Vielleicht würden wir dieses Rennen niemals gewinnen.

»Paulus wurde in meiner Heimatstadt angegriffen und so furchtbar geschlagen, dass wir glaubten, er wäre tot. Er wurde in Philippi geschlagen. Er wurde in Philippi ins Gefängnis geworfen. In Thessalonich wollte man ihn schlagen. In Beröa wollte man ihn schlagen.«

Ich fühlte mich wie ein kleines Kind. Ich wollte weinen wegen Paulus. Ich wollte weinen wegen meiner eigenen Hilflosigkeit. Ich wollte die Süße der reinen Wut erleben. Ich wollte Steine auf die Synagoge werfen.

Immer noch hielt ich die Hände des Erastus in meinen Händen. »Erastus«, sagte ich, auf der Suche nach einem Wort, einer Tat, einer Mauer gegen das, was kommen sollte, einer Mauer gegen meine Wut und unsere Feinde. »Erastus, können wir den Marktplatz füllen? Können wir dafür sorgen, dass der Marktplatz voller Leute ist, wenn sie Paulus anklagen? Den Marktplatz mit unseren Leuten füllen, aber auch mit anderen? Mit Korinthern, Sklaven, Matrosen, Fremden, mit allen? Tausendmal mehr Menschen als Sosthenes Freunde hat? Können wir das erreichen? Gibt es einen Weg?«

Erastus fragte nicht nach dem Grund. Was hätte ich auch antworten sollen? Dass ich mir eine Mauer wünschte?

Stattdessen hob dieser korpulente Mann unser beider Hände in die Höhe, bis sie ein Zelt bildeten. Und er begann, seine Füße zu bewegen. Er tanzte. Zwischen den Säulen der südlichen Säulenhalle führte Erastus mit mir einen kindischen Tanz auf.

»Kleiner Bruder, Prophet Gottes, du hast mir meine Kraft zurückgegeben«, sagte er feierlich. »Ja!«, donnerte er. »Das können wir erreichen.«

Er ließ mich los, klatschte in die Hände und wandte sich an den ersten Sklaven, den er vorbeigehen sah. »Du! Komm her!«, rief er. »Wessen Mann bist du?«

Der Sklave blieb stehen und sagte: »Ich gehöre Annaeus.«

»Gut. Ich werde Annaeus deine Zeit und deine Dienste bezahlen. Ich bin Erastus, der Verwalter der Märkte von Korinth. Du musst für mich etwas erledigen: Geh zu den Geschäften und verkünde, dass alle heute Mittag ihren Handel unterbrechen müssen. Auf meine Anweisung hat der gesamte Handel zum Wohle des Volkes zu ruhen – der gesamte Handel, bis auf die Bäckereien, deren Brot ich selbst aufkaufen und auf dem Marktplatz an das Volk verteilen werde. Am Mittag! Verkünde, dass es heute Mittag auf dem Marktplatz Brot geben wird.«

PRISKA

49

Aber du hast gesagt, Herr, niemand würde Paulus angreifen und verletzen. Du hast es Paulus versprochen. Bitte, Jesus, halte dein Versprechen!

Ich wollte Paulus sehen, wenn er herauskommen würde. Ich wollte nahe am Geschehen sein. Ich hatte keine andere Wahl. Ich folgte dem Drängen meines Herzens. Mir war auch kaum bewusst, wie ich es überhaupt schaffte, durch die Menge zu der Tribüne und dem Richterstuhl zu gelangen.

Ich bin eine kleine und zierliche Frau. Ganz Korinth ist größer als ich. Ich zwängte mich durch die Lücken zwischen den Menschen. Ich verlor Aquila aus den Augen. Alleine kam ich zu dem Podest vor der Tribüne. Ich stellte mich ganz nahe an die unterste Stufe, damit sich niemand vor mich drängen konnte.

Gott und Vater meines Herrn Jesus Christus, tröste Paulus, tröste deinen Diener und meinen lieben Bruder in seiner Bedrängnis.

Die Rednertribüne ist doppelt so hoch und links und rechts doppelt so lang, wie ich groß bin. Sie sieht der Rostra in Rom ähnlich, beides sind Rednertribünen für Versammlungen und öffentliche Bekanntmachungen. Oder Gerichtsverfahren. An beiden Enden, zu ebener Erde, befinden sich Räume. Paulus war in einem dieser Räume und wartete.

Das Podest zwischen der Tribüne und mir war leer. Es war drei Stufen hoch und an den Rändern von einem Geländer begrenzt.

Zwischen dem Podest und der Rednertribüne befand sich niemand. Während der Gerichtsverhandlungen war dies nicht möglich.

Ich beobachtete, wie die Diener Gallios Stuhl herausbrachten. Es war ein großer, üppig verzierter hölzerner Stuhl mit Armlehnen und einer Rückenlehne.

Überall auf dem Marktplatz wimmelte es vor Menschen, die lachten und grölten, denen der mittägliche Wein zu Kopf gestiegen war und die sich die Bäuche mit Brot gefüllt hatten. Sie waren gekommen, um zu essen. Aber als der Stuhl des Prokonsuls herausgetragen wurde und sich die Gerichtsverhandlungen ankündigten, zog es die Aufmerksamkeit der ausgelassenen Menge auf sich.

Der Mann neben mir rief: »Wer ist angeklagt? Wer wird bluten?«

Ich erkannte die Stimme. Ich blickte kurz zur Seite und sah Apelles, den jähzornigen Schuster, der Paulus von Anfang an gehasst hatte. Sein Körper stank nach saurem Schweiß, aber ich bewegte mich nicht in die andere Richtung, weil ich meinen Platz an dem Podest nicht verlieren wollte.

Kyrie, eleison!

In der Mauer hinter der Rednertribüne öffnete sich eine Tür. Vier Soldaten traten heraus und stellten sich rechts und links des Richterstuhles auf. Als Nächstes kam ein Schreiber mit seinen Schreibutensilien, ging zu einem niedrigen Hocker und setzte sich. Einige Sekretäre erschienen, und schließlich kam Gallio.

Er war groß und schlank und ging ein wenig nach vorn gebeugt. Der Wind zerrte an seiner Toga. Als er den Stoff mit seiner Hand zusammenraffte, konnte ich sehen, wie eingefallen sein Brustkorb war. Konnte dieser Mann überhaupt Atem holen?

Seine Bewegungen waren vornehm und gemessen. Er erwiderte den Gruß der Massen mit einem leichten Kopfnicken – aber er zog auch die Augenbrauen ein wenig nach oben und flüsterte einem seiner Sekretäre hinter vorgehaltener Hand etwas zu, worauf dieser die Menge musterte und mit den Schultern zuckte.

Gallio ließ sich langsam auf den Stuhl sinken. Unter den Falten der Toga stachen seine Knie seltsam hervor. Er hustete in ein Leinentuch und nickte dann.

Der Schreiber rief auf Latein einen Namen aus. Es war nicht der Name des Paulus. Es war kein Name, den ich kannte. *Geduld, Priska, Geduld.* Immerfort kamen leise Gebete über meine Lippen.

Nachdem der Name ausgerufen worden war, kam ein kleiner, untersetzter Mann beflissenen Schrittes aus dem Raum an der linken Seite der Tribüne. Ihm folgten drei andere, zwei bewaffnete Soldaten und ein Mann in Fußfesseln, groß, grobknochig, mit langem blonden Haar.

»Ich bestehe darauf!«, rief der untersetzte Mann, als er die Stufen hinauf an dem Geländer vorbei auf das Podest trat. Er trug eine Schrifttafel bei sich, auf der die lateinischen Worte standen, aber wahrscheinlich konnte er nicht lesen. »Ich versichere«, sagte er in einem förmlichen Ton, »dass dieser Sklave nach dem Gesetz der römischen Bürger mir gehört.« Aufgeregt und wütend zeigte er auf den Gefesselten: »Diesen dort, diesen barbarischen Sklaven, hat man in Thrazien gefunden, wo er als Sprachlehrer aufgetreten ist!«

Gallio lehnte sich nach vorn. Zu dem blonden Sklaven sagte er: »Du kannst lesen?«

Der kleine dicke Mann schrie: »Dann kann er eben lesen. Was ändert das schon? Was hat das mit der Sache zu tun?«

Die Leute, die dem Podest am nächsten standen, tuschelten und pfiffen verächtlich, aber ich wusste nicht, ob ihre Verachtung dem Wutausbruch galt oder der Tatsache, dass dieser Sklave lesen konnte.

»Du hast vermutlich Beweise für dein Eigentumsrecht«, sagte Gallio zu dem Besitzer.

»Einen Vertrag über den Kauf! Ich habe ihn jung gekauft, den unverschämten, faulen ...«

Der Prokonsul hörte sich nicht mehr an, was der rundliche Mann an weiteren Schmähungen hervorbrachte. Er lehnte sich nach links und sagte zu dem Schreiber: »Das Verfahren ist eröffnet.« Das war eine förmliche Feststellung, die der Schreiber hastig auf seine Tafel schrieb. Gallio sagte: »Es geht hier um das Eigentumsrecht; sollte es zu beweisen sein, ist der Sklave des Diebstahls seiner eigenen Person schuldig. In diesem Fall wird der Flüchtling mit Stockhieben bestraft und auf der Stirn mit dem Buchstaben F gebrandmarkt.«

Die Leute auf dem Marktplatz klatschten Beifall.

Apelles, der Schuster, rief: »Ich erziehe Sklaven!« Er fasste über das Geländer und gab dem weißen Sklaven einen Klaps auf sein Hinterteil. »Guter Herr, reicher Herr«, lachte er, »lasst mich euren unbehaarten Sklaven erziehen!«

Zur selben Zeit benannte der Prokonsul einen Schiedsrichter für diesen Fall und setzte ein Datum für die Anhörung fest. Dann warf er noch einmal einen Blick auf den Ankläger, der jetzt immer nur Ja sagte.

»Macht den Platz frei«, befahl ein Soldat. Herr und Sklave verließen die Verhandlung durch den engen Raum zwischen dem Podium und der Rednertribüne.

Dann stand der Schreiber auf, um den nächsten Namen auszurufen.

Er war kaum aufgestanden, da spürte ich, wie mein Herz raste. Ich hatte Paulus zwei Tage lang nicht gesehen. Was mochten sie mit ihm gemacht haben?

Aber wiederum war es nicht Paulus. Es war der Name eines Fremden.

Zwei Korinther erschienen, die sich um ein Stück Land stritten.

Als sie das Podium bestiegen, sagte einer von ihnen, halb zu dem Richter, halb zu dem anderen: »Ich fordere dich auf, Recht walten zu lassen.« Damit unterwarf er sich und sein Anliegen der richterlichen Gewalt. Er hatte einen Klumpen Erde mitgebracht, der sein Recht auf das Stück Land symbolisieren sollte.

Gallio eröffnete die Verhandlung mit einer förmlichen Erklärung.

Die Männer machten einander widersprechende Ansprüche geltend. Auf beiden Seiten wurde Geld geboten, als Sicherheit bis zu einem abschließenden Urteil.

Ich hörte überhaupt nicht zu. Ich verlagerte mein Gewicht abwechselnd auf den linken und den rechten Fuß. Ich sah mich in der Menge um, ob ich Aquila ausmachen konnte oder Timotheus oder Titus oder irgendjemanden, dessen Anblick mir ein wenig Trost hätte spenden können. *Jesus, hilf ihm. Jesus, hilf uns allen.*

Weit hinter der Rednertribüne, zwischen den Säulen der südlichen Halle, glaubte ich eine Frau zu erkennen: Phöbe.

Doch dann erhob sich der Schreiber ein weiteres Mal und rief in lateinischer Sprache aus: »Im Namen der Synagoge der Juden möge Sosthenes hervortreten.«

Sosthenes!

In meinen Ohren hörte ich ein Rauschen, das Geräusch eines Wasserfalls, die Wallung meines Blutes.

Aus dem Raum rechts neben der Rednertribüne traten fünf Männer in das Sonnenlicht. Da war er! Paulus! Paulus war unter ihnen, seine Hände mit Seilen gefesselt. Sie gingen auf das Podium zu, wo noch sechs weitere Männer hinzukamen. Diese hatten also um mich herum in der Menge gestanden. Wie hatte ich sie nur übersehen können? Alle zehn gehörten der Synagoge an, und ich kannte sie. Zumindest erkannte ich ihre Gesichter wieder. Es waren ernste, finstere Gesichter.

Rette ihn! Rette deinen Diener Paulus!

Ließ meine Angst ihn so blass aussehen? War er immer so blass? Die schwarzen Augenbrauen gaben seinem Gesicht die Blässe des Neumonds. Seine Augen waren stärker gerötet als sonst. Gereizt. Sein Hals war dünn. Ich konnte die Sehnen und Adern an seinem Hals sehen. Er trug nichts als eine Tunika, wie ein Sklave, der sich verirrt hat. Er wandte sich nicht der Menge zu und sah niemanden an. Auch mich sah er nicht. Ich hätte ihn so gerne etwas sagen hören. Ich wollte seine

Stimme hören, denn sie war das, was mir an Paulus am meisten vertraut war.

Neun der Männer auf dem Podium bildeten einen Halbkreis, mit dem Rücken zum Geländer. Der zehnte hielt einen eingerollten Papyrus in der linken Hand und trat damit in die Mitte. Ich konnte sein Gesicht nicht sehen, weil er in die andere Richtung sah, aber ich kannte ihn. Ich erkannte Sosthenes an seinen Haaren. Ich hasste diese Haare, diese kleinen Knoten und wilden Locken.

Sosthenes, der Vorsteher der Synagoge, hob den Papyrus in die Höhe, als wollte er ihn der Tribüne, dem Stuhl und dem Richter auf dem Stuhl als Opfer darbringen. Er verneigte sich, begann die Papyrusrolle zu entfalten und sagte dabei auf Griechisch: »Mit der Erlaubnis des Gallio und mit der Bitte um seine Geduld wollen wir unsere Klage vorbringen und hiermit verlesen ...«

Aber Gallio erhob gelangweilt die rechte Hand.

Er hustete. In lateinischer Sprache fragte er: »Warum ist dieser Mann gefesselt?«

Die Unterbrechung verdutzte Sosthenes. Oder vielleicht die Frage. Er sah Paulus an, der seinen Blick ungerührt erwiderte.

»Also er, das heißt, Paulus«, hob Sostehenes noch einmal an, weiterhin auf Griechisch, »dieser Mensch hier, Paulus aus Tarsus ...«

»Bindet ihn los«, sagte Gallio.

Sosthenes stammelte noch etwas und verstummte dann. Er räusperte sich. »Verzeiht«, sagte er. »Was habt Ihr gesagt?«

Gallio lächelte. Auf Griechisch sagte er: »Bindet den Mann los, den ihr vor mich gebracht habt.« Er sprach in einem äußerst liebenswürdigen Ton, als wollte er einem Kind gut zureden.

Sosthenes straffte die Schultern. »Aber das Gesetz erlaubt es.« Er fasste sich an die Stirn und sagte: »Wenn der Gegner Widerstand leistet – so sieht es das Gesetz vor, Euer Gesetz, Prokonsul –, kann der Ankläger Gewalt anwenden, solange es in der Gegenwart von Zeugen geschieht. Seht her: Wir haben zehn Zeugen.«

Gallio erhob einen seiner schlanken Finger und bewegte ihn hin und her. »Solange ihr ihn keines schweren Verbrechens beschuldigt, besteht keine Notwendigkeit, ihn zu fesseln.«

»Aber das tun wir!«, warf Sosthenes sofort ein. »Es geht um eine schwere körperliche ...«

»Binde ihn los, Jude!«

Hinter mir rief eine heisere Stimme: »Binde ihn los!«

Einige begannen zu lachen, obwohl es kein Scherz gewesen war. Die Menge trat näher an das Podium. Der säuerlich riechende Apelles wurde gegen mich gedrückt. Mein Mund war ausgetrocknet. Ich versuchte, immer wieder zu schlucken.

»Binde ihn los!«

Sosthenes drehte sich um, sein Blick suchte aufgeregt in der Menge.

Paulus, mein Paulus, stand schweigend daneben und sah Sosthenes neugierig an. Nein, es war mehr als Neugier. Es war großes Interesse. Er sah niemand sonst an, niemand außer Sosthenes.

Plötzlich baute sich der Vorsteher der Synagoge in seiner vollen Größe vor dem Prokonsul über ihm auf der Rednertribüne auf. »Herr«, sagte er, »wenn Ihr mir erlaubt, diese Anklage zu verlesen und die Aussage auch nur eines einzigen Zeugen anhört, werdet Ihr sehen, wie abscheulich die Verbrechen sind, die im Namen dieses Mannes begangen wurden.«

Er hob den Papyrus, um ihn zu lesen.

Wieder unterbrach ihn Gallio lächelnd. »Mein Freund«, sagte er, lehnte sich nach vorn und gab Sosthenes ein Handzeichen, dass dieser näher und näher und noch näher kommen sollte.

Blinzelnd und mit steifem Gang gehorchte Sosthenes.

»Mein Freund, ich möchte dir weitere Blößen ersparen.«

Der Prokonsul sprach in einem vertraulichen Ton, ganz so, als ginge die Angelegenheit nur diese beiden Männer etwas an. Trotzdem konnten wir ihn hören. Alle konnten ihn hören. Die Menge wurde ganz still, um besser zuhören zu können, und auf dem Marktplatz kehrte eine eigenartige Ruhe ein.

Diese Ruhe machte mir Angst. Mein Mund versuchte immer noch zu schlucken. Ich beobachtete meinen Paulus, in seiner dünnen Tunika, an den Handgelenken mit Seilen gefesselt, blass und vollkommen ruhig. Paulus wiederum beobachtete Sosthenes.

Gallio sagte: »Wenn deine Klage eine Auseinandersetzung betrifft, in die du vorgestern auf der Straße von Kenchreä verwickelt gewesen bist, eine gewalttätige Auseinandersetzung, in deren Verlauf du einen Schlag gegen deine Person hinnehmen musstest, empfehle ich dir, deine Klage zurückzuziehen oder sie in entscheidenden Punkten neu zu formulieren.«

Das war ich!

Mein Gesicht errötete angesichts dieser öffentlichen Bloßstellung. Diese »Auseinandersetzung« betraf mich! Wie viele Menschen starrten nun auf Priska?

Sosthenes schrie: »Warum?« Er stampfte mit dem Fuß auf und schrie: »Warum bedrängt Ihr uns? Warum sollen wir unsere Klage zurückziehen?«

Ganz leise begann die Menge zu grummeln.

Gallio hielt inne und hustete. Dann sagte er in einem

eisigen Tonfall: »Weil du selbst der Angreifer gewesen bist, Sosthenes. Du hast diese Auseinandersetzung selbst begonnen.«

»Ich?« Sosthenes rang nach Luft. Er richtete die Papyrusrolle wie eine Waffe gegen den Richter und rief: »Ich habe überhaupt nichts begonnen!«

»Vorsicht, Vorsicht«, sagte der Prokonsul. »Sag lieber nichts mehr, bevor du nicht alle Zeugen dieses bedauerlichen Vorfalls gehört hast.« Er stand auf und wandte sich zu der Tür hinter ihm. »Komm her«, rief er.

Die Worte hatten nur eine Person hergebeten, aber es kamen zwei durch die Tür.

Die erste war ein Nubier – *der* Nubier, um genau zu sein. Ich ging voller Freude auf die Zehenspitzen. Dort war dieser wunderbare schwarze Mann, der mich aufgefangen hatte, als ich fast fürchtete, totgeschlagen zu werden. *Marcus! Er heißt Marcus!*

Und unmittelbar hinter ihm, scheinbar über dem Boden schwebend, mit weich fließenden Bewegungen, erschien Phöbe, mein Strahlenkranz aus Kenchreä, und ging zielstrebig auf Gallio zu. Der wohlerzogene Römer nahm ihre Hand und führte sie auf das Podium.

Diese Frau musst du unbedingt kennen lernen, Paulus. Du wirst sie bestimmt genauso sehr mögen wie ich.

Plötzlich schien es doch noch ein guter Tag zu werden. Ein sehr guter sogar.

Gallio sah zu Sosthenes hinunter. Auch Phöbe blickte in diese Richtung – aber zu mir, ich glaube, sie sah zu mir herüber.

Ich zeigte ihr mein strahlendstes Lächeln.

»Wirf mir nie wieder vor, euch zu bedrängen.« Die Mundwinkel des Gallio verzogen sich zu der verächtlichen Miene eines Patriziers. »Wirf mir stattdessen vor, die Wahrheit zu sagen. Ist doch das Zeugnis dieser ganz besonderen Zeugin in keiner Weise durch eigene Interessen getrübt. Sie hat in dieser Angelegenheit weder etwas zu gewinnen noch etwas zu verlieren. Und sie gehört zu den angesehensten Damen in dieser Stadt. Nur ein Narr würde ihr widersprechen.«

Gallio trat einen Schritt zurück und gab seiner Stimme den Klang eines griechischen Rhetors: »Also, Sosthenes aus der Synagoge der Juden, wenn deine Anklage nicht auf ein schweres Verbrechen lautet, wirst du diesen Menschen, wie du dich ausdrücktest, diesen Paulus aus Tarsus, sofort losbinden, damit er als freier Mann vor uns stehen kann.«

Sosthenes wischte sich den Mund ab. Er warf Paulus einen Seitenblick zu. Er drehte sich zu den Männern um, die hinter ihm standen, und suchte, glaube ich, nach einem passenden Wort, einem klugen Ratschlag. In seinen Augen sah ich Bestürzung, und in diesem Moment verspürte ich keinen Hass auf ihn. Keiner seiner Begleiter kam ihm zu Hilfe. Sie standen unruhig da und starrten auf den Boden. Nur Paulus sah den armen Mann immer noch mit ungebrochener Aufmerksamkeit an.

»Binde ihn los, Jude.« Als ich diesen Schrei in meinem Ohr hörte, zuckte ich zusammen. Apelles, der Schuster, rief: »Gemeine Judenratte, binde ihn los!«

Jemand anderes rief: »Los mit ihm!« Und wieder andere riefen: »Lass ihn frei!«

Sosthenes geriet in Aufregung. Er zerknüllte den Papyrus, warf ihn zu Boden, zeigte dann auf die Tribüne und schrie: »Auch wir haben Gesetze.« Er sprach aus einer unbeugsamen Überzeugung heraus. Der Mann war im Begriff, die Tiefen seiner Seele zu enthüllen. »Unsere Gesetze sind die Gesetze des Lebens und des Todes, Gesetze, die größer sind als alle eure menschlichen Schriften, weil es die Gesetze des Himmels sind.«

»Binde ihn los, Dummkopf! Binde ihn los, du schwafelnder Jude!«

Spott und Gelächter, Geraune, Pfiffe und Buhrufe erfüllten den Marktplatz wie das Donnern und Blitzen eines aufziehenden Gewitters.

So laut er konnte, brüllte Sosthenes: »Dieser Mann bringt die Leute dazu, entgegen den Gesetzen des Himmels Gott zu verehren!«

Gallio ordnete die Falten der Toga an seinem Körper. Ich konnte seine Worte nicht verstehen, aber ich konnte von seinen Lippen ablesen, was er sagte. Er sagte: »Da dies eine Angelegenheit ist, die euer eigenes Gesetz betrifft, regelt sie selbst.«

Er streifte die brodelnde Menge mit einem gleichgültigen Seitenblick, nahm dann Phöbes Hand und verschwand gemeinsam mit ihr durch die Tür in der Mauer hinter ihm. Die Soldaten und Sekretäre und der diensteifrige Schreiber folgten.

»Binde ihn los!«

Plötzlich griff der Schuster Apelles in das Geschehen ein. Er drängte sich an mir vorbei, kletterte über das Geländer und betrat das Podium. In seiner Hand sah ich ein gerundetes Messer. Mit einem Schnitt durchtrennte er das Seil, das die Hände des Paulus gefesselt hielt. Als er sich dann hastig umdrehte, versetzte er Sosthenes mit der Unterseite seines Ellenbogens einen Stoß ins Gesicht.

Sosthenes war wie versteinert. Sein Mund stand weit offen. Aber ein zweiter Schlag gegen seine Schläfe ließ ihn ins Taumeln geraten und in den Zwischenraum zwischen dem Podium und der Rednertribüne stürzen – und dann brach der große Sturm los.

Männer stürzten sich nach vorn, durchbrachen das Geländer und stürmten das Podium. Sie sprangen in den Zwischenraum, in den Sosthenes gefallen war, bebend und schreiend vor entfesselter Wut. Sie formten eine Mauer, einen Kreis, der ihre Gewalttat verbarg.

Die neun Männer aus der Synagoge waren verschwunden.

Ich hielt mir mit den Händen die Ohren zu und wimmerte vor Angst um meinen Blutsverwandten, um den Mann, der Jude war wie ich.

Doch dann hörte ich eine einzelne, kreischend hohe Stimme, welche wie ein Messer durch die Luft schnitt, die Menge übertönte und durch meine Hände in meine Ohren drang.

»Mi-ich!«, sang diese Stimme, flatternd wie eine Flagge im Sturm. »Schlagt mi-ich!«

Ich kannte diese Stimme, diese näselnde, jaulende, jedes andere Geräusch übertönende Stimme. Es war die Stimme des Paulus.

Und nun geschah alles ganz schnell.

Ich sah Paulus auf der Tribüne, am vorderen Rand, kurz bevor er sprang.

Ich sah, wie er sich hinunter in die Gewalt stürzte und von ihr aufgesogen wurde.

Und ich fing an zu laufen. Ich erklomm die Stufen vor mir. Ich drängte mich durch Menschen über Menschen, bis ich in den steinernen Abgrund zwischen dem Podium und der Tribüne blicken konnte. Dort unten lag Sosthenes. Er war bewusstlos. Aber da war auch Paulus.

Paulus, mein Paulus, hatte seinen Körper mit dem Bauch nach oben über Sosthenes ausgebreitet. Er hatte die Arme weit ausgestreckt, um den anderen Mann vollständig zu bedecken.

Zwischen mir und Paulus hockte der Schuster Apelles, das Messer mit der linken Hand fest umgriffen, bereit, die Hand fallen zu lassen und zuzustechen. Paulus sah dem Schuster in die Augen und forderte ihn heraus: »Mich! Nimm mich! Nimm mich statt seiner, Apelles!«

»Gib mir einen Grund«, bellte Apelles. »Kämpfe gegen mich!«

»Nein«, sagte Paulus.

»Schlag mich nur ein einziges Mal«, schrie Apelles.

Paulus sagte: »Das kann ich nicht tun. Und das werde ich nicht tun.«

Plötzlich holte Apelles mit der rechten Hand aus und schlug Paulus mit der Faust gegen das Kinn. »Kämpfe, zum Henker!«

Ich hielt die Luft an.

Für einen Moment kniff Paulus seine Augen ganz fest zu. Dann sah er wieder hinauf zu Apelles. Er nickte, als ob er großes Mitleid hätte. »Es ist nicht schlimm«, sagte er. Die Zwischenräume seiner Zähne füllten sich mit Blut. »Hab keine Angst, Apelles.«

Der Schuster schrie Paulus ins Gesicht: »Kämpfe gegen mich, Missgeburt! Stell dich endlich dem Kampf!«

Paulus rührte sich nicht. Das durchschnittene Seil, mit dem er gefesselt gewesen war, lag immer noch wie ein Armband um seine Handgelenke. »Es ist nicht schlimm«, sagte er. »Es wird alles gut.«

Apelles machte einen Satz nach vorn. Der Sprung misslang. Mit einem Schrei und mit ganzer Kraft schlug er Paulus gegen die Stirn. Die Haut sprang auf und machte das Weiß des Knochens sichtbar.

Ich fing an zu schluchzen. Außer mir gab niemand einen Laut von sich.

Paulus hatte die Augen geschlossen.

»Missgeburt!«, brüllte Apelles. »Feiger Jude!«

Dann auf einmal füllte sich die Wunde mit Blut. Kurz darauf floss das Blut über die Augenbrauen des Paulus und in seine Haare. Er öffnete die Augen. Er bewegte seine Arme nicht. Er blinzelte mehrmals, sah Apelles an, räusperte sich und lächelte. »Mach dir keine Sorgen«, sagte er in seiner näselnden Stimme. »Es wird alles gut. Denn ich liebe dich.«

Apelles wich zurück, wie von einem Tier gestochen. »Was hast du da gesagt? Sag so etwas nicht.«

»Du brauchst keine Angst vor mir zu haben, Apelles«, sagte Paulus. »Denn ich liebe dich.«

Der Schuster warf sich mit seinem ganzen Gewicht nach vorn. Er führte die Klinge des Messers, das er in der linken Hand hielt, an die Kehle des Paulus und flüsterte: »Ich habe keine Angst.« Leise, beinahe winselnd sagte er: »Bei den Göttern der Unterwelt, ich habe keine Angst. Wer entscheidet hier über dein Leben?«

»Nur Gott kann über Leben und Tod entscheiden«, sagte Paulus. »Aber Gott kennt deinen Namen, Apelles. Gott ruft dich bei deinem Namen. Durch mich spricht er zu dir.« Jetzt hob Paulus den Kopf. Er richtete sich auf, hob seine schmale Brust, stützte sich auf die Ellenbogen, ließ den Schuster zurückweichen, ließ das Blut über sein Gesicht laufen und brachte Sosthenes unter ihm dazu, sich ein wenig zu bewegen.

Paulus sprach ganz nüchtern zu Apelles. Er sagte: »Gott ist es, der spricht. Gott ist es, der sagt: *Ich liebe dich, Apelles. Ich habe dich immer schon geliebt, seit du auf der Welt bist.*«

Es war vollkommen still geworden. Ich schluchzte nicht mehr. Ich hielt den Atem an. Doch dann hörte ich ein schmerzerfülltes Stöhnen. Es war der Schuster Apelles. Er wiegte sich auf seinen Fersen hin und her. Seine Unterlippe zitterte. Sein Gesichtsausdruck war der eines Geschlagenen.

Paulus sagte: »Habe Frieden, Apelles, denn du bist von Gott geliebt. Es gibt keinen Grund, Angst zu haben.«

Und Angst hatte er. Jetzt konnte auch ich die Angst in den Augen des Schusters sehen.

Er stand auf. Es herrschte kein Gedränge mehr um ihn herum. Er ließ das gerundete Messer fallen und ging zurück über das Podium. Er kehrte uns den Rücken zu und ging über den Marktplatz in Richtung Norden. Er schleppte sich dahin und trauerte.

Und da war der Sturm vorüber.

Nein, der Sturm war schon längst vorüber gewesen. Ich hatte es bloß nicht bemerkt. Die Menschenmenge hatte sich zerstreut. Auf dem Marktplatz gingen die Menschen längst wieder ihren gewohnten Geschäften nach, Kaufleute und Soldaten und Kinder liefen umher. Die Steinmetze ließen ihre Hämmer erklingen. Ladentüren standen weit offen. Hunde wühlten durch die Abfälle der Menschen, und auf dem Boden lagen Brotkrumen, staubige Fleischstücke und grobe Salzkörner.

Und da war Aquila, schweigend stand er hinter mir. Wie lange mochte er schon dort gestanden haben?

Ich deutete auf den Zwischenraum zwischen der Rednertribüne und dem Podium. Aquila nickte. Wir gingen hinein und knieten uns neben Paulus und Sosthenes. Die beiden verwundeten Männer stützten sich gegenseitig.

Sosthenes war durcheinander. Sein dichtes, sorgfältig zurechtgemachtes Haar war voller Schlamm und Schweiß und Blut. Es war das Blut des Paulus, aber ich glaube nicht, dass Sosthenes in diesem Moment wusste, wer ihn stützte, wer seinen Arm um ihn legte, wessen Wange an seiner Wange lag.

Die Fontäne, die aus dem Kopf des Paulus hervorgetreten war, hatte die Gesichter beider Männer rot gefärbt.

»Hier«, sagte ich. Während Aquila Sosthenes unter die Arme griff und ihm aufhalf, nahm ich das wertvolle Leinentuch ab, das ich um den Hals gebunden trug, und reichte es Paulus. »Hier, nimm das«, sagte ich.

Ich faltete das Tuch zweimal, ließ ihn seinen Kopf in den Nacken legen und legte das Tuch auf die Wunde.

Aquila half Sosthenes wie einem Betrunkenen, den Weg nach Hause zu finden.

Paulus seufzte.

»Priszilla«, flüsterte er. »Meine kleine Priska, wie schön es ist, dich wieder zu sehen. Aber ich wusste ja, dass du hierher kommen würdest.«

Dann sah er mich von schräg unten an und gluckste durch ein verschmitztes Grinsen hindurch.

»Der Grund, warum ich mich nicht mit dem Gesicht nach unten auf Sosthenes gelegt habe«, sagte er, »ist der, dass ich es leid bin, immer auf den Rücken geschlagen zu werden. Mein Rücken hält einfach nichts mehr aus. Ich dachte mir, ich sollte meinen Schlägern vielleicht einen frischen Teil meines Fleisches anbieten. Aber sieh mal«, lachte er, nahm das Leinentuch von seiner Stirn und kam mit der Wunde ganz nahe an mich heran. »Schau dir das einmal an, und dann sage mir, ob der Schuster mich nicht genau da verletzt hat, wo die alte Narbe war. War sie nicht genau da?«

TIMOTHEUS

50

Und dann waren wir fort.

In der Zeit, die wir noch benötigten, um das Geschäft zu verkaufen, verschenkten wir, was sich während der letzten achtzehn Monate in Korinth angesammelt hatte. Wir behielten nur das Nötigste und nähten dafür aus alten Materialien neue Taschen zusammen. Paulus diktierte, ich schrieb und wir verschickten einen Brief, der in verschiedenen Städten Galatiens verlesen werden sollte: Pessinus, Palia und Orcistus. Wir verstauten die Einnahmen in Gürteln und banden uns die Gürtel um. Wir verabschiedeten uns von mehr als hundert Freunden, weinten, aßen ein letztes Mal gemeinsam zu Abend und vertrauten einander der Fürsorge Gottes an. Dann gingen wir zu Fuß nach Kenchreä. Da war eine fröhliche Gesellschaft unterwegs: Brüder und Schwestern aus allen drei Gemeinden, Crispus und seine Familie, Erastus und Gaius, jeder mit seinen Dienern. Insgesamt waren wir fast zwanzig Personen, und wir lachten miteinander und sangen Lieder. In der folgenden Nacht ließ Phöbe uns alle in ihrer Villa schlafen – aus Liebe zu Aquila, wie sie sagte. Paulus predigte und versprach, eines Tages wiederzukommen. Am nächsten Morgen gingen sechs von uns an Bord eines Schiffes, das nach Ephesus in Kleinasien fuhr. Von dort wollten wir uns in zwei Gruppen zu drei Personen aufteilen. Aquila und Priska und Sosthenes hatten vor, sich auf Dauer in Ephesus niederzulassen, während wir, das heißt Paulus, Titus und ich, mit dem Schiff weiter bis nach Syrien fahren würden. Paulus wollte unbedingt nach Jerusalem.

Es war die Wut des Paulus, die uns die Stadt so hastig verlassen ließ.

Und diese Wut des Paulus hatte sich an den Neuigkeiten entzündet, die der junge Titus uns gebracht hatte.

An dem Tag, als dem Apostel vor dem Prokonsul Gallio der Prozess gemacht wurde, eigentlich sogar während des Prozesses selbst, kamen zwei Männer zu mir, als ich hoch über dem Marktplatz auf dem ehemaligen Tempelhügel stand, von wo aus ich die Menge und das Geschehen vor der Tribüne gut beobachten konnte. Einen der beiden Männer hatte ich schon einmal gesehen, und zwar am Stadttor an der Straße nach Kenchreä, wo er Wächter war. Er sagte, er habe mich zufällig hier stehen sehen. Ob ich wisse, wo Paulus sei, fragte er. Den zweiten Mann kannte ich nicht. Es war ein energiegeladener Jugendlicher, ziemlich muskulös, von der Sonne gebräunt, gesund und gut aussehend.

Ja, ich wusste, wo Paulus war. Gab es noch irgendjemanden, der das nicht wusste? »Dort drüben«, sagte ich und zeigte mit dem Finger auf Paulus. »Der Mann in Fesseln, der Angeklagte, dem man ein Verbrechen zur Last legt, das ist Paulus.«

Der junge Mann sah in die Richtung, in die ich gezeigt hatte, und wurde plötzlich rot im Gesicht. Seine Muskeln begannen zu zittern wie die Seite eines Pferdes in einer Schlacht.

Der Wächter sagte, er müsse zurück auf seinen Posten. Er sagte, der junge Mann habe den weiten Weg von Antiochia in Syrien nach hier zurückgelegt, um Paulus zu suchen. Der Bursche hieß Titus. Der Wächter fragte mich, ob ich den jungen Titus zu Paulus bringen könnte, sobald dies möglich sei.

»Sofern sie ihn nicht vorher hinrichten oder ins Gefängnis werfen«, sagte ich.

Der Junge sah mich entsetzt an.

»Hinrichten? Paulus hinrichten?«

Der Wächter dankte mir für meine Hilfe und verabschiedete sich.

Jetzt tat mir mein Wutausbruch Leid. Der junge Mann war zu empfindsam für solche Bemerkungen. Und er schien sich um Paulus wirklich große Sorgen zu machen.

»Sie werden ihn schon nicht gleich hinrichten«, sagte ich.

Ich versuchte, ihm zu erklären, was geschehen war: die Vorwürfe, die Synagoge, der Synagogenvorsteher Sosthenes – aber wir starrten beide nur hinunter auf den Marktplatz und wurden immer unruhiger. Dicht gedrängt stand die Menge im Halbkreis um die Rednertribüne, gebückt und fauchend wie ein Raubtier, das sich an seine Beute heranschleicht. Der Prokonsul war aufgestanden, neben ihm stand eine Frau. Sie war zu weit weg, um ihr Gesicht zu erkennen. Ihre Haltung kam mir vertraut vor. Der Prokonsul drehte sich um und verschwand durch die hintere Tür. Alle auf der Tribüne – wirklich alle, auch die Soldaten – folgten ihm. Dann stürzte sich die Menge mit einem lang anhaltenden, heiseren Gebrüll auf das Podium vor der Tribüne, und Paulus und Sosthenes verschwanden, als ob die Fluten des Meeres sie verschluckt hätten.

Ich rannte los. Der junge Titus tat es mir nach. Er wäre viel schneller als ich gewesen, wenn er den Weg gekannt hätte. Man musste erst nach Westen laufen, wenn man nach Osten wollte, zurück in Richtung der Quelle von Glauke.

Als wir an der nordwestlichen Ecke des Marktplatzes

ankamen, hatte die Menschenmenge die Richtung gewechselt. Sie strömte nun nach draußen und erschwerte uns das Fortkommen. Ich sah Erastus auf seinem Pferd. Vier oder fünf andere liefen kreuz und quer durch die Menge und riefen: »Räumt den Platz! Geht zurück an eure Arbeit!«

Ich hatte keinen blassen Schimmer, wo Paulus war.

Erst als auf dem Marktplatz wieder Ruhe eingekehrt war, sah ich ein bekanntes Gesicht: Da war Aquila am östlichen Ende des Platzes und half jemandem die breiten Stufen neben dem Springbrunnen hinauf. Ich lief los, holte ihn ein und war ziemlich verblüfft, Sosthenes in seinem Arm zu entdecken – Sosthenes, mit einem ausdruckslosen Gesicht und voller Blut.

Aquila sagte mir, es sei das Blut des Paulus.

Er sagte, Paulus sei bei der Tribüne.

Ich drehte mich um und rannte – und dieses Mal zog der junge Titus, den ich ganz vergessen hatte, an mir vorbei, als ob er Flügel hätte.

Dann kam es zu einer lächerlichen Szene.

Titus erreichte die Tribüne gleichzeitig mit Erastus. »Paulus, was ist geschehen?«, rief Erastus und stieg von seinem Pferd.

Auf dem Podium saß Paulus Priska gegenüber, als ob die beiden im Freien frühstücken würden. Paulus, blutüberströmt, die Vorderseite seiner Tunika karminrot von frischem Blut – Paulus drehte sich zu Erastus um und erblickte stattdessen Titus.

Er stieß einen Schrei aus. Der Apostel Paulus stieß einen Schrei aus, sprang auf und warf seine Arme um den jungen Mann. »Titus! Titus! Titus!«, rief er laut, und der junge Mann lachte und zeigte seine starken weißen Zähne. Und plötzlich sackte Paulus zusammen. Mit dem Gesäß voran fiel er auf das Podium und ließ den

Kopf vornüber hängen. Alle eilten ihm zu Hilfe und streckten ihre Hände nach ihm aus, aber er schüttelte den Kopf, blickte auf und lächelte.

»Mir ist nur ein wenig schwindlig«, sagte er.

Erastus drängte sich dazwischen und sagte: »Das ist genau der Grund, warum ich mein Pferd mitgebracht habe. Es hat einen weichen Sattel und wird dich nach Hause bringen, Paulus. Ich bringe dich zu meinem Haus, wo wir deine Wunden behandeln können.«

Erastus bückte sich, als ob er den Apostel hochheben wollte, aber die Aufmerksamkeit des Paulus galt nicht Erastus.

»Titus«, sagte Paulus, »ich will mich an deine Schulter lehnen. Komm, Titus, mein Engel.«

So gingen die beiden über den Marktplatz nach Hause. Priska begleitete sie. Und was ich dann hörte, schien zunächst ein Windstoß zu sein. Aber es war Erastus, der große Erastus, der sich nicht mehr auf den Beinen halten konnte. Es war ein anstrengender Tag gewesen.

An jenem Abend konnte sich Paulus nicht mehr beruhigen. Er lief in der kleinen Werkstatt auf und ab, schnaubte vor Wut und diktierte mir Wortkaskaden, die ich mühsam auf frischen Papyrus zu bringen versuchte, damit ein Brief daraus wurde. Aber es schien, als hätte er mehr Blut verloren, als er zugeben wollte. Immer wieder sank er in sich zusammen, blass und schwindlig und plötzlich still.

Aber es machte ihm offensichtlich nichts aus. Sobald er wieder bei Bewusstsein war, stand er auf, ging umher und zeterte weiter:

»Lumpen! Betrüger! Feinde der Freiheit Christi! Sie haben mir die Hand gereicht, Timotheus. Wir wollten alle Brüder sein. Titus erinnert sich noch, nicht wahr,

Titus? Niemand hat von dir verlangt, dass du dich beschneiden lässt. Nichts wurde mir auferlegt. Nichts! Aber jetzt wollen sie die Frohe Botschaft Christi hinwegfegen!«

Der junge Titus hatte uns eine Abschrift eines Briefes überbracht, den ein gewisser Judas Barsabbas geschrieben hatte. In diesem Brief dankte Barsabbas Gott dafür, dass vierzehn und zwanzig Männer sich am Passahfest beschneiden lassen wollten. Der Brief war nach Antiochia geschickt, aber in Pessinus in Galatien geschrieben worden. Das war genau die Stadt, in der Paulus vor zweieinhalb Jahren krank geworden war, die Stadt, in der Paulus, Silvanus und ich gepredigt und eine winzige Gemeinde gegründet hatten.

»Beschneidung?«, brüllte Paulus. »Beschneidung! Die Hunde sind hinter uns her, stehlen die Kinder Gottes, als ob es Schafe wären, schneiden sie blutig, zwingen ihnen das Gesetz auf, zerren sie geradewegs in die Hölle!«

»Beschneidung! Sollen sie doch die Klinge ihres Messers an ihre eigenen Weichteile anlegen – und dann ein glatter Schnitt! Ich wünschte, sie würden sich mit ihren Messern selbst entmannen!«

Nur noch wenige Wochen und es würde kein Schiff mehr fahren. Danach würde der Schnee die Pässe über die Berge unpassierbar machen. Wer sich auf die Reise begeben wollte, hatte nicht mehr viel Zeit.

Paulus wollte sich in fünf Tagen auf den Weg nach Jerusalem machen. Zunächst nach Jerusalem, dann nach Antiochia und dann, sobald man Zilizien wieder würde passieren können, noch vor dem Passahfest nach Galatien. Titus und ich waren einverstanden. Wir versprachen, schon am nächsten Tag bereit zur Abreise zu sein.

Aquila und Priska waren den ganzen Abend niedergeschlagen und verbrachten die meiste Zeit in ihrem Zimmer über der Werkstatt.

Ich vermutete, dass die Wut des Paulus sie beunruhigte oder der Tag selbst, seine Kämpfe und seine Triumphe, ihnen zu schaffen gemacht hatte. Aber ich hatte Unrecht. Ihre Zurückhaltung hatte viel mehr mit der Angst vor einem bevorstehenden Verlust zu tun.

Als es schon dunkel war und immer kühler wurde, kamen sie die Treppe herunter und gestanden uns leise, was sie bedrückte: »Bitte, Paulus, nimm uns mit.« Es mache ihnen nichts aus, in Zelten zu leben. Sie hätten schon einmal ihre Heimat verlassen, hätten dabei alles verloren und seien bereit, immer wieder umzuziehen, wenn es für die Frohe Botschaft ihres Herrn Jesus Christus notwendig sei.

Paulus hörte auf, im Raum auf und ab zu gehen. Seine Wut verschwand. Er nahm die Öllampe und ging zu Priska, die immer noch hinten an der Treppe stand. Er hob die Lampe auf die Höhe ihrer Gesichter, streifte ihre Wangen mit einem schüchternen Licht, sein Gesicht das eines Falken, ihr Gesichtsausdruck nicht eindeutig auszumachen. Ich hörte, wie er tonlos flüsterte: »Priszilla?« Er nannte sie »Priszilla«. Diesen Namen hatte ich noch nie gehört.

Priska senkte den Kopf und sah zwischen ihnen auf den Boden. Ihre dunklen Augen verschwanden im Schatten. Ihre Haare waren zurückgekämmt und im Nacken zusammengebunden, sodass sie Paulus ein glattes Weiß vom Scheitel bis zum Nacken entgegenstreckte. Fast unbemerkbar nickte sie.

Und Paulus sagte: »Ja.« Dann stellte er die Öllampe hin und verfiel wieder in sein rastloses Umherlaufen. Dabei dachte er laut nach: Würde Aquila das Geschäft innerhalb von nur zehn Tagen verkaufen können? Paulus war bereit, noch zehn Tage zu warten, aber nicht länger. Es würde ihn umbringen, noch länger zu warten.

Ja, Aquila könnte das Geschäft innerhalb von nur zehn Tagen verkaufen.

Gut, gut.

Und wie wäre es damit, fragte Paulus: Was wäre, wenn die beiden nur den halben Weg mit uns reisten, bis nach Ephesus, und dort blieben, während wir weiterreisten? Paulus sagte, Korinth könne ein Vorbild für die nächste Metropole sein. Priska und Aquila könnten in Ephesus eine Unterkunft suchen, ein neues Geschäft eröffnen und Freunde gewinnen, genau wie in Korinth. Dann wäre alles schon vorbereitet, wenn Paulus zu einem späteren Zeitpunkt dazukäme. Denn er würde wieder zurückkommen, sagte er eindringlich. O ja, er würde zurückkommen und seine Mission unter den Heiden fortsetzen, sobald er im Osten das Notwendige erledigt hätte.

Nein, sagte er, diesmal würden wir uns nicht zu Fuß auf den Weg machen, sondern ein Schiff nach Osten nehmen. »Die Winde werden mit uns sein, zuverlässig und stark«, sagte er. Und auch Gott muss mit uns sein.

Es hatte zwei Vorteile, die ganzen zehn Tage abzuwarten:

Einmal hatte Paulus genug Zeit, wieder zu Kräften zu kommen. Allerdings lief der Mann mit den krummen Beinen auch nicht vor allen anderen her, als wir zu Fuß nach Kenchreä gingen, wie er es sonst getan hätte. Paulus war gealtert, das war unverkennbar. Sein Körper war müde geworden. Und sein Rücken quälte ihn mehr, als die anderen ahnen konnten. Er lief mit hängenden Schultern und hatte Schmerzen.

Zweitens hatte Paulus noch Gelegenheit, mit Sosthenes zu sprechen. Zwei heißblütige Männer, die auf dem Marktplatz diskutierten, die sich auf der Straße stritten, die sich neben der Synagoge zankten, die sich in Klein Judäa so laut anschrien, dass ich glaubte, sie würden Steine vom Boden aufheben und sich damit gegenseitig niederschlagen.

Am Ende steckte Sosthenes Geld in seinen Gürtel und kam mit uns.

PAULUS

51

Paulus, zum Apostel berufen, nicht von oder durch
Menschen, sondern durch Jesus Christus und durch Gott,
den Vater, der Jesus von den Toten auferweckt hat,
an die Gemeinden in Galatien:

Gnade sei mit euch und Friede von Gott, unserem Vater, und dem Herrn Jesus Christus!

Wie könnt ihr so etwas tun? Wie könnt ihr euch so schnell von dem abwenden, der euch durch die Gnade Christi berufen hat – von ihm abwenden, und euch einem anderen Evangelium zuwenden? Nein, nein, nein: Es gibt kein anderes Evangelium. Es gibt nur andere Leute, andere Lehrer, die jetzt unter euch sind, die euch verwirren, die das Evangelium Christi in sein Gegenteil verkehren wollen! Ich aber sage euch, wenn irgendjemand – und sei es ein Engel vom Himmel – euch ein Evangelium verkündet, das dem widerspricht, was wir euch verkündet haben, soll er verdammt sein.

Habt ihr mich verstanden? Soll ich es noch einmal wiederholen? Wenn euch jemand ein anderes Evangelium verkündet, als ihr angenommen habt, soll er verdammt sein und zur Hölle fahren!

Denn das Evangelium, das ich predige, stammt nicht von Menschen. Ich habe es nicht von einem Mann oder einer Frau empfangen. Es ist mir durch Jesus Christus offenbart worden! Und die ganze Gemeinde hat es angenommen!

Ihr habt doch gehört, wie ich früher als gesetzestreuer Jude gelebt habe, wie maßlos ich die Gemeinde Gottes verfolgte und sie sogar vernichten wollte. Ihr habt gehört, dass ich die meisten meiner Altersgenossen in der Treue zum Gesetz übertraf und mich für die Überlieferungen meiner Väter mit größtem Eifer einsetzte. Aber als Gott, der mich schon im Mutterleib auserwählt und durch seine Gnade berufen hat, mir in seiner Güte seinen Sohn offenbarte, damit ich ihn unter den Heiden verkündige, da zog ich kein Wesen aus Fleisch und Blut zu Rate! Ich ging nicht hinauf nach Jerusalem! Ich hörte nicht auf diejenigen, die für mich die Apostel waren! Nein, ich zog nach Arabien. Ich predigte in Damaskus. Und erst nach drei Jahren traf ich mich schließlich mit Petrus. Blieb ich lange bei ihm? Nein! Ich blieb nicht länger als fünfzehn Tage bei ihm in Jerusalem und habe von den anderen keinen gesehen, nur Jakobus, den Bruder des Herrn.

Hört mich an, ich sage euch die Wahrheit! Gott weiß, dass ich nicht lüge!

Danach ging ich in das Gebiet von Syrien und Zilizien, wo ich das Evangelium predigte, das ich von Christus erhalten hatte. Ich säte, und der Geist sorgte für das Wachstum. Gemeinden entstanden und Menschen glaubten, genau wie es bei euch in Galatien geschehen ist.

Vierzehn Jahre später ging ich wieder nach Jerusalem, zusammen mit Barnabas. Ich nahm auch Titus mit. Ich legte den Säulen der Gemeinde das Evangelium vor, das ich den Heiden predige. Ich ging aufgrund einer Offenbarung. Und ich ging, weil falsche Brüder sich eingeschlichen hatten, um die Freiheit, die wir in Christus Jesus haben, zu sabotieren und uns zu Sklaven zu machen.

Hört zu: Von den Säulen der Gemeinde wurde mir *nichts* auferlegt! Noch nicht einmal Titus, der Grieche ist, wurde gezwungen, sich beschneiden zu lassen! Im Gegenteil, als sie sahen, dass mir das Evangelium für die Unbeschnittenen anvertraut ist, wie dem Petrus das Evangelium für die Beschnittenen anvertraut ist, und als sie die Gnade erkannten, die mir verliehen ist, gaben Jakobus und Petrus und Johannes mir und Barnabas die Hand zum Zeichen der Gemeinschaft. Wir sollten zu den Heiden gehen und sie zu den Beschnittenen.

Hört zu. Hört ihr mir zu? Ich, der ich von Geburt Jude bin und nicht Heide, bin dazu gekommen, an Christus Jesus zu glauben, damit ich gerecht werde durch den Glauben an Christus und nicht durch die Werke des Gesetzes, denn durch die Werke des Gesetzes wird niemand gerecht. Niemand, weder Jude noch Grieche! Durch das Gesetz bin ich dem Gesetz gestorben, damit ich für Gott lebe. Ich bin mit Christus gekreuzigt worden. Nicht mehr ich lebe, sondern Christus lebt in mir. Und das Leben, das ich jetzt noch in dieser Welt lebe, lebe ich im Glauben an den Sohn Gottes, der mich geliebt und sich für mich hingegeben hat.

Aber *ihr*, ihr begriffsstutzigen Galater! Ihr, die ihr mich als Vorbild hattet, als ich kam, um euch zu predigen! Ihr, um die ich mich nun vielleicht umsonst bemüht habe – ihr, wer hat euch nun verblendet?

Euch stand der gekreuzigte Jesus Christus ganz klar vor Augen! Nichts hätte eindeutiger sein können!

Lasst mich euch dies fragen: Habt ihr den Geist durch die Werke des Gesetzes empfangen? – Oder habt ihr den Geist durch die Botschaft des Glaubens empfangen? Dann habt ihr in der Zwischenzeit den Verstand verloren, denn am Anfang habt ihr auf den Geist vertraut und jetzt erwartet ihr vom Geist die Erfüllung. Ihr habt Gott durch den Geist und in Wundern erfahren, und nun scheinen alle eure Erfahrungen umsonst gewesen zu sein.

Aber von Abraham heißt es in der Schrift: »Er glaubte Gott, und das wurde ihm als Gerechtigkeit angerechnet.« Seht ihr nicht, dass die, die glauben, die wahren Kinder Abrahams sind? Die Schrift hat vorhergesehen, dass Gott die Heiden aufgrund des Glaubens gerecht machen würde, deshalb hat die Schrift schon dem Abraham das Evangelium gepredigt, das euch betrifft, wenn sie sagt: »In dir sollen alle Geschlechter auf Erden gesegnet werden.« Jeder, der glaubt, ist mit Abraham gesegnet, der selbst zuallererst eine Seele voll des Glaubens war.

In Christus Jesus seid ihr alle Kinder Gottes durch den Glauben. Denn ihr alle, die ihr auf Christus getauft seid, habt Christus wie ein Gewand angelegt. Es gibt nicht mehr Juden und Griechen! Es gibt nicht mehr Sklaven und Freie! Es gibt nicht mehr Männer und Frauen – denn ihr alle seid eins in Christus Jesus. Und wenn ihr zu Christus gehört, dann seid ihr Abrahams Nachkommen und Erben gemäß der Verheißung Gottes.

Hört zu: Solange der Erbe unmündig ist, ist er nicht mehr als ein Sklave, obwohl er eines Tages das Gut besitzen wird. Ein Unmündiger muss sich Vormunden,

Treuhändern, Tutoren unterwerfen, bis zu dem Tag, den der Vater für das Erbe festgesetzt hat. Genauso standen die Juden unter der Vormundschaft des Gesetzes, während sie auf die Einlösung des Versprechens warteten. Aber als schließlich der rechte Zeitpunkt gekommen war, schickte Gott seinen Sohn, geboren von einer Frau und dem Gesetz unterstellt, um die zu befreien, die unter dem Gesetz standen, damit wir als Kinder angenommen werden können. Und weil ihr Kinder seid, sandte Gott den Geist seines Sohnes in unsere Herzen, den Geist, der ruft: Papa! Vater! So seid ihr durch Gott nicht länger Sklaven, sondern Kinder und Erben.

Früher, als ihr Gott noch nicht kanntet, wart ihr Sklaven der Kreaturen, die von Natur aus keine Götter sind. Aber wie könnt ihr jetzt, wo ihr Gott kennt und Gott euch kennt, wieder zu Sklaven werden, Sklaven der schwachen und armseligen Elementarmächte?

Ich bitte euch ganz eindringlich, tapfere Galater: Werdet wieder wie ich, so wie auch ich wie ihr gewesen bin. Ihr habt mir kein Unrecht getan. Ihr erinnert euch sicherlich, wie ich zu euch gekommen bin: Ich war krank. Genauso war es. Und obwohl meine Schwäche für euch eine Versuchung war, habt ihr nicht mit Verachtung und Abscheu geantwortet. Stattdessen habt ihr mich wie einen Engel Gottes aufgenommen, wie Christus Jesus selbst. Damals wart ihr so begeistert! Was ist seitdem geschehen? Es gab Zeiten, da hättet ihr euch die Augen ausgerissen, um sie mir zu geben. Bin ich jetzt euer Feind, nur weil ich euch die Wahrheit gesagt habe?

Zur Freiheit hat uns Christus befreit! Deshalb müsst ihr standhaft sein. Deshalb dürft ihr euch nie wieder das Joch der Knechtschaft auferlegen lassen. Hört, was ich, Paulus, euch sage: Wenn ihr euch beschneiden lasst, wird Christus euch nichts nützen. Ich sage es noch einmal: Wenn sich jemand beschneiden lässt, ist er verpflichtet, das *ganze* Gesetz zu halten! Und jeder, der durch das Gesetz gerecht werden will, hat mit Christus nichts mehr zu tun. Ihr würdet aus der Gnade herausfallen! Durch den Geist und aufgrund des Glaubens erwarten wir die Gerechtigkeit. Denn in Christus Jesus kommt es nicht darauf an, beschnitten oder unbeschnitten zu sein, sondern auf den Glauben, der in der Liebe wirksam ist.

Meine Kinder, ihr wart auf dem richtigen Weg. Wer hat euch daran gehindert, weiter der Wahrheit zu folgen?

Der Mann, der euch verwirrt – wer auch immer es ist –, wird seine gerechte Strafe bekommen. Ich wünschte, ja, ich wünschte, er würde sich selbst verstümmeln!

Und ich vertraue auf Gott, dass ihr die Dinge so sehen werdet wie ich.

Ich aber will mich allein des Kreuzes Jesu Christi, unseres Herrn, rühmen, durch das mir die Welt gekreuzigt ist und ich der Welt. Denn es kommt nicht darauf an, ob einer beschnitten oder unbeschnitten ist, sondern darauf, dass er eine neue Schöpfung ist. Friede und Erbarmen komme über alle, die sich von diesem Grundsatz leiten lassen, und über das Israel Gottes.

In Zukunft soll mir niemand mehr solche Schwierigkeiten bereiten. Denn ich trage die Zeichen Jesu an meinem Leib.

Die Gnade Jesu Christi, unseres Herrn, sei mit eurem Geist. Amen.

BARNABAS
52

Wütend ging Saulus fort, wütend kam Saulus zurück. Himmlischer Vater, vergib mir meine Schwäche – ich konnte die Wut nicht mehr ertragen. Seine Wut nicht, und die Wut der anderen auch nicht. Ich hatte keine Kraft mehr für einen weiteren Streit.

Ich weiß es, und ich gebe es zu: Ich habe den Streit wahrscheinlich selbst verursacht. Schließlich bin ich derjenige, der Titus mit der Nachricht, dass Barsabbas in den Gewässern des Saulus wildere, nach Korinth geschickt hat. Aber hier ging es um Wahrheit oder Lüge. Ich hatte keine andere Wahl, als es ihn wissen zu lassen. Und ich hatte wahrscheinlich angenommen, dass Saulus, wenn überhaupt irgendwohin, dann an den Ort des Geschehens reisen würde. Nach Galatien. Es wäre mir nicht in den Sinn gekommen, dass er zuerst nach Jerusalem eilen würde und dann nach Antiochia gestürmt käme. Aus welchem Grund hätte ich ihn in Antiochia vermuten sollen?

Aber er kam wie ein brüllender Löwe, und ich schlug ihm die Tür vor der Nase zu. Ich wollte ihn nicht sehen.

Der liebe, folgsame Titus kam sofort zu Besuch. Er setzte sich und aß mit mir in meinem kleinen Zimmer. Aus dem übermütigen jungen Titus war mit einem Mal ein Mann geworden, reiseerprobt und unabhängig. Es wärmte meine alten Knochen, meinen Freund wieder zu sehen. Und auch das hatte ich, wie mir bewusst wurde, nicht erwartet: dass Titus zurückkehren würde, oder zumindest, dass er so bald zurückkehren würde. Korinth ist so weit weg. Nur die Reichen und die gekrönten Häupter reisen so oft von einem Ort zum anderen.

Atemlos erzählte Titus von Städten und Sehenswürdigkeiten. So fragte er mich etwa, ob das bronzene Tor außerhalb des Tempels von Jerusalem – das so genannte Schöne Tor – in Korinth hergestellt worden sei.

Ich sagte Ja. Das wusste ich. »Aber du bist der Glücklichere von uns beiden«, sagte ich, »denn ich habe die Gießereien von Korinth nie mit eigenen Augen gesehen.«

Und ob ich auch wisse, fuhr Titus eifrig fort, dass die Bronze aus Korinth die beste der ganzen Welt sei. Hochgelobt von Augustus, und von Tiberias geliebt.

Nein. Nein, dass wusste ich nicht.

Wusste ich denn, dass das Schöne Tor wertvoller war als die neun anderen Tore des Tempels zusammen? Und dass jene – er stand halb auf und sprang mich beinahe an vor Begeisterung – immerhin mit Silber überzogen und in Gold gefasst waren?

Ich lachte mit meinem Gast. Damit hatte ich nicht gerechnet und es war für mich das reinste Vergnügen. Wann hatte ich das letzte Mal gelacht?

»Nein«, sagte ich. »Der Wert war mir überhaupt nicht bewusst.«

Plötzlich wurde Titus ernst.

»Barnabas«, sagte er.

Ich hörte auf zu lachen. »Ja?«

»Warum willst du Paulus nicht sehen?«

Titus benutzte den griechischen Namen. Ich vermute, es war nur gedankenlos. Was ich meine, ist, dass sich bestimmt keine versteckte Botschaft hinter der Wahl des Namens verbarg. Trotzdem befremdete es mich, und auch hierfür bitte ich um Vergebung: dass ich auf Titus wegen seiner Freundschaft zu Saulus eifersüchtig war. Diese Freundschaft schien etwas Neues und Tieferes zu sein als zuvor.

Titus sagte: »Warum setzt du dich nicht mit Paulus an einen Tisch und redest mit ihm?«

Ich nahm die Karaffe und goss Wein in seinen Becher. »Hat er dich zu mir geschickt?«, fragte ich. »Sprichst du in seinem Namen?«

»Nein. Er weiß nicht, dass ich hier bin. Er würde mich anschreien, wenn er es wüsste.«

Schade. Eine weitere Erkenntnis über mich selbst: Insgeheim hatte ich gehofft, Saulus hätte Titus zu mir geschickt.

Ich schenkte mir selbst Wein ein.

»Vielleicht können wir über ein anderes Thema sprechen«, sagte ich.

»Aber ich liebe ihn. Wer sonst ist für mich eingetreten, als Petrus nicht mit mir essen wollte?«, sagte Titus, ernst und unschuldig und so jung. »Und ich liebe dich, denn du bist der, der sonst noch für mich eingetreten ist«, sagte Titus, und das stach mir plötzlich ins Herz. »Und bevor ich an Jesus glaubte«, sagte er, »als ich nur ein kleiner Junge war, glaubte ich an euch beide, an eure Freundschaft. Es war so schön, euch zusammen zu sehen. Paulus redete und du lachtest. Diese Tage waren einmalig, Barnabas. Diese Tage waren einfach einmalig. Warum willst du Paulus jetzt nicht mehr sehen?«

Ich tat so, als würde ich etwas Wein trinken. Es war der beste Wein, den ich hatte. Ich feierte Titus.

»Wo wohnt er?«, fragte ich.

»Da, wo er immer gewohnt hat. Im Haus des Simon Niger.«

»Ist er wütend?«

»Ich glaube schon.«

»War er in Jerusalem wütend?«

»O ja, ganz sicher.«

»Was hat er dort gemacht? Warum ist er hingegangen?«

»Um Jakobus seine Meinung ins Gesicht zu sagen.«

»Warst du in der Nähe? Hast du gehört, was er zu Jakobus gesagt hat?«

»Ja. Das lag daran, dass er nicht warten konnte, bis sie allein waren. Er hat gleich losgebrüllt.«

»Aha«, sagte ich.

Vater im Himmel, ich bin so müde. So müde. Und dennoch bedrängte ich diesen jungen Mann, meinen Gast. »Was hat er zu Jakobus gesagt?«, fragte ich.

»Er sagte, er kämpfe jetzt schon gegen den Teufel«, erwiderte Titus.

Titus legte seinen Kopf auf den Tisch. Er tauchte seinen Finger in eine Lache verschütteten Weins und malte Kreise auf der Oberfläche des Tisches.

»Er kämpft gegen den Teufel«, sagte ich.

Titus zuckte die Schultern und redete weiter: »Nun, er sagt also, dass er gegen den Teufel kämpft. Und dann sagt er, dass er auch schon gegen ›Fürsten und Mächte‹ kämpft. Er ist gesteinigt und ausgeraubt und ausgepeitscht worden, sagt er, und mit Narben übersät, den Wundmalen Jesu. Dann schreit er Jakobus ins Gesicht: ›Warum muss ich dann auch noch gegen mein eigenes Volk kämpfen? Und warum zerstört mein Volk das Werk, das ich für Christus tue?‹ Das waren seine Worte: *Mein Volk zerstört das Werk, das ich für Christus tue.* Als Nächstes öffnet er seinen Beutel und holt den Brief hervor, den du mir gegeben hast, damit ich ihn ihm gebe. Er hält ihn Jakobus vor die Nase und schreit: ›Pfeif deine Hunde zurück. Denn sie beißen.‹ Paulus schreit und wird immer röter im Gesicht: ›Sie beißen, und sie fressen Heiden! Wenn du sie nicht losgeschickt hast, um Leute zu beschneiden, dann beaufsichtige sie wenigstens, Jakobus. Beaufsichtige die Leute, die sich von diesem Ort Führung erhoffen.‹ Jakobus fragt: ›Wann hat sich jemals jemand von mir beaufsichtigen lassen?‹ Und Paulus sagt: ›Du weißt genau, dass du in Jerusalem die Macht hast.‹ Und Jakobus sagt ausgesprochen höflich: ›Wir haben dich gebeten, den Heiden nahe zu legen, dass sie aus Rücksicht auf die Juden vier einfache Regeln beachten. Erinnerst du dich?‹ Und Jakobus sagt: ›Welchen Einfluss sollte ich auf irgendjemand haben, wenn ich auf dich auch keinen Einfluss habe?‹«

Titus senkte seine Stimme. Er holte seine Erinnerung hervor. »Dann bekam ich Angst, Barnabas. Ich war mir sicher, dass es zu einer Schlägerei kommen würde. Als Jakobus sagt, dass er keinen Einfluss auf Paulus hat, gerät dieser in Rage und schreit: ›Nur Jesus!‹ Er hebt seinen Arm, als ob er auf irgendetwas schlagen will: ›Nur der Herr Jesus Christus hat Einfluss auf mich!‹ Jakobus hat keine Angst vor Paulus und sagt: ›Und woher weißt du, dass Jesus nicht auch Einfluss auf Judas Barsabbas hat?‹ Paulus macht ein röchelndes Geräusch. Ich glaubte, er erstickt. Jakobus sagt: ›Bist du der Einzige, der im Besitz der Wahrheit ist?‹ Jakobus sagt: ›Liegt das ganze Urteil über Wahrheit und Irrtum in deiner Hand?‹ Jakobus sagt: ›Bist du jetzt etwa das Gesetz? Bist du an die Stelle des Mose getreten?‹

Ich beobachte Paulus und mache mir große Sorgen. Seine Hand ist immer noch erhoben. Er zittert. Seine winzigen Augen funkeln in seinem riesigen Kopf, und er zeigt seine Zähne, und er knurrt, als ob er seine Zunge verschlucken würde. Entweder wird er auf Jakobus einschlagen wollen, und ich muss ihn zurückhalten, oder er wird ohnmächtig werden, und ich muss ihn auffangen. So etwas habe ich noch nie erlebt!

Und was dann geschieht, ist genauso merkwürdig.

Er hört auf. Paulus gibt einfach auf. Plötzlich stößt er einen leisen Seufzer aus, und es ist vorbei. Er blinzelt mit den Augen, er räuspert sich ein paar Mal laut, er dreht sich zur Seite und reibt sich die Stirn, dann wendet er sich wieder Jakobus zu und sagt ganz nüchtern: ›Ich gehe nach Galatien, um die Heiden zu retten. Und ich rette auch Jerusalem. Erinnerst du dich an deine Bitte, für die Armen in Jerusalem Geld zu sammeln?‹ Jakobus nickt. Ich kann nicht sagen, was jetzt in ihm vorgeht. Seine Augenlider senken sich und verbergen seine Gefühle. Aber er nickt und sagt: ›Ja, ich erinnere mich.‹ Also sagt Paulus: ›Ich werde deinen Wunsch gerne erfüllen. Angefangen bei den Gemeinden in Galatien, werde ich in allen Gemeinden, die ich gegründet habe, Geld sammeln, Geld von Heiden in fernen Ländern, bis nach Mazedonien und Achaia.‹ Was hat das Sammeln von Geld mit dieser Sache zu tun, Barnabas?«

Titus schwieg. Ich gab ihm keine Antwort auf seine Frage, obwohl auch ich mich jetzt wieder erinnern konnte, dass Jakobus von den Armen in Jerusalem gesprochen hatte. Mich erstaunte, dass Saulus sich dies gemerkt hatte. Ich hätte es längst vergessen.

Titus nahm einen kleinen Schluck Wein, dann sah er mich an. »Ich verstehe das alles nicht, Barnabas«, sagte er. »Aber das ist geschehen. Was sollte ich dir sonst berichten? Sonst gibt es nichts zu berichten. Warum willst du ihn nicht sehen? Vielleicht ist Paulus ja – ich weiß nicht, was er ist – traurig? Kann ein Mensch gleichzeitig traurig und wütend sein? Warum willst du ihn nicht sehen, Barnabas?«

Die Szene, die Titus soeben geschildert hatte, war genau das, was ich nicht länger ertragen konnte. Saulus, wie er kämpft, Saulus, wie er bekämpft wird – und niemand kann sich einfach umdrehen und gehen, jeder muss sich entscheiden, auf wessen Seite er steht. Was Titus erzählt hatte, war ungeheuerlich. Saulus musste im Westen noch schlimmer geworden sein. Ich hatte schon einmal erlebt, wie er die Beherrschung verloren hatte, oder zumindest nicht mehr wusste, was er sagte: damals, als Barsabbas im Haus des Simon Niger die vier Punkte verlesen hatte.

»Weil ich alt bin, Titus«, sagte ich. »Alt und müde. Sieh mich an, mein Sohn. Sieh dir meinen Handrücken an. Was siehst du?«

»Adern.«

»Blaue Adern. Geschwollene Adern. Wie Schlangen. Und die braunen Flecken des Alters. Welche Farbe haben meine Haare bekommen?«

Ein Grinsen huschte über das Gesicht des Titus. »Silber, mein Vater. So silbern wie mein Anhänger.«

Er hob das Geschenk zwischen uns in die Höhe wie einen Siegerpokal.

Ach, Titus! Ich lächelte, als ich diese Geste sah. Ich lächelte und fühlte mich mit einem Mal glücklich, weil ein junger Mann das Geschenk eines alten Mannes trug.

»Silber an dir ist kostbar«, sagte ich. »Silber an mir ist das Alter.« Ich erhob meinen Becher. Wir beide tranken einen Schluck.

Ich dachte über die Deutung des Titus nach. Traurig? Konnte es sein, dass Saulus traurig war? Dieses Gefühl hatte ich bei ihm noch nie erlebt. Noch nie. Es war viel wahrscheinlicher, dass er dumpf vor sich hin brütete. Die Wut des Paulus, dachte ich, kennt so viele Wandlungen wie das Wetter auf dem offenen Meer. Verlasse dich nie auf etwas. Selbst bei einer Flaute kannst du plötzlich überspült werden.

Titus gab mir einen leichten Klaps auf die Schulter.

»Warum setzt du dich nicht mit deinem Bruder an einen Tisch und redest mit ihm?«, fragte er.

Diesmal gab ich ihm eine Antwort. »Er hat mich auch angeschrien, Titus«, sagte ich.

»Aber so ist er nun einmal«, warf der junge Mann ein. »Er schreit.«

»Ich weiß, ich weiß. Aber ich konnte mich nicht länger damit belasten. Ach, Titus, er hatte mich gesucht. Er fand mich in der Nähe des Pantheons, wo ich einigen Frauen predigte. Schon von weitem hörte ich seine Stimme, aber es war keine Begrüßung. Er rief: ›Und hast du ihm auch geschrieben, Barnabas?‹ Ich sah ihn lächelnd an, freute mich, ihn zu sehen. Aber er redete auf mich ein, stellte mir Fragen, die sich wie Vorwürfe anhörten: ›Hast du auch jemanden nach Pessinus geschickt, als du Titus nach Korinth geschickt hast? Ich hoffe doch! Hast du Barsabbas gesagt, dass er ein Verräter ist? Er hat, wie du weißt, den Herrn betrogen!‹ Saulus schrie herum. Kein *Entschuldige bitte*. Kein *Friede sei mit dir*. Seine ersten Worte waren wutentbrannt. Und das sind genau seine Worte, Titus. Auf der Straße, vor all den Frauen, warf Paulus seine Arme in die Höhe und schrie: ›Barsabbas hat Heiden zur Hölle geschickt! Wegen Barsabbas sterben Heiden den Tod!‹«

Leise sagte Titus zu mir: »Ich kenne diese Worte. Genau diese Worte. Ich habe sie auch gehört. Ich war dabei.«

»Du warst dabei?«

»Dicht hinter ihm.«

Ich sah den jungen Mann an. »Dann kannst du es verstehen, nicht wahr, Titus? Ich wusste auf einmal, wie müde ich war. Wie müde ich bin. Ich gab Saulus keine Antwort. Ich konnte es nicht. Ich konnte überhaupt nichts sagen. Ich drehte mich um und ging weg. Ich ging zurück nach hier, in meine kleinen Zimmer, und ich schloss und verriegelte die Tür.«

Titus, dieser junge Mann voller Energie und Begeisterung, sah enttäuscht aus. Eine Zeit lang schwieg er. Dann sagte er: »Aber das war genau der Moment, in dem ich ihn traurig gesehen habe.«

JAKOBUS

53

Saulus hat eine Schwester! Ich war zugegebenermaßen sehr erstaunt, als ich herausfand, dass Saulus eine Schwester hat, die zudem nur einen kurzen Fußweg nördlich von mir wohnt, in einem Haus an der Stadtmauer, neben dem Tor. Eine Schwester in Jerusalem. Eigentlich sollte es niemanden erstaunen, wenn ein Mann, der in eine Familie hineingeboren wurde und in einer Familie aufgewachsen ist, eine Familie hat. Aber ich war erstaunt. Gleichzeitig war diese Erkenntnis für mich eine Genugtuung. Es reduzierte den Mann – seine Macht, seine sichtbare Gegenwart – auf ein menschliches Maß, sich vorzustellen, dass er Bindungen und Anhang besitzt. Der Kämpfer war nicht so leichtfüßig, wie es den Anschein gehabt hatte.

Und die Tatsache, dass Saulus sie während seiner ersten beiden Besuche weder erwähnt hatte noch, soweit ich weiß, zu ihr gegangen war, die Tatsache, dass er Bindungen besaß, zu denen er sich nicht bekannte, die er vielleicht sogar als ein Geheimnis bewahrte, die offenbar etwas waren, das er zu verbergen hatte, ließ ihn in einem noch ungünstigeren Licht erscheinen.

Es war während seines dritten Besuchs, dass er die Angelegenheit mir gegenüber offen legte.

Nachdem wir ein Streitgespräch geführt hatten und er ein bemerkenswertes Maß an Schwäche gezeigt hatte – dieser Mann neigt zu unberechenbaren Gefühlsschwankungen –, nachdem ich ihn unmissverständlich in die Schranken gewiesen hatte, fragte er mich sehr freundlich, ob ich für ihn mit seiner Schwester sprechen könne. Er erklärte mir – wiederum sehr freundlich –, dass sie mehr als zwanzig Jahre nicht miteinander gesprochen hätten. Die Trennung war im gegenseitigen Einvernehmen erfolgt, da sie immer noch so eifrig für den Gott des Mose eintrat wie er vor seinem Seitenwechsel. Und ob ich bereit wäre, selbst zu ihr zu gehen, fragte er, denn seine Schwester verachte die Anhänger Jesu, ich jedoch hätte selbst unter den Pharisäern einen tadellosen Ruf. Ich sei Jakobus, der Gerechte, sagte er. Jakobus, das Tor.

Zu dieser Zeit trieben sich bereits die *Sicarii* auf den Straßen Jerusalems herum. So nennen die Römer jene Unerbittlichsten unter den Juden, die ein dünnes Messer, eine *sica*, in den Falten ihrer Gewänder bei sich tragen und die ihre nichts ahnenden Feinde im Vorübergehen mit einem schnellen Messerstich töten, um dann unerkannt weiterzugehen, ohne in ihrem stolzen und aufrechten Gang auch nur kurz innezuhalten, wenn das Opfer hinter ihrem Rücken sterbend zusammenbricht. Die *Sicarii* töten Juden, die mit dem Strom schwimmen, reiche und insgeheim ihren Vorteil suchende Juden, deren Abneigung gegen Rom in den Augen dieser Eiferer weder leidenschaftlich genug noch hinreichend öffentlich ist. Obwohl Saulus weder über Vermögen noch Einfluss verfügte, galt sein Verhältnis zu den Römern als zu freundschaftlich, als dass er ohne Gefahr für Leib und Leben das Haus seiner Schwester hätte betreten können. Saulus erklärte mir, dass der Mann seiner Schwester voller Eifer und zur Gewalt bereit für das Gesetz, die Reinheit des Tempels und die Freiheit Jerusalems eintrete. Er hasst alle, die mit Rom zusammenarbeiten, und versteht solche Verbindungen als Götzendienst. *Es gibt keinen Herrn außer Gott* – für diesen Grundsatz ist er bereit zu töten.

Saulus sagte mir, er brauche etwas von seiner Schwester, und fragte mich in fehlerfreiem, gewähltem Aramäisch, ob ich ihm helfen könne, es zu bekommen. Während seines nur eintägigen Aufenthalts in Jerusalem erstaunte mich Saulus in drei Punkten. Dies war der zweite, und es war nicht, dass er von jemandem etwas benötigte, sondern dass er sowohl das Bedürfnis als auch seine Unfähigkeit, es zu stillen, offen eingestand. Er brauchte etwas von ihr, und er brauchte mich, um es zu bekommen.

Dieses Etwas war ein kleines hölzernes Diptychon, das seine Schwester von ihrem Vater erhalten hatte. Das Diptychon war eine rechtliche Urkunde. Auf seiner mit Wachs überzogenen Oberfläche fand sich die Bestätigung samt der Unterschriften von Zeugen, dass Saulus das römische Bürgerrecht besitzt. Er sei, sagte er, in Philippi verhaftet, ins Gefängnis geworfen und geschlagen worden. Erst nach diesen Martern – und nach dem Eingreifen Gottes in Form eines Erdbebens – hätten die Stadtoberen ihm geglaubt, dass er römischer Bürger ist. Hätte er aber den Beweis bei sich getragen, wären ihm die Rute und die Fesseln von vornherein erspart geblieben.

Saulus brauchte meine Hilfe, und ich war einverstanden.

Ich ging zum Haus seiner Schwester und entdeckte, dass sie einen Sohn hatte. Saulus hatte also auch einen

Neffen in Jerusalem! Seine Familie war eine richtige Familie.

Ein hübscher junger Mann öffnete mir die Tür. Er hatte eine gesunde, rötliche Gesichtsfarbe und sehr dichtes schwarzes Haar. Als ich ihm meinen Namen nannte und bat, von der Hausherrin – seiner Mutter? – empfangen zu werden, ließ er mich an der Tür stehen und verschwand.

Die Schwester des Saulus zeigte sich nicht. Stattdessen erschien ein groß gewachsener Mann mit hohen Wangenknochen, einem ebenmäßigen Gesicht und grauen Augen, ein bemerkenswert gut aussehender Mann, ganz offensichtlich der Vater des hübschen Jugendlichen und, wie ich vermutete, der Hausherr.

Er sagte nichts.

Also sprach ich ohne Aufforderung. Ich äußerte meine Bitte – die ja die Bitte des Saulus war, den ich als Schwager vorstellte –, während der groß gewachsene Mann musternd auf mich herabsah.

Als ich fertig war, sagte er: »Ich habe von dir gehört. Ich habe nichts gegen dich.«

Ich dankte ihm für die Anerkennung und entschuldigte mich, seinen Namen nicht zu kennen. Ich würde ihn gerne mit seinem Namen ansprechen, sagte ich.

Er nannte mir keinen Namen. Er starrte mich lediglich an.

Nun drückte ich die Bitte des Paulus noch einmal mit anderen Worten aus.

Der Mann sagte: »In meinem Haus gibt es so etwas nicht.«

Ich sagte: »Vielleicht weiß deine Frau etwas. Vielleicht besitzt sie das Schriftstück, da sie ja ebenfalls in einer Familie römischer Bürger gelebt hat.«

Der Mann sagte: »Es gibt überhaupt nichts Römisches in meinem Haus, sei es lebendig oder tot. Und wenn irgendetwas Römisches lebendig in mein Haus käme, würde es mein Haus tot verlassen. Ich würde mit meinen eigenen Händen dafür sorgen.«

Er schloss die Tür, ohne sich zu verabschieden.

Ganz allgemein betrachtet war der Mann ein Musterbeispiel für den Zustand, in dem die Stadt sich befand. Jerusalem war ein Hort der Verdächtigungen. In jedem Haus schlummerte der Hass. Aber ich hatte keinen Zweifel, dass es in *diesem* Haus einen besonderen, persönlichen und mörderischen Hass auf Saulus gab, dessen Gründe sich meiner Kenntnis entzogen.

Als ich ihn wieder sah, sagte ich zu Saulus, seine Schwester wisse nichts von einem Diptychon und es sei besser, ihrer Familie ganz aus dem Weg zu gehen.

Er nickte und verlangte nicht nach Einzelheiten.

Ich möchte auch noch den dritten Punkt erwähnen, der mich während des kurzen Aufenthaltes des Paulus in Erstaunen versetzte: dass Paulus glaubte, der Leiter der Gemeinde von Jerusalem könne in anderen Ländern Einfluss ausüben. In unseren Gesprächen ließ ich mir kein einziges Mal anmerken, in wie vieler Hinsicht er mich verblüffte. Ich habe durch immer wiederkehrende äußere Umstände gelernt, mich stets zu beherrschen. Dies aber war der gewichtigste der drei Punkte: Saulus bat mich, Barsabbas und andere Prediger in Galatien zur Ordnung zu rufen. Welch ein bemerkenswertes Zugeständnis an meinen Einfluss und seine Reichweite. Allerdings bin ich davon überzeugt, dass er die Sache nicht richtig durchdacht hatte. Es war eine leidenschaftliche Äußerung, die von einer unausgesprochenen Voraussetzung ausging. Natürlich konnte ich seinem Wunsch nicht entsprechen und ihm deshalb auch keinerlei Zusagen machen.

Aber wäre es doch anders! Könnte sich Saulus doch auch ab und zu einmal fügen. Gäbe es doch eine Führung für alle Gemeinden, die jede Spaltung verhindern könnte. Ich wünschte, dieselben Anschauungen und Urteile könnten uns überall auf der Welt einen.

Diese Gedanken gab ich Saulus mit auf den Weg, bevor wir auseinander gingen.

Und ich äußerte auch meine Anteilnahme, dass seine Familie seinen Wunsch so barsch zurückgewiesen hatte.

Er sagte: »Mein Haus ist in keiner Stadt dieser Welt.«

TIMOTHEUS

54

Zwischen Jerusalem und Antiochia machten Paulus seine körperlichen Beschwerden sehr zu schaffen. Sein schmerzender Rücken ließ ihn humpeln, und er mühte sich ab wie ein alter Mann. Viel öfter als sonst machte er Pausen und setzte sich hin. Ich musste ihm einen seiner ledernen Beutel abnehmen. Wir schafften keine zwanzig Meilen mehr am Tag, wie einst vor langer, langer Zeit, als wir aus Lystra weggegangen waren. Vielleicht kamen wir noch auf fünfzehn.

Aber als wir in Antiochia angekommen waren, war Paulus wie verwandelt. Seine Schritte waren energisch, sein Kiefer vorgestreckt, sein Körper gestrafft und aufrecht. Er ging uns voraus auf einer Prachtstraße, der Straße des Herodes und des Tiberius. Fast im Laufschritt stürmte er auf seinen krummen Beinen voran und zeigte nicht das geringste Anzeichen von Schwäche.

»Wohin geht er?«, fragte Titus.

Aber Titus war derjenige, der sich in der Stadt auskannte, nicht ich. Er erwartete sicherlich keine Antwort von mir.

Paulus bog in eine enge Nebenstraße. Das Gesicht des Titus hellte sich auf. »Die Straße von Singon«, rief er aus. »Ganz in der Nähe des Pantheon.«

Der junge Mann beschleunigte seine Schritte, um zu Paulus aufzuschließen.

Ich stöhnte unter der Last des schweren Gepäcks und konnte kaum noch mithalten.

Paulus hatte die Stadt nicht durch das große Tor betreten. Er war wie ein Blitz vom Himmel in ihr eingeschlagen.

Als ich in die enge Gasse kam, waren Titus und er schon wieder auf eine breitere Straße abgebogen. Trotzdem konnte ich seine Stimme hören, die alle anderen Geräusche der Stadt übertönte. Ich verstand zwar nicht, was er sagte, aber ich hörte, wie er es sagte: Ich kannte dieses Jaulen, das an ein Sägeblatt erinnerte, dieses wütende, fragende Schreien.

Als ich die beiden schließlich einholte, stand Paulus neben einem reich verzierten Springbrunnen und sah einem breitschultrigen Mann nach, der sich von ihm abgewandt hatte und wegging.

»Barnabas?«, sagte Paulus. »Barnabas?«

Der groß gewachsene Mann schüttelte den Kopf und ging weiter.

Dem jungen Titus hatte es die Sprache verschlagen. Abwechselnd sah er Paulus und den Mann an, der den Platz verließ. Seine Wangen waren so rot, als hätte ihn jemand geohrfeigt.

Er sprach ganz leise mit Paulus. »Ich glaube, er ist jetzt sehr traurig«, sagte er. »Ich glaube, du hast ihn verletzt.«

Keiner von beiden nahm Notiz davon, dass ich dazugekommen war.

Nur für einen kurzen Augenblick sank Paulus in sich zusammen, als hätte jemand in seinem Inneren ein Halteseil durchtrennt. Dann straffte er sich wieder und fragte Titus im Ton eines Befehlshabers: »Titus, wo finden wir die Gläubigen? Wo treffen sie sich jetzt?«

»In einer Höhle«, sagte Titus. »Einer Grotte. Ich zeige sie dir.«

So liefen wir also wieder durch die Stadt, wenn auch diesmal etwas langsamer. Titus sagte, Petrus habe in dieser Höhle zu predigen begonnen, nachdem Paulus Antiochia verlassen hatte. »Er predigt dort und er tauft auch«, sagte er. »Denn im Inneren der Höhle gibt es eine kleine Quelle.«

Auf schnurgerade verlaufenden Straßen liefen wir in den Ostteil der Stadt.

»Dort drüben«, sagte Titus und zeigte auf einen felsigen Hang am Fuße des Staurin.

Eine Mauer aus unbehauenen Steinen war vor kurzem errichtet worden und umschloss den Eingang zu der Höhle. Durch Fensteröffnungen oben in der Mauer konnten wir die Stimmen von Männern und Frauen hören, die den Refrain eines Lobliedes sangen. Ich hatte das Lied noch nie zuvor gehört, aber es pries Jesus als den Herrn, und es ließ Titus lächelnd zu Paulus herüberschielen.

»Wir sind zu Hause«, sagte er und gab Paulus einen Klaps auf die Schulter. Er schien ihn ein wenig reizen zu wollen. »Hier sind unsere Leute«, sagte er. »Es ist schön, wieder zu Hause zu sein.«

Der junge Mann hatte seine Heimatstadt noch nie zuvor verlassen. Er stürmte geradezu auf die hölzerne Tür in der Mauer zu, warf sie mit Schwung auf und winkte uns hinein.

Wir traten ein, Titus voran, dann Paulus mit wiedergewonnener Stärke und schließlich ich.

Meine Augen mussten sich erst eine Weile an die Dunkelheit gewöhnen. Ich sah die Menschen nur als schattenhafte Umrisse. Ihr Gesang geriet ins Stocken.

Titus warf seinen Kopf zurück und rief aus: »Seht, wer gekommen ist! Es ist Paulus!« Da verstummte der Gesang vollends.

Die lebenden Schatten scharrten mit den Füßen. Aber niemand sagte ein Wort. Langsam konnte ich einzelne Personen ausmachen. Alle standen, alle hatten sich zu uns umgedreht, doch den Ausdruck ihrer Gesichter vermochte ich nicht zu deuten. Fremde. Für mich waren es ganz gewiss Fremde. Aber es schienen auch für Paulus Fremde zu sein. Ich kam mir vor wie ein Eindringling.

Titus, der immer noch über das ganze Gesicht strahlte, sagte: »Ich bin nach Korinth gegangen und habe ihn zurückgeholt. Schaut her, es ist Paulus – *Saulus*, wollte ich sagen.«

Paulus stand da mit gebeugten Knien, das Gewicht auf die Fußballen verlagert. Ich kannte diese Körperhaltung: ein Läufer vor dem Start. Mein Herz schlug voll ängstlicher Erwartung.

Er trat einen Schritt nach vorn. »Mitglieder der Gemeinde von Antiochia!«, sagte er unvermittelt. »Ich habe euch etwas zu sagen.«

Sein Ton ließ keine Begrüßung erwarten, sondern er verhieß eine Standpauke, und ich hatte den Eindruck, als zuckten die Versammelten ein wenig zusammen.

Aber ein Mann rief sofort: »Bist du es, der Unruhestifter Israels?«

Schnell wie der Blitz erwiderte Paulus: »Ich habe in Israel keine Unruhe gestiftet.« Er zitierte die Schrift, die

Antwort des Elia auf die Vorwürfe Ahabs. Das Zitat läuft darauf hinaus, dass der andere Schuld hat.

Nein, dies waren keine Fremden. Sie kannten sich. Was also geschah hier? Warum war Paulus so argwöhnisch? Und warum beargwöhnten ihn die anderen so sehr?

Der Mann sagte: »Was, was?« – und ich sah, wer da sprach: Er überragte alle anderen, hatte einen langen Hals und einen vollkommen kahlen Kopf. »Bist du hergekommen, um uns schon wieder Vorwürfe zu machen?«, schrie er.

Titus wollte die Wogen glätten und sagte: »Wartet doch.«

Aber Paulus nahm ihn nicht zur Kenntnis. Paulus übertönte ihn. »Hast du es verdient, dass man dir Vorwürfe macht, Manaen? Hat es die Gemeinde von Antiochia verdient?«

Eine Frau sagte: »Es ist der Geist, der unsere Herzen kennt. Du bist es nicht.«

Paulus sagte: »Das Herz zeigt sich in der Tat.«

»Allerdings, und wie steht es dann um dein Herz?«, rief eine andere Stimme. Ein Mann trat nach vorn, der das Beinkleid eines Soldaten trug. »Ich habe deine Taten gesehen«, sagte er und erhob die Faust. »Du bist ein Verrückter, Saulus.«

»Ich bin ein freier Mann!«, sagte Paulus. Er breitete seine Arme aus, als wollte er alle anwesenden Gläubigen darin einschließen. »Antiochia, o Antiochia«, sagte er. »Hier, von dir, habe ich gelernt, frei zu sein. Du hast mich gelehrt, dass alle Dinge erlaubt sind, und ich habe es geglaubt. Glaubt ihr es immer noch? Oder habt ihr genau die Freiheit geopfert, zu der Christus uns befreit hat?«

Mehrere Leute ergriffen gleichzeitig das Wort.

»Du bist es, der uns in Fesseln gelegt hat«, sagten sie. »Petrus hat uns befreit!«

»Wir können uns nicht gleichzeitig frei und schuldig fühlen«, sagten sie.

»Saulus, warum bist du nur zurückgekommen?«

Paulus durchschnitt das Stimmengewirr mit seiner eigenen scharfen, alles durchdringenden Stimme und kam auf das Thema zu sprechen, das uns alle aus Korinth hierher geführt hatte: »Wenn irgendjemand in Antiochia immer noch auf die abartigen Worte dieses abartigen Propheten Judas Barsabbas hört, solltet ihr euch schuldig fühlen.«

»Lass uns doch in Frieden«, sagten sie. »Jesus ist unser Richter, nicht du.«

Aber Paulus war in Fahrt gekommen. Er hatte schon angefangen zu predigen. »Ich werde euch sagen, was eine Schande ist«, schrie er. »Es ist eine Schande, wenn man einmal frei war und sich dann wieder dem Joch des Gesetzes unterwirft. Das ist mehr als eine Schande. Soll ich euch sagen, was Verrat und Sünde ist?«

Die Leute murmelten: »Geh. Lass uns in Ruhe.« Aber Paulus hörte ihnen nicht zu.

Er schrie: »*Das* ist eine Sünde, die Verdammnis verdient, wenn man *andere* dazu überredet, ihre Freiheit gegen die Fesseln des Gesetzes einzutauschen. O Antiochia!« Paulus schrie weiter, obwohl sich die Leute nun langsam von ihm abwandten und sich in den hinteren Teil der Höhle zurückzogen. »Schämst du dich, Antiochia? Ist es Scham, was ihr empfindet? Habt ihr eure Freiheit preisgegeben?«

Im hinteren Teil der Höhle bückte sich der große, kahlköpfige Mann und betrat eine enge Felsspalte. Andere folgten ihm. Wahrscheinlich gab es dort einen Durchgang, der zu einem zweiten Ausgang führte.

Paulus predigte weiter, predigte den Rücken der Menschen. »Oder empfindet ihr etwas noch Schlimmeres als Scham?«, rief er ihnen hinterher. »Unterstützt ihr den Verrat derjenigen, die ein falsches Evangelium verkünden und die Seelen der Heiden in den Abgrund stoßen? Könnt ihr diese verdammenswerte Sünde gutheißen? Unterstützt ihr Judas Barsabbas?«

Aber die Leute gingen. Die Leute waren schon weg. Die Stimme des Paulus hallte durch die Hohlräume des Felsens. »… So wie ihr einst mich unterstützt habt?«

Er verstummte.

Jetzt erst konnte ich die lieblicheren Geräusche der Höhle hören. Ich hörte Wasser leise plätschern. In der Mitte der Höhle gab es eine Wasserfläche. Davon hatte Titus also gesprochen, das war die Quelle, in der Petrus taufte. Ich sah zu dem jungen Mann herüber, der Paulus wieder ängstlich und besorgt musterte.

Paulus hingegen stand da und starrte wie in einen Tagtraum versunken in das Innere der Höhle.

Mit tonloser Stimme, als ob er laut nachdächte, sagte er: »Dann müssen wir uns eben selbst um die Angelegenheit kümmern.«

Jetzt hörte ich noch ein leises Geräusch aus der Dunkelheit. Es waren die seltsam unregelmäßigen Schritte eines alten Mannes. Offensichtlich war einer der Gläubigen nicht mit den anderen weggegangen. Er kam aus einer dunklen Ecke und bewegte sich mühsam auf uns zu. Es war ein schwarzer Mann mit weißen, buschigen Augenbrauen, der sich auf einen Gehstock stützte.

Er kam langsam, aber geradewegs auf Paulus zu.

Und Paulus sah ihn, argwöhnisch, wie es schien, immer näher kommen.

»Mein Freund«, sagte der alte Mann. »Komm, sei noch einmal Gast in meinem Haus, so wie damals.«

Paulus gab ihm keine Antwort. Er legte die Stirn in Falten. Er öffnete den Mund und schürzte schweigend die Lippen, als ob das Schweigen selbst ein Wort wäre.

Der alte Mann blieb vor Paulus stehen. Einst mochte er einen ganzen Kopf größer gewesen sein als mein Freund, aber jetzt hatte das Alter ihn gebeugt und die beiden Männer begegneten sich auf derselben Höhe.

Langsam breitete der Mann seine Arme aus. »Komm, Saulus«, sagte er. »Sei wieder mein Sohn.«

Mit einem Aufschrei fiel ihm Paulus um den Hals, küsste und umarmte ihn.

Der Gehstock fiel klirrend auf den felsigen Boden.

Und ich hörte, wie der alte Mann flüsterte: »Es nimmt dir doch nicht zu viel von deiner Freiheit, mein Sohn zu sein?«

Paulus schüttelte den Kopf, unfähig, ein Wort zu sagen.

»Mein geliebter Saulus«, flüsterte der alte Mann, »es ist doch kein Joch, oder? Es hebt deine notwendige Freiheit doch nicht auf?«

Die Wangen der beiden Männer berührten sich. Keiner konnte das Gesicht des anderen sehen. Aber ich konnte es. Ich sah, wie das Kinn des Paulus zitterte. Seine Nasenlöcher pulsierten und seine Augen waren fest geschlossen.

Der schwarze Mann flüsterte ihm ins Ohr: »Oder wenn du einen alten Narren wie mich lieb hast, dann ist das ein Gesetz, das dich doch sicher nicht umbringen wird, oder?«

BARNABAS

55

O Jesus, ich bin müde. Ich bin alt. Ich bin älter, als ich jemals zu werden glaubte. Und das Herz ist mir schwer, ich bin traurig und mache mir Sorgen um die Welt, denn wir sollten deinen Namen verkündigen, aber wir versagen, wir versagen und entzweien uns ...

Christus, wo bist du?
Worauf wartest du noch?
Wann wirst du endlich wiederkommen?

Warum bist du nicht wiedergekommen, als wir alle vor Freude außer uns waren? Oh, wie schön waren diese Tage! Alles war so neu: das Essen und unsere Gefühle und der Heilige Geist! Und ich habe so viel gelacht. Das Glück regte sich immerzu in meiner Brust, war immer bereit hervorzubrechen. Mein Lachen hörte niemals auf.

Und die ganze Welt kam uns so unverbraucht vor wie gerade erschaffen. Alles war möglich. Ich hörte die Geschichten. Ich hörte von den Wundern: Wie die Erde bebte, als du starbst, wie die Felsen sich spalteten, die Gräber sich öffneten und die Heiligen in Jerusalem einzogen. Oder wie die Lästerer des Geistes vor den Füßen des Petrus tot umfielen. Oder wie zwei Monate nach deiner Auferstehung von den Toten an einem einzigen Tag dreitausend Menschen getauft und in die Gemeinde aufgenommen wurden. Dreitausend!

Waren wir damals nicht bereit? Wir waren gut. Unsere Predigten waren gut. Jesus, Jesus, in jenen Tagen widmeten wir uns der Lehre der Apostel und der Gemeinschaft und dem Gebet mit so leichtem Herzen und mit solcher Freude. Wir teilten unseren gesamten Besitz miteinander. Ich war nicht der Einzige, der sein Land verkaufte und das Geld der Gemeinde gab. Wir alle gaben, was wir konnten, und wir alle bekamen, was wir brauchten. Jeden Tag besuchten wir den Tempel. Jeden Tag brachen wir gemeinsam das Brot in unseren Häusern. Jeden Tag hatten wir etwas zu essen, lobten Gott und erquickten uns an dem Lob einer von Freude erfüllten Welt ...

Warum bist du *damals* nicht zurückgekommen?

Sage mir, Jesus: Was hat dein Abwarten Gutes bewirkt?

Sind Kämpfe etwas Gutes? Macht uns unser Streit zu besseren Menschen?

Nein, ich wollte nie ein alter Mann sein. Nein. Und jetzt, wo ich es bin, ist es schlimmer, als ich es mir jemals hätte vorstellen können.

Als die Gemeinde noch jung war, habe ich mir dein Königreich als einen Garten vorgestellt, üppig und süß und grün, mit Früchten zum Essen, mit Gras, auf dem man mit der Leichtigkeit von Gazellen umherläuft, und mit einer goldenen Luft zum Atmen und zum Rufen und zum Lachen. Jetzt stelle ich mir das Königreich wie eine Liege in der Dunkelheit vor, ein Bett, auf dem man sich zur Ruhe legen kann und keine Schmerzen mehr hat und keine Trauer mehr spürt und keine Tränen mehr weint. Früher glaubte ich, im Himmel würde alles *anfangen*. Jetzt habe ich nur noch die Hoffnung, dass alles aufhört.

Du hast gezögert, und die Welt ist schwer geworden vor Enttäuschung.

Petrus ist fort. Silas, Johannes Markus und er haben Antiochia verlassen und sind nach Rom gegangen. Ich werde sie nie wieder sehen. Ich vermisse meinen Vetter.

Saulus hingegen ist zurückgekommen, mürrisch und

wütend. Der Heilige Geist sollte uns trösten. Aber wenn Saulus in der Nähe ist, tadelt und verurteilt der Geist. Der Heilige Geist richtet und spaltet uns.

Was haben wir jetzt noch gemeinsam? Was bringt dein Wort unter uns an Gutem hervor? Warum zögerst du noch?

Warum bist du gestern nicht gekommen? Warum nicht gestern, bevor der Todesengel nach Antiochia kam und in das Haus des Simon Niger gegangen ist, des Mannes, der dein Kreuz getragen hat?

Oh, Herr Jesus Christus, wenn du gestern hier gewesen wärest, hätte mein Bruder, mein lieber Freund Simon Niger nicht sterben müssen!

Ach, verzeih mir. Verzeih mir. Wer bin ich denn, dass ich solche Vorwürfe erheben dürfte? Ich verliere meinen Verstand und meine Güte und meine Selbstbeherrschung. Ich bin alt, und ich bin so müde.

TIMOTHEUS

56

Mitten in der Nacht wurde ich von einem lauten Wehklagen geweckt. Ein lang anhaltendes Weinen ließ mir das Herz stocken. Zitternd setzte ich mich in meinem Bett auf. Was ich gehört hatte, war die Stimme meiner Mutter gewesen. Ich lehnte mich nach vorn, frierend und überzeugt, ein Kind und in Lystra zu sein. Ich glaubte, dass meine Mutter um meinen Vater weinte.

In der Not meines Herzens rief ich: Mutter, Mutter, wo bist du?

Sie gab mir keine Antwort.

Mein Vater war gestorben, denn hatte ich nicht das Wehklagen über den plötzlich entdeckten Tod gehört? Meine Mutter sah das hellrote Blut, das aus dem Rachen meines Vaters quoll und sich wie eine Decke aus Karmin auf seinem Bett ausbreitete. So floss sein sichtbares Leben dahin.

Dann hörte ich noch ein zweites Mal ein Wehklagen, und diesmal hallten Worte durch die Flure des Hauses. »Simon. O Simon.«

Nein, ich war nicht in Lystra. Ich war auch kein Kind mehr, obwohl ich die Trauer des kleinen Kindes immer noch in meinem Herzen trug.

»Paulus?«, flüsterte ich. »Paulus, hast du das gehört?«

Aber in unserem Zimmer rührte sich nichts. Ich konnte ihn nicht atmen hören.

Ich streckte meinen Arm nach ihm aus, um ihn zu wecken, und bemerkte, dass sein Lager leer war.

Ich stand auf und tastete mich durch die völlige Dunkelheit zur Tür.

Das ganze Haus schien sich aufzublähen wie die Lunge beim Einatmen, und dann war das Wehklagen überall um mich herum und schien keinen Ursprung zu haben. »Simon, nimm mich mit! Simon, ich will mit dir gehen!«

Simon – der alte schwarze Mann, der auf einen Stock gestützt ging und Paulus in sein Haus eingeladen hatte.

Als ich vor unserem Zimmer stand, sah ich ein fahles Licht um die Ecke leuchten.

Barfuß, immer noch erfüllt von Trauer über meinen Vater, ging ich auf Teppichen dem Licht entgegen.

Ich bog um die Ecke.

In einem Zimmer, das nicht größer war als unseres, jedoch von Öllampen erleuchtet wurde, die sich in den Ecken auf Ständern befanden, fand ich meinen Freund

und Lehrer Paulus. Er kniete links neben dem Bett, sein Gewand zerrissen, sein Kopf größer und schwerer als jemals zuvor. Die Frau des Simon kniete rechts neben dem Bett. In der Mitte lag also Simon. Sie streichelte über die dunkle Stirn ihres Mannes, beugte sich vornüber, um sein Gesicht zu küssen, zog an seiner Hand, zog an ihr mit kraftloser Wut, senkte den Kopf und vergrub ihr Gesicht in seiner Handfläche.

Und Simon gab ihrem Zerren nach. In ihm gab es keine Willenskraft mehr. Sein Unterkiefer hing schlaff herunter. Seine schwarze Haut hatte einen kreidigen Schimmer bekommen, besonders seine Lippen. Simon Niger war tot.

Als ich kam, trug ich Trauer, und auch hier herrschte Trauer. Wir waren eine in Traurigkeit geeinte Familie. Die Frau des Simon war die Frau meines Vaters, meine eigene Mutter. Beide Frauen sangen dasselbe Klagelied, und die Zeit blieb stehen, und jeder Tod irgendwo auf der Welt wurde zu diesem einen Tod. Paulus, mein Freund und mein Lehrer, schwieg. Vielleicht rasten die Gedanken in seinem großen Kopf, aber seine Augen waren starr auf Simon gerichtet und seine Lippen waren geschürzt, blutleer, weiß und geschürzt.

Auch ich kniete mich auf den Boden. Ich berührte die Füße des alten Mannes. Seine Zehennägel waren dick und gerillt. Das Fleisch an seinen Knöcheln war borkig. Er war ein schwarzer Mann, in dem ich das Abbild meines Vaters erkannte, und ich ließ meiner Trauer freien Lauf. Ich begann zu trauern, wie es die Frauen tun, mit einem näselnden Summen, einem Laut wie das Falsett einer Flöte.

Mein Summen wurde lauter, und die alte Frau nickte. Dann sank sie neben ihrem Mann zu Boden und weinte ungehemmt.

Aber dann hörte ich so etwas wie ein Klatschen wie zu einer wütenden Musik, und ich sah, dass auch Paulus sich hin und her wiegte und sich mit der flachen Hand gegen die blanke Brust schlug.

»Mein Vater!«, sagte Paulus und schlug sich gegen die Brust. Seine Augen waren rot unterlaufen, trocken, und heiß wie ein Ofen. »Mein Vater!«

Ja, auch sein Vater.

»Das war ein guter Mann«, sagte Paulus. Er hob seine Stimme, als wollte er jemanden anklagen. »Ein guter Mann. Der Beste, den ich kannte. Dieser Mann hat das Kreuz Jesu getragen. Dieser Mann ...« Paulus senkte seine Stimme wieder und flüsterte jetzt nur noch. »Dieser Mann hat mich getragen.«

Dann herrschte Stille in dem Zimmer.

Die beiden Trauernden hatten jeweils einen Arm des Simon zu sich gezogen, sodass er mit weit ausgestreckten Armen dalag. Paulus hielt den rechten Arm fest umklammert, die Frau des Simon weinte auf seinem linken Arm. Sie sahen sich ähnlich, Paulus und die Frau. In meiner Trauer sahen sie für mich wie Engel aus, die Simon sogleich in den Himmel tragen würden.

Doch schließlich sagte ich etwas. »Frau«, sagte ich, »wo sind deine Söhne? Ist jemand zu ihnen gegangen, um ihnen zu sagen, dass ihr Vater tot ist?«

Paulus sah mich verständnislos an. »Rufus«, sagte er, als hätte ich nach ihren Namen gefragt. »Alexander«, sagte er.

»Wo wohnen sie?«, fragte ich. »Wie kann ich in der Nacht zu ihren Häusern finden?«

Die Witwe stand auf und reichte mir die Hand. Ich erhob mich ebenfalls und ergriff die Hand. »Danke, Timotheus«, sagte sie. Die Zärtlichkeit in ihrer Stimme überwältigte mich. Eine solche Liebe und Güte konnte ich kaum ertragen. Ihr Mann war schwarz. Ihre Haut war hell. Zusammen waren sie wie ein Abbild der Tugend aus alter Zeit. Warum hätten sie nicht gemeinsam sterben können wie Baukis und Philemon?

Sie sagte: »Nimm unsere Magd mit. Sie schläft neben der Küchentür. Sie kann dir den Weg zeigen.«

So musste ich Männern, die ich nur flüchtig kennen gelernt hatte, die traurige Nachricht überbringen, begleitet von einem jungen Mädchen. Ich war jemand, der Menschen einen Schrecken einjagte, indem ich nachts an ihre Türen klopfte. Als ich Alexander vom Tod seines Vaters berichtete, ging er ins Haus, um seine Familie zu wecken. Rufus hatte keine Familie, die er hätte wecken können. Er schloss nicht einmal die Tür hinter sich. Er rannte, so schnell er konnte, zum Haus seines Vaters.

Als die Magd und ich zurückkehrten, hatten Paulus und Rufus das Bett des Simon auf den Marmorboden des Atriums, in die Nähe des Springbrunnens gestellt. Die Laken waren abgenommen. Das blanke hölzerne Gestell trug den Körper des Toten, den sie entkleidet hatten. Ein Leintuch bedeckte seine Nacktheit.

Die Frau des Simon wusch den knochigen Körper mit Schwämmen voll Wasser. Auf den weißen, buschigen Augenbrauen des alten Mannes glitzerten Wassertropfen.

Als er uns hereinkommen sah, bat Rufus die Magd, frische Laken und saubere Kissen und Simons bestes Gewand herzubringen.

Paulus lief aufgeregt umher wie ein Blatt im Wind. »Wo ist Olivenöl?«, fragte er.

»Weihrauch? Haben wir Weihrauch? Und Myrrhe?«, sagte er.

Dann sagte er sehr bestimmt: »Wir wollen nicht trauern!«

Paulus wiederholte seinen Gedanken, ohne dabei jemanden anzusehen. »Wir dürfen nicht trauern wie die, die keine Hoffnung haben«, sagte er. »Jesus ist gestorben und auferstanden. Simon Niger wird auferstehen.«

Voller Mitgefühl sagte Paulus: »Können wir um diese Zeit Myrrhe besorgen, Rufus? Hat jemand, den wir kennen, Aloe?«

Aber es gab Myrrhe, fertig mit Salben vermischt und in gläsernen Gefäßen. Die Familie des Simon trug sie direkt mit den Händen auf und gab seiner alten schwarzen Haut ihren Glanz zurück. Der kreidige Schimmer verschwand. Die Luft wurde von einem schweren Duft erfüllt, und meine Nase begann zu laufen. Wieder war ich das Kind in Lystra, das verwirrt neben dem Leichnam seines Vaters stand.

Rufus fasste seinen Vater unter den Armen, damit seine Mutter dem Toten die saubere Tunika über den Kopf ziehen konnte. Das Bett war nun mit sauberen Laken bezogen. Sie legten den Körper zurecht, die Arme an die Seiten, den Kopf auf das Kissen, die Füße zur Tür.

Und die ersten Leute kamen. Nicht bloß Alexander und seine Familie. Auch andere.

Die Nachricht hatte schnell die Runde gemacht. Gläubige kamen und weinten. Zwei Frauen setzten sich in eine Ecke und spielten Flöte, die traurigen Melodien umgarnten uns und trafen uns in unserer Seele. Blütenblätter wurden rings um das Bett des Simon auf den schwarzen und weißen Quadraten des Marmorbodens ausgestreut. Aus dem Springbrunnen sprudelte frisches Wasser.

Und über dem Atrium begann es zu dämmern. Der Morgen senkte sich auf die Erde.

Als mehr und mehr Menschen in das Haus des Simon kamen, zog ich mich an die Mauer hinter dem Atrium zurück, in die Ecke, die am weitesten von dem Eingang entfernt war. In der Trauer sehnen wir uns nach Gemeinschaft, das ist wahr. Aber dieselbe Trauer macht uns einsam. Wir erfahren beides gleichzeitig: Liebe und Einsamkeit. Ich kann das nicht erklären. Es ist wie Trunkenheit. Wie ein Schweben über den Menschen, über geliebten Freunden, die auch Fremde mit ausdruckslosen Gesichtern geworden sind.

Plötzlich stand Paulus neben mir.

Er fasste mich am Oberarm und drückte zu, dass es wehtat.

»Uns läuft die Zeit davon«, sagte er rasch, leise, treffend und ernst. Er sah mich nicht an. Seine kleinen Augen waren auf Simon Niger gerichtet, den Schwarzen, der auf weißen Laken im Atrium lag. Die Schultern des Paulus waren angespannt. Neben mir sah er wie ein Affe aus, stärker gebeugt als sonst. »Timotheus, wir haben so wenig Zeit. Christus wird nicht bald wiederkommen. Aber wir werden bald sterben. Wenn ich jemals auf der Welt ein Zuhause hatte, dann war es hier. Doch sieh ihn dir an. Sieh ihn dir an, Timotheus. Simon Niger ist tot.«

Der groß gewachsene, kahlköpfige Mann, der Paulus in der Höhle des Petrus ausgescholten hatte, betrat nun mit eingezogenem Kopf das Haus. Er stellte sich in die Reihe der Trauernden im Atrium. Ich war überrascht, bei ihm Tränen zu sehen. Als er auf den Leichnam des Simon herabsah, erbebte seine Brust, und ich empfand plötzlich eine gewisse Zuneigung zu ihm.

Paulus kniff mich in den Arm.

»Simon war dabei, als der Herr Jesus starb«, sagte er. »Durch diesen Mann habe ich das Kreuz Christi verstanden. Nicht anders als durch die Augen des Simon erkannte ich das Holz. Sieh doch, Timotheus. Sieh dir sein Gesicht an. Seine Augen sind geschlossen. Sein Blick ist zu Staub geworden«, sagte Paulus und kniff mich so fest, dass ich Luft holen musste. »Die Zeit ist knapp, die Welt ist groß, und ich bin schwach. Ich bin so schwach.«

Titus kam herein. Ich nahm an, dass der Mann neben ihm sein Vater war. Der Mann schloss sich dem traurigen Ritual an, aber Titus sah Rufus, rannte durch die Menge zu ihm, umarmte ihn und weinte. Da klopfte Rufus Titus sanft auf den Rücken und sagte: »Ist ja gut, Titus. Ist ja gut.«

Die Leute saßen auf den Bänken, auf Kissen und auf den Teppichen, die den Boden bedeckten. Sie standen in den Speisezimmern, knieten in Gruppen Schulter an Schulter, saßen sogar auf den Esstischen in den Speisezimmern und warteten. Sie waren allein oder in Gesellschaft anderer, einige sangen zu den Melodien der Flöten, die meisten aber schwiegen, die Köpfe gesenkt, und warteten, als ob gleich etwas geschehen würde. Sie hielten die Totenwache.

Plötzlich ließ Paulus mich los und stand mit einem Mal aufrecht und gerade neben mir. Er reckte seinen langen, dünnen Hals wie ein Kranich, der mehr sehen möchte.

»O nein«, sagte er vor sich hin. Er zitterte. »O nein.«

Sein Gesicht war weiß. Die Narben an seinem Haaransatz verhärteten sich und wurden hellrot. Er blinzelte aufgeregt mit seinen kleinen Augen.

»Barnabas«, flüsterte er. »Nein. Nein.«

Der breitschultrige Mann, der Mann mit dem riesigen Bart, den Titus als traurig bezeichnet hatte, hatte gerade das Haus betreten. Und er war wahrhaftig traurig. Ganz langsam näherte er sich dem Atrium, als ob er eine Moräne wäre, einsam, entwurzelt und gezwungen, von einem Ort zum anderen zu wandern.

Ich hörte, wie es im Hals des Paulus leise knackte. Ich sah zu ihm herüber und bemerkte, dass er angefangen hatte zu weinen. Sein Mund stand offen wie der eines Kindes, er hatte die Augenbrauen flehentlich hochgezogen und atmete schnell.

Er machte ein paar Schritte nach vorn.

»Barnabas?«, sagte er fragend.

Ich glaube, er hatte sich selbst vergessen. Seine Arme standen ihm vom Körper ab, affenartig und leer. Er ging nicht geradeaus, sondern erst nach links und dann nach rechts, wie ein Tier, das sich ängstlich nähert.

»Barnabas?«

Der große Mann drehte sich um und sah den kleinen auf sich zukommen. Er erstarrte.

Die Aufmerksamkeit all der anderen Leute im Haus schien plötzlich nur noch auf diese beiden Männer gerichtet. Die Flöten verstummten. Die Menge, die um Barnabas herumstand, wich zurück. Hinter ihm bildete sich eine Gasse. Er hätte sich umdrehen und schnell wieder gehen können, wenn er gewollt hätte.

Aber Paulus weinte. Unschön. Erbärmlich. Paulus heulte laut, öffentlich und schamlos. Das war nicht der Paulus, den ich kannte. Dies war keine beeindruckende Persönlichkeit und keine Gefahr, vor der man hätte weglaufen müssen.

Der breitschultrige Mann lief nicht weg. Er sah Paulus argwöhnisch, erstaunt und entsetzt an.

»Barnabas, mein Bruder«, schluchzte Paulus, der nur noch zögernd weiterging, als gäbe es zwischen den beiden eine unsichtbare Mauer. »Barnabas, bitte, verzeih mir.«

Man konnte hören, wie Barnabas tief Luft holte.
Verzeih mir?
Paulus sank auf die Knie.
»Ich bin schwach, schwächer als ich es früher war.«
Er erhob seine Arme und seine leeren Hände. Er warf seinen Kopf nach hinten und sah zu Barnabas hinauf wie zu einem gewaltigen Berg. Die Tränen im Gesicht des Paulus liefen nach hinten zu seinen Ohren und in seinen Nacken. »Ich trauere, Bruder Barnabas«, sagte er. »Ich trauere um die Toten um uns herum. Ich trauere wie die, die keinen Glauben haben. Denn die Schwäche *tötet* die Hoffnung. Ich brauche dich. Ich brauche dich. Ich brauche dich.« Der Apostel wurde von seinem Schluchzen erschüttert.

Doch das war jetzt das einzige Geräusch im ganzen Haus. Niemand sagte ein Wort. Niemand unterbrach ihn. Alle Versammelten waren verblüfft. Überall waren Gesichter mit offenen Mündern und starrenden Augen, während Schritte langsam näher kamen und die Gasse hinter dem Rücken des Barnabas wieder schlossen.

Ach, Barnabas: Die Augen in diesem großen grauen Kopf, die Paulus immer noch anstarrten, begannen zu glänzen. Seine Nase und seine Stirn wurden blutrot. Er scharrte unruhig mit den Füßen.

Paulus zwang seine Worte, den Knebel seiner Trauer zu durchbrechen. »Uns bleibt nicht mehr viel Zeit«, sagte er. »Wir haben keine Zeit für Spaltungen. Wir müssen eins sein. Es darf nur eine Anschauung unter uns geben, die Anschauung Christi. Und die Demut Jesu.« Er faltete die Hände und machte eine Verbeugung. Mit gesenktem Kopf sah sein klein gewachsener Körper noch kleiner aus.

»Barnabas«, sagte er, die Augen auf den Boden gerichtet.

Im Gegenzug erhob der große Mann seine Arme und stand still.

»Barnabas.« Paulus sprach so leise, dass Barnabas sich nach vorn beugte, um ihn verstehen zu können. »Um unseres Herrn Jesus Christus willen, verzeih mir. Bitte verzeih mir. Ich habe jede Demut vermissen lassen. Ich hatte keinen Funken Liebe mehr in mir. Ich habe über dich gerichtet, mein Bruder. Ich hatte kein Recht dazu.«

Es hatte vielleicht sein Gutes, dass Paulus seine Augen abgewandt hatte und nicht vorhersehen konnte, was nun über ihn hereinbrechen würde.

Mit einem gewaltigen Aufschrei breitete Barnabas, der Berg, seine Arme aus, stolperte nach vorn, sank auf die Knie und schloss Paulus in seine Arme. Der kleine Mann verschwand, doch man hörte ihn ebenso erschrocken wie erleichtert aufseufzen. Die beiden Männer bebten und weinten und schluchzten. Sie standen auf, um Luft zu holen. Sie bedeckten ihre Gesichter mit Küssen. Sie sahen sich in die Augen und fingen dann an zu lachen – das mädchenhafte Kichern des Paulus und der Trompetenschall des Barnabas, der wie die Ankündigung des Himmelreiches war. Sie hörten nicht mehr auf zu lachen.

Titus klatschte in die Hände. Er lief zu den beiden hinüber, klopfte ihnen aufmunternd auf die Schultern und pries den Herrn.

Ein Gemurmel griff überall im Haus um sich, die Spannung löste sich, die Leute atmeten und lächelten und bewegten sich wieder.

Und dann zog ein anderes, viel stilleres Drama die Aufmerksamkeit aller auf sich.

Die Witwe des Simon Niger stand von ihrem Platz an der Seite ihres Mannes auf. Sie folgte dem Weg, den

Titus genommen hatte, aber diesmal sahen Paulus und Barnabas, dass jemand auf sie zukam. Sie halfen einander dabei, sich gerade hinzustellen. Der große und der kleine Mann standen Schulter an Schulter und beobachteten, wie sie sich näherte.

Noch im Gehen öffnete die alte Frau ihre Arme. Sofort senkten die beiden Männer ihre Köpfe, als ob sie einen Segen empfangen wollten.

Sie blieb vor ihnen stehen. Zitternd zeichnete die Witwe dann mit der Seite ihres Daumens zwei Linien auf die Stirn des Paulus: eine von seinem Haaransatz bis zum Nasenbein, die andere von Schläfe zu Schläfe. Paulus erschauderte. Dann streckte die Frau ihren Arm weit aus und bezeichnete Barnabas mit denselben beiden Linien.

»Ich bin die Frau des Mannes, der gestorben ist«, sagte sie. »Und ich bin deine Mutter, Saulus, und deine Mutter, Barnabas. Denn ich bin die Prophetin, durch die der Heilige Geist euch das erste Mal nach Antiochia gesandt hat.« Sie sah die beiden an, tausend Falten bewegten sich über ihren Augenbrauen. »Sie kommen zusammen«, sagte sie leise. »Meine Söhne sind von weit her gekommen. Seht, wie meine Söhne zu mir gekommen sind.«

Überall im Haus des Simon sagten die Menschen leise: »Amen.«

»Saulus«, sagte sie, »Barnabas, ich wünsche mir, dass ihr gemeinsam mit Rufus und Alexander die Bahre meines Mannes von hier zu seinem Grab tragt, wo er auf Jesus warten wird. Wäret ihr dazu bereit?«

Sie standen nicht mehr mit gesenkten Köpfen da. Jeder der beiden Männer hatte sich in den Blicken dieser wunderbaren Frau verloren. Sie sahen sie an, sagten aber kein Wort.

»Ich wäre euch für diesen Dienst sehr dankbar«, sagte sie. »Saulus«, sagte sie, »ich wäre stolz, wenn du diese Last mit allen meinen Söhnen teilen würdest. Tust du das?«

Hinter ihr sagte jemand: »Sag ja.« Es war der groß gewachsene Mann, der Kahlköpfige, und er schien über seine eigenen Worte überrascht.

Die Witwe des Simon stellte sich flink wie ein Spatz auf die Zehenspitzen und küsste das Gesicht des Paulus. Sie nahm sein Gesicht in beide Hände, zog es zu ihren Lippen und küsste die Narben an seinem Haaransatz, eine nach der anderen, rasch, aber zärtlich. Als sie ihn dann losließ, als die Frau einen Schritt zurücktrat und der Apostel den Versammelten sein Gesicht zeigte, wurde es überall wieder ganz still. Sein Gesicht leuchtete! Ein wunderbares Feuer brannte auf seinen Wangen – und dann sprach er, und die Worte, die er sprach, strahlten ebenso hell wie sein Gesicht.

»Niemand möge behaupten, es gebe keine Auferstehung von den Toten!«, sagte er.

Die Witwe drehte sich zu uns um. Wieder hatte sie beide Arme erhoben, diesmal um uns zu bedeuten, dass wir uns setzen sollten.

Wir setzten uns. Wir hatten verstanden. Paulus wollte predigen.

Er ging in die Mitte des Atriums. Er stellte sich neben den glänzenden Leichnam des Simon und sagte: »Wenn es keine Auferstehung von den Toten gibt, dann ist Christus auch nicht auferweckt worden. Und wenn Christus nicht auferweckt worden ist, dann ist mein Vater für immer tot. Wenn wir *nur* für dieses Leben unsere Hoffnung auf Christus gesetzt haben, dann sind wir die bemitleidenswertesten aller Menschen.«

Ach, mein Lehrer – er war wieder zurück! Und wie er aussah: gesund, schwerelos, schwebend!

Dann sagte Paulus mit lauter Stimme: »Aber Christus ist tatsächlich von den Toten auferweckt worden! Als Erster von denen, die entschlafen sind. Denn wie durch *einen Menschen* der Tod gekommen ist, so kam auch durch *einen Menschen* die Auferstehung von den Toten. In Adam sterben alle. In Christus werden alle wieder leben. Und dies ist die Reihenfolge der Auferstehung: zunächst Christus Jesus, dann, bei seiner Wiederkunft, diejenigen, die ihm angehören. Schließlich das Ende, wenn er alle Macht, alle Herrschaft und Gewalt zerstören und das Königreich Gott, dem Vater, übergeben wird. – Man fragt mich: ›Aber wie werden die Toten auferweckt werden? Welche Art von Körper werden sie erhalten?‹ Ihr Heiligen, was ist das für eine dumme Frage!«

Paulus war nun in Hochstimmung. Er tanzte und hüpfte auf seinen dürren Beinen, und seine Stimmung steckte uns alle an, wir alle waren glücklich.

»Hört zu«, sagte er. »Das Weizenkorn kann nicht leben, bevor es stirbt. Und der goldene Weizen, der aus ihm entspringt, ist nichts als dieses kleine Saatkorn. – Simons Körper ist der Same. Seine Auferstehung wird wie der Weizen sein. So wird es mit euch sein. So wird es mit mir sein. Was gesät wird, ist vergänglich. Aber was auferweckt wird, das ist vollkommen unvergänglich.«

Paulus sah hinunter in das schwarze Gesicht seines Freundes. Mit seinen langen Fingern strich er über die Wangenknochen, die Lippen und den Hals.

»Seht ihr, wie schnell das tote Fleisch vergeht?«, fragte er.

Ich musste an meinen Vater in Lystra denken, dessen

Lungen vergangen waren und ihm ihren Dienst versagt hatten, noch bevor er starb. Ja, sagte ich in meinem Herzen. Ja, ich habe es selbst gesehen.

»Seht ihr, wie hilflos diese alten Knochen sind?«

Ja.

»Wie kraftlos der Leichnam wird? Gesät wird in Niedrigkeit«, sagte Paulus. Dann blickte er auf und lächelte. Sein Gesicht leuchtete nun noch mehr. »Aber das Auferstehen geschieht in Herrlichkeit!«, rief er aus.

»Es wird gesät in Armseligkeit und wird auferstehen in Kraft!«

»Gesät wird ein fleischlicher Leib. Aber auferweckt ein geistiger Leib. Erst das Fleisch, dann der Geist, denn das ist die Ordnung der Dinge. Der erste Mensch wurde ein irdisches Lebewesen. Aber der zweite ist vom Himmel. Und wir, die wir das Bild Adams in uns tragen, was, glaubt ihr, wird mit uns geschehen? Nun, bald werden wir im Himmel das Bild Christi in uns tragen!«

Plötzlich sprang Paulus auf die niedrige Mauer, von der das Atrium umgeben war. Seine Augen blitzten und seine Lippen waren zu einem begeisterten Lächeln verzogen.

»Seht!«, rief er. »Ich verrate euch ein Geheimnis. Wir werden nicht alle entschlafen, sondern wir werden alle verwandelt werden. Plötzlich, in einem Augenblick, beim Schall der letzten Posaune. Denn die letzte Posaune wird erschallen, und die Toten werden zur Unvergänglichkeit auferweckt werden. Und wir werden die Unsterblichkeit anziehen.«

Barnabas stand auf. Er schoss in die Höhe wie eine Fontäne und bewegte sich wie zu einem inneren Rhythmus.

Paulus drehte sich um, und sein freudestrahlender Blick traf auf seinen kräftig gebauten Freund.

»An dem Tag, an dem das Vergängliche zum Unvergänglichen werden wird«, rief der Apostel beinahe lachend aus, »an dem Tag, an dem die Sterblichen unsterblich werden, erfüllt sich das Wort der Schrift: *Verschlungen ist der Tod vom Sieg. Tod, wo ist dein Sieg? Tod, wo ist dein Stachel?* Der Stachel des Todes«, rief Paulus und klatschte zum Rhythmus seiner Worte in die Hände, »ist die Sünde! Und die Kraft der Sünde ist das Gesetz. Gott aber sei Dank, denn er schenkt uns den Sieg durch Jesus Christus, unseren Herrn!«

Und dann fing Barnabas an zu singen. Er sang mit seiner vollen, üppigen Stimme, und er sang nicht vom Tod, sondern vom Himmel.

»Der Herr sagt zu meinem Herrn«, sang er – und alle standen auf, um ihm singend zu antworten: »Setze dich, mein Sohn, setze dich.«

Was für ein Morgen! Von welch einer Gemeinschaft war ich nun umgeben!

Barnabas sang noch einmal: »Der Herr sagt zu meinem Herrn!«

Und alle wiederholten: »Setze dich, mein Sohn, setze dich.«

Und Barnabas ließ seine Gedanken fließen:

Setze dich nieder, nieder zu meiner Rechten,
Kaiser und Könige
Dir zu Füßen.

Mein Sohn, setze dich und ergreif die Macht,
Herrscher und Gewalten
Werden dein Schemel.

Und wer war der letzte deiner Feinde?
Welchen der Feinde
Besiegtest du jüngst?

»Den Tod!«, riefen die Leute, die überall begeistert von ihren Plätzen aufgesprungen waren. »Den Tod hat er zum Schluss besiegt!«

Barnabas donnerte:

Der Tod ist siegreich verschlungen!
Der schreckliche Tod,
Wo ist sein Stachel?

Der kahlköpfige Mann, der alle anderen überragte, warf nun seinen Kopf in den Nacken und rief: »Dank sei Gott!«

Ein junges Mädchen rief: »Im Namen Jesu!«, und sofort fielen die Leute auf die Knie und antworteten mit einer Stimme: »Amen, Amen!«

»Im Namen Jesu!«, rief das Mädchen noch einmal, und ich bemerkte, dass da jemand war, der sich nicht mit den anderen hingekniet hatte.

Zuerst hörte ich ihn nur. Dann wandte ich mich in seine Richtung und sah ihn: Titus! Der junge Titus redete wieder in Zungen und brachte seine melodischen Laute hervor. Und er tanzte. Er bewegte seinen muskulösen Körper mit weichen, fließenden Bewegungen, zwei Schritte nach links, zwei Schritte nach rechts.

Barnabas, der blasse grauhaarige Mann mit den massigen Schultern und Beinen, schien nun durch die Menge auf das Atrium zuzuschweben. Aber er bewegte sich nicht zum Atrium, sondern auf die Mauer zu, auf der Paulus immer noch stand, wie zu einer Säule erstarrt.

Und Paulus, der nun etwas in sich zusammengesunken, gebeugt, erschöpft und blass war, sah ihn und erwartete den großen Mann.

Was voller Trauer begonnen hatte, mit Tränen und einer Totenwache, war schließlich zu einem Tanz geworden. Das ganze Haus war von Freude erfüllt, und alle jubelten laut. Ganz gewiss war der Heilige Geist unter uns.

Doch mitten in dem Geschehen, als ob sie ganz alleine wären, suchten Paulus und Barnabas den Blick des anderen.

Steht es gut um uns, Barnabas? Stehen die Dinge wirklich gut?

Der große Mann fasste dem kleinen Mann unter die Arme, hob ihn von der Mauer auf den Boden und umarmte ihn.

Paulus, ich liebe dich. Um uns wird es immer gut stehen.

Ich sah es genau. Ich, Timotheus, beobachtete dieses Wunder. Ich trage sie immer noch in meinem Herzen, diese Heilung der Entzweiung.

O Jesus, das Wasser, das aus der Quelle der Vergebung entspringt, wie sanft es uns umspielt und unsere Liebe zu neuem Leben erweckt. Es ist unser Leben, das Leben der Gemeinde, und so sind wir wieder ein Leib, und du bist der Kopf, und du bist die Quelle, denn du erfüllst alles in uns.

LUKAS

57

In Antiochia blieb Paulus nicht lange. Er zog durch Galatien und Phrygien und stärkte alle Jünger und Jüngerinnen in ihrem Glauben.

TIMOTHEUS

58

Nach Antiochia – nach dem einzigen Besuch, den ich dieser Stadt je abgestattet habe – überquerten wir bedächtigen Schrittes jenen hohen Pass, der das Tor nach Zilizien ist, und zogen dann weiter über Land nach Ephesus.

Titus, dessen Muskeln wie die Flanken eines Wildpferds vibrierten, legte ein Tempo vor, bei dem Paulus nicht mithalten konnte. Der fröhliche junge Mann lief immer voraus und kam lächelnd und mit einer Entschuldigung wieder zurück.

Der Gang des Paulus war steif und verkrampft geworden. Durch seine schleppenden Bewegungen hatte es den Anschein, als müsste sein kleiner Körper ein viel höheres Gewicht umhertragen.

Wir machten Station in allen Städten, in denen Paulus Gemeinden gegründet hatte. Er predigte. Er frischte seine Bindungen und die Überzeugungen der Gläubigen auf, und überall überredete er die Gemeinden, für die Armen in Jerusalem Geld zu sammeln.

Solange wir uns mitten unter diesen Menschen aufhielten, zeigte Paulus keine Anzeichen körperlicher Schwäche. Überhaupt keine. Er stand aufrecht. Er redete kraftvoll. Seine Schritte waren schwungvoll und energiegeladen.

Aber sobald wir wieder unterwegs waren, ein namenloses Trio im geschäftigen Strom der Reisenden, erschlaffte sein Körper und wurde lahm. Ich beobachtete ihn. Ich sah mir seine Augen an. Und ich bin sicher, dass ihm der Unterschied zwischen dem öffentlichen und dem privaten Paulus überhaupt nicht bewusst war.

In Lystra erfuhren wir, dass meine Großmutter gestorben war. Lois, die Mutter meiner Mutter und ihre einzige Gesellschaft, ihre ganze Familie seit meiner Abreise drei Jahre zuvor.

Meine Mutter hatte nicht gewusst, wo ich war. Sie hatte mir die Nachricht nicht übermitteln können. Über ein Jahr lang hatte sie einsam getrauert, und nun schien mein plötzliches Erscheinen ihre Trauer nur erneut anzuschüren, denn sie sagte: »Du bist nur gekommen, um wieder fortzugehen. Und ich glaube, dass ich dich dann nie wieder sehen werde.«

Auch mich erfüllte Trauer. Wegen meiner Großmutter. Wegen meiner armen Mutter, die nun ganz allein leben musste. Und wegen meines Vaters.

Ich sagte zu Paulus: »Du predigst die Auferstehung derer, die in Jesus entschlafen. Das bedeutet, dass meine Großmutter getröstet ist, so wie ich es bin. Aber was ist mit denen, die nicht in Jesus entschlafen? Was ist mit ihnen? Was, Paulus?«

Am Tag unserer Abreise aus Lystra nahm mich meine Mutter ganz fest in ihre Arme.

Ich sagte: »Ich werde wiederkommen.«

»Nein, das wirst du nicht«, sagte sie. »Ich weiß, wem du dienst. Ich werde sterben, bevor du zurückkommst. Mein Haus ist nicht mehr dein Haus.«

Dann sagte sie: »Du kannst etwas haben, das ich nicht mehr brauche.«

Sie ging hinter das Haus und brachte uns zwei Geschenke: den Karren, der meinem Vater gehört hatte, und den Esel, der meiner Großmutter gehört hatte.

Danach reisten wir genauso schnell wie Titus.

Die meiste Zeit verbrachten wir bei den Galatern. Hier strengte sich Paulus am meisten an. Er schimpfte und zeterte und predigte und bettelte und rief den

Männern das Evangelium in Erinnerung, die von Judas Barsabbas verwirrt worden waren.

Sie hatten unseren Brief erhalten.

Es sind wahre Riesen, diese Galater, blond und kampferprobt und am glücklichsten in der Schlacht. Trotzdem hatte sie dieser Brief wie kleine Kinder behandelt, die von ihrer Mutter ausgeschimpft werden.

Sie sehnten sich danach, dass Paulus sie wieder mochte und ihnen verzieh.

Vergebung hatte er nun im Überfluss für sie übrig. Und ihm wurde bald bewusst, wie sehr er es liebte zu verzeihen. Es erneuerte ihn in seinem Inneren. Es kräftigte und stärkte ihn, nicht zuletzt, weil die dankbaren Galater nun williger und gehorsamer waren als je zuvor und Paulus sich für sie als der überzeugendere Lehrer erwiesen hatte.

Judas Barsabbas war in einer schwierigen Lage. Schließlich reiste er ab.

Paulus folgte ihm bis an das Stadttor, weil er ihn gehen sehen wollte.

»Alter Eselsknochen«, sagte Paulus. Aber nur ich konnte es hören. »Jämmerlicher, weißer, dürrer und hohler Eselsknochen.« Die Abreise des Judas Barsabbas bereitete ihm ein eiskaltes Vergnügen, und es war, als meißelte er seine Worte in den Sarkophag dieses Mannes.

Aber mit den Galatern pflegte Paulus einen sehr geselligen Umgang.

»Zeigt euren Dank«, sagte er zu ihnen. »Meine Kinder, euch ist vergeben worden, also lasst euren Dank Gestalt annehmen. Ich werde bald nach Ephesus aufbrechen. Wenn ich weg bin, sollen eure Ältesten unter den Gemeinden in euren Dörfern Geld sammeln und dann das Gesammelte nach Jerusalem bringen. Bringt es zu den Heiligen, die dort in Armut leben und im Tempel beten.«

Im Sommer hatten wir unsere Rundreise beendet.

Aquila und Priska hießen uns in Ephesus in Kleinasien willkommen, wo schon eine kleine Gemeinde entstanden war, die im Haus der beiden zusammenkam.

Teil 4

EPHESUS

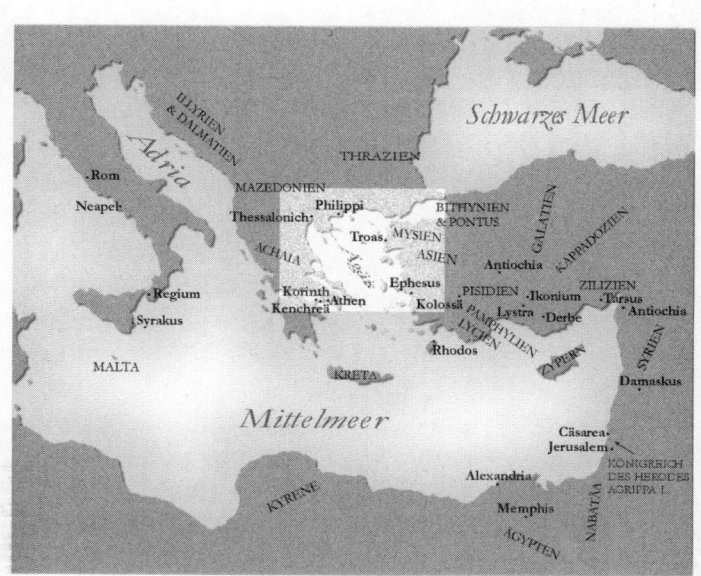

LUCIUS ANNAEUS SENECA

59

Seneca, in Rom,
An Helvia, meine Mutter in Cordoba,
Am ersten Tag der Regentschaft des Nero:

Mutter, so dreht es sich, das Rad der Fortuna, und trägt uns bald nach oben, bald nach unten – und dann wieder nach oben. Ich bin noch derselbe Mann, der neun Jahre lang in der Verbannung zur Untätigkeit verurteilt war. Doch heute Abend, keine fünf Jahre nach meiner Rückkehr, habe ich aus der Hand der Agrippina, der Mutter des Princeps, ein goldenes Geschenk erhalten, eine Gabe des persönlichen Dankes von der Mutter des Kaisers eines Reiches, das den ganzen Erdkreis umspannt.

Soll ich Fortuna nun mehr lieben als einst auf Korsika, diesem erbarmungslosen Felsen?

Es ist vollbracht. Nero ist Imperator, so, wie seine Mutter es sich gewünscht hat. Der Senat hat ihn mit offenen Armen empfangen. Die Stadt begrüßt ihn wie den Frühling nach einem nicht enden wollenden Winter. Und ich bin mit zwei Aufgaben betraut, die eine Ehre und eine Bürde sind: erstens ihn zu beraten und zweitens die Worte zu verfassen, die er vor der Welt sprechen wird.

Ich bin nun in diesem Reich kein gemeiner Mann. Bin ich aber auch Fortunas Sohn, ihr blond gelocktes Kind? Der kleine Liebling der Fortuna? Und sollte ich deshalb ihrer unberechenbaren Laune Opfer darbringen?

Höre, wie ich die Zunge im Munde der Macht bin: Heute wurde Nero im purpurnen Mantel und mit goldener Rüstung zu den Truppen vor den Toren der Stadt getragen, wo er sie majestätisch begrüßte – mit meinen Worten. Danach wurde er zum Senat getragen, wo er, bekleidet mit einer einfachen Toga, meine Worte vortrug, vornehme und gute Worte. Ich wünschte, dies wären auch seine eigenen Gedanken.

Wenn meine Pflicht es mir auferlegt, Entscheidungen zu treffen, so seid gewiss, dass ich nur an das Glück und das Wohlergehen Roms denken werde. Ich bin mir meines Mangels an Erfahrung bewusst, sprach das Kind, so wie ich es geschrieben hatte, *meiner Jugend, meiner Unwissenheit. Doch umgeben von den weisesten aller Ratgeber, werde ich selbst das vornehmste Beispiel abgeben* ... Und so weiter und so fort.

Als er die Rede beendet hatte, bezeugte der Senat mit tosendem Beifall seine Zustimmung. Und warum auch nicht? Ich hatte ihm gute Versprechungen in den Mund gelegt: *Ich gelobe die vollkommene Trennung zwischen dem Staat und meiner eigenen Person. Als Bürger unter Bürgern, als der erste unter ihnen, muss ich auch der pflichtgetreuste unter ihnen sein und die Gesetze und das Land mehr als alle anderen achten.*

Heute Abend ist also die ganze Stadt auf den Beinen. Du siehst, was ich mit meiner nicht auf den ersten Blick erkennbaren Macht erreicht habe, indem ich die Worte ersann, die ein anderer sprach: Der Rede des Nero wird mehr Weisheit zugesprochen als jeder anderen Rede seit den Tagen des Augustus. Dieses Lob bedeutet Nero sehr viel. Gerade ist er in der Gesellschaft seiner Freunde und spricht ihnen immer wieder Teile seiner Rede vor.

Ich, der ich mir weniger aus Lob mache, habe mich in meine privaten Räume zurückgezogen.

Aber Agrippina suchte mich hier auf und verlieh

ihrem ganz persönlichen Dank in Form eines Geschenkes Ausdruck, eines goldenen Papierschabers, mit dem ich alte Worte von einem Pergament entfernen kann, um es mit neuen zu beschreiben. *Was ist mit der Seele, Edelste? Wird es auch die alten Worte von der jungen Seele entfernen?* Sie küsste mich dort, wo mein Kopf kahl ist. Sie lächelte. Diese Frau ist schön. Sie verleiht ihrer Schönheit Glanz wie ein Zenturio seinem Schild oder der Söldner seinem Schwert.

So habe ich eine Seite abgeschabt und einen Docht abgeschnitten und meine Feder zur Hand genommen. Welche neuen Worte soll ich auf dieses alte Papier schreiben, Mutter?

Nun, lass mich überlegen. Warum soll ich dir nicht schildern, wie schön und wie trügerisch das Antlitz der Fortuna ist? Dann wirst du begreifen, warum sie von mir keine Opfergaben erwarten darf.

Vor wenigen Tagen, ja, erst vor wenigen Tagen hat Agrippina Claudius ermordet. Ihre Beweggründe bedürfen keiner langen Erzählung. Sie hat den Kaiser getötet, um ihren Sohn zum Kaiser zu machen. So dreht sich das Rad: Das Obere findet sich unten, das Untere oben wieder. Und die Hand, die das Rad dreht, ist schön und zeigt kein Anzeichen von Grausamkeit.

Doch warum allein dieser Frau eine Tat vorwerfen, die in Rom so viele Vorläufer hat? Caligula hat Tiberius ermordet. Bald darauf wurde Caligula selbst ermordet, und der zaudernde Claudius wurde Kaiser.

Claudius hat Fehler gemacht. Er hat Nero immer weniger Liebe gezeigt und Britannicus, seinen leiblichen Sohn, ihm vorgezogen. Und seine Ratgeber waren in ihrer Gegnerschaft gegenüber Agrippina übermütig geworden. Narcissus trat noch kühner auf als die anderen. Vor den versammelten Höflingen lief Narcissus zu dem jungen Britannicus, umarmte ihn und sagte: »O enterbtes Kind, wann wirst du den Mut haben, diejenigen von diesem Ort zu vertreiben, die dir den Thron streitig machen wollen?« Narcissus fuhr fort: »Gott möge dich schützen bis zu dem Tag, an dem du dich mit guten Menschen umgeben wirst, mit Seelen, die Inzest, Hurerei und Verrat verabscheuen!« Dieses gedankenlose Gerede entging Agrippina nicht.

Zudem hat Claudius bei seinen Zechgelagen düstere Prophezeiungen ausgesprochen. Sein Schicksal werde es sein, sagte er, erst selbst zu leiden und dann die Sünden seiner Frauen zu bestrafen. Und in Gegenwart seiner Frau hatte er darüber nachgedacht, Britannicus dem römischen Volk vorzustellen, damit sie irgendwann einmal »einen richtigen Kaiser« haben würden. Kurz darauf zeigte sich Agrippina bei einem seiner ausschweifenden Gelage. Das war ungewöhnlich für sie, obwohl es den alten Kaiser immer noch freute, sie zu einem solchen Anlass zu sehen. Anmutig und schön kam sie daher und erstaunlich fügsam. Ihr Verhalten ließ nichts Böses ahnen. Sie lächelte.

Ein Pilzgericht wurde aufgetischt, die Lieblingspilze des Claudius.

Halotus, der kaiserliche Vorkoster, probierte ein wenig von der Soße und reichte die Speise dann eigenhändig dem Claudius.

Agrippina aß ein paar von den kleinen Pilzen, die man ihr gereicht hatte. Sie lächelte wieder und nickte, um anzudeuten, dass die Pilze gut waren. Sie zeigte auf die größten Pilze.

Und Claudius aß die größten Pilze, aß sie und verlangte nach mehr.

Eine Stunde verging.

Plötzlich wurde der Kaiser von einem Schüttelfrost

ergriffen. Sein Gesicht wurde weiß. Er hielt sich seinen riesigen Bauch mit beiden Händen und brüllte wie ein Ochse.

Es war Zeit, Xenophon, den kaiserlichen Arzt, zu rufen.

Er war natürlich der Zweite und nicht der Erste, der gerufen wurde. Einige Sunden vorher hatte Agrippina die Dienste des Locusta, des kaiserlichen Giftmischers, in Anspruch genommen, und dieser hatte versichert, die vergifteten Pilze würden fast unverzüglich ihre Wirkung zeigen. Aber der Körper des alten Mannes muss gegen fremdartige Stoffe unempfindlich geworden sein. Das Gift wirkte in ihm nicht nur langsamer, sondern auch schwächer und rief kaum mehr als starke Krämpfe hervor. Claudius hörte auf zu brüllen.

Agrippina eilte hinaus und fing Xenophon in den Gängen ab. Gemeinsam betraten sie den Speisesaal.

Xenophon untersuchte den großen Körper des Kaisers und sagte: »Es ist nur eine leichte Verstimmung des Magens, Herr. Lasst mich euren Hals mit einer Feder reizen. Ihr werdet erbrechen und euch schnell besser fühlen.«

Claudius stimmte zu. Die Feder erleichterte seinen Magen um große Mengen, und eine Zeit lang glaubte Claudius, er könnte weiteressen.

Aber die Krämpfe kamen mit Macht zurück und drohten den Kaiser zu zerreißen. Vier Sklaven trugen ihn von den Banketttischen in seine privaten Räume.

Rom sah ihn nicht lebendig wieder.

Die Feder war in Gift getaucht gewesen. An diesem Abend war außer Xenophon kein anderer Arzt im kaiserlichen Palast.

Und Fortuna hatte noch kein anderes Gesicht als das der Agrippina.

Die Kaiserin saß zwei Tage lang am Bett ihres Mannes. Er stöhnte und röchelte, konnte aber nicht sprechen. Er erbrach ständig, jedoch nichts als üble, dünne Galle. Jede Bewegung machte ihn benommen.

Agrippina fuhr mit ihren Händen über seinen Hals, seine Brust und seinen geschwollenen Bauch, wo sie einen riesigen Klumpen spürte, so groß wie der Kopf eines Menschen.

Schließlich stieß der Mann einen faulen Hauch aus und starb unter den tastenden Händen seiner Frau.

So ist Nero Kaiser geworden. Und dein zweiter Sohn gehört nun zu den mächtigsten Männern im Reich.

Mutter, einst schrieb ich dir, dass die bescheidenste Hütte dasselbe Gut aufweisen kann wie der größte Palast: Die Tugenden meinte ich, erinnerst du dich? »Gerechtigkeit und Maß schaffen Raum für eine Schar von Freunden«, schrieb ich. »Weisheit und Rechtschaffenheit sind die Tische und Stühle. Eine gute und angemessene Aufteilung der Pflichten schafft hundert dienende Hände. Und das Wissen um die Gottheit ist wahrhaft Speise und Trank. Sieh«, schrieb ich, »wie aus der Hütte ein Palast wird.«

Aber das Rad der Fortuna dreht sich weiter.

Und in diesem Brief habe ich dir dasselbe geschrieben, jedoch mit umgekehrtem Vorzeichen: Sieh, wie ein Palast, dem es an Tugend mangelt, zu einer Höhle wird, einem Verschlag, einem Rattenloch, einem stinkenden Beinhaus. Dort lebe ich.

Das Rad der Fortuna dreht sich, und ich kann dir nicht sagen, ob ich mich im Moment oben oder unten befinde.

Nein, ich habe Fortuna nie geliebt. Und ich liebe sie auch jetzt nicht.

PRISKA
60

Ich wünschte mir, am Stadttor zu stehen und meinen Freund bei seiner Ankunft zu begrüßen, ihn in meine Arme zu nehmen und ihm zu sagen, wie wunderbar es sei, ihn wieder zu sehen. Aber ich stand nicht am Stadttor, und er kam nicht.

Ich wünschte mir – obwohl ich wusste, dass ich kein Recht zu solchen Wünschen hatte –, er würde kommen, um seine Priszilla zu sehen. Und er würde überglücklich sein, wenn wir uns wieder sähen, und dann zu Aquila sagen: *Hier bin ich zu Hause, hierher habe ich mich gesehnt.*

Während der langen neun Monate seiner Reise gab mein Herz sich oft solchen törichten Vorstellungen hin. An so manchen Tagen sah ich ihn vor meinem geistigen Auge: Kurz bevor ich um eine Straßenecke bog, stellte ich mir vor, er stünde auf der anderen Seite, lächelte, begrüßte mich mit seinen quicklebendigen Augen, die die Farbe polierter Walnüsse haben, seinen Kopf auf dem dünnen Stiel balancierend, der sein Hals ist. Immer war es nur Enttäuschung, die mich auf der anderen Seite erwartete, aber der bittersüße Stachel sehnsuchtsvoller Erwartung begleitete mich den Rest des Tages.

Und in der Dunkelheit, vor dem Anbruch eines neuen Tages in Ephesus, lag ich oft im Halbschlaf auf meinem Lager und hörte ihn rufen: *Priszilla, Priszilla, komm nach unten, ich brauche deine Hilfe.* Der Klang seiner Stimme war für mich wie ein süßer Duft, wie etwas, das alle meine Sinne gefangen nahm.

Als er dann aber tatsächlich ankam, suchte er nicht

nach mir. Und meine Erwartungen kamen mir kindisch vor.

Er kam auf einem Karren, der von einem Esel gezogen wurde.

Er kam mit Büchern und Pergamentrollen, die für ihn nun wertvoller waren als die Werkzeuge seines Zeltmacherhandwerks.

Er kam, umgeben von einer kleinen Gruppe von Männern: Zuhörer, Redner, Handwerker, die ich alle nicht kannte. Nur Timotheus kannte ich.

Timotheus, der plötzlich im Eingang zu unserem Haus stand, mit seinem schönen gewellten Haar und seinem offenen Lächeln, und leise sagte: »Wir sind wieder da.«

Nach seiner Ankunft in Ephesus schenkte Paulus sogleich den Gebieten außerhalb von Ephesus, den Ländern Kleinasiens, seine ganze Aufmerksamkeit.

Die Männer, die er um sich herum versammelt hatte – und weiterhin versammelte –, bildete er zu Predigern und Lehrern aus, machte aus ihnen Reisende und, wie er es nannte, Gefährten im Evangelium. Das Wort »Jünger« lehnte er ab. Er lachte viel in dieser leutseligen Runde, lachte sein hohes, mädchenhaftes Lachen viel öfter, als ich es von ihm gewohnt war. Die Gesellschaft dieser Schar bodenständiger Kameraden schien in ihm ein tiefes Bedürfnis zu stillen.

Paulus mietete einen Raum in einem säulenumstandenen Gebäude auf der Südseite der zum Hafen führenden Straße. Der Eigentümer des Gebäudes, ein gewisser Tyrannus, überließ ihm den Raum für einen Spottpreis, da Paulus bereit war, in der Mittagshitze zu lehren, während alle übrigen Bewohner von Ephesus sich ausruhten.

Er lehrte dort das ganze Jahr lang und auch noch im darauf folgenden Jahr.

Und von Ephesus sandte er sie aus, die Schar seiner »Mitarbeiter für das Reich Gottes«, seiner »Diener im Herrn«, seiner »Mitstreiter«, seiner »Kameraden und Helfer«, Kameraden wie Justus, Tychicus und Demas, wie den Mann namens Lukas, den Paulus seinen »geliebten Arzt« nannte. Seine Kameraden also verkündeten den Namen des Herrn Jesus Christus, im Norden, in Smyrna und Pergamon, im Nordosten, in Philadelphia und Sardes, und im Osten, in Magnesia und Tralles.

Es mag genügen, einen der Männer zu beschreiben, die Paulus zu Diensten waren. Nehmen wir Epaphras, der in Kolossä geboren ist. Dieser Mann hatte den Esel geführt, der den Karren gezogen hatte, auf dem der viel beschäftigte Paulus nach Ephesus gekommen war. Er war ein tatkräftiger Mann, jemand, der gerne Aufgaben übernimmt. Paulus schickte ihn am weitesten nach Osten, zurück in seine Heimatstadt im Flusstal des Lykos, um dort eine Gemeinde zu gründen. Bei seiner Rückkehr nach sieben Monaten wurde Epaphras mit überschwänglicher Freude und höchstem Lob begrüßt, denn er hatte nicht nur im Haus eines begüterten Mannes namens Philemon eine Gemeinde gegründet, sondern auch in weiteren Städten außer Kolossä, Laodizea und Hierapolis gepredigt. Zudem hatte er noch einige Männer mitgebracht, die sich von Paulus in seinem Unterrichtsraum unterweisen und dann ebenfalls aussenden lassen wollten, darunter Archippus, der zwei Jahre später in Laodizea eine Gemeinde leiten würde.

Paulus wusste nichts als Gutes über den eifrigen Epaphras zu berichten und lobte ihn, so oft er konnte.

Dieser Mann betete viel. Dieser Mann betete ohne Unterlass und immer für andere. Dieser Mann war »unser geliebter Mithelfer« und »ein treuer Diener Christi in unserem Auftrag« und »ein Sklave Christi Jesu«, was Paulus sonst von niemandem außer sich selbst behauptete.

Aber Aquila und ich waren nicht weniger treu gewesen! Wir hatten hart gearbeitet, ohne zu klagen. Ohne fremde Hilfe, außer der des Sosthenes, dessen Wissen über den Herrn begrenzt war, hatten Aquila und ich in Ephesus eine Gemeinde gegründet, und zwar zu einer Zeit, als wir in dieser Stadt Fremde waren. Wir sind nicht hier geboren. Aquila stammt aus Pontus.

Aber wer sind wir schon? Was zählen wir in all dieser überhitzten Aktivität? Zu den »Kameraden« gehören wir ganz sicher nicht. Mein Mann ist ein schweigsamer Mensch, kurzsichtig und stur und so schüchtern, dass man ihn kaum wahrnimmt.

Und ich? Ich bin nur eine Frau.

Nein, das stimmt nicht. Bitte verzeiht mir.

Paulus hat nicht nur Männer unterrichtet und auch nicht nur Männer zum Predigen in andere Städte geschickt.

Natürlich war ich bei ihm, im Sommer und im Herbst, bei seiner Ankunft in Ephesus. Er hat oft genug mit uns in unserem Haus gebetet, und er hat bei uns gepredigt und inmitten unserer Gemeinschaft gegessen. Ganz bestimmt waren wir ihm auch dann immer willkommen, wenn er mit seinen umherreisenden Freunden zusammensaß.

Aber weil die überschwängliche Begrüßung ausblieb, die ich mir im Geiste ausgemalt hatte, zog auch ich mich von ihm zurück. Ich beobachtete ihn aus einer gewissen Distanz und bekämpfte Gefühle, als ob sie eine Krankheit wären.

Ach, Paulus! Du kommst nicht nur auf einem Wagen anstatt zu Fuß, du kommst auch gealtert zurück. Deine armen Knochen hängen herab wie die Äste eines alten Olivenbaums. Wie könnte ich dich sehen und dir nicht helfen wollen?

Und ich sehe es, Paulus. Trotz der unerschöpflichen Energie, die du in alle deine Unternehmungen steckst, sehe ich, dass dich etwas beschäftigt und ablenkt, etwas, das dir viel mehr bedeutet und dich viel tiefer berührt als alles, was du immer wieder auf die Beine stellst. Deinem Handeln fehlt die alte Unmittelbarkeit und Leichtigkeit, du musst dich jetzt sehr konzentrieren und benötigst viel Willenskraft, nicht wahr?

Wenn ich während des Gottesdienstes glaubte, er sähe zu mir herüber, blieb mir fast das Herz stehen. Ich kämpfte gegen meine Gefühle an, gegen das Erröten und gegen das Lächeln, das sich auf meinen Lippen abzuzeichnen begann. Ich wandte mich von ihm ab, von seinem markanten Schädel und seinem bohrenden Blick – Nein, er hatte eigentlich nicht zu mir herübergesehen. Er sah mich nur selten an. Ich wusste, dass es nur meine Sehnsucht war, die es so aussehen ließ.

Also vertrieb ich die Hoffnung mit Wut. Ich schützte mein Herz mit einem Mantel aus Wut.

Und dann nahm mir der Apostel Paulus auch noch das, meine Wut.

An einem frühen Morgen im Juli, als Paulus schon ein Jahr in Ephesus verbracht hatte, schickte er Titus zu unserem Haus, um zu fragen, ob ich für uns ein Abendessen vorbereiten könnte. »Für vier Personen«, sagte Titus augenzwinkernd, »falls Aquila mit dabei ist. Sonst für drei.«

Solche Dinge wie ein Augenzwinkern entgingen mir nicht. Ich nahm sie wahr, aber ich verstand sie nicht, und ich fragte auch nicht nach.

Vier. Aquila würde ganz sicher mit dabei sein.

Ich kaufte Sommerfrüchte und Ziegenkäse, Brot aus ägyptischem Weizen und Tauben.

In jenen Tagen wohnten wir in einem Haus, das rundherum von anderen Häusern umschlossen war, Wand an Wand, unser Eingang versteckt hinter engen Durchgängen, Treppen nach oben, Treppen nach unten und Dunkelheit. Wir hatten einen einzigen Raum, in den durch hohe Fenster Tageslicht fiel. Sonst lebten wir überall im Licht von Lampen und umgeben von ihrem Ruß.

Ich glaubte, dass Titus der andere Gast sein würde. Wahrscheinlich, weil er um das Essen gebeten hatte. Aber es war ein Irrtum. Ich irrte mich sehr oft. Denn als er an der Tür unseres Hauses ankam, war Paulus in Begleitung einer Frau.

Ich führte die beiden Gäste in unseren einzigen Raum mit Fenstern, wo der Tisch bereits gedeckt war. Als sie den Raum betraten, sah ich, wie Paulus sanft und vertraut den Arm dieser Frau umfasste, höflicher und zuvorkommender, als ich es ihm jemals zugetraut hätte. Und sie erwiderte die Berührung nicht nur mit Worten. Zwischen den beiden gab es eine Verbindung. Und bestimmt auch die dazugehörige Geschichte. Sie war, schätzte ich, zwei oder drei Jahre älter als Paulus und sicher nicht auf ihn angewiesen. Sie hatte lange eisengraue Haare, die nach der Art der Mazedonier gekämmt und hochgesteckt waren. Ihre Kleider waren wertvoll, aber schlicht, ihre Augen wach und neugierig, und ihr Körper schien immer schon voller Energie gewesen zu sein.

Aquila kam als Letzter dazu.

Ich bat meine Gäste, es sich auf den gepolsterten Bänken rund um den Tisch bequem zu machen. Ich hatte vor, sie allein zu lassen und das Essen aufzutragen. Aqulia setzte sich an das Fußende des Tisches. Ich wollte gerade gehen. Aber Paulus wies seiner Begleiterin mit einer höflichen Verbeugung einen Platz an, drehte sich dann um und kam auf mich zu. Diesmal sah er mich wirklich an, sah in mein Gesicht und in meine Augen. Er streckte seinen Arm aus, und zum ersten Mal seit dem Abschied in Korinth vor achtzehn Monaten nahm er meine Hand in seine.

»Priska«, sagte er, »das ist deine Mutter. Aber sie ist nicht gekommen, damit du sie ehrst. Sie ist gekommen, weil sie von dir lernen will.«

JAKOBUS

61

Kreuze überziehen unser Land, und es hängen Tote an ihnen. Ein Gestank umgibt uns, und das Leid der Menschen schreit zum Himmel.

In dem Jahr seit seiner Ernennung zum Statthalter von Judäa hat Antonius Felix seine blutrünstigen Legionen immer wieder durch die Lande ziehen lassen, um die Männer, die sich in den Bergen versteckt halten, gefangen zu nehmen und zu töten.

Er bezeichnet sie als »Banditen«. Vielleicht sind sie das. Sie stehlen. Sie machen das Reisen zu einer gefährlichen Unternehmung.

»Aufständische« nennt Felix sie auch, und das sind

sie ganz gewiss. Sie hassen Rom. Sie hassen die römischen Steuern. Sie hassen die Reichen, die im Schatten Roms feist werden. Sie hassen alle Juden, die mit den Römern zusammenarbeiten, denn alle, die Rom dienen, sagen sie, dienen einem anderen Gott neben unserem Gott.

Und die Armen, die Tagelöhner, die Niedrigsten aus dem Priesterstand, die Gebrochenen in unserem Land, die Gescheiterten und die Hungrigen – sie glauben, was die »Aufständischen« sagen. Die Armen unter den Juden erfahren die Last der römischen Herrschaft am eigenen Leib. Sie schicken ihre Söhne los, damit sie sich den Banditen anschließen, und ihre Söhne werden gekreuzigt.

Man hört über Felix, dass er seine Macht wie ein König ausüben, aber auch wie ein Sklave kriechen und schmeicheln kann. Wenn wir von unterwürfigen Hunden regiert werden, gibt es keine Ehre mehr. Ein Gestank breitet sich aus, und auf nichts ist Verlass.

Sollen die Reichen doch weinen! Sollen sie doch jammern, die sich in dieser Welt einrichten angesichts des Elends, das ihnen bald bevorsteht! Denn die Freunde dieser Welt sind die Feinde Gottes. Und Reichtümer verrotten, und Gold wird rosten, und der Rost wird ihr Fleisch verzehren wie Feuer!

Das sage ich hierzu: Ich sage, dass die, die heute in irdischer Pracht leben, ihre Herzen dazu bereit machen, morgen zur Schlachtbank geführt zu werden.

Heute Morgen ging ich durch das Gartentor aus der Stadt hinaus. Ich lief mit gesenktem Kopf, mein Geist war von ernsten Gedanken erfüllt. Aber dann hörte ich ein hastiges Keuchen, wandte mich um und sah, dass ich an Golgatha vorbeikam.

Auf diesem kleinen Hügel stehen Holzpfähle, und

jeder der Pfähle wartet auf den Kreuzesbalken und den Körper, der an ihm sterben wird.

Aber einer der Pfähle hatte bereits seinen Balken, und an dem Balken hing ein Körper.

Das Keuchen, das ich gehört hatte, kam aus der Brust eines jungen Burschen, den man gekreuzigt hatte.

Es war ein Junge, der von den Folterungen der Römer blutete, dessen Blut an dem Pfahl herunterlief, dessen dünne Arme mit dicken Seilen an den Querbalken gebunden waren, dessen Kopf gegen das Holz gedrückt war, sodass sein Mund offen stand und er keuchte – ein Junge, ein Kind, sein Hals so rein wie eine Säule aus Elfenbein.

Ich ging zu ihm hin, stellte mich vor das Kreuz und begann leise zu beten.

Bald hörte das Keuchen auf, und ich hielt inne in meinem Gebet.

Der Junge hatte seinen Kopf zur Seite gerollt. Er starrte mich mit entsetzten Augen an.

Ich erwiderte seinen Blick und war gefangen, sah ihm in die Augen, von Trauer überwältigt. Ich konnte nicht länger nur ein Zuschauer sein.

»Wer bist du?«, fragte ich. »Sag mir deinen Namen, und ich werde ihn vor den Herrn tragen.«

Erst sah er mich nur an. Aber dann sagte er: »Ich kenne dich.« Er schloss die Augen. Dann öffnete er sie wieder und sagte leise: »Du bist Jakobus, der Gerechte. Mein Vater hat dich immer verehrt.«

Der Bursche versuchte zu lächeln. Er lächelte mich an und blinzelte noch einmal mit seinen schönen Augen.

Er kennt mich? Woher kennt er mich? Wo haben sich unsere Wege gekreuzt?

Ich sagte: »Wie heißt dein Vater?« Ich wartete einen Moment und sagte dann: »Wie ist dein Name?«

Langsam atmete der Junge ein. Er lächelte immer noch und flüsterte: »Wir haben gesehen, wie der römische Soldat die heiligen Seiten der Tora zerrissen hat.« Er atmete eine Zeit lang ein und aus, dann sagte er: »Wir haben gesehen, wie er die Tora ins Feuer geworfen hat. Wir haben unser Leben aufs Spiel gesetzt, mein Vater und ich ...«

»Bitte«, sagte ich noch einmal, »wie heißt du?« Ich fürchtete das Verrinnen der Zeit und den Tod, den bevorstehenden Tod ...

Der Junge verließ mich. Ich presste meine Handflächen gegeneinander und flehte: »Bitte, Kind, sag mir den Namen deines Vaters!«

Noch einmal holte er mühsam Luft und brachte das Blut auf seinem Bauch zum Glänzen. Dann, als die qualvoll eingeatmete Luft durch seine Lippen entwich, flüsterte er: »Hab Geduld, Jakobus. Der Herr kommt.«

Der Junge wandte seinen Blick dem Himmel zu und lächelte ein erwartungsvolles Lächeln. Sein Gesicht leuchtete, und plötzlich sagte er: »Siehst du? Kannst du ihn sehen? Jakobus, der Richter steht vor den Toren!«

Während er noch lächelte, erloschen die Flammen in seinen Augen, und er atmete nicht mehr. Er war tot.

Ich nahm seine Füße in meine Hände. Ich lehnte mein Gesicht gegen seine jungen, unverletzten Knöchel, und ich weinte.

PRISKA

62

Die Stimme des Paulus hatte sich verändert. Genauer gesagt hatte sich seine ganze Art zu sprechen verändert. Das schnalzende, wütende, rechthaberische Geschrei, seine eigentümliche näselnde Sprechweise, war einer nachdenklichen, beinahe innerlichen Art gewichen. Er machte öfter einmal eine Atempause. Er predigte nicht mehr so stürmisch, weniger dramatisch und – wie soll ich es beschreiben? – setzte seinen Körper weniger ein. Es war mehr ein Gespräch, das er führte: Er nannte zu Beginn seine Themen und machte dann hin und wieder eine Pause, um seine Gedanken neu zu ordnen. Der Apostel lehrte jetzt, er führte Menschen auf einem vorgezeichneten Weg und bediente sich dabei einer Strategie, über die er viel nachgedacht hatte.

Wann war es zu dieser Wandlung gekommen? Ich weiß es nicht. Ob es während der Zeit war, als er nicht bei uns war, oder in dem Jahr nach seiner Rückkehr, kann ich nicht sagen. Mir ist dieser Unterschied in seiner Art zu sprechen erst an dem Abend richtig bewusst geworden, an dem er Lydia zu dem Abendessen in unserem Haus begleitet hat – als er mich an der Hand nahm und sagte: *Das ist deine Mutter.*

Meine Mutter! Für einen ganz kurzen Augenblick hielt ich es für möglich, dass dies wirklich meine Mutter war – plötzlich wieder zum Leben erweckt, plötzlich wieder bei mir zu Hause.

Paulus muss meinen fassungslosen Gesichtsausdruck gesehen haben. Er drückte meine Hand sanft, damit ich ihm zuhörte, und sagte: »Deine geistliche Mutter, Priszilla. Die Mutter, wegen derer du berufen bist. Wegen dieser Frau betest du in der Öffentlichkeit und redest du prophetische Worte.«

Mit derselben Höflichkeit, mit der er es soeben bei seiner Begleiterin getan hatte, bot er nun auch mir einen Platz auf einem der weichen Kissen an. Ich setzte mich direkt neben die ältere und größere Frau.

Aber das Essen ...

Als ich mich – sprachlos – an den Tisch gesetzt hatte, stand Aquila auf und verließ leise den Raum.

Paulus nahm sich einen Stuhl und setzte sich uns gegenüber. Er lächelte.

»Priska«, sagte er und sah dabei die Frau an, die neben mir saß, »das ist Lydia, meine alte und treue Freundin, eine meiner liebsten Mitarbeiterinnen im Evangelium seit meiner allerersten Reise nach Philippi.«

Lydia sah Paulus sehr vertraut an, als ob sie gerade etwas Wichtiges von ihm erführe.

Paulus sagte: »Lydia handelt mit sehr feinem Tuch, das in den Färbereien von Thyatira purpurn gefärbt wird. Sie ist gerade auf dem Weg in diese Stadt, um dort Ware einzukaufen – und um zu predigen. Es ist ihre Heimatstadt, Priska. Sie möchte, dass die Menschen dort die Frohe Botschaft hören.«

Lydia nickte vornehm und zustimmend, zufrieden mit dem Lob. Nun wusste ich, weshalb ihre Kleider so schön und so teuer waren.

Es gab ein Poltern an der Tür, und Aquila betrat das Speisezimmer mit meinen Tauben, die sich immer noch in der Backform befanden, in der das Fett brodelte und spritzte. Ich hatte meine Zweifel, ob das Fleisch schon richtig gar war, aber ich sagte nichts. Mein bescheidener Mann versteht zwar nichts von Speisenfolgen und richtigem Servieren, aber er hatte nun einmal beschlossen, mir diese Arbeit abzunehmen, und ich ließ es mir nicht nehmen, so stolz auf ihn zu sein wie auf einen Herrn großer Ländereien, Seen und Gutshöfe.

Paulus sagte: »Lydia ist Jüdin wie du. Aber anders als du ist sie nicht verheiratet. In Philippi gibt es keine Synagoge und auch nicht genug Männer, die aus der Schrift vorlesen und vorbeten könnten. Was hast du also gemacht, Lydia? Erzähle Priska doch selbst, was du gemacht hast, als wir uns zum ersten Mal begegneten.«

Die Frau neben mir sagte: »Du kannst es viel besser erzählen als ich.«

Was für eine tiefe, angenehme Stimme sie hatte! Wie ein großes Bett mit einer warmen Decke: *Du kannst es viel besser erzählen als ich.*

Paulus lächelte.

Aquila ging wieder aus dem Zimmer.

»Priska«, sagte Paulus, »Lydia hat den Gottesdienst selbst geleitet. Sie hat sich an jedem Sabbat mit anderen Frauen an einem Fluss außerhalb der Stadt getroffen. Und nachdem ich sie getauft hatte, ging das gute Werk, das der Herr in ihr begonnen hat, weiter. Und es wird weitergehen, bis es am Tag Jesu Christi seine Vollendung findet. Vor Philippi dachte ich immer, dass Frauen in der Öffentlichkeit keine heiligen Worte sprechen können oder sollen. Aber in Philippi sah ich, wie der Geist bereits in dieser Frau wirkte. Und er wirkte mit Macht. Wie hätte ich dem Geist Gottes widersprechen können? Wie hätte ich mich weigern können, das Zeugnis vor meinen Augen anzuerkennen? Gott hatte eine Frau erwählt, nicht ich. Ich musste mich nach Gott richten.«

In der Küche zersplitterte etwas. Es war einen Moment still, und dann hörte ich das langsame, schleifende Geräusch des Besens, der Scherben zu einem Haufen zusammenkehrte. Nach dem Geräusch zu urteilen, kehrte der Besen durch etwas Feuchtes. Ja, es war die Weinkaraffe. Alabaster, unersetzlich.

Ich sagte: »Dann warst du es also nicht, Paulus, der mich auserwählt hat, prophetisch zu reden, sondern Gott.«

Er sah mich an. »Ja, Gott. Prophetisch zu reden, genau.« Er sprach im Tonfall eines Gelehrten, der seine Schüler unterrichtet. »Ja, Priska, Gott hat dich auserwählt, der Gemeinde mit deiner Geistesgabe zu dienen, den Menschen zu helfen, ihnen Mut zu machen und sie zu trösten.«

Ach, Paulus, und ich hatte immer geglaubt, du wärest es gewesen. Du hättest Gefallen an mir gefunden, mich auserwählt, mich darauf vorbereitet, dich bei deiner Verkündigung zu unterstützen.

Paulus lächelte mich an. Er sagte: »Ich habe Lydia alles von dir erzählt, Priska. Sie liebt dich. Sie ist genauso stolz auf dich wie ich. Es war ihr Vorschlag, dass wir hier gemeinsam essen, bevor sie nach Thyatira aufbricht. Sie möchte von dir lernen. Sie möchte, dass du ihr alles beibringst, was du über die Bildung der Gemeinde weißt.«

Ich lächelte auch. Wie soll ich es erklären? An jenem Sommerabend in Ephesus, am Tisch mit Paulus, Lydia und Aquila, erlebte ich eine neue und tief greifende Befreiung. Nein, ich kann es nicht erklären. Weil ich es nicht verstehe. Aber es ist wahr, und die Befreiung war von Dauer.

Als ich aufstand, spürte ich weder die Knochen noch das Fleisch meiner Beine. Ich fühlte mich schwerelos.

Ich schwebte. Ich stieg in die Lüfte und konnte wieder lachen. Tatsächlich fühlte ich mich von Fesseln befreit, von denen ich bis dahin überhaupt nicht wusste, dass sie mich gebunden hatten, und in meinem Herzen wusste ich, dass ich jetzt und in der Zukunft jeder Aufgabe gerecht werden könnte, die der Herr mir übertragen würde.

Ich wusste, dass wir, Aquila und ich, eines Tages nach Rom zurückkehren würden.

Ich wusste, dass ich Lydia wirklich lehren konnte, was sie für den Aufbau einer Gemeinde in Thyatira brauchte: Worte des Glaubens und ein überzeugendes Auftreten.

Und ich wusste, dass ich mich von Paulus so weit befreit hatte, dass ich ihn wieder sehr mögen konnte, meinen Freund, diesen großartigen und kindischen, übermütigen, herrischen, unverschämten kleinen Mann, der dennoch und vor allem der Sklave Jesu war.

Beschwingt ging ich von Aquila zu Paulus hinüber. Beschwingt kniete ich mich neben ihn und küsste das schüttere Haar auf dem großen, zerklüfteten Mond, der sein Kopf war. Ich ergriff seine rechte Hand, nahm den langen Zeigefinger, legte ihn im Licht der Lampe neben meinen und zeigte Lydia, dass wir beide die gleiche Schwiele an der gleichen Stelle hatten, da wir beide Zeltmacher waren und mit Leder arbeiteten.

»Ebenbürtige«, sagte ich.

Paulus zwinkerte.

Lydia lachte vergnügt, und wir fingen an. Die Tauben aßen wir zuerst.

LUKAS

63

Gott ließ durch Paulus ganz ungewöhnliche Dinge geschehen. Die Leute nahmen sogar seine noch schweißfeuchten Kopf- und Taschentücher und legten sie den Kranken auf. Dann verschwanden die Krankheiten, und die bösen Geister fuhren von den Besessenen aus.

Auch manche Juden, die als Dämonenbeschwörer durchs Land zogen, gebrauchten bei ihren Beschwörungen den Namen von Jesus, dem Herrn. Sie sagten zu den bösen Geistern: »Ich beschwöre euch bei dem Jesus, den Paulus verkündet!«

Das versuchten einmal auch die sieben Söhne eines gewissen Skevas, eines führenden jüdischen Priesters. Aber der böse Geist in dem Kranken erwiderte: »Ich kenne Jesus und ich kenne auch Paulus. Aber wer seid ihr?« Der Besessene fiel über sie her und schlug sie allesamt zu Boden. Blutend und halbnackt mussten sie aus dem Haus fliehen. Die Geschichte wurde in ganz Ephesus bekannt. Juden wie Nichtjuden erschraken, und sie ehrten und priesen den Namen von Jesus, dem Herrn.

Viele von denen, die zum Glauben gekommen waren, kamen jetzt und gaben offen zu, dass auch sie früher Zauberkünste getrieben hatten. Eine beträchtliche Anzahl von ihnen brachte ihre Zauberbücher und verbrannte sie öffentlich. Man schätzte, dass die verbrannten Bücher fünfzigtausend Silberstücke wert waren. So erwies die Botschaft Gottes ihre Macht und breitete sich immer weiter aus.

JAKOBUS

64

Wo ist Saulus? Niemand weiß es. Niemand hier in Jerusalem weiß es. Er könnte überall im Römischen Reich sein.

Wo ist dieser umherziehende Freiheitskämpfer hingegangen? Wo er war, wissen wir. Nach seiner Abreise aus Antiochia verbrachte er einige Zeit in Galatien. Aber das ist schon fast zwei Jahre her, und bis vor vier Wochen wussten wir auch davon nichts. Wo ist er jetzt? Ich wünschte, ich könnte ihm einen Brief schicken. Ich will ihn davor warnen, nach Jerusalem zu reisen. Er darf nicht hierher kommen.

Es ist nicht allein, dass die Spannungen unerträglich geworden sind und die äußeren und die inneren Kämpfe die Menschen entzweien. Mit Spannungen kann Saulus leben. Saulus tummelt sich in Spannungen wie Leviathan im Ozean. Vielmehr ruft der Hass auf den Straßen seinen Namen und verlangt gerade nach seinem Gesicht. Es gibt hier Männer, Pharisäer und Zeloten – offen gestanden auch Gläubige –, die ihn gefangen nehmen würden, sobald sie ihn erblickten. Oder ihn töten würden, je nachdem, in welcher Stimmung sie sind und von wem sie aufgestachelt werden.

Vor einem Monat kamen fünf Männer aus dem nördlichen Galatien nach Jerusalem, mit denen wir nicht gerechnet hatten und auf die wir nicht vorbereitet waren. Sie waren teils über Land, dann auf dem Seeweg und dann das letzte Stück wieder über Land gekommen, hatten überall kämpfen müssen, Diebe, Piraten und Räuber in die Flucht geschlagen und sich offenbar mit großer Begeisterung in alle diese Kämpfe gestürzt.

Sie gingen geradewegs zum Tempel.

Mit ihren Stiefeln und ihrer Rüstung betraten sie den Vorhof, spazierten in den Säulengängen des Salomo umher – und verschenkten ihr Geld! Immer, wenn sie an einem Bettler vorbeikamen, füllten sie seine Hände mit einem Haufen Münzen und riefen laut und auf Griechisch: »Für die Armen in Jerusalem!«

Sie hatten ganze Beutel davon, drei Beutel voller Mammon! Das war offensichtlich der Grund gewesen, warum sie auf ihrem Weg nach Süden so oft hatten kämpfen müssen.

Die Bettler sprangen natürlich auf und liefen zu den Tischen der Geldwechsler, denn es waren römische Münzen, die die Galater mitgebracht hatten, und sie trugen das Bild des Kaisers. Solange sie nur in den Säulengängen Geld verteilten, mochten sie bäuerliche Toren sein, aber sie waren noch keine Sünder.

Aber als sie die Säulengänge verließen und den Hof der Heiden betraten, als sie zum Nikanortor kamen, einem Eingang zu dem Hof der Frauen, als sie dort ihre geprägten Bildnisse an die Bettler verteilten, wurde ihr Tun eine furchtbare Gotteslästerung.

Es kam zu einem empörten Aufschrei. Frauen zogen ihre Gewänder vor das Gesicht, als ob sie sich gegen einen heftigen Wind schützen wollten. Alte Männer rauften sich die Haare und begannen zu schreien. Priester liefen ziellos umher wie Ameisen auf einem zertretenen Ameisenhügel. Und besonders ein Mann schritt zur Tat.

Es kann als sicher gelten, dass dieser Mann, ein berechnender, kalt und entschlossen handelnder Zelot, die Galater von dem Moment an beobachtet hatte, als sie den Tempelberg betraten. Er hatte auf eine Gelegenheit gewartet und sich vorbereitet.

Denn nun kam er mit einer großen Schar von Tempelwächtern herbeigelaufen, dreißig bis vierzig Männer mit Messern und Speeren, bereit zum Kampf, bebend mit dem Hass dieser Tage: Wer den Tempel schändet, braucht keinen Prozess. Tötet ihn auf der Stelle!

Doch die Männer der Tempelwache zögerten.

Ihr Anführer bemerkte das Zögern. Er drehte sich um. Er griff sich einen jungen Mann heraus, der ängstlich zurückschreckte, befahl ihm den Angriff und, als dieser sich weigerte, durchschnitt er ihm mit seinem Schwert die Kehle, sodass das Blut hervorquoll und sich die Augen des jungen Mannes entsetzt weiteten.

Der Zelot rief aus: »Ich, Mattatias, sage: Die dem Herrn nicht dienen, müssen vernichtet werden, bevor der Herr uns alle vernichtet!«

Dann bemerkte er, dass sich ein Vermittler zwischen die beiden Gruppen gestellt hatte.

Es war Barsabbas, unser Judas Barsabbas, der nun doch einmal Mut bewies.

»Mattatias«, sagte er in demselben anmaßenden Ton, in dem auch der Zelot gesprochen hatte. »Niemand stellt meinen Eifer für den Herrn infrage. Ich habe um des Herrn willen manche Unbill ertragen. Ich bin in ferne Länder gereist, um die Wege des Herrn und das Gesetz des Mose zu verkünden.«

Im Vorhof des Tempels wurde es still. Barsabbas war tatsächlich als jemand bekannt, dem am Erhalt Israels gelegen ist.

Mattatias beruhigte sich wieder ein wenig und die Galater gaben ihre Verteidigungsstellung auf.

Judas wandte sich an den Anführer der Tempelwache: »Diese Männer hatten nie etwas Böses im Sinn. Sie sind keine Feinde Israels, Mattatias. Sie kennen nur die Überlieferungen nicht. Aber diese Männer sind guten Willens. Ich weiß es. Ich habe sie in ihrer Heimatstadt unterwiesen. Wenn du sie mir überlässt, verspreche ich, mehr aus ihnen zu machen als nur Freunde Israels. Ich werde sie zu Söhnen Israels machen.«

Mattatias dachte über die Worte des Barsabbas nach. Schließlich sagte er leise: »Du hast gesehen, wie ich den jungen Eleasar getötet habe.«

Barsabbas sagte: »Das habe ich.«

Mattatias sagte: »Er hat eine Frau und zwei Kinder. Das hat mich nicht zögern lassen. Es kann unter uns kein Erbarmen mehr geben. Erbarmen wird uns auslöschen. So wie ich Eleasar getötet habe, so werde ich jeden Mann töten, der Gott nicht achtet und Israel bedroht.«

Er drehte sich um und ging allein fort. Die Tempelwachen mussten den Leichnam ihres Kameraden wegtragen und sein Blut aufwischen.

Inzwischen erklärten die Galater Judas Barsabbas und mir, dass Saulus sie aufgefordert hatte, für die Armen in Jerusalem Geld zu sammeln. Sie nannten ihn *Paulos*. Von seiner Idee waren sie sofort angetan gewesen.

»O ja, *Paulos*«, sagte Barsabbas seufzend, »der Mann, der eure Köpfe und Herzen gegen mich aufgehetzt hat. Er hat es wohl versäumt, euch zu lehren, dass die Armen nicht die sind, die im Tempel sitzen und betteln. Ich hätte es euch erklärt. Saulus meinte die Anawim, das sind fromme und gerechte Menschen, die nicht auf ihre eigene Stärke bauen, sondern ganz auf Gott vertrauen. Ihre Frömmigkeit zeichnet sie aus, nicht ihre äußere Erscheinung.«

Judas Barsabbas ist erschreckend dürr, als ob er sich von Luft ernährte, aber er ist groß wie eine Tempelkerze. Er starrte die Galater einen Augenblick lang an und sagte dann: »Seht mich an. Sehe ich wie ein Bettler aus? Und doch gehöre ich zu den Anawim. Seht mich an. Wir salben unseren Kopf, waschen unser Gesicht und fasten im Verborgenen. Wir sind die letzten Aufrechten Israels.«

Sofort machten die fünf Galater Anstalten, ihre mit Münzen gefüllten Beutel vor Barsabbas' Füßen auszuschütten, aber er wich zurück, als ob das Geld in Flammen stünde.

»Nein! Ich will es nicht!«, rief er. »Wir können es nicht annehmen. Es ist befleckt.«

Die Galater waren verblüfft und schwiegen. Sie verstanden nicht, warum man ihre Großzügigkeit, ihre Überzeugung und ihren guten Willen zurückwies.

Ich wusste natürlich, was Barsabbas meinte, aber dennoch fand ich seine Reaktion übertrieben und unnötig. Doch dann bot er den Galatern eine kluge Lösung für ihr Dilemma an.

»Hier in Jerusalem«, sagte er gedehnt, als ob er laut nachdächte, »hier in der heiligen Stadt Gottes ist heidnisches Geld ein Gräuel, eine Versuchung. Besonders die Anawim würden lieber hungern als es zu berühren.« Jetzt sah Barsabbas den ältesten der fünf Männer an und richtete seine Worte an ihn. »Aber ihr habt einen weiten Weg zurückgelegt.«

Der Galater nickte: einen sehr weiten Weg.

»Aber«, sagte Barsabbas und zeigte auf den Beutel mit den Münzen, »wenn du kein Heide wärst, dann wäre dies doch auch kein heidnisches Geld, oder?«

Der Mann schüttelte den Kopf.

»Dann kannst du etwas tun: Höre auf, ein Heide zu sein. Werde uns in allem gleich.«

Ich verbürge mich gern für die lauteren Absichten des Judas Barsabbas. Er ist kein geldgieriger Mann. Obwohl das Geld den Anawim zugute gekommen wäre – denjenigen, die freiwillig in Armut lebten und denjenigen, die keine andere Wahl hatten, den Kranken, den Niedergeschlagenen, den Witwen und Waisen –, ging es Barsabbas nicht um das Geld. Darum ging es ihm nie. Er verfolgte, wie er zumindest glaubte, ein höheres, göttliches Ziel.

In unbeholfenem Griechisch sagte der Riese: »*Ti me dei poiein?* Was muss ich tun?«

Und Judas Barsabbas antwortete: »Lass dich beschneiden.«

Gestern, als wir an der Burg Antonia vorbeigingen, zeigte Judas Barsabbas auf einen groß gewachsenen Mann mit rabenschwarzem Haar, das mit Lederriemen zusammengebunden war und an seinem Rücken herunterfiel. Er hatte einen sehr gut aussehenden Kopf.

»Ich muss mit diesem Mann sprechen«, sagte er.

Ich kannte sein Gesicht, aber mir fiel sein Name nicht ein. »Wer ist das?«, fragte ich.

»Das ist Mattatias, der Zelot. Ich will ihm sagen, dass die Galater alle beschnitten worden sind.«

Erst da wurde mir bewusst, wer dieser Mattatias ist: Es ist der Mann, der mir an der Haustür der Schwester des Saulus begegnet ist. Es ist ihr Mann, der ihren Bruder verachtet. *Wenn irgendetwas Römisches lebendig in mein Haus käme, würde es mein Haus tot verlassen. Ich würde mit meinen eigenen Händen dafür sorgen.*

»Judas«, sagte ich. »Kennt er Saulus persönlich? Glaubst du, dass er Saulus jemals begegnet ist?«

Barsabbas sah mich an: »Wie kommst du gerade jetzt auf Saulus?«

»Dieser Mattatias ist sein Schwager«, sagte ich.

Barsabbas sah mich immer noch an, als ob er über seine Antwort erst nachdenken musste. Dann sagte er: »Vor dreiundzwanzig Jahren sind sie gemeinsam nach Norden gereist, um in Damaskus Gläubige gefangen zu nehmen. Damals hat Mattatias erkannt, dass Saulus ein Verräter und ein Schurke ist. Ja, Mattatias wurde sogar Zeuge von Gottes Gericht über diesen Mann, denn Gott hat ihn mit Blindheit geschlagen. Mattatias hat gelobt, Paulus zu töten, sobald er seiner habhaft wird. Er sagte, Gott werde ihn nicht strafen, wenn er Saulus das Leben nähme. Vielmehr werde Gott ihn strafen, wenn er die Gelegenheit hätte, Saulus zu töten, und es nicht täte.«

»Barsabbas!«, flüsterte ich. »Empfindest du genauso?«

»Nicht, was das Töten betrifft«, sagte er. »Aber ich gebe zu, dass es unsere gemeinsame Verachtung für Saulus war, durch die wir ins Gespräch gekommen sind.«

Saulus, hier ist Jakobus.

Wenn ich wüsste, wo du bist, würde ich dir schreiben.

Nicht, weil ich dich bewundere, obwohl ich vor dreiundzwanzig Jahren deine Kenntnis der Tora bewundert habe.

Nicht, weil ich dich liebe, obwohl du mich einmal geküsst und in meinem Herzen ein Feuer entfacht hast.

Ich würde dir aus demselben Grund schreiben, aus dem ich die Nackten bekleide und den Hungrigen zu essen gebe: als Zeugnis meines Glaubens und meiner Liebe zu unserem Herrn.

Saulus, ich würde dir sagen: Meide Jerusalem. Verbringe den Rest deiner Tage irgendwo anders im Reich. Aber nicht hier. Gott segne dich dafür, dass du an die Armen in Jerusalem gedacht hast. Aber schicke das Geld, das du gesammelt hast, durch einen Boten und bringe es nicht selbst hierher. Du wärest hier in zu großer Gefahr.

Komm nicht hierher. Jakobus

TIMOTHEUS

65

In Korinth gab es Streit. Paulus schickte mich hin, um die Sache in Ordnung zu bringen.

Als sie uns in Ephesus besuchten, berichteten einige der Sklaven aus dem Hausstand der Chloë, dass es unter den Menschen dort zu Spaltungen gekommen sei. Die Korinther hatten sich über die Frage zerstritten, welche Hausgemeinde die größte geistliche Kraft besitzt. Es hatte den Anschein, als ob die Gläubigen in dieser vom Synkretismus geprägten Stadt wieder in ihre alten Gewohnheiten verfallen wären und jeder sich an dem orientierte, der ihn getauft hatte, so wie sich die Neophyten der Mysterienkulte an den Mystagogen hielten, der sie in den Kult aufgenommen hatte. Die Korinther stritten darüber, welcher Täufer die tiefere Einsicht in den göttlichen Geist besaß.

In jenem Frühjahr hatten wir bereits annähernd zwei Jahre in Ephesus verbracht, das für Paulus zunehmend der Dreh- und Angelpunkt für seine Arbeit in all den weit verstreuten Gemeinden geworden war. Um seine vielen Verbindungen lebendig zu halten, betraute er andere mit Aufgaben, die er selbst nicht erfüllen konnte, und sandte ständig Mitarbeiter in alle Himmelsrichtungen aus.

Deshalb überraschte es mich nicht, als er mich bat, nach Korinth zu reisen und den dortigen Missständen abzuhelfen.

»Sag ihnen das, was ich ihnen schon immer gesagt habe«, gab mir Paulus mit auf den Weg. »Nichts – keine Weisheit, keine Tat, keine Person, kein Ding – ist wichtig wenn es nicht mit Jesus Christus und seinem Kreuz in Verbindung steht. Sag ihnen, dass wir alle, die wir predigen und taufen, gleichermaßen Diener des Herrn sind. Sag ihnen, dass Gott allein in Christus Jesus die Quelle ihres Lebens ist, und dass Gott ihn zu unserer Weisheit, unserer Gerechtigkeit, unserer Heiligkeit und unserer Erlösung gemacht hat.«

Das war mein Auftrag und das war die Botschaft, die ich zu überbringen hatte. Aber dann überlegte sich Paulus, dass alle dieser Wahrheit bedurften, und sagte: »Nimm denselben Weg, den wir bei unserer allerersten Reise genommen haben, Timotheus. Erinnere alle Gemeinden daran, dass es allein auf Christus und das Kreuz ankommt.«

Paulus war gut gelaunt, als ich mich von ihm verabschiedete, dankte Gott immerzu und war überzeugt, dass sein Vorhaben für die Welt auf einem guten Weg war.

»Du hast schöne Füße, Timotheus«, sagte er schmunzelnd, »weil du eine so gute Nachricht verbreitest!«

Wenn in seinen Gemeinden Schwierigkeiten auftauchten, machte er sich viel weniger Sorgen, als dass er froh um die Gelegenheit war, nachdenken und schreiben zu können. Bei der Bewältigung von Schwierigkeiten, so sagte er, lehre ihn der Geist Dinge, die er noch nicht wusste.

»Sag ihnen, dass ich allezeit für sie dankbar bin wegen der Gnade Gottes, die sie in Christus Jesus haben, der sie bis an das Ende unterstützen wird, damit sie am Tag unseres Herrn Jesus Christus ohne Schuld sein werden.«

Von Ephesus ging ich zu Fuß nach Thyatira. Dort traf ich mich mit Lydia, die während der letzten acht Monate Güter für ihr Geschäft und Seelen für den Herrn zusammengetragen hatte. Gemeinsam fuhren wir von Thyatira nach Troas, sie und ich und fünfzig Ballen purpurnen Stoffes. Wir reisten in einer vierrädrigen und vierspännigen Kutsche, in der man gut gegen Wind und Wetter geschützt war. Lydia ist eine würdevolle Frau. Sowohl ihr Körper als auch ihre Wesensart ist gewichtig. Auf Rädern bewegt sie sich angemessener als zu Fuß. Und dann sticht sie majestätisch in See. Großzügig bezahlte sie für uns beide die Überfahrt nach Samothrake und Neapolis. Dann nahmen wir wieder die Kutsche bis nach Philippi, wo wir zwei Wochen blieben, um zu predigen.

Es ist das Kreuz, Timotheus! Sag ihnen, dass es das Wort vom Kreuz ist – das die Welt verachtet, weil die Welt es für ein schändliches Versagen hält –, das für uns die Kraft Gottes ist.

Dann war ich wieder allein und zu Fuß unterwegs. Von Philippi reiste ich über Amphipolis und Apollonia. In Thessalonich machte ich Station, um zu predigen. Danach ging ich nach Beröa und predigte auch dort.

Die Juden verlangen nach Zeichen. Die Griechen streben nach Weisheit. Aber wir predigen den gekreuzigten Christus, ein Ärgernis für die Juden und eine Torheit für die Heiden. Aber für diejenigen, die berufen sind, sowohl Juden als auch Heiden, ist Christus die Kraft Gottes und die Weisheit

Gottes. Denn die Torheit Gottes ist weiser als der menschliche Verstand, und die Schwäche Gottes ist stärker, als die Kraft des Fleisches es ermessen kann.

Schließlich bewegte ich mich mit einem starken Willen und in zügigem Tempo nach Süden. Auf meinen eigenen Füßen überwand ich ungefähr fünfundzwanzig Meilen am Tag und erreichte nach einer Woche Theben und nach neun Tagen Megara. Je näher ich Korinth kam, desto fröhlicher wurde ich. Und je fröhlicher ich wurde, desto schneller lief ich. Ich hatte das Gefühl, nach Hause zu kommen. Hinter Megara sah ich am Horizont das großartige Massiv, das Denkmal der toten Gottheiten, die vor unserem Gott kapitulieren mussten: den Akrokorinth.

Am Nachmittag kam ich über die Straße, die von den Booten gesäumt wird. Ich bahnte mir meinen Weg durch das Geschrei der arbeitenden Männer, die Seile und das Knarren der hölzernen Boote, die zwischen den beiden Buchten über Land gezogen wurden. Ich kam am Stadion der Isthmischen Spiele vorbei und lief dann wahrhaft wie ein Athlet. Ich hielt mein Gesicht gegen den Wind und spürte, wie mein Haar hinter mir wehte. Die letzten sechs Meilen bis zur Stadt legte ich laufend zurück.

»Erastus«, rief ich, als ich sein Haus unter einem Abendhimmel erreichte, der die Farbe eines Saphirs hatte. »Erastus, ich bin es, Timotheus! Timotheus! Ich werde eine Zeit lang bei euch bleiben.«

Und da war Erastus, mein Freund. Da war er und trat aus der Tür wie ein vollständig beflaggtes Schiff. Er war wundervoll angezogen, hatte sich gesalbt und trug Schmuck. Sein Gesicht zeigte die Röte des guten Lebens, und er breitete seine mächtigen Arme aus, während Tränen in seine Augen traten.

»Man hat mir gesagt, dass du kommen würdest. Aber ich habe es nicht geglaubt«, sagte er. »Doch du bist es wirklich, Timotheus.«

Erastus hat Hände, die so groß sind wie Keulen. Der massige Mann nahm mich in seine Arme, erdrückte mich fast und küsste mich immer wieder. Er ließ seine Freude über mich regnen und schob mich dann ein wenig von sich weg, damit er mich genau betrachten konnte.

»Mein kleiner Bruder ist ja älter geworden«, sagte er. »Und seine Haare sind von der Sonne gebleicht.«

»Wer hat gesagt, dass ich kommen würde?«, fragte ich. »Ich dachte, niemand wüsste davon.«

Erastus strich sich über seinen großen Mund. »Und sieh dir diese Sorgenfalten auf der Stirn meines hübschen Jungen an! Timotheus, Timotheus, woher kommen diese Sorgenfalten?«

Ich lächelte. »Keine Sorgenfalten mehr«, versprach ich. »Nicht im Haus des großen Erastus, wenn er einem müden Reisenden ein Bett und eine Mahlzeit anbieten kann.«

»Ein Bett, gewiss. Natürlich, ja, ein Bett.« Für einen Augenblick legte sich eine Wolke über seine Gesichtszüge, dann strahlte er wieder. »Aber ja, ich weiß, wo es ein Bett für dich gibt. Aber bis dahin komm herein. Erfrische dich mit einem Bad und mit Getränken. Ach, Timotheus«, sagte er und drehte sich zu seinem Haus um, »in den letzten Wochen sind mir wunderbare Dinge widerfahren. Komm herein. Komm herein und du wirst sehen.«

Er zog mich beinahe wie einen Karren durch seine Eingangshallen und sein Atrium in ein Speisezimmer, wo auf dem Tisch noch die Reste einer Mahlzeit standen.

Als wir in das Zimmer kamen, erhoben sich drei

Männer von ihren Plätzen, schweigend und wie Schatten. Erastus klatschte vergnügt in die Hände, aber die Männer standen mit ernsten Gesichtern da und ließen sich von seinem Lachen nicht anstecken.

»Diese Männer«, sagte Erastus lachend, »diese drei heiligen, heiligen Männer sind meine Gäste, so lange sie es wünschen. Durch diese Prediger sind mir so viele wunderbare Dinge widerfahren.«

Erastus verließ im Laufschritt den Raum. Seine Gäste verbargen ihre Hände hinter ihren Rücken. Sie waren wie Adelige gekleidet; der Faltenwurf ihrer Kleider ließ jeden von ihnen wie die Statue eines berühmten Mannes erscheinen, und die gebildete Leere in ihren Augen wirkte wie glatter Marmor.

»So«, sagte derjenige von ihnen, der mir fast gegenüberstand, zu einem Punkt irgendwo oberhalb meines Kopfes, »du bist also Timotheus.«

»Ja«, sagte ich. »Der Friede des Herrn sei mit dir.«

»So«, sagte er noch einmal, »du bist also ein Gefährte dieses Mannes namens Paulus ...«

»Ja«, sagte ich – wohl ein wenig voreilig, wie ich befürchtete, denn der Gast des Erastus wiederholte: »... ein Gefährte dieses Mannes namens Paulus, der sich selbst Apostel nennt.«

»Ja, gewiss«, sagte ich nach einigem Zögern.

Die Männer schwiegen.

Dann stürmte Erastus in das Zimmer, an der Spitze eines regelrechten Aufmarsches von Dienern.

»Setzt euch!«, rief er. »Macht es euch bequem und unterhaltet euch mit mir. Lasst uns über Geistesgaben und den Geist und die Dinge sprechen, die jetzt unter uns geschehen. Timotheus, du fängst an, denn du bist als Letzter hinzugekommen. Timotheus, lieber Freund, was hast du uns zu sagen?«

Ehe ich mich versah, wuschen die Diener mir die Füße und steckten sie in seidene Schuhe aus dem fernen Osten.

Die Diener servierten mir eine Mahlzeit und Wein, der am Rand des Glases purpurn perlte.

Die Diener massierten meine Schultern, meinen Rücken, mein Gesäß und meine Beine. Sie massierten auch die drei Gäste, deren Kleider sie ihnen abgenommen hatten.

Die Diener brachten Parfüm und Öle und Kämme …

Erinnere sie an das, wozu sie berufen sind, Timotheus – dass nur wenige von ihnen nach weltlichen Maßstäben gebildet, nur wenige mächtig und nur wenige von adeliger Herkunft waren. Aber Gott erwählte, was vor der Welt töricht ist, um die Gebildeten zu beschämen; Gott erwählte die Schwachen, um die Starken zu beschämen; Gott erwählte die Niedrigen und Verachteten, selbst die Dinge, die nichts sind, um die Dinge, die sind, zu nichts zu machen. So kann sich kein Mensch der Nähe Gottes rühmen.

Im Haus des Erastus gab es tatsächlich kein Bett, in dem ich hätte schlafen können. Seine Gäste, die er »Apostel« nannte und die mit ungleich mehr Gepäck reisten als ich, beanspruchten alle seine Räume, seine ganze Gastfreundschaft und auch den größten Teil seines Herzens. »Timotheus, ihr Geist ist so nahe an dem Geist Jesu, wie ich es noch bei niemandem erlebt habe.«

Erastus beauftragte einen Diener, mich zu einem anderen Haus zu begleiten.

»Stephanas ist derjenige, der mir erzählt hat, dass du zu uns kommen würdest. Stephanas ist bereit, dich bei sich aufzunehmen, Timotheus.«

Stephanas hieß mich still und leise willkommen, mit

nicht mehr als einer brüderlichen Umarmung und einem zurückhaltenden Friedensgruß. In seinem Haus brannten nur wenige Lampen, und auch er schien seine Seele in Dunkelheit zu verbergen.

»Woher wusstest du, dass ich kommen würde?«, fragte ich.

»Paulus hat es mir erzählt.«

»Du hast ihn getroffen? Du warst bei Paulus?«

Stephanas öffnete eine Tasche aus weichem Leder und holte Papyrusrollen hervor. »Ja«, sagte er leise. »Und schau, er hat uns einen Brief mit auf den Weg gegeben.«

Es war sogar ein sehr langer Brief. Er war nicht für mich bestimmt. Er war an die Gemeinden hier in Korinth gerichtet, aber zweimal bat dieser Brief die Gemeinden, mich bei sich aufzunehmen. Ich, der geliebte und treue Sohn im Herrn, sollte freundlich aufgenommen und von niemandem schlecht behandelt werden, schrieb Paulus.

Warum sollte irgendjemand mich schlecht behandeln?

Jetzt tauchte auch meine Seele in die Stille und Dunkelheit der Stimmung des Stephanas ein, und obwohl er sich alle Mühe gab, mich freundlich aufzunehmen, schien es ihm nicht leicht zu fallen. Es tat mir Leid, dass ich ihm eine Last war.

Mit einer Öllampe zwischen uns, seine Worte sorgfältig wägend, erklärte mir Stephanas, wie die Verhältnisse in Korinth zu dieser Zeit waren.

Unterbrochen von so manchem Seufzer erzählte er seine Geschichte.

Während des vergangenen Winters waren in Korinth Fragen aufgekommen, die, so war man sich einig gewesen, einer Klärung durch Paulus bedurften. Deshalb hatten die Gemeinden, als das Frühjahr die Meere beruhigt hatte, Stephanas, Fortunatus und Achaikus mit einer förmlichen Aufstellung der Dinge, über die Uneinigkeit herrschte, nach Ephesus gesandt.

Ich hatte meine Reise ebenfalls begonnen, als das Wetter sich gebessert hatte, und so erreichten die Abgesandten Ephesus, als ich längst aufgebrochen war. Sie waren guter Dinge bei ihrer Ankunft, erzählte Stephanas, und überglücklich, ihren Lehrer wieder zu sehen. Paulus war völlig überrascht von ihrem Besuch, lachte mit ihnen, nahm sie in seine Arme und küsste sie.

Aber als die vier beieinander saßen und über die Lage in Korinth sprachen, änderte sich die Stimmung, und am Ende hatten sie mehr als nur einen förmlichen Brief nach Ephesus getragen. Auf die drängende Nachfrage des Paulus, der ganz genau wissen wollte, wie es um die Gemeinden in Korinth bestellt war, erzählte Stephanas Dinge, die weiterzugeben ihn niemand beauftragt hatte.

Angehörige der Gemeinden gaben sich maßlosen sinnlichen Ausschweifungen hin. Andere zogen ihre Mitbrüder vor den Richterstuhl. Wieder andere zogen Huren ihren Ehefrauen vor. Und einige nahmen an Orgien teil.

Paulus unterbrach Stephanas. »Aber woher weißt du das alles?«, fragte er.

Stephanas zuckte die Achseln. »Das wissen schließlich alle«, sagte er.

Paulus musste schlucken. »Alle? Alle in den Gemeinden? Versuchen die Sünder nicht, ihre Taten zu verbergen?«

»Es spielt sich alles in der Öffentlichkeit ab«, sagte

Stephanas. »Die Leute tun nun einmal diese Dinge. Es ist ihre Art zu leben.« Stephanas hielt inne und begann, die Dinge mehr und mehr aus einer gewissen Distanz zu betrachten. Die Anwesenheit des Paulus warf ein anderes Licht auf das Verhalten der Menschen in Korinth. Stephanas zögerte noch einen Moment und sagte dann: »Niemand fühlt sich schuldig bei dem, was er tut.«

»Aber die Gemeinden haben bestimmt von dieser Schuld gesprochen«, sagte Paulus. »Die Ältesten werden diese Dinge verurteilt haben.«

»Eigentlich«, murmelte Stephanas, der sich immer mehr schämte, »eigentlich nicht.«

»Was?« Paulus sprang auf. »Haben die Leute heutzutage Angst vor einem Sünder? Wie soll jemand wissen, dass etwas eine Sünde ist, wenn niemand über diese Dinge spricht?«

»Aber es ist darüber gesprochen worden. Sogar in der Öffentlichkeit«, sagte Stephanas – und spürte sofort darauf eine Beklemmung, denn Paulus fragte: »Was haben sie gesagt?«, und nun stand Stephanas die schwierigste Enthüllung bevor.

Er begann, sich den Nacken zu massieren.

Paulus wiederholte seine Frage: »Was haben die Ältesten und die Sünder in den Gemeinden gesagt?«

Mit gesenktem Kopf antwortete Stephanas: »Sie sagen, dass du einverstanden seist.«

»Dass ich *was* sei?«

»Einverstanden. Zumindest glauben sie, dass du sie nicht verurteilen würdest. Und auch ich«, flüsterte Stephanas, »war mir nicht ganz sicher.«

In dem Zimmer, in dem sich die Männer unterhielten, wurde es so ruhig wie unmittelbar vor einem Sturm. Paulus verharrte reglos und stumm, sein Gesichtsausdruck war nicht zu deuten. Stephanas wusste nicht, was Paulus jetzt hören wollte. Er musste sich seine Worte gut überlegen.

Er sagte: »Du warst unser Lehrer. Und das bist du immer noch.«

Stephanas faltete seine Hände und bemühte sich, ernst und gemessen zu sprechen: »Du hast uns gelehrt, dass Christus uns zur Freiheit befreit hat. Du hast uns zur Standhaftigkeit ermahnt, damit wir uns nie wieder wie Sklaven dem Gesetz unterwerfen. Freiheit. Du hast uns das wunderbare Geschenk der Freiheit gemacht. Und als in den Gemeinden über das Verhalten einiger ihrer Mitglieder gesprochen wurde, vertraten viele Leute die Ansicht, dass alles erlaubt sei. *Alles ist mir erlaubt,* sagten sie. Und die Ältesten widersprachen dem nicht. Und obwohl die meisten nicht durch diese Tür gehen konnten, schlossen wir sie nicht, denn es schien, als hättest du sie geöffnet. Aber einige wurden wütend, sehr wütend sogar, und sagten: *Paulus hat die Sünde zum gerechten Tun erklärt.*«

Plötzlich erwachte Paulus zu neuem Leben und rief: »Sosthenes! Sosthenes, komm her mit deinen Schilfrohren. Es gibt etwas, das du für mich schreiben musst.«

Er lief aus dem Zimmer.

Weder Stephanas noch Fortunatus noch Achaikus sahen Paulus vor dem nächsten Tag wieder. Dann aber kam er zu ihnen, umarmte sie ernst und kraftvoll und gab ihnen den langen Brief mit auf den Weg, der nun vor uns, Stephanas und mir, auf dem Tisch lag – unter einer Öllampe in seinem kleinen Haus, in der Dunkelheit einer ungemütlichen Nacht.

Der Brief des Paulus behandelte alles: die Spaltungen, von denen die Sklaven der Chloë berichtet hatten, die Fragen der Gemeinden, die Sünden einiger Korinther und die Vorgehensweise für die anderen.

Stephanas war betrübt.

Dieser Brief machte keinerlei Zugeständnisse. Er teilte wenig Lob aus und entschuldigte nichts. Hier lehrte ein Lehrer, ermahnte und verurteilte ein Prediger. Viel Trost spendete er nicht. Hier machte der Apostel von seiner Vollmacht Gebrauch, gab Anweisungen für die ganze Gemeinde, verlangte manchmal Nachsicht gegenüber anderen und manchmal den Rohrstock. Und Stephanas, der so viel von Korinth zu Paulus getragen hatte, musste nun Paulus nach Korinth tragen.

Es war seine Aufgabe, den Brief vor jeder der Gemeinden laut zu verlesen, in allen Häusern, in denen sich Gläubige versammelten, angefangen mit dem Haus des Erastus, des Verwalters der öffentlichen Märkte.

PAULUS

66

Paulus, durch Gottes Willen berufener Apostel
Christi Jesu, an die Gemeinde Gottes, die in Korinth ist,
an die Geheiligten in Christus Jesus, berufen als Heilige mit
allen, die den Namen Jesu Christi, unseres Herrn, überall
anrufen, bei ihnen und bei uns.

Gnade sei mit euch und Friede von Gott, unserem Vater, und dem Herrn Jesus Christus.

Nicht um euch bloßzustellen, schreibe ich euch, sondern um euch als meine geliebten Kinder zu ermahnen. Hättet ihr nämlich auch ungezählte Erzieher in Christus, so doch nicht viele Väter. Ich jedoch bin in Christus Jesus durch das Evangelium euer Vater geworden. Darum ermahne ich euch, meine Kinder: Haltet euch an mein Vorbild!

Bei euch ist Timotheus, mein geliebtes und treues Kind im Herrn. Er wird euch erinnern an meine Weisungen, wie ich sie als Diener Christi Jesu überall in den Gemeinden gebe.

In der Annahme, dass ich nicht selber zu euch komme, haben sich einige wichtig gemacht. Aber macht euch keine Sorgen! Wenn der Herr will, werde ich bald zu euch kommen. Dann werde ich diese Wichtigtuer nicht auf ihre Worte prüfen, sondern auf ihre Kraft. Denn nicht in Worten erweist sich die Herrschaft Gottes, sondern in der Kraft.

Was aber zieht ihr vor: Soll ich mit dem Stock zu euch kommen oder mit Liebe und im Geist der Sanftmut?

Übrigens hört man von Unzucht unter euch, und zwar von Unzucht, wie sie nicht einmal unter den Heiden vorkommt! Ein Mann lebt mit der Frau seines Vaters. Und da macht ihr euch noch wichtig? Ihr solltet traurig sein!

Stoßt diesen Mann aus eurer Mitte.

Ich bin leiblich zwar abwesend, geistig aber anwesend, und habe mein Urteil über den, der sich so vergangen hat, im Namen des Herrn Jesus schon gefällt. Versammelt euch und übergebt zusammen mit der Kraft unseres Herrn diesen Menschen dem Satan, zum Verderben seines Fleisches – damit sein Geist am Tag des Herrn gerettet wird.

Zu Unrecht rühmt ihr euch. Wisst ihr nicht, dass ein

wenig Sauerteig den ganzen Teig durchsäuert? Schafft den alten Sauerteig weg, damit ihr neuer Teig seid. Das seid ihr ja. Das könnt ihr sein. Denn Christus, unser Passahlamm, ist geopfert worden. Lasst uns also das Fest nicht mit dem alten Sauerteig feiern, nicht mit dem Sauerteig der Bosheit und Schlechtigkeit, sondern mit den ungesäuerten Broten der Aufrichtigkeit und Wahrheit.

»Alles ist mir erlaubt«, sagt ihr. Aber nicht alles ist nützlich, sage ich.

»Alles ist mir erlaubt«, sagt ihr. Aber ich sage: Nichts soll mich zum Sklaven machen dürfen.

»Die Speisen sind für den Bauch da und der Bauch für die Speisen«, sagt ihr. Ja, und Gott wird beide vernichten!

Wenn alles, was ihr von meiner Lehre habt, Freiheit ist, bloße Freiheit, dann habt ihr nicht genug.

Wenn ihr glaubt, dass ein heiliges Leben nur den Geist betrifft, wenn ihr glaubt, dass diese sterbliche Hülle, euer Körper, nichts mit der Güte und dem Himmel zu tun hat, dann denkt ihr wie kleine Kinder! Ihr denkt nicht besser nach als kleine Kinder, die am Meeresufer baden, während sich draußen auf dem Meer große Wellen bilden.

Der Leib ist aber nicht für die Unzucht da, sondern für den Herrn, und der Herr für den Leib. Und Gott, der den Herrn auferweckt hat, wird auch uns auferwecken. Deshalb sind eure Leiber – eure geliebten Leiber – Glieder Christi! Darf ich nun die Glieder Christi nehmen und zu Gliedern einer Hure machen? Niemals! Denn es steht geschrieben: Die *zwei werden ein Fleisch sein*. Wer sich dagegen mit dem Herrn verbindet, wird ein Leib mit ihm.

Hütet euch vor Unzucht!

Jede andere Sünde, die der Mensch tut, bleibt außerhalb des Leibes. Wer aber Unzucht treibt, versündigt sich gegen den eigenen Leib.

Oder wisst ihr nicht, dass euer Leib ein Tempel des Heiligen Geistes ist, der in euch wohnt und den ihr von Gott habt?

Ihr gehört euch nicht!

Ihr wurdet für einen Preis erkauft!

Verherrlicht also Gott in eurem Leib.

Ich lobe euch, dass ihr in allem an mich denkt und an den Überlieferungen festhaltet, wie ich sie euch übergeben habe.

Das aber kann ich nicht loben: Was ihr bei euren Zusammenkünften tut, ist keine Feier des Herrenmahls mehr. Denn jeder verzehrt sogleich seine eigenen Speisen, und dann hungert der eine, während der andere schon betrunken ist. Könnt ihr nicht zu Hause essen und trinken? Oder verachtet ihr die Gemeinde Gottes? Wollt ihr jene demütigen, die nichts haben? Was soll ich dazu sagen? Soll ich euch etwa loben? Nein, nein, auf keinen Fall!

Denn ich habe vom Herrn empfangen, was ich euch dann überliefert habe: Jesus, der Herr, nahm in der Nacht, in der er ausgeliefert wurde, Brot, sprach das Dankgebet, brach das Brot und sagte: *Das ist mein Leib für euch. Tut dies zu meinem Gedächtnis.* Ebenso nahm er nach dem Mahl den Kelch und sagte: *Dieser Kelch ist der neue Bund in meinem Blut. Tut dies, sooft ihr daraus trinkt, zu meinem Gedächtnis.* Sooft ihr von diesem Brot esst und aus dem Kelch trinkt, verkündet ihr den Tod des Herrn, bis er kommt.

Wer also unwürdig von dem Brot isst und aus dem

Kelch des Herrn trinkt, macht sich der Verweltlichung des Leibes und des Blutes des Herrn schuldig. Jeder soll sich selbst prüfen. Erst dann soll er von dem Brot essen und aus dem Kelch trinken. Denn wer davon isst und trinkt, ohne zu bedenken, dass es der Leib des Herrn ist, zieht das Gericht auf sich. Deshalb sind unter euch viele schwach und krank, und einige sind schon gestorben. Gingen wir wirklich mit uns selbst ins Gericht, dann würden wir nicht gerichtet. Doch wenn wir jetzt vom Herrn gerichtet werden, dann ist es eine Zurechtweisung, damit wir nicht zusammen mit der Welt verdammt werden.

Wenn ihr also zum Mahl zusammenkommt, meine Geliebten, wartet aufeinander, damit eure Zusammenkunft nicht zum Gericht wird.

Auch über die Gaben des Geistes möchte ich euch nicht in Unkenntnis lassen ...

TIMOTHEUS

67

Als Stephanas den Brief des Paulus der Gemeinde im Haus des Erastus vorlas, als einige über den Brief diskutierten, als ob Paulus selbst anwesend wäre, und andere ihren Unmut äußerten oder mit der Zunge schnalzten, bemerkte ich, dass einige Stimmen deutlicher zu hören waren als andere. Es waren kraftvolle Stimmen, Stimmen, die tief aus der Brust kamen, volle, dunkle und melodische Stimmen.

Sie sagten: »Wer ist dieser Paulus?«

Sie sagten: »Welches Recht hat dieser Mann, solche Dinge zu äußern? Warum solltet ihr guten Menschen euch ihn zum Vorbild nehmen und niemand anderen?«

Sie sagten: »Dieser knochenharte Mann! Dieser Zuchtmeister! Hat er euch jemals ein Empfehlungsschreiben vorgelegt? Kann er sich auf irgendetwas berufen, irgendetwas außer seiner eigenen Prahlerei, seinem verbissenen, selbstgerechten Geschwätz?«

Und dann sagten sie: »Seht uns an!«

Stephanas las immer noch den Brief des Paulus vor – *ich bin leiblich zwar abwesend, geistig aber anwesend* –, doch die kräftigen Stimmen wiederholten noch einmal: »Seht uns an!«

Ich tat es. Ich drehte mich um und sah die drei Gäste, die Erastus als »Apostel« bezeichnet hatte. Sie standen genauso aufrecht da wie beim ersten Mal, und die Falten ihrer teuren Kleider flossen weich wie Kerzenwachs. Sie wirkten nicht wie leidenschaftliche Redner, waren nicht unbeherrscht und zeigten keinerlei Gefühl, und dennoch schienen sie Paulus eindrucksvoll zu widersprechen und verlangten Beweise von ihm, dass sein Geist, wie er geschrieben hatte, wirklich anwesend war.

»Paulus! Paulus!«, donnerten sie. »Kannst du deinen Körper wirklich hinter dir lassen, oder bist du nur in Briefen stark?«

Und sie riefen »Ruhe!«, um diejenigen, die sich immer noch unterhielten, zum Schweigen zu bringen. »Ruhe! Wir wollen sehen, ob Paulus uns antwortet.«

Stephanas nahm bewusst keine Notiz von ihnen. Trotz der plötzlichen Stille und der gespannten Erwartung im Haus trug er weiter die Worte des Paulus vor: *Zu Unrecht rühmt ihr euch. Wisst ihr nicht, dass ein wenig Sauerteig den ganzen Teig durchsäuert?*

Die Gäste, diese Lichtgestalten, lachten spöttisch. Sie sagten: »Seht ihr hier einen Paulus? Wir sehen keinen Paulus. Wir spüren auch nicht die Gegenwart eines Paulusgeistes. Aber seht uns an, schaut her, richtet eure Augen auf uns, nicht auf diesen winselnden, unverständigen Komödianten!« Sie meinten Stephanas, der unbeirrt weiterlas.

»Die Worte des Paulus stehen auf Papier«, sagten sie. »Sein Geist bleibt in seinem Körper. Aber wir können unsere Körper hinter uns lassen und als lebendige Geister in den Himmel aufsteigen und in den Himmel der Himmel. Wir! Wir haben das blendende Angesicht Christi gesehen, seine zwei leuchtenden Augen, die wie Blitze sind, seine goldene Brust, die rot glüht wie ein Feuerofen. Wir! Wir haben die Stimme gehört, die tost wie ein Wasserfall. Und wir sind zurückgekehrt, um seine Botschaften den Menschen zu überbringen, die hier unten an ihre Körper gefesselt sind, die immer noch mit fleischlichem Gewicht beschwert sind. Kann also irgendjemand behaupten, unsere Worte besäßen keine Vollmacht? Wer wagt es, unsere Stellung in Zweifel zu ziehen? Denn unsere Herrlichkeit kommt aus dem Mund des Herrn!«

Alle Blicke im Haus waren auf dieses vornehme Triumvirat gerichtet. Gesichter leuchteten wie Lampen, das Blut und die gespannte Erwartung ließen das Fleisch erröten.

Wie an Schnüren gezogen ging Erastus langsam auf die drei Männer zu. Verblüffung und Bewunderung standen ihm ins Gesicht geschrieben. Er lächelte. Die anderen Versammelten taten es ihm nach und rückten ebenfalls näher an diese »Apostel« heran.

»Oder verlangt ihr selbst nach Beweisen?«, sagten sie mit ihren melodischen Stimmen. »Verlangt der kluge Korinther nach Beweisen, denen er nicht widersprechen kann? Möchte er es mit eigenen Augen sehen?«

Erastus nickte zustimmend. Allerdings kam es mir wie ein Ritual vor, eine höfliche Entgegnung.

Die Stimme des Stephanas war wie ein leises Grollen im Hintergrund.

Flüsternd sagte der Herausragendste der drei: »Seht!«

Die beiden anderen traten zur Seite, während er seinen Blick zur Decke hob.

Stephanas las weiter. Paulus sagte: *Auch über die Gaben des Geistes möchte ich euch nicht in Unkenntnis lassen* ...

Plötzlich wurde der Körper des Mannes, der nach oben blickte, von einem Zittern ergriffen. Es wurde so stark, dass seine makellosen weißen Zähne zu klappern begannen und sein Blick leer wurde. Er musste sich in seine Zunge gebissen haben, denn Blut benetzte seine Lippen und tropfte an seinen Mundwinkeln herunter. Ich beobachtete ihn ebenso beeindruckt wie hilflos. Da war ein seltsamer Widerspruch zwischen der Ergriffenheit dieses Mannes und seiner Körperhaltung. Er hatte die Beherrschung über sich verloren – und war doch vollkommen beherrscht. Er zitterte und wand sich mit bemerkenswerter Abgeklärtheit und Ruhe.

Paulus sagte: ... *zog es euch mit unwiderstehlicher Gewalt zu den stummen Götzen. Darum erkläre ich euch: Keiner, der aus dem Geist Gottes redet, sagt: Jesus sei verflucht! Und keiner* ...

In seiner blassgesichtigen Entrückung atmete der Mann mit einem Mal tief ein und stieß die Luft dann mit einem lauten, animalischen Geräusch durch die

Nase wieder aus. Zitternd fiel er wie ein Brett nach hinten, aber seine Begleiter fingen ihn auf und legten ihn flach auf den Rücken, während der menschliche Kessel, die ihn umgebenden Korinther, zu summen und zu singen begann.

Paulus sagte: *... Und keiner kann sagen: Jesus ist der Herr!, wenn er nicht aus dem Heiligen Geist redet ...*

Einige Leute hatten begonnen, rhythmische Musikinstrumente, klappernde Kastagnetten zu schlagen. Ein strenger Schweißgeruch durchzog den Raum. Wer Platz genug hatte, drehte und drehte sich mit ausgestreckten Armen, das Gesicht verzückt nach oben gewandt.

Paulus: *... verschiedene Gnadengaben, aber nur den einen Geist. Es gibt verschiedene Kräfte, aber nur den einen Gott. Dem einen wird die Gabe geschenkt, Weisheit mitzuteilen, dem anderen, Erkenntnis zu vermitteln, dem dritten Glaubenskraft, einem anderen, Krankheiten zu heilen, einem anderen Wunderkräfte, einem anderen prophetisches Reden, wieder einem anderen verschiedene Arten von Zungenrede ...*

Jetzt brachte der Apostel, der auf dem Boden lag, ein wildes, markerschütterndes Wolfsgeheul hervor.

Daraufhin schoss Erastus in die Höhe. Er sprang aus seinen Sandalen, machte eine halbe Drehung rückwärts und landete so hart auf seinen Schulterblättern, dass sein Kinn in seine Brust gedrückt wurde. Ich wollte zu ihm laufen. Ich glaubte, er hätte sich das Genick gebrochen.

Aber dann hob er die Arme und begann, im Rhythmus der anderen in die Hände zu klatschen. Mit der Leichtigkeit eines Kindes sprang der korpulente Mann wieder auf. Er klatschte und klatschte und faselte laut in einer unverständlichen Sprache daher.

Ich beobachtete ihn und dachte: Das also ist das Wunderbare, von dem er mir erzählt hat. Erastus konnte auf einmal in Zungen reden.

Paulus: ... *Strebt aber nach den höheren Gnadengaben! Ich zeige euch jetzt noch einen anderen Weg, einen, der alles übersteigt ...*

Musik und Tanz, ein schwitzender Erastus, der Raum voller umherwirbelnder Körper, merkwürdige Jubelschreie – und Stephanas stand allein an der Tür und las und las: ... *Wenn ich in den Sprachen der Menschen und Engel redete, hätte aber die Liebe nicht, wäre ich dröhnendes Erz oder eine lärmende Pauke. Und wenn ich prophetisch reden könnte und alle Geheimnisse wüsste und alle Erkenntnis hätte, wenn ich alle Glaubenskraft besäße und Berge damit versetzen könnte, hätte aber die Liebe nicht, wäre ich nichts. Die Liebe ist langmütig, die Liebe ist gütig. Sie ereifert sich nicht, sie prahlt nicht, sie bläht sich nicht auf ...*

In dem Augenblick zog ich, Timotheus, mich zurück.

Ich war zwischen den Polen eines aberwitzigen Dialoges hin- und hergerissen. Denn in der einen Ecke, östlich von mir, brabbelte Erastus und war glücklicher, als ich ihn jemals zuvor gesehen hatte. Und hier, in der westlichen Ecke, stand der unscheinbare, ruhige Stephanas, las mit gesenktem Kopf und vergoss Tränen, die auf die Seiten in seinen Händen tropften.

... *Die Liebe erträgt alles, glaubt alles, hofft alles, hält allem stand. Die Liebe hört niemals auf ...*

Ich zog mich an einen ruhigeren Ort in meinem Inneren zurück, wo mein Geist und ich sich verstecken konnten. Für den Rest des Abends ließ ich all die Geräusche, die Bewegungen, die Gerüche und das Licht meinen Körper reinigen wie ein Platzregen. Aber meine Seele reinigte es nicht.

Irgendwann stand der Apostel der unterkühlten Verzückung vom Boden auf und stellte sich gerade hin, sodass seine Kleider wieder ihren üppigen, makellosen Faltenwurf zeigten. Dass er sich erhob, war für den Rest der Gemeinde ein Zeichen, ebenfalls innezuhalten. Dann sprach er in einer vernünftigen Stimme, ohne jede Entrückung. Er versicherte den anderen, dass er vorhin in die Himmel aufgestiegen sei, wo er den Segen Jesu für sich selbst und, durch ihn, auch für die hier Versammelten empfangen habe. Dann gingen alle Mitglieder der Gemeinde demütig an ihm vorbei, und jeder Einzelne ließ sich von ihm auf der Stirn berühren. Nachdem er sie alle berührt hatte, liefen sie hinaus in die Nacht.

In der Tür zum Atrium verlas Stephanas immer noch mit verborgenem Gesicht die Worte des Paulus: ... *Prophetisches Reden hat ein Ende, Zungenrede verstummt, Erkenntnis vergeht. Denn Stückwerk ist unser Erkennen, Stückwerk unser prophetisches Reden. Wenn aber das Vollendete kommt, vergeht alles Stückwerk.*

Als ich ein Kind war, redete ich wie ein Kind, dachte wie ein Kind und urteilte wie ein Kind. Als ich ein Mann wurde, legte ich ab, was Kind an mir war.

Jetzt schauen wir in einen Spiegel und sehen nur rätselhafte Umrisse, dann aber schauen wir von Angesicht zu Angesicht.

Jetzt erkenne ich unvollkommen, dann aber werde ich durch und durch erkennen, so wie ich auch durch und durch erkannt worden bin.

Für jetzt bleiben Glaube, Hoffnung, Liebe, diese drei. Doch am größten unter ihnen ist die Liebe.

Jagt der Liebe nach! ...

Immer weiter ging dieser lange Brief, bis in dem Haus nur noch eine einzige Stimme sprach und ihr kein anderes Ohr mehr zuhörte als meines.

... Denn Gott ist nicht ein Gott der Unordnung, sondern ein Gott des Friedens ...

PRISKA

68

Nie wieder bat mich Paulus, mit meinen Händen seinen Rücken zu behandeln, so wie damals, in unserer ersten, unbeschwerten Zeit in Korinth. Ich weiß, dass ich keine Heilerin bin, denn ich bin weder in diese Kunst eingeweiht worden, noch besitze ich magische Kräfte. Aber ich konnte immer Trost spenden, sowohl durch die Gabe des Geistes als auch durch das Vorbild meiner Mutter. Deshalb fehlte mir diese Art der Vertrautheit mit Paulus.

Auch Timotheus wurde von Paulus nicht mehr mit dieser Aufgabe betraut, seit wir in Ephesus lebten. Aber ihm fehlte es nicht. Er liebte Paulus sehr, hasste es aber, Zeuge seines Schmerzes zu sein, hasste es, die Narben zu sehen – oder, schlimmer noch, sie zu berühren –, jene Narben, die an die Grausamkeit der Bestrafungen erinnerten, die Paulus hatte erdulden müssen.

Paulus hatte nämlich einen besseren Heiler gefunden als uns beide, die wir ja ungehobelte Nichtskönner waren, und das erfüllte ihn mit großer Freude.

»Mein Geliebter« nannte Paulus seinen neuen Arzt, denn dessen Behandlungen verschafften dem geschundenen Körper des Apostels große Erleichterung.

Lukas wusste, was er zu tun hatte.

Unterhalb der Agora, an ihrer nordwestlichen Ecke, können die Ärzte von Ephesus in drei kleinen Sälen ihre Heilkunst ausüben. Jeder Saal ist wiederum in winzige Zimmer für die Behandlung der Kranken unterteilt. Eingriffe, Aderlässe, Darmentleerungen, Schädelschnitte finden hier statt. Auch Zähne werden gezogen.

Ich weiß nicht, ob Lukas Paulus zu einem kleinen Eingriff überredet hat oder ob der Schmerz den Patienten ohne das Drängen des Lukas dazu verleiten konnte oder ob – und das ist nicht auszuschließen – Paulus Lukas seine Freundschaft beweisen wollte, indem er seinen Rücken dem Messer des Arztes anvertraute.

Ich kann mir nur schwer vorstellen, dass es der Schmerz allein war, der Paulus auf den Vorschlag des Lukas eingehen ließ.

Oft sagte er, dass er den Tod Jesu in seinem Körper mit sich trage, damit auch das Leben Jesu in seinem Körper gegenwärtig sein könne. Mit »Tod« meinte Paulus, vermute ich, das Erleiden großer Schmerzen und mit »Leben« das heitere Ertragen dieser Schmerzen. Zwei Seiten derselben Medaille. Paulus mochte diese frommen Rätsel, das dem gesunden Menschenverstand Unzugängliche, Widersprüche, welche die Welt verblüfften, weil allein Jesus sie auflösen konnte, etwa: »Niedergeschlagen sein, aber nicht vernichtet. Zum Tode verurteilt, und doch nicht tot.« Oder, wie Paulus eines Tages mitten auf der Straße ausrief: »Wir sterben, ja, wir sterben! Und siehe da, wir leben!« Wenn ein Krüppel wie ein Athlet auftreten könne, behauptete er, oder wenn ein von Schmerzen geplagter Mann sich des Lebens freuen könne, dann bestehe kein Zweifel, dass die übersinnliche Kraft die Kraft Gottes und nicht die Kraft dieses Mannes ist.

Andererseits – und bei Paulus gibt es immer eine Einschränkung, wenn nicht drei oder vier – hat er nie nach Schmerzen verlangt. Er wollte keine Schmerzen haben. Und einmal habe ich mitgehört, wie er voller Verachtung Satan als den Urheber seiner Schmerzen verfluchte.

Wie auch immer. Auch wenn ich seine Gründe nicht kenne, ging Paulus doch zu Lukas in dessen Behandlungszimmer, und Lukas schnitt mit seinem Messer in den Rücken, den Timotheus und ich mit mehr Liebe als Können behandelt hatten. Lukas tat dies vier Mal an vier verschiedenen Stellen des Rückens des Paulus, entfernte etwas und hinterließ vier frische Narben, das allerdings waren nun vier dünne, zusammengenähte Streifen, an Stellen, an denen sich vorher Knoten und bösartige Klumpen befunden hatten.

Außerdem – und das amüsiert mich jedes Mal, wenn ich es mir bildlich vorstelle – überredete Lukas Paulus dazu, jeden Tag an einem heidnischen Ritual teilzunehmen, dem Baden. Die beiden gingen jeden Nachmittag zusammen in die öffentlichen Badehäuser. Unter lauter nackten Heiden gingen sie gemeinsam von Raum zu Raum, in den warmen Raum, den heißen Raum, den kalten Raum, und Lukas selbst übernahm die Rolle des Dieners und wusch, scheuerte, massierte und ölte den fleischlosen Körper des kleinen Apostels. Hier bleiben die Beweggründe des Paulus wiederum ein wenig im Dunkeln. Zweifellos erfüllte diese Maßnahme einen medizinischen Zweck. Aber ebenso wenig lässt sich bestreiten, dass Paulus das Badehaus mit einem verträumten, zufriedenen Ausdruck auf seinem glänzenden Gesicht verließ, die wenigen Haare auf seinem Kopf feucht nach hinten gekämmt.

Fast könnte die Nachwelt, aufgrund gesicherter Beweise und Aussagen von Zeugen, in einer Vita des Apostels festhalten, dass ihm dies gefiel. Er ließ sich gerne verwöhnen.

Einmal hörte ich, wie Lukas zu ihm sagte: »Warte nur, bis wir nach Thermopylen kommen und du dort die schwefelhaltigen Quellen kennen lernst. Dein Körper wird sich bewegen wie ein Weizenfeld im Wind.«

Paulus sagte: »Nun, ich denke gerade über eine weitere Reise nach Korinth nach. Ich möchte die Sammlung für Jerusalem auf den Weg bringen. Vielleicht machen wir den weiten Umweg.«

Timotheus hatte in unserem zweiten gemeinsamen Jahr in Ephesus diesen weiten Umweg gemacht. Er war im Vorfrühling aufgebrochen und hatte sich viel Zeit gelassen. Aber im Hochsommer, gerade an dem Tag, an dem Paulus über seine nächste Reise nachdachte, war Timotheus an Bord eines Schiffes, das ihn so schnell wie möglich zurück nach Ephesus bringen sollte.

Das Schiff hatte noch nicht einmal richtig angedockt, da sprang Timotheus schon von Bord und rannte vom Hafen hinauf zu dem Haus, in dem Aquila und ich wohnten. Und als auch Paulus dazugekommen war, trat Timotheus ihm mit ernster Miene gegenüber und sagte: »Die Schwierigkeiten in Korinth sind viel größer, als wir ahnen konnten. Ja, es ist sogar alles noch viel schlimmer, als Stephanas berichtet hat. Die Stadt ist von Fäulnis befallen! Männer, die sich ›Apostel‹ nennen, schmeicheln sich in die Herzen der Gläubigen und du, Paulus …« Timotheus schluckte und fuhr sich mit beiden Händen durch die Haare. »Du wirst von allen nur noch verachtet.«

PAULUS

69

Paulus, durch Gottes Willen Apostel Christi Jesu, an die Gemeinde Gottes, die in Korinth ist.

Gnade sei mit euch und Friede von Gott, unserem Vater, und dem Herrn Jesus Christus.

Es gibt also Leute, die behaupten, dass ich keine Vollmacht besäße. Sie wollen Empfehlungsschreiben sehen, aus denen hervorgeht, was ich in der Vergangenheit geleistet habe.

Wenn diese Verleumder sich nur umsähen und ein Auge für die Wahrheit hätten, dann würden sie bemerken, dass sie von Hunderten von Empfehlungsschreiben umgeben sind, allerdings solchen, die nicht auf Papier geschrieben oder in Stein geritzt sind.

Mein Empfehlungsschreiben seid ihr, ihr Korinther, es ist eingeschrieben in unser Herz und alle Menschen können es lesen und verstehen. Ihr seid ein Brief Christi, ausgefertigt durch unseren Dienst, geschrieben nicht mit Tinte, sondern mit dem Geist des lebendigen Gottes, nicht auf Tafeln aus Stein, sondern – wie auf Tafeln – in Herzen von Fleisch.

Wir haben durch Christus so großes Vertrauen zu Gott.

Doch sind wir dazu nicht von uns aus fähig, als ob wir uns selbst etwas zuschreiben könnten. Unsere Befähigung stammt vielmehr von Gott. Er hat uns fähig gemacht, Diener des neuen Bundes zu sein. Daher erlahmt unser Eifer nicht in dem Dienst, der uns durch Gottes Erbarmen übertragen wurde.

Wir haben uns von aller schimpflichen Arglist losgesagt. Wir handeln nicht hinterhältig und verfälschen das Wort Gottes nicht, sondern lehren offen die Wahrheit. So empfehlen wir uns vor dem Angesicht Gottes jedem menschlichen Gewissen. Wenn unser Evangelium dennoch verhüllt ist, ist es nur denen verhüllt, die verloren gehen. Denn der Gott dieser Welt hat das Denken der Ungläubigen verblendet. So strahlt ihnen der Glanz der Heilsbotschaft nicht auf, der Botschaft von der Herrlichkeit Christi, der Gottes Ebenbild ist. Wir verkündigen nämlich nicht uns selbst, sondern Jesus Christus als den Herrn, uns aber als eure Sklaven um Jesu willen. Denn Gott, der sprach: *Aus Finsternis soll Licht aufleuchten!*, er ist in unseren Herzen aufgeleuchtet, damit wir erleuchtet werden zur Erkenntnis des göttlichen Glanzes auf dem Antlitz Christi.

Diesen Schatz tragen wir in zerbrechlichen Gefäßen, damit deutlich wird, dass das Übermaß der Kraft von Gott und nicht von uns kommt. Von allen Seiten werden wir in die Enge getrieben und finden doch noch Raum. Wir wissen weder aus noch ein und verzweifeln dennoch nicht. Wir werden gehetzt und sind doch nicht verlassen. Wir werden niedergestreckt und doch nicht vernichtet. Wohin wir auch kommen, immer tragen wir das Todesleiden Jesu an unserem Leib, damit auch das Leben Jesu an unserem Leib sichtbar wird. So erweist an uns der Tod, an euch aber das Leben seine Macht.

Darum solltet ihr nicht müde werden. Wenn auch unser äußerer Mensch aufgerieben wird, der innere wird Tag für Tag erneuert. Wenn unser irdisches Zelt abgebrochen wird, dann haben wir eine Wohnung von Gott, ein nicht von Menschenhand eingerichtetes ewiges Haus im Himmel. In unserem heutigen Zustand seufzen wir und sehnen uns danach, in diesem himmlischen Haus zu Hause zu sein. Gott aber, der uns gerade dazu fähig gemacht hat, hat uns auch als ersten Anteil den Geist gegeben. Wir sind also immer zuversichtlich, auch wenn wir wissen, dass wir fern vom Herrn in der Fremde leben, solange wir in diesem Leib zu Hause sind, denn als Glaubende gehen wir unseren Weg, nicht als Schauende.

Denn wir alle müssen vor dem Richterstuhl Christi erscheinen, damit jeder seinen Lohn empfängt für das Gute oder Böse, das er im irdischen Leben getan hat. So versuchen wir, erfüllt von Ehrfurcht für den Herrn, zu predigen und Menschen zu gewinnen. Denn die Liebe Christi drängt uns, da wir erkannt haben: Einer ist für alle gestorben, also sind alle gestorben. Er ist aber für alle gestorben, damit die Lebenden nicht mehr für sich leben, sondern für den, der für sie starb und auferweckt wurde.

Wenn also jemand in Christus ist, dann ist er eine neue Schöpfung. Das Alte ist vergangen, Neues ist geworden! Aber das alles kommt von Gott, der uns in Christus mit sich versöhnt und uns den Dienst der Versöhnung aufgetragen hat. Ja, Gott war es, der in Christus die Welt mit sich versöhnt hat, indem er den Menschen ihre Verfehlungen nicht anrechnete und uns das Wort von der Versöhnung anvertraute.

Wir sind also Gesandte Christi. Und Gott ist es, der durch uns mahnt. Wir bitten an Christi statt: Lasst euch mit Gott versöhnen! Er hat den, der keine Sünde kannte, für uns zur Sünde gemacht, damit wir in ihm die Gerechtigkeit Gottes würden. Ihr Korinther, ich bitte euch: Empfangt die Gnade Gottes nicht vergebens!

Denn es heißt: *Zur Zeit der Gnade erhöre ich dich, am Tag der Rettung helfe ich dir.*

Jetzt ist sie da, die Zeit der Gnade!

Jetzt ist er da, der Tag der Rettung!

Wir werden – das muss euch euer Gewissen sagen – weder jetzt noch in Zukunft jemandem Hindernisse in den Weg legen. Unser Dienst soll nicht getadelt werden. In allem erweisen wir uns als Gottes Diener: durch große Standhaftigkeit, in Bedrängnis, in Not, in Angst, unter Schlägen, in Gefängnissen, in Zeiten der Unruhe, unter der Last der Arbeit, in durchwachten Nächten, durch Fasten, durch lautere Gesinnung, durch Erkenntnis, durch Langmut, durch Güte, durch den Heiligen Geist, durch ungeheuchelte Liebe, durch das Wort der Wahrheit, in der Kraft Gottes, mit den Waffen der Gerechtigkeit in der Rechten und in der Linken, bei Ehrung und Schmähung, bei übler Nachrede und bei Lob. Wir gelten als Betrüger! Und doch sind wir wahrhaftig.

Unser Mund hat sich für euch aufgetan, Korinther. Unser Herz ist weit geworden. In uns ist es nicht zu eng für euch; eng ist es in eurem Herzen.

Lasst doch auch euer Herz weit aufgehen!

Wir haben niemand geschädigt. Wir haben niemand zugrunde gerichtet. Wir haben niemand übervorteilt.

Ich sage das nicht, um euch zu verurteilen, denn eben habe ich gesagt, dass ihr in unserem Herzen wohnt, verbunden mit uns zum Leben und zum Sterben.

Ich habe großes Vertrauen zu euch.

Ich bin sehr stolz auf euch.

Ich bin von Trost erfüllt.

Trotz aller Not ströme ich über vor Freude.

Sorgt dafür, dass Timotheus mit guten Neuigkeiten zu mir zurückkehrt.

Die Gnade unseres Herrn Jesus Christus sei mit euch.

LUCIUS ANNAEUS SENECA

70

*L. Annaeus Seneca, Ratgeber des Imperators Nero in Rom,
An Marcus Antonius Felix, Prokurator von Palästina in
Caesarea*

Ich schreibe diesen Brief, um Euch zu warnen. Wenn Ihr klug seid, werdet Ihr den in ihm enthaltenen Hinweis dazu verwenden, Euch in Eurem Hochmut zu mäßigen und Eure Amtsgeschäfte mit größerer Sorgfalt erledigen. Wenn nicht, wird man das Urteil über Euch fällen, das Ihr verdient.

Als kaiserlicher Schatzmeister – und, was noch mehr ins Gewicht fällt, als Günstling der Agrippina, der Frau und Mutter des Kaisers – verfügt Euer Bruder Pallas seit langem über großen politischen Einfluss in Rom.

Es mag nicht allgemein bekannt sein – wir jedoch, Felix, wissen es –, dass Ihr die Position des Statthalters von Judäa und Jerusalem seiner Fürsprache zu verdanken habt.

Es ist jedoch ganz allgemein bekannt, dass Pallas seine Position dazu verwendet hat, seinen eigenen Vorteil zu mehren: Er hat mit Ämtern gehandelt, durch Drohungen Gelder erpresst und gegen wohlhabende Männer, deren Anwesen er begehrt, Klagen vorgebracht.

Und zu diesem Zeitpunkt ist niemandem bekannt – obwohl es recht bald alle wissen werden –, dass der Kaiser Nero Euren Bruder Pallas seines Amtes als Schatzmeister entheben wird.

Dies ist der Hinweis, den die Klugheit bedenken und die Torheit übergehen wird. Denn sobald M. Antonius Pallas diesen Palast verlassen hat, wird er zwar ein schändlich reicher Mann sein, seine Macht und sein Einfluss werden jedoch schwinden.

Euer Boot in Rom schlägt leck.

Von nun an, Felix, wird Euer Unwille zur klugen Regierung Euch ganz persönlich in Gefahr bringen.

Gestern haben wir den Gefangenen in Empfang genommen, den Ihr uns aus Judäa geschickt habt, einen gewissen Eleasar, den Sohn des Dineus, den Ihr in Eurem Schreiben als »Anführer einer großen Räuberbande« bezeichnet – Räuber, die, wie Ihr schreibt, »Dörfer in Brand stecken und das Hab und Gut ihres eigenen Volkes stehlen«.

Sicherlich kann man einem Räuber nicht trauen, am allerwenigsten, wenn er sich selbst verteidigt. Auch könnte ich niemals das Verhalten leidenschaftlich kämpfender Juden billigen. Je weniger sich die Juden um ihre Religion kümmern, desto besser scheint es mir zu sein.

Trotz alledem, Felix, Prokurator: Ich muss dem Mann eine gewisse Glaubwürdigkeit zugestehen, ebenso Klugheit, Ausdrucksvermögen und einen abwägenden Verstand. Und was er über seine Verhaftung zu berichten hat, steht in deutlichem Widerspruch zu Eurer Darstellung. Er behauptet, Ihr wäret durch Verrat seiner habhaft geworden. Er sagt, Ihr hättet ihm freies Geleit versprochen, wenn er bereit gewesen wäre, mit Euch über die Ursachen des Aufruhrs unter den Juden zu sprechen. Er sagt, als er im Vertrauen auf Euer Wort gekommen sei, hättet Ihr ihn im Hof des Prätoriums in eine Falle gelockt, ihn mit mehr als vierzig Soldaten umringt, ihn gefesselt, ins Gefängnis geworfen und später nach Rom geschickt.

Er behauptet auch, dass die Armen in Judäa bei weitem nicht unter Gewalttaten seiner Getreuen litten, sondern sich ihnen mehr und mehr anschlössen, in dem Maße wie Ihr, Felix, diese Menschen wahllos kreuziget.

Er sagt, dies sei Eure Art zu regieren, dass Ihr Eure Untertanen wahllos tötet, die Guten wie die Bösen.

Wem soll ich Glauben schenken? Dem Prokurator oder dem Räuber?

Bevor Ihr diese Frage beantwortet, lasst mich Euch über eine weitere Tatsache in Kenntnis setzen: Euer eigener Zenturio, in dessen Gewahrsam der Räuber nach Rom kam, stimmt diesem in seiner Darstellung vollkommen zu.

Einem weisen Mann genügt ein Wort. Doch seht, von mir erhieltet Ihr zwei.

PRISKA

71

Man sehe sich bloß diesen Massenandrang an! Vor lauter Menschen kann ich das Haus nicht mehr erkennen. Es scheint, als ob jeder Gläubige aus Korinth gekommen wäre. Liegt das an Paulus? Liegt es wirklich an ihm?

»Entschuldigung«, sage ich. Ich ziehe den Kopf ein und drängle mich an Ellenbogen und Rücken vorbei wie der paddelfüßige Maulwurf an Wurzeln unter der Erde. »Entschuldigung. Entschuldigung.« Mit meiner zierlichen Figur bin ich gelenkig wie ein Kind. »Entschuldigung, ich suche Paulus.«

Ich kenne nicht einmal die Hälfte dieser Menschen. Diejenigen, die mich kennen, nicken mir höflich zu, jedoch, so scheint es mir, ohne jede Herzlichkeit. Die Wiedersehensfreude der letzten Woche und der Überschwang der ersten Tage sind verflogen, als den Leuten bewusst wurde, weshalb Paulus die weite Reise von Ephesus nach hier gemacht hatte.

Korinth hat viel Gefallen an seinen neuen Aposteln gefunden. Was sie predigen – und nicht zuletzt, was sie tun –, kommt den Vorlieben der Korinther sehr entgegen. Aber Paulus nennt sie verächtlich »Überapostel«.

Neben mir grummelt ein groß gewachsener Mann: »Im Haus.« Sein Körper riecht so sauer nach Schweiß, dass mir die Haare zu Berge stehen.

»Was?«

»Im Haus«, grummelt er. »Paulus ist im Haus. Sie sind alle ins Haus gegangen. An die einfachen und ehrlichen Leute, die auch zuhören wollen, denkt wieder einmal niemand.«

Ich kann zwar sein Gesicht nicht sehen, aber ich glaube, diesen einfachen und ehrlichen Mann aus dem Volk zu kennen. Der Gestank kommt mir bekannt vor. Und ich habe diese Stimme schon einmal gehört, als sie rief: »Binde ihn los, Jude.« Es war der Schuster Apelles.

»Wobei wollt ihr zuhören?«

»Beim Streit. Bei einem richtig schönen Streit«, brummelt er.

Die Eingangshalle ist genauso überfüllt wie die Straße. Gleiches gilt für die Flure, in denen die Luft verbraucht ist und die Menschen nun schwer atmen, nachdem sie draußen die frische Herbstluft genießen konnten. Der Massenandrang wirkt befremdend auf mich, das gebe ich offen zu, und die Stimmung ist mir nicht geheuer.

Warum Streit? Welche Art von Streit erwartet Apelles?

Zu dritt sind wir per Schiff aus Ephesus gekommen, Paulus, Sosthenes und ich. Sosthenes hatte inständig darum gebeten, an der Reise teilnehmen zu dürfen, weil es ihn drängte, seine alten Freundschaften wieder zu beleben, die bei seiner überstürzten Abreise vor vier Jahren so jäh abgebrochen waren. Warum Paulus mich mitgenommen hat, weiß ich allerdings nicht. Er hat nie einen Grund genannt. Vielleicht kann er mich den Leuten als leuchtendes Vorbild für irgendetwas präsentieren. Paulus tut manchmal solche Dinge. Oder vielleicht sollten mein ruhigeres Wesen und meine Liebe zu den Gläubigen hier den Zweck der Reise des Paulus in einem milderen Licht erscheinen lassen. Er sagte: »Begleite mich, Priska. Als die Korinther Timotheus zu verstehen gaben, dass sie von mir in Ruhe gelassen werden wollen, hatte ich keine andere Wahl mehr. Dieses Mal muss ich selbst hingehen und die Gemeinde zur Vernunft bringen.«

Wenn dieses »Zur-Vernunft-Bringen« bedeuten würde, ein paar Seelen zu verletzen, dann sollte ich vielleicht der Balsam für ihre Wunden sein.

Als wir in Kenchreä an Land gegangen waren, ging Sosthenes alleine zu Fuß nach Korinth, das von Kenchreä aus in westlicher Richtung lag. Paulus machte sich bereits hier in dem Hafenstädtchen an die Arbeit. Meine liebe, freigebige Freundin Phöbe lud uns ein, bei ihr zu übernachten, und wir nahmen die Einladung an. Sie ließ ihre Diener ein großes Essen zubereiten. Sie sandte ihre Diener zu den umliegenden Häusern, um die Gläubigen zu einem Essen und einem Gespräch zusammenzurufen. So kam es zu einer kleinen Versammlung. Paulus aß nichts. Stattdessen stellte er den Leuten bohrende Fragen über diese »hochmütigen Überapostel«. Was lehrten sie? Was taten sie? Woher kamen sie? Wie sah ihr Leben aus?

Diese Fragen, so wurde mir schnell klar, würde er während unseres Aufenthaltes noch öfter stellen, und so war es auch bis gestern.

Wir besuchten alle Häuser in und um Korinth, in dem sich Gläubige zum Gottesdienst versammelten. Alle bis auf eines.

Im Haus des Titius Justus machten mir zwei Dinge besondere Freude. Dies ist das Gebäude, das mit der Synagoge eine Mauer gemeinsam hat. Sosthenes hatte früher nie einen Fuß über die Schwelle dieses Hauses gesetzt. Vielmehr hatte er es mit Steinen beworfen.

Doch nun war er hier, dieser rundliche Mann mit den kurzen Armen und dem verknoteten Haar, und sein Gesicht strahlte vor Freude, denn jetzt gehörte er dazu. Mit ihm am Tisch saßen Titius Justus, der heidnische Nachbar, den er verachtet hatte, und Krispus, der der Vorsteher der Synagoge gewesen war, bevor er sich Jesus zugewandt hatte. Durch den Geist vereint saßen diese drei nun lächelnd an einem Tisch.

Das bereitete mir unaussprechliche Freude, und hinzu kam noch etwas anderes: Im Stillen hörte ich, wie meine eigene Stimme durch diese Räume hallte. Ich erinnerte mich an meine erste Predigt vor anderen Leuten, meine erste prophetische Rede in der Öffentlichkeit, denn in diesem Haus drängte mich der Geist zu sprechen. Hier ist die Wiege meines eigenen, bescheidenen Beitrags zur Verbreitung des Evangeliums.

Also genossen wir vier die stille Freude und das harmonische Beisammensein – bis Paulus hinzukam und Justus und Krispus mit Fragen zu den Überaposteln bedrängte. Dadurch änderte sich die Stimmung. Wir machten uns gewissermaßen an die Arbeit, und niemand lachte mehr.

Eigentlich ist Paulus nun seit einer Woche mit nichts als Arbeit beschäftigt. Ich hingegen habe mir Zeit genommen, in der Stadt spazieren zu gehen, und habe alle die Orte besucht, die Aquila und mir einmal wichtig waren, wo wir gelebt und gearbeitet haben. Vor zwei Tagen war ich so nachdenklich gestimmt, dass es Paulus auffiel und er mit mir darüber sprach. Er sagte, ich spüre den »Stachel der Welt«. Nein, sagte ich, es sei eher der Schmerz einer rührseligen Erinnerung. Aber er meinte, diese bittersüßen Stiche könnten das Blut vergiften und ich solle aufpassen, dass ich mein Herz nicht zu sehr an gewisse Dinge hänge. – Ist dieser Mann nie von der Schönheit eines Sonnenunterganges ergriffen worden? Würde es ihn von seinem Weg abbringen, wenn er einmal einen einzigen Tag Pause machte?

Sein Plan war, zunächst so viel wie möglich über die Lage in Korinth in Erfahrung zu bringen, diese Eindringlinge, jene Apostel, die behaupteten, ihm weit überlegen zu sein, zunächst richtig einzuschätzen, um dann die ganze Gemeinde an einem Ort zusammenzuführen und sie dort zu einem Neubeginn aufzurufen.

Nur ein Haus in Korinth bietet genügend Platz, um die ganze Gemeinde aufzunehmen: das Haus des Gaius am Fuß des Akrokorinth.

Gestern Morgen gingen Paulus und ich zu Gaius, um ihn um Erlaubnis zu bitten. Dieses Mal brauchte Paulus seine Fragen nicht mehr zu stellen. Es hatte sich herumgesprochen, weswegen Paulus in der Stadt war. Gaius wusste Bescheid und sagte ungefragt seine Meinung.

Über die neuen Apostel wusste er einiges zu berichten: »Es fällt ihnen leicht, um Dinge zu bitten. Sie sind sehr direkt, und das ist angenehm. Sie scheuen sich nicht zu bitten.«

Paulus fragte: »Um was bitten sie?«

Gaius sagte: »Essen. Unterkunft. Kleidung. Geld. Sie wollen Briefe lesen, in denen steht, welche wunderbaren Dinge sie in Korinth vollbracht haben.«

»Geld?«, fragte Paulus. »Sie sammeln Geld?«

»Ja.«

»Für die Armen?«

»Für sich selbst. Damit sie ihren Auftrag erfüllen können.«

Paulus nickte. Er rieb sich das Kinn und murmelte: »Natürlich gibt es die Besten der Besten unter den Aposteln nicht umsonst.«

Dann sagte er abrupt: »Ich mache es wie sie. Ich bitte dich um etwas. Stellst du uns deine Räume zur Verfügung? Ich möchte, dass die ganze Gemeinde in deinem Haus zusammenkommt.«

Gaius sagte: »Es ist schon zu spät.«

Paulus legte die Stirn in Falten. »Wie bitte?«

»Hat es dir niemand erzählt?«

Paulus gab darauf keine Antwort.

Gaius sagte: »Die Apostel haben die Gemeinde bereits eingeladen, sich bei ihnen zu versammeln, dort wo sie wohnen. Morgen im Haus des Erastus.«

Das war das einzige Haus, in dem wir noch nicht gewesen waren. Das Haus des Erastus. Aber jetzt bin ich hier! Umgeben von diesem Pöbel. Ich kann mich kaum bewegen und komme mir ganz eigenartig fremd vor.

Paulus muss hier auch irgendwo sein, mehr in der Mitte des Hauses, aber ich stecke hier im Flur zwischen groß gewachsenen Menschen fest. Ja, in der Tat, der zweite Teil von Paulus' Plan nimmt Gestalt an – mit oder ohne sein Zutun. Die Menge, die er haben wollte, ist da. Aber ich bin mir nicht sicher, ob sie ihm den gewünschten Empfang bereiten wird. Auch ist es schwer zu beurteilen, wer hier die Zügel in der Hand hat.

»Macht Platz! Macht Platz!«

Es hört sich an wie die Befehle von Soldaten. Es wird noch enger, und die Menge reißt mich mit wie eine Woge.

»Aus dem Weg! Macht Platz!«

Es sind tatsächlich Soldaten. Bewaffnete Männer bahnen sich einen Weg durch die Menge. Ich kann sechs von ihnen ausmachen. Und siehe da, sie geleiten den grandiosen Erastus, der die Leute im Vorübergehen lächelnd begrüßt.

»Stört euch nicht an meinen Männern«, sagt er. »Sie sorgen für Sicherheit und Ordnung, für die Sicherheit meiner Gäste und für Ordnung in meinem Haus. Es gibt keinen Grund zur Beunruhigung!«

Wie fett dieser Erastus ist! Seine Schultern und seine Hüften sind riesige Gebirge geworden und sein Kopf ist rot wie ein Granatapfel. Aber wie er duftet! Nach Zimt und nach Kassia. Was für ein Mann! Er zieht vorüber wie eine vierspännige, mit Messing beschlagene Kutsche.

Ich nutze die Gunst des Augenblicks, dränge mich hinter die Soldaten und lasse sie für mich einen Weg bahnen.

Der Geruch sauren Schweißes sagt mir, dass ich nicht der Einzige bin, der sich an Erastus angehängt hat.

Doch plötzlich weicht mein Geist von mir. Ich höre die Geräusche im Haus nicht mehr. Ich habe keine Augen mehr für all die Menschen ...

Ich sehe Paulus.

Mein Freund Paulus steht allein in der äußersten linken Ecke des Atriums, die rechte Hand erhoben, den Mund geöffnet, redend.

Die sechs Soldaten stellen sich an den Säulen rings um das Atrium auf. Erastus bahnt sich einen Weg zu den drei Männern, die Paulus direkt gegenüberstehen. Er begrüßt jeden von ihnen mit einem Kuss auf die Wange. Der Verwalter der Märkte atmet schwer und wischt sich den Schweiß von der Stirn.

Aber er kommt verspätet. Ganz offensichtlich kommt er zu spät, genau wie ich, denn es scheint bereits eine Art Streitgespräch begonnen zu haben.

Mit seiner messerscharf schneidenden Stimme sagt Paulus: »Legt die Streitpunkte ganz genau dar! Tut es um der Menschen willen. Ich habe das Wort Gottes nie verfälscht. Ich bin ein ehrlicher Mann, der seinen Auftrag von Gott hat, und im Angesicht Gottes verkündige ich Jesus Christus, den Gekreuzigten.«

Erastus hat sich in die hintere Ecke des Atriums zurückgezogen und sitzt nun zwischen den streitenden Parteien. Er schielt abwechselnd nach links und nach rechts und wischt sich immer wieder den Schweiß von der Stirn. Einer der drei Männer gibt Paulus bereits eine Antwort. Es ist ein groß gewachsener Mann mit einem adlerartigen Gesicht, einer aristokratischen Körperhaltung und Kleidern, die ebenso vornehm und teuer sind wie die des Erastus.

Dieser Mann sagt: »Auch wir verfälschen nichts von dem, was vom Himmel ist. Wir halten uns lediglich an die Gepflogenheiten. Alle, die dem Herrn dienen, werden zu Recht von den Gemeinden ernährt, in denen sie dienen – alle außer dir. Du scheinst das raue Leben zu bevorzugen und bist wohl mit Absicht arm und hilfsbedürftig. Fast könnte man meinen, dass du stolz auf deine Armut bist.«

Hundert Köpfe drehen sich von diesem großsprecherischen Mann zu Paulus: dem kleinen Paulus, dem blassen Paulus, dem hageren Mann, der seine Haare verliert und eine verschlissene Tunika trägt, während diese aufrecht stehenden drei eine vornehme und gesunde Röte in ihren Gesichtern tragen und ihre dunklen Bärte mit kostbaren Ölen gesalbt haben.

Paulus sagt: »Ich habe mich nie freiwillig für die Armut entschieden.«

Die Antwort des vornehmen Apostels lässt nicht lange auf sich warten: »O doch, das habt Ihr. Und Ihr tut es immer wieder. Jedes Mal, wenn Ihr ein Geschenk ablehnt, zieht Ihr das Nichthaben dem Haben vor.«

Ich höre ein Klatschen im Atrium. Die Menschen fahren zusammen. Erastus hat sich auf seine Schenkel geklopft. Er hielt dies für eine treffende Bemerkung. Er grinst und blinzelt mit den Augen.

Paulus lässt sich nicht beirren: »Ganz recht, Ihr sagt die Wahrheit! Heute scheint der Geist donnernd durch Euch zu fahren, denn ich bin vollkommen Eurer Meinung. Denn das ist der Unterschied zwischen uns: Ich bin stolz auf meine Armut, während Ihr stolz auf Eure Erfolge seid. Ihr großartigen Männer, Ihr über alles erhabenen Überapostel, wie hervorragend Ihr Eure guten Dienste versehtl! Wenn ich mich jemals rühmen sollte, dann werde ich mich des Kreuzes Jesu Christi rühmen, seines Leidens und seines Todes …«

»In der Tat!«, unterbricht ihn der andere. »Und in welchem Zustand hat dein Rühmen die Gemeinden hier hinterlassen? Was hat deine wunderbare Bescheidenheit den rechtschaffenen Korinthern, die heute hier anwesend sind, abverlangt? Elend! Drangsal, Schwerstarbeit, Schmerz, Scham und Schande. Ihr schriebt vom Leiden und von Prüfungen und Verfolgungen und

Niederlagen und nicht zuletzt vom Tode. Aber wir haben die Korinther von deinem unheilvollen Mühlstein eines Jesus befreit! Wir geben ihnen ihre Heiterkeit und Fröhlichkeit zurück, denn wir rühmen uns eines siegreichen Christus und seines Triumphes.«

»Ihr überlasst sie wieder der Welt«, ruft Paulus mit hoher Stimme und blitzenden Augen. »Ihr macht sie zu Kindern der Hölle! Ich rühme mich des Kreuzes, der Erlösung durch Gott. Ich predige das Kreuz, das die Welt nicht will, weil sie in ihm eine Niederlage erblickt. Ihr rühmt Euch der Dinge, die der Welt lieb sind und an denen ihr Herz hängt: Triumph, Erfolg und Macht. Ihr predigt das, was Ihr selbst begehrt: Aufstieg, Selbstzufriedenheit und einen großen Namen. Wenn auch das Herz der Korinther an dem hängt, was Ihr predigt, dann gehören sie der Welt an und sind dem Untergang geweiht!«

»Dem Untergang geweiht? Untergang, Paulus? Was für ein Unfug! Wir schenken ihnen das Leben und den unmittelbaren Zugang zu Christus.«

»Durch *Euch*! Durch Euren rauschhaften Wahn, als ob *Ihr selbst* die Mittler zwischen Himmel und Erde wäret.«

»Nein! Durch den Heiligen Geist. Wir sind längst weiter vorangeschritten, Paulus, und du bleibst auf einem düsteren und unfruchtbaren Feld zurück. Wir sind mit Christus aus der Vergangenheit in die Zukunft vorangeschritten, weg von diesem armseligen, an die Erde und das Fleisch gebundenen Leben und hin zu einem Leben des Geistes. Hast du noch nicht davon gehört? Christus hat das Kreuz überwunden. Er ist nun der Erhöhte, dessen Geist seine Gemeinde durchweht, um sie zu ihm zu erheben. Du hast hier Gutes getan, aber du hast nicht genug getan. Wir vollenden dein Werk. Das Kreuz war ein hilfreicher Schritt, das ist wahr. Doch in welche Richtung? Zum Heiligen Geist und zu einem Himmel, der uns ganz nahe ist. Und deshalb lassen wir unsere Körper hinter uns und erheben uns zu Christus im Himmel. Diejenigen, die es uns nicht gleichtun können, die diese Schritte nicht gehen, können keine wahren Apostel sein! Du, Paulus, du bist kein Apostel!«

Welch ein Dolch im Herzen meines Freundes! Das ist das Schlimmste, was sie behaupten konnten.

Einen Augenblick lang ist es vollkommen still. Die Menschen sind wie versteinert. Niemand bewegt sich. Ich zittere leicht. Selbst aus dieser Entfernung kann ich die roten Flecken auf der Stirn des Paulus erkennen. Seine Nase ist weiß wie Elfenbein, als ob sie zu zerbrechen drohte. Seine Augen haben feuerrote Ränder.

Ganz langsam atmet er durch den offenen Mund. »Euer Jesus ist ein anderer Jesus.« Durch die zusammengepressten Lippen zischt er: »Es ist ein anderer Geist. Ein anderes Evangelium ...«

Plötzlich setzt Paulus sich in Bewegung. Mit steifen Schritten geht er auf Erastus zu. Er holt tief Luft und sagt: »Schick diese Männer weg, Erastus! Sag ihnen, dass sie dein Haus sofort verlassen sollen.«

Der beleibte Erastus ist völlig überrascht von dieser plötzlichen Wende und erhebt sich. »Das kann ich nicht«, sagt er atemlos. »Das will ich auch nicht.«

»Wirf sie hinaus!«, sagt Paulus todernst. Es klingt wie ein Befehl. »Sorge dafür, dass sie die Stadt verlassen.«

Erastus steht da, ist schweißgebadet und zittert am ganzen Körper. »Was glaubst du eigentlich, wer du bist?«, sagt er mit gebrochener Stimme. »Du hast kein Recht, mich herumzukommandieren.«

»Erastus, hör mir zu.« Die beiden Männer stehen

sich direkt gegenüber. Paulus drückt seinen Zeigefinger gegen die Brust des Erastus. »Diese wichtigtuerischen Überapostel sind der Tod des Glaubens und eine Gefahr für die Gemeinde. Wenn sie bleiben, werden die Menschen mehr und mehr ins Verderben gestürzt.«

Aber Erastus hat seine eigene Sprache wieder gefunden. Mit zitternden Wangenknochen, bleich und voller Wut schreit er: »Du bist derjenige, der den Menschen wehtut, nicht sie sind es.« Er umgreift den Finger des Paulus und dreht ihn nach hinten: den Finger, die Hand und den Arm. Die Pupillen des Paulus weiten sich. Erastus ist außer sich: »Als ich dir angeboten habe, in meinem Haus zu wohnen, hast du es abgelehnt. Als ich dir mein Geld, meine Unterstützung, mein Pferd für deine Reisen angeboten habe, hast du es abgelehnt. Du hast mich immer wieder bloßgestellt!« Erastus zwingt Paulus vor ihm auf die Knie. »Diese Männer nehmen an, was ich ihnen schenken will«, sagt Erastus im Tonfall eines Amtsträgers, des Verwalters der öffentlichen Märkte. »Sie haben Respekt vor mir. Sie haben mich gelehrt, in Zungen zu reden. Aber du ...« Er beugt sich wie ein steiler Abhang über Paulus und kann nicht die richtigen Worte finden. »Du!«

»Erastus, wie konntest du das tun?«, sagt Paulus. Er verliert das Gleichgewicht und fällt nach hinten. Sein Kopf trifft auf dem Boden auf.

Ein Aufschrei hallt durch das Atrium. Ein Mann drängt sich an mir vorbei und läuft mit geballten Fäusten auf Erastus zu.

Ich halte den Atem an. Es ist der Schuster Apelles. Er schreit: »Kämpfe mit mir! Kämpfe mit mir, du Schuft! Dieser Mann ist zu gut für dich.«

Erastus schaut sich um. Das Entsetzen steht ihm ins Gesicht geschrieben. »Wachen! Wachen!«, schreit er.

Im ganzen Haus bricht ein wildes Durcheinander aus. Die Menschen schreien und drängeln und nehmen mir die Luft zum Atmen.

Ich werde in einem langsamen Strom besinnungsloser Menschen nach hinten getragen, ich sehe nichts mehr, ich spüre nichts mehr und fast glaube ich, dass mein Ende gekommen ist.

Wer weckt mich da? Wer streichelt meine Hände? Ich liege in einem kleinen Zimmer – es mag ein kleines Gästezimmer sein – und an die Wand ist das Bild einer Menora gemalt. Wer ist der gute Mann dort? Ach, Sosthenes ist es, und er sieht mich an.

Sosthenes singt einen Psalm für mich.

Doch langsam erinnere ich mich wieder, was geschehen ist. Ich setze mich auf und bitte ihn, mir alles zu berichten. Er erzählt mir, dass in dem Handgemenge im Haus des Erastus zwei Männer verhaftet, gefesselt und aus der Stadt verbannt wurden.

Wir müssen sie suchen, sagt er.

Wer sind sie? Wer sind diese Männer?

Apelles, der Schuster.

Und Paulus, der Apostel.

72

Der Wind pfeift durch die Taue. Das Schiff schwankt und ächzt und zieht eine lange weiße Spur hinter sich her. Nur ein kleines Vorsegel ist gehisst, doch das genügt, denn wir fahren mit dem Wind.

Herr im Himmel, wir dürften nicht auf dem offenen Meer sein, nicht jetzt, nicht zu dieser Jahreszeit. Der Winter kommt mit seinen Todesflügeln auf uns herab. Herr Jesus, rette uns.

Paulus hatte sich geweigert, den Winter in Achaia zu verbringen.

Er fand heraus, dass noch ein allerletztes Schiff fuhr, ging an Bord und hat seitdem kein Wort gesprochen. Er sitzt da, mit dem Rücken zum Schanzdeck, und lässt die Gischt auf seinen armen, ungeschützten Kopf regnen. Er hat die Beine angezogen und das Kinn auf die Knie gestützt. Dieses Schweigen und Hocken wie ein Raubtier kommt den Matrosen unheimlich vor. Ich habe gehört, dass sie ihn nicht retten würden, wenn wir in einen Sturm gerieten. Wenn die Wellen ihn haben wollen, so sagen sie, sollen die Wellen ihn bekommen.

Wir sind zu dritt, und alle drei gleiten wir seekrank über unsere Gräber hinweg. Der Dritte ist allerdings nicht Sosthenes. Er hat sich entschieden, in Korinth zu bleiben. Der Dritte ist der Schuster Apelles, der den Seeleuten auch nicht geheuer ist, weil er sich an den Gefahren für Leib und Leben geradezu ergötzt. Andererseits übernimmt er selbst die gefährlichsten Aufgaben ohne zu zögern, weshalb die Matrosen ihn in ihrer Gesellschaft dulden.

Und mir, mir ist das Herz so schwer.

Mein Freund, mein Paulus, schweigt.

73

In diesem Jahr ist der Winter besonders hart. Ein feuchter, salziger Wind weht vom Meer herauf. Alles ist kalt und nass. Nichts ist trocken oder warm oder behaglich. Die Wände schwitzen Wasser und stinken nach Moder. Jeder Tag ist grau, von der Morgendämmerung bis zum Abend. Wir werfen keinen Schatten, da wir im Schatten wandeln.

Als Paulus nach Ephesus zurückkehrte, wartete schon ein Brief auf ihn. Er war in Philippi abgeschickt worden und trug das Siegel der Lydia.

Aquila und ich waren bei Paulus, als ihm der Brief vorgelesen wurde.

Schlechte Neuigkeiten.

Lydia hatte endlich den Mann namens Simon, den Jesus Petrus genannt hatte, kennen gelernt. Er, seine Frau und noch ein weiterer Mann, den Lydia als »höchst seltsam und sehr langsam« beschrieb – es konnte sich also nur um Silas handeln –, waren auf der Via Egnatia in westlicher Richtung unterwegs. Ihr Ziel war Rom. Sie machten Station in Philippi. Lydia bot ihnen an, in einem Zimmer ihres Hauses zu übernachten.

Man unterhielt sich und kam auf Paulus zu sprechen.

Weißt du, wo er jetzt gerade ist?

Wie geht es ihm?

Schenkt ihm Jesus den erhofften Zuwachs an Gläubigen?

Dann erwähnte Petrus etwas, das Paulus unbedingt wissen sollte: »Jakobus meint, Saulus solle nie mehr nach Jerusalem zurückkehren. Die Stimmung in der Stadt ist mörderisch. Er würde dort nicht überleben.«

Paulus nahm es mit trockenem Humor: »War ich irgendwo schon einmal nicht in Gefahr?«, sagte er.

Von Petrus stammte auch die zweite Neuigkeit, aber dies war etwas, das er nur beiläufig fallen ließ, herabfallende Brotkrümel, nichts, worauf er Wert legte. Lydia las es auf und sandte es Paulus mit hörbarer Besorgnis.

Es betraf die Männer in den Gemeinden Galatiens.

Sie waren alle beschnitten worden.

Paulus war fassungslos.

»Wie bitte?«, fragte er, als ob Lydia bei uns gewesen wäre. »Was hast du gesagt?«

Niemand gab eine Antwort. Niemand sprach für Lydia oder für Petrus oder für die Männer aus Galatien.

»Was hast du gesagt? Was erzählst du mir da?«

Paulus hatte diese Sache so tief getroffen, dass er hinausging und weinend durch die Stadt lief. Er bewegte sich unsicher und stolpernd. »Meine Gemeinden«, sagte er immer wieder vor sich hin. »Meine sterbenden Gemeinden.«

Was für ein erbärmlicher Winter!

Nie waren die Tage so trübselig.

Die Himmel sind bleischwer. In einem solchen Himmel kann kein Gott wohnen. Und unter einem solchen Himmel kann kein Kind atmen. Die Wolken sind wie ein Grabstein, kalt und grau.

Ich schlafe unter Bergen von Decken. Und rutsche näher an meinen Mann heran – und immer noch zittere ich, als ob ich krank wäre.

»Aquila«, sage ich.

Es ist mitten in der Nacht. Keiner von uns kann schlafen.

»Aquila. Wie können wir unserem Freund helfen?«

LUKAS

74

In dieser Zeit kam es wegen der neuen Lehre zu schweren Unruhen in Ephesus.

Es gab dort nämlich einen Silberschmied namens Demetrius, der silberne Nachbildungen vom Tempel der Göttin Artemis verkaufte; das brachte ihm und den

Handwerkern, die er beschäftigte, einen schönen Gewinn. Dieser Demetrius rief alle, die in diesem Gewerbe tätig waren, zusammen und sagte: »Männer, ihr wisst: Unser ganzer Wohlstand hängt davon ab, dass wir diese Nachbildungen herstellen. Und ihr werdet erfahren haben, dass dieser Paulus den Leuten einredet: ›Götter, die man mit Händen macht, sind gar keine Götter.‹ Er hat mit seinen Reden nicht nur hier in Ephesus Erfolg, sondern fast überall in der Provinz Asien. Es besteht aber nicht nur die Gefahr, dass er unseren Geschäftszweig in Verruf bringt, nein, auch die Achtung vor dem Tempel der großen Göttin Artemis wird schwinden! Es wird noch dahin kommen, dass die Göttin ihr Ansehen vollständig einbüßt – sie, die heute in der ganzen Provinz Asien und überall in der Welt verehrt wird!«

Als die Männer das hörten, wurden sie wütend und riefen: »Groß ist die Artemis von Ephesus!«

Die ganze Stadt geriet in Aufruhr, und die Leute stürmten ins Theater. Gaius und Aristarch, Reisegefährten von Paulus aus Mazedonien, wurden von der Menge gepackt und mit dorthin geschleppt. Paulus selbst wollte sich der Menge stellen, aber die Jünger ließen ihn nicht aus dem Haus.

Auch einige hohe Beamte der Provinz, die ihm freundlich gesinnt waren, warnten ihn durch Boten davor, sich im Theater sehen zu lassen. Unter den dort Zusammengeströmten herrschte die größte Verwirrung. Alle schrien durcheinander, und die meisten wussten nicht einmal, worum es ging.

Die Juden schickten Alexander nach vorn, und einige aus der Menge erklärten ihm den Anlass. Alexander winkte mit der Hand und wollte vor dem Volk eine Verteidigungsrede für die Juden halten. Aber als die Leute merkten, dass er Jude war, schrien sie ihn nieder und riefen zwei Stunden lang im Chor: »Groß ist die Artemis von Ephesus!«

Schließlich gelang es dem Magistratos der Stadt, die Menge zu beruhigen. »Männer von Ephesus«, rief er, »in der ganzen Welt weiß man doch, dass unsere Stadt den Tempel und das vom Himmel gefallene Standbild der großen Artemis hütet. Das wird kein Mensch bestreiten! Beruhigt euch also und lasst euch zu nichts hinreißen! Ihr habt diese Männer hergeschleppt, obwohl sie weder den Tempel beraubt noch unsere Göttin beleidigt haben. Wenn Demetrius und seine Handwerker Anklage wegen Geschäftsschädigung gegen jemand erheben wollen, dann gibt es dafür Gerichte und Behörden. Dort können sie ihre Sache vorbringen. Wenn ihr aber irgendwelche anderen Forderungen habt, muss das auf einer ordentlich einberufenen Volksversammlung geklärt werden. Was heute geschehen ist, kann uns leicht als Rebellion ausgelegt werden. Es gibt keinen Grund für diesen Aufruhr; wir können ihn durch nichts rechtfertigen.«

Mit diesen Worten löste er die Versammlung auf.

TIMOTHEUS

75

In diesen Tagen ist die Stadt von Hass erfüllt, und dieser Hass gilt vor allem Paulus. *Unschuldiges Blut wurde in seinem Namen vergossen!*, behauptet das schwatzhafte Volk. Auf einmal ist Ephesus davon überzeugt, dass Paulus in der Stadt eine gefährliche, geheime Sekte gründen wollte. *Tausend Männer hier und zehntausend in Asien*, heißt es.

Jeder hat Paulus schon einmal gesehen. Dieser Mann ist eine auffällige Erscheinung. Sie wollen von seinem hageren Körper auf sein Wesen schließen, und als sie hörten, dass er verhaftet worden ist, sagten alle: *Ich wusste es!*

Ich glaube manchmal, dass weniger Menschen meinen Freund ablehnen würden, wenn er ein schönerer Mann wäre, so groß und stark wie Saul, der andere aus dem Stamm Benjamin, der König Israels. Und wenn er mit einer samtweichen Zunge spräche, wie würde es dem Evangelium dann ergehen in einer Welt, die allein danach urteilt, was sie sieht und hört? Aber seine Stimme schmeichelt dem Ohr wie ein Messer, das an einem trockenen Schleifstein gewetzt wird. Die Menschen vergessen die Predigten dieses kleinen Mannes so schnell nicht, egal, ob sie sich über seine Sprechweise Gedanken machen oder nicht.

Aber weil einige Menschen eben doch an der Art dieses Predigers Anstoß nehmen, hat sich in Ephesus Angst breit gemacht. Welche magischen Kräfte mag er besitzen?

Deshalb sind es nicht nur die Handwerker, die Paulus hassen. Einflussreicher als die einfachen Bürger sind die Priester der Artemis. Sie fürchten, er könnte ein Zauberer sein, der ihren Kult seiner Kraft beraubt. Und sie fürchten auch, dass eine Sekte, die sich nicht um die Überlieferungen des Artemiskultes schert, wenn sie nur groß genug wird, den Einfluss der Priester, ihr Geld, ihre Geschäfte und ihren regen Geldverleih gefährden könnte.

Und jetzt ist Paulus fort.

Er hat den Gemeinden noch einmal Mut zugesprochen, bevor er nach Mazedonien aufbrach, aber ich ahne, wie es wirklich in ihm aussieht.

Ich weiß, dass er einen leidenschaftlichen Brief an die Gemeinden in Korinth geschrieben hat, um sie von ihren Irrwegen und von ihren falschen Aposteln abzubringen. Titus hat diesen Schmerzensbrief mitgenommen. Und jeden Tag fragt mich Paulus: »Gibt es schon etwas Neues? Was gibt es Neues? Hast du etwas von Titus gehört? Was berichtet er aus Korinth?«

Und immer wieder sagt er: »Timotheus, was mag nun in Korinth vor sich gehen? Was wird mein Brief dort bewirken? Wir haben die Galater verloren. Sollen wir auch noch die Korinther verlieren?«

Für mich sieht es so aus, als würde Paulus selbst den Mut verlieren.

LUCIUS ANNAEUS SENECA

76

Seneca in Rom,
An Lucan, meinen in Athen studierenden Neffen,
Im zweiten Jahr der Regentschaft des Nero

Cave, Fratris Filie! Hüte dich, mein zarter Neffe! Oh, hüte dich, der große Nero ist in dich verliebt.

Verzeih mir, ich scherze nur – jedoch nicht ganz.

Der Kaiser möchte, dass du deine Studien in Athen beendest und nach Rom zurückkehrst. Er weiß, wie mächtig du von Natur aus im Umgang mit der Sprache bist. Er bewundert dich, Lucan. Nero betrachtet sich als einen Künstler unter Künstlern; er möchte dich in dem Kreis seiner Vertrauten sehen, seinem kleinen Zirkel von Rednern, Dichtern und Musikern – und warum solltest du dich dem versperren? Ganz gewiss wirst du herkommen, und du wirst zu den Bewohnern des Palastes auf dem Palatin gehören, und es wird meiner Seele Trost spenden, dich hin und wieder zu sehen, dich in den Gängen lachen zu hören und dem öffentlichen Vortrag deiner Verse beizuwohnen.

Nero kann viel für dich tun. Er kann deine Stimme machtvoll verstärken. Was du in Rom singst und was du auf ihren Tribünen sagst, wird durch alle großen Städte der Provinzen erschallen, und ein Teil von dir wird Athen niemals verlassen haben.

Aber wie alt bist du jetzt, mein Neffe? Siebzehn? Achtzehn? Ich bitte dich, komm mit Vorsicht, wenn du kommst. Komm mit der Weisheit eines alten Mannes. Wenn du in der Gesellschaft des Nero bist, dann sei ein Politiker, aber kein Dichter, denn dieser Mann trägt zwar die Mähne eines Löwen und hat die Macht eines Löwen, aber sein Gemüt ist das eines Katers.

Wenn dir an dir selbst gelegen ist, dann gib dich unerfahren, selbst wenn du es nicht bist, spiele den Unschuldigen und achte sorgfältig darauf, welche Teile deines Lebens du Nero schenken möchtest. Behalte stets den größten Teil für dich und nehme nicht alle seine Einladungen an.

Wenn es Nacht wird, umgibt sich dieser Kaiser mit üblen Kameraden, Freunden, die nicht besser als Verbrecher sind, und zieht unerkannt durch die Straßen.

Sie belästigen Frauen, bedrohen Männer, brechen in die Geschäfte ein und stehlen die Waren aus bloßer Lust an der Gesetzlosigkeit. Schlimmer noch: Seit einige Händler sich gewehrt haben – ich sah am folgenden Morgen die Wunden in seinem Löwengesicht –, lässt Nero eine Gruppe von Gladiatoren in einigem Abstand folgen, und diese sind bereit, von ihren Waffen Gebrauch zu machen. Wenn er jetzt angegriffen wird, so hat dies schwerwiegende Folgen für den Angreifer.

Jugendlicher Überschwang, sagen die Höflinge und lachen über die Faxen ihres »Goldbarts«, ihres Lieblings. Er ist ein junger Mann, sagen sie, der mit seiner Macht spielt wie ein plötzlich reich gewordener Junge, dem alle Wünsche erfüllt werden. Wenn er reifer wird, wird sich dies legen, sagen sie – und ich widerspreche ihnen nicht.

Hältst du mich für schulmeisterlich, junger Lucan, für verbissen und engstirnig?

Nun, es ist nichts gewiss, vielleicht irre ich mich, und ich wünsche mir aus ganzem Herzen, dass ich mich irre: Doch wenn dieser jugendliche Überschwang vorüber ist, wird der mächtigere Geist, der an seine Stelle tritt, so fürchte ich, nicht von anderer Art sein, sondern nur noch weiter ausgreifen, noch kühner sein und seinen verderblichen Einfluss noch weiter verbreiten.

Du wirst sicher davon gehört haben, dass Britannicus, der Stiefbruder des Nero, im letzten Jahr gestorben ist. Britannicus, den du als den Dichter der kommenden Zeit gepriesen hast. Er war ein schlanker, verträumter junger Mann, immer sehr ruhig und gern mit sich selbst allein. Er strebte nie nach Staatsämtern und machte weder Nero noch Agrippina einen Vorwurf, dass sie ihn um den Kaiserthron gebracht hatten.

Du hast ganz bestimmt auch davon gehört, dass Nero kurz nach dem Tod seines Bruders ein Edikt erlassen hat, in dem er den Verlust der Unterstützung durch seinen Bruder beklagt und es gleichzeitig ablehnt, die Besitztümer des Britannicus, seine Häuser und Villen, für sich zu behalten, und sie stattdessen den verdientesten seiner Freunde überträgt.

Aber hast du in Athen auch das Gerücht gehört, dass

Britannicus nicht an einem schweren Anfall von Fallsucht gestorben sein soll? Dass er vielmehr ermordet wurde?

In der Öffentlichkeit ist dies nur ein Gerücht, das kaum Gewicht hat. Ich kenne niemanden, der sich darüber empört.

In Wirklichkeit handelt es sich aber um mehr als nur ein Gerücht. Es ist die Wahrheit.

Locusta, durch deren Gift Claudius starb, lebt immer noch, mein lieber Neffe. Sie wird von einem Tribunen namens Julius Pollio in ihrem üblen kleinen Haus gefangen gehalten – und gleichzeitig beschützt –, bis zu dem Tag, an dem sie wieder nützlich sein könnte.

Es war zu erwarten, dass Agrippina sich vernachlässigt und ihrer Macht beraubt fühlen würde, wenn ihr Sohn den Kaiserthron bestiege. So kam es denn auch, und sie kämpfte darum, ihren Einfluss wieder zu gewinnen. Aber an jenem Tag, als sie öffentlich eine Drohung aussprach und Nero ankündigte, ihre Gefolgschaft werde von nun an nicht mehr ihm, sondern Britannicus gelten, dem, wie sie sagte, »rechtmäßigen Erbe des Throns«, an jenem Tag also war sie zu weit gegangen, und es zeigte sich, wie gut ihr Sohn ihre eigenen kaltblütigen Schachzüge beobachtet hatte: Nero ließ Locusta herbeirufen.

Pollio führte die alte Frau mit ihren Extrakten und Giften in ein kleines Zimmer, das zu dem Nero allein vorbehaltenen Teil des Palastes gehört. Dort mischte sie verschiedene Gifte und probierte sie an einer Reihe von Tieren aus. Nach fünf Tagen hatte sie eine Mischung hergestellt, die ein Schwein in kürzester Zeit töten konnte, und Britannicus wurde für diesen Abend zu einem Bankett mit Nero eingeladen.

Die schreckliche Agrippina nahm ebenfalls an dem

Bankett teil und legte sich auf ihren Wunsch an die rechte Seite ihres Sohnes statt an die linke. Wenn sie ihm in die Augen blickt, hat sie eine Furcht erregende Macht über Nero. Aber Seite an Seite ist sie schwächer, als sie ahnt. Während sie Weintrauben auf ihrer verwöhnten Zunge zergehen ließ, dachte Agrippina nicht im Geringsten an Ränke und Intrigen.

Ein Becher wurde dem Vorkoster des Britannicus gereicht. Der Wein war so heiß, dass er dem Vorkoster die Zunge verbrannte. Aber im Übrigen bezeichnete er ihn als tadellos.

Ein wenig Wasser wurde in den Becher gegossen, damit der Wein abkühlte, und Britannicus trank.

Sofort versteifte sich der Körper des jungen Mannes und fiel reglos in die Kissen. Sein Mund war zu einem tonlosen Schrei geöffnet.

Im Saal verbreiteten sich Angst und Schrecken. Einige sprangen auf und liefen hinaus. Andere verhielten sich ruhig und beobachteten, was Nero tun würde. Er trank einen Schluck Wein aus seinem eigenen Becher und sagte dann ruhig und teilnahmslos: »Mein Bruder hat häufig solche Anfälle. Er wird sich morgen früh besser fühlen.«

Agrippina rührte sich nicht. Sie war vollkommen beherrscht. Aber ich beobachtete sie und sah, wie sich in ihrem Gesicht eine schreckliche Gewissheit abzuzeichnen begann. Neben ihr lag kein kleiner Junge mehr und auch kaum ein Sohn, sondern jemand, der die Reihe der Mörder in diesem Palast fortsetzte.

Daraus musst auch du etwas lernen, Lucan. Präge es dir gut ein, und zwar jetzt, bevor du in den Dienst unseres neuen Wohltäters trittst, damit dich nichts mehr überraschen kann. Freundlichkeit ist nur die eine Seite des Nero.

Sie mussten den Mund des Britannicus mit Gewalt schließen. Das Gift war so stark gewesen, dass seine Augenhöhlen schwarz geworden waren. Sie bedeckten sie mit Salben, doch nur wenige Menschen bekamen den Leichnam zu sehen, denn er wurde noch in derselben Nacht zum Campus Martinus getragen. Dort wurde der Unglückliche, dein »Dichter der kommenden Zeit«, verbrannt und begraben. Keine Reden. Keine Riten. Eile.

Andererseits – und auch dies muss ich dir berichten – wurde Nero für einen Augenblick von Trauer ergriffen, als ihm zum ersten Mal ein Todesurteil zur Unterschrift vorgelegt wurde. Ich hörte, wie er sagte: »Ich wünschte, ich könnte nicht schreiben.«

Und wir haben jetzt eine gute Regierung. In Rom herrscht Recht und Gesetz, und im ganzen Reich gibt es Wohlstand. Nero unterstützt meine Politik. Ja, er gibt sie dem Senat und der Öffentlichkeit gegenüber als seine eigene aus. Und obwohl ich seine Reden schreibe, glaube ich, dass er sie zumindest versteht – soweit er dazu fähig ist.

Siehe, ich habe beide Seiten des Löwen zu ihrem Recht kommen lassen.

Er liebt dich. Wenn du deine Schritte so wählst, wie dein Onkel es dich lehren kann, Lucan – als Politiker handelst und nicht als Dichter, wie ich bereits sagte, und dein Verhalten von Klugheit statt von Leidenschaft bestimmt ist –, dann wirst du von ihm höchstes Lob erfahren, und die Welt wird deinen Namen kennen.

Teil 5

JERUSALEM

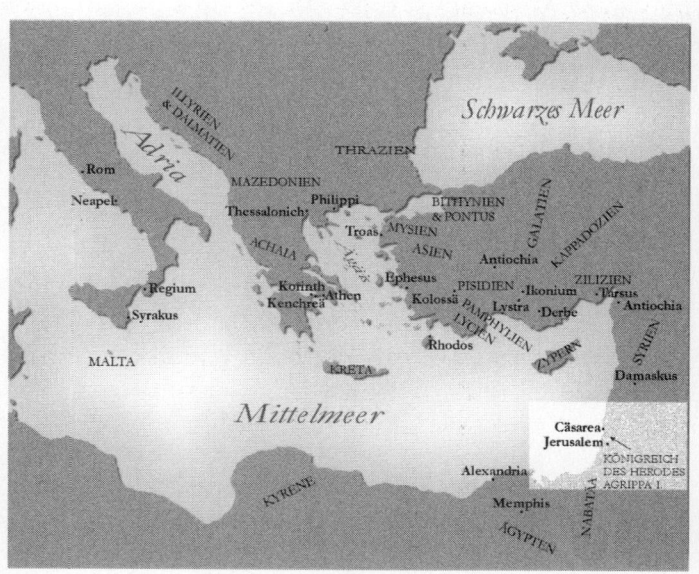

TITUS

77

Das ist einmal etwas ganz Neues: Ich reite ein Pferd! Titus auf dem Pferd. Und im Galopp geht es über Berg und Tal, durch Obstgärten und Weinberge nach Thermopylen, zu Paulus. Endlich, Paulus, deine heilsamen Bäder! – Und was wirst du erst von meinen Neuigkeiten halten? Pass auf! Jetzt kommt Titus, ein herrschaftlicher Mann, und er rauscht durch die Dörfer, auf einer Stute mit einem purpurnen Tuch und einem Zaumzeug, das überall mit silbernen Schellen besetzt ist. Hier kommt ein Prinz geritten, und es ist Titus!

Pass aber wirklich auf! Ich kann jeden Moment herunterfallen, denn ohne mein Zutun ändert das Tier die Richtung oder bleibt plötzlich stehen. An beiden Seiten sind meine Füße ausgestreckt, denn ich versuche, meine Schenkel in die Rippen des Pferdes zu drücken. So hat Erastus es mir beigebracht, damit ich nicht herunterfalle. »Du sitzt nicht auf einem Hocker!«, hat er gesagt. »Du darfst deine Knie nicht beugen! Du musst sitzen, als ob du stehen würdest, aufrecht und mit ausgestreckten Beinen. Du wirst es schon schaffen, keine Angst.« So hat er es mir erklärt. Aber dem Pferd hat er es nicht erklärt, das anfängt zu traben, ohne dass ich es will, und immer wieder versucht mich abzuschütteln. Ich kann mich so gerade noch festhalten. Aber wenn ich mich an den ledernen Riemen an seinem Maul festhalten will, dann schnaubt es und schießt nach vorn, und plötzlich donnern wir durch die Weinberge und ich schlinge meine Arme um seinen Hals und rufe den Bauern am Wegesrand zu: »Ich kann nichts dafür! Ich kann nichts dafür!« Ich habe vorher noch nie ein Pferd geritten. Das macht es schwierig. Und genau das habe ich auch zu Erastus gesagt, als er mit dem Pferd ankam und wir drei allein auf dem Feld standen. »Gib mir einen Esel«, habe ich gesagt. »Denn ich habe noch nie ein Pferd geritten.« Aber er legte seinen Finger erst auf meine und dann auf seine Lippen, und als ich nichts mehr sagte, machte er ein ganz feierliches Gesicht.

»Das ist ein Geschenk«, sagte er. »Mein Geschenk.«

Erastus will das beste Pferd aus seinem Stall verschenken. Er hat gesagt, dass er kein edleres Pferd hat als dieses.

»Titus«, sagte er ganz ernst und sah mir in die Augen, »Titus, du musst dieses Geschenk zu Paulus bringen und ihm sagen, dass ich ihn liebe. Sag ihm, dass ich ihn liebe. Ich liebe diesen Mann aus ganzem Herzen.«

Da senkte Erastus den Kopf, hob die Schultern und atmete durch den Mund aus, als wollte er pfeifen. Ich glaube, er kämpfte mit seinen Gefühlen, und deshalb konnte ich nichts mehr sagen. Wie hätte ich jetzt noch nach einem Esel verlangen können?

Ja, und dann straffte er sich wieder, wurde steif wie ein Soldat, hart und förmlich und sagte: »Du sollst dieses wunderschöne graue Pferd dem Apostel Paulus mit den folgenden Worten übergeben: ›Dies, Paulus, ist ein Geschenk von dem Mann, der dich verletzt hat. Im Namen Gottes, es tut ihm Leid, was er getan hat. Er bittet dich um Vergebung. Wahrlich, er hat nicht geahnt, dass du so tief verletzt und so traurig sein würdest.‹«

Ich weiß seine Worte auswendig.

Genau so werde ich sie Paulus überbringen – sofern ich Mazedonien erreiche, bevor einer von uns, ich oder das »Geschenk«, den anderen umbringt.

Und wenn ich die Worte des Erastus wiederhole, werde ich selbst noch etwas hinzufügen, damit Paulus sich wirklich ein Bild machen kann. Ich werde ihm erzählen, was geschah, als ich seinen Brief im Haus des Titius Justus einigen Leuten vorlas, die Sosthenes versammelt hatte. Wie still sie waren. Wie sich niemand getraut hat zu widersprechen. Wie ich mich fragte, ob sie überhaupt zuhörten. Aber als ich an die Stelle kam, an der von dem Boten Satans, dem Stachel im Fleisch des Paulus die Rede ist, und von dem Nein Gottes, der den Stachel nicht wegnehmen will, und als ich die Stelle vorlas, wo steht, wen Gott für stark hält und wen für schwach, warf sich jemand auf den Boden und schluchzte. Jemand konnte sich nicht mehr beherrschen. Jemand jammerte so laut, dass ich den Rest des Briefes fast schreiend vortrug, weil mich sonst niemand mehr verstanden hätte.

Und der da jammerte, hatte die ganze Zeit an der Tür gestanden. Ich hatte ihn überhaupt nicht gesehen, wusste gar nicht, dass er gekommen war. Es war Erastus.

Das sind also die Neuigkeiten, die ich für Paulus habe. Und ich bringe sie ihm schnell wie der Wind, auf dem Rücken des vierbeinigen Geschenks des Erastus, und die Schellen an dem Zaumzeug kündigen uns an. Aber ist es ein Geschenk? Nein, eine Qual ist es, eine haarige Heimsuchung. Meine Schenkel sind wund, mein Gesäß ist geschunden, mein Körper fühlt sich an wie ein alter Teppich und meine Arme umfassen den Hals dieses wilden Tieres – wenn es keine Luft mehr bekommt, bin ich Sieger.

Aber ich werde es Paulus überbringen.

Und wenn ich ihm alles erzählt habe, werde ich ihm noch etwas sagen. »Paulus«, werde ich ganz ernst sagen und ihm dabei in die Augen sehen, »Erastus wartet, und ich glaube, er kann es kaum abwarten, von dir zu hören.«

TIMOTHEUS

78

Paulus fieberte Troas entgegen. Dieses Ziel zu erreichen, war ein greifbares Ereignis in der Zukunft, das ihm wieder Halt gab. Und als wir in Troas angekommen waren, fieberte er dem Treffen mit Titus entgegen – aber es war auch eine bange Erwartung. Er wollte es wissen. Er musste es wissen. Aber er hatte Angst davor zu erfahren, was in Korinth vor sich ging, denn solange er nichts wusste, konnten es immer noch gute Neuigkeiten sein.

Paulus erwähnte die Galater nie wieder. Aber ich vermute, dass er die ganze Zeit über sie nachdachte. Ich glaube, seine größte Angst war, dass er die Gemeinden im Osten und im Westen gleichzeitig verlieren könnte.

Paulus tat das, was er überall tat, wo auch immer er hinkam, denn das war der Inhalt seines Lebens: Er predigte. Und so verkündete er den Namen Jesu und das Kreuz Christi in Troas. Wieder gründete er neue Gemeinden.

»Wir sind die wahre Beschneidung«, predigte er. Sein Thema war immer noch das Alte und das Neue, und er wollte, dass sich die Menschen dem Neuen anschlossen. »Wir sind die Kinder Gottes, wir, die wir Gott im Geist anbeten und in Christus Jesus unsere Freude haben und nicht auf das Fleisch bauen.«

Paulus predigte genauso für uns wie für die neuen Zuhörer, die ihn umgaben: »Jeder Gewinn, den ich jemals hatte, ist mir ein Verlust um Christi willen! Ja, alles ist mir Verlust, denn alles wird davon überragt, dass ich Christus Jesus, meinen Herrn, kenne. Für ihn habe ich den Verlust aller Dinge erlitten und erachte sie für wertlos, damit ich Christus gewinnen und in ihm gefunden werden kann, denn meine Gerechtigkeit gründet sich nicht auf das Gesetz, sondern auf den Glauben an Christus; es ist die Gerechtigkeit Gottes, die aus dem Glauben kommt, dass ich ihn kennen darf und die Macht seiner Auferstehung, sein Leiden teilen darf, ihm in seinem Tod gleich werde und die Hoffnung habe, die Auferstehung der Toten zu erleben.«

Es war anders. Die Predigten des Paulus waren anders. Eigenartigerweise riefen sie in mir gleichzeitig das Gefühl von Vertrautheit und von Fremdheit hervor. Nein, an dem, was er sagte, hatte sich nichts geändert. Seine Lehren waren noch dieselben. Es war die Art, wie er lehrte. Sanft. Er stürzte sich nicht mehr in ein Streitgespräch, und er versuchte niemandem mehr etwas aufzuzwingen. Aber das Wichtigste war: Er war noch nie so menschlich gewesen.

»Nicht, dass ich diese Dinge bereits erhalten hätte«, sagte er, »oder dass ich schon vollkommen wäre. Aber ich gebe mir große Mühe. Ich gebe mir große Mühe, sie mir zu Eigen zu machen, weil Christus Jesus sich mich zu Eigen gemacht hat. Meine geliebten Freunde, ich glaube nicht, dass ich sie mir jetzt schon zu Eigen gemacht habe, aber ich strenge mich an, und dabei vergesse ich, was hinter mir liegt, und blicke auf das, was vor mir liegt, und mein Ziel ist der Ruf Gottes in Christus Jesus!«

In den frühen Morgenstunden behandelte Lukas mit seinen kräftigen Händen den Rücken des Paulus: die Muskeln, das trockene, geschundene Fleisch und die hervortretenden Wirbel.

»Du bist drei Finger kleiner«, sagte Lukas.

Er war das jüdische Längenmaß gewohnt. Er meinte, dass Paulus um die Breite dreier Finger kleiner war als bei ihrem ersten Zusammentreffen. Ich stutzte. Fast zwergenhaft war mein Lehrer. Es kam mir immer eigenartiger vor, mich neben ihm wie ein Kamel dahinzuschleppen.

Paulus lag bäuchlings auf einem mit Tüchern bedeckten Lager und sprach so leise, dass man ihn kaum verstehen konnte. Ich musste den Atem anhalten, wenn ich hören wollte, was er sagte.

»Priszilla hat das früher immer gemacht«, murmelte er. Er führte Selbstgespräche. »Sie hat sich mit ihrem ganzen Gewicht gegen meine Narben gestemmt. Das half nicht viel, aber es war reizend.«

Die Jahreszeit wechselte. Es wurde Hochsommer und sehr heiß. Paulus konnte nicht länger in Troas auf Titus warten.

Plötzlich wollte er sofort nach Mazedonien, und zu dritt machten wir uns auf den Weg.

Demas und Justus blieben in Troas, um den dortigen Gemeinden zu helfen. Lukas, Paulus und ich fuhren per Schiff nach Neapolis.

Zu Fuß gingen wir nach Philippi. Die einflussreiche, Respekt gebietende Lydia bereitete uns einen herzlichen Empfang. Sie fuhr mit ihren Händen durch mein Haar und sagte leise: »Du darfst es nie kurz schneiden lassen. Diese wundervollen Locken musst du behalten.«

Paulus stand am Fluss, ließ seinen Blick in die Ferne schweifen und sah Titus näher kommen. »Titus«, erzählte uns Paulus an jenem Abend und bog sich vor Lachen, »der junge Titus kam über die grüne Wiese gelaufen, trug das Geschirr eines Pferdes und klingelte mit

Dutzenden kleiner Schellen. Ein wahres Freudengeläut! Denn das Geschirr war überall mit kleinen silbernen Schellen besetzt. Und um die Schulter trug er ein Tuch, wie es reiche Männer zum Reiten benutzen. Er lief obeinig auf mich zu, seine Schenkel waren wund und er tat so, als sei er in einer Schlacht verwundet worden. Und seine Augen waren verdreht, es war der leere Blick eines Wahnsinnigen. ›Titus‹, rief ich. ›O Titus, wie schön, dich wieder zu sehen!‹ Und der junge Mann begrüßte mich mit diesen Worten: ›Ich habe in Thermopylen das Pferd geschlachtet und seine Haut gegen ein Paar Sandalen eingetauscht.‹«

PAULUS

79

Paulus, durch Gottes Willen Apostel Christi Jesu,
Und der Bruder Timotheus
An die Gemeinde Gottes in Korinth und an alle Heiligen in
ganz Achaia.

Gnade sei mit euch und Friede von Gott, unserem Vater, und dem Herrn Jesus Christus!

Gepriesen sei der Gott und Vater Jesu Christi! Gepriesen sei der Vater des Erbarmens! Gepriesen sei der Gott allen Trostes, der uns in all unserer Not tröstet, damit auch wir die Kraft haben, alle zu trösten, die in Not sind, mit dem Trost, mit dem auch wir von Gott getröstet werden. So wie uns nämlich die Leiden Christi überreich zuteil geworden sind, so wird uns durch Christus auch überreicher Trost zuteil.

Bin ich aber in Not, ihr Korinther, so ist es zu eurem Trost und Heil. Und wenn ich getröstet werde, so geschieht das auch zu eurem Trost. Er wird wirksam, wenn ihr geduldig die gleichen Leiden ertragt wie ich.

Unsere Hoffnung für euch ist unerschütterlich!

Wir sind sicher, dass ihr mit uns nicht nur an den Leiden teilhabt, sondern auch am Trost.

Trost, ja Trost.

Hört zu. In Asien war meine Not so groß, dass sie mich über alles Maß bedrückte. Meine Kraft war erschöpft, so sehr, dass ich am Leben verzweifelte. Es kam mir wie ein Todesurteil vor. Aber ich habe es hingenommen, weil ich mein Vertrauen nicht auf mich selbst setzen wollte, sondern auf Gott – den heiligen Gott! –, der die Toten auferweckt. Er hat mich aus dieser Todesnot gerettet, und er rettet mich noch. Auf ihm ruht unsere Hoffnung, dass er uns alle retten wird. Helft auch ihr mir, liebe Korinther, indem ihr für mich betet. Betet für uns, damit viele Menschen in unserem Namen Dank sagen für die Gnade, die uns geschenkt wurde.

Ich sage euch mit gutem Gewissen, dass ich in dieser Welt, vor allem euch gegenüber, in der Aufrichtigkeit und Lauterkeit, wie Gott sie schenkt, gehandelt habe, nicht aufgrund menschlicher Weisheit, sondern aufgrund göttlicher Gnade. Und wenn ich euch schreibe, meine ich nichts anderes, als was ihr lest und versteht. Ich hoffe, ihr werdet noch ganz verstehen, was ich meine und was ihr zum Teil schon verstanden habt, nämlich dass ihr am Tag Jesu, unseres Herrn, auf mich so stolz sein dürft wie ich auf euch.

In Ephesus plante ich eine letzte Reise durch Achaia und Mazedonien, um das für Jerusalem gesammelte

Geld abzuholen. Ich wollte zunächst zu euch kommen, dann nach Mazedonien reisen und von dort zu euch zurückkommen – ein zweifaches Vergnügen! –, um dann nach Judäa weiterzureisen. Es ist nicht so gekommen. Ich beginne doch in Mazedonien. Haltet mich deshalb aber nicht für launenhaft. Glaubt nicht, dass ich zu meinem eigenen Vorteil plane und dass mein Ja auch ein Nein sein kann. Gott ist treu, er bürgt dafür, dass mein Wort euch gegenüber nicht Ja und Nein zugleich ist. Denn Gottes Sohn Jesus Christus, der euch durch uns verkündigt wurde – durch Silvanus, Timotheus und mich –, war niemals Ja und Nein zugleich. In ihm ist das Ja verwirklicht. Er ist das Ja zu allem, was Gott verheißen hat. Darum rufe ich »Amen!« durch Jesus zum Lobpreis Gottes.

Mein Gewissen zwingt mich aber auch, euch zu sagen, dass ich mich schon vor den jüngsten Ereignissen entschlossen hatte, meine Reise nicht bei euch zu beginnen. Ich wollte euch schonen. Ich wollte uns allen einen weiteren so schmerzhaften Besuch, wie der letzte es war, ersparen. Und so schrieb ich, statt selber zu kommen, einen Brief, um nicht von denen betrübt zu werden, die mich erfreuen sollten. Ich schrieb euch aus großer Bedrängnis und Herzensnot, unter vielen Tränen – aber nicht, um euch zu betrüben! Nein, um euch meine übergroße Liebe spüren zu lassen.

Wenn aber jemand einen anderen betrübt hat, so hat er nicht nur mich betrübt, sondern in gewisser Weise euch alle. Aber das ist nun vorbei. Titus schreibt mir, welche Strafe ihr dem Schuldigen auferlegt habt, und das soll genügen. Jetzt sollt ihr lieber verzeihen und trösten, damit der Mann nicht von allzu großer Traurigkeit überwältigt wird. Darum bitte ich euch, ihm gegenüber Liebe walten zu lassen. Wem ihr verzeiht, dem verzeihe auch ich. Denn auch ich habe, wenn hier etwas zu verzeihen war, im Angesicht Christi um euretwillen verziehen, damit wir nicht vom Satan überlistet werden – wir kennen seine Absichten nur zu gut.

Diesen Sommer war ich in Troas und predigte dort mit großem Erfolg. Aber mein Geist hatte trotzdem keine Ruhe, keine Minute, weil Titus noch nicht mit den Neuigkeiten von euch gekommen war. So nahm ich Abschied und reiste eilends nach Mazedonien. Und Gott, der die Niedergeschlagenen aufrichtet, hat auch mich aufgerichtet, und zwar durch die Ankunft des Titus. Nicht nur durch seine Ankunft, sondern auch durch den Trost, den er bei euch erfahren hatte. Er erzählte mir von eurer Sehnsucht, eurer Klage, eurem Eifer für mich, und ich lachte vor Freude. Ja, ich lachte und weinte gleichzeitig!

Versteht ihr? Dass ich euch aber mit meinem Brief traurig gemacht habe, tut mir nicht Leid. Zwar tat es mir eine Weile Leid, denn ich sehe ja, dass dieser Brief euch für eine kurze Zeit traurig gemacht hat, aber jetzt freue ich mich, nicht, weil ihr traurig geworden seid, sondern weil die Traurigkeit euch zur Sinnesänderung geführt hat. Denn es war eine gottgewollte Traurigkeit, durch die euch kein Nachteil erwachsen ist, denn sie verursacht Sinnesänderung zum Heil. Die weltliche Traurigkeit aber führt zum Tod – ich kenne den Unterschied! Und seht, welchen Ernst diese gottgewollte Traurigkeit euch verliehen hat, welchen Eifer, euch zu verändern, welche Demut, welche Wachsamkeit, welche Sehnsucht und welche Reue!

Ich freue mich, denn ich kann in jeder Hinsicht auf euch vertrauen.

Und neben dem Trost, den ich selbst empfangen habe, freue ich mich ebenso an der Liebe, in der Titus euch verbunden ist, weil ihr euch alle gehorsam gezeigt und ihn mit Furcht und Zittern aufgenommen habt.

Gepriesen sei der Gott, der uns in Christus zum Heil führt! Gepriesen sei der Vater, der ihn durch uns allen Menschen verkündet.

Nun noch zu etwas anderem: der Sammlung für die Armen in Jerusalem.

Ihr müsst wissen, wie großzügig die Mazedonier gewesen sind, obwohl sie arm sind. Sie haben von sich aus über ihre Kräfte hinaus gespendet, ja sie haben geradezu um die Gunst gebeten, zur Hilfeleistung für die Heiligen beitragen zu dürfen.

Wie ihr Korinther aber an allem reich seid, an Glauben, Rede und Erkenntnis, so solltet ihr euch auch an diesem Liebeswerk beteiligen. Ich meine das nicht als strenge Weisung, aber ich gebe euch Gelegenheit, angesichts des Eifers anderer auch eure Liebe als echt zu erweisen. Denn ihr wisst, was Jesus Christus, unser Herr, in seiner Liebe getan hat: Er, der reich war, wurde euretwegen arm, um euch durch seine Armut reich zu machen. Ich gebe euch nur einen Rat: Euer Überfluss soll ihrem Mangel abhelfen.

Ich sende Titus noch einmal zu euch, ja er reiste aus eigenem Entschluss sogleich ab, um nach eurem Geschenk zu sehen.

Aber eigentlich ist es doch unnötig, euch über das Hilfswerk für die Heiligen zu schreiben. Ich kenne ja euren guten Willen. Und habe ich euch nicht vor allen Mazedoniern gelobt? Euer Eifer hat viele andere angespornt. Und ich vertraue darauf, dass wir uns wegen dieser unserer Erwartung nicht schämen müssen und auch ihr euch nicht zu schämen habt.

Denkt daran: Wer kärglich sät, wird auch kärglich

ernten; wer aber reichlich sät, wird reichlich ernten. Jeder gebe, nicht verdrossen und nicht unter Zwang, denn Gott liebt einen fröhlichen Geber. Und Gott kann alle Gaben über euch ausschütten, sodass ihr allezeit alles Nötige habt. Gott, der Samen gibt für die Aussaat und Brot zur Nahrung, wird euch das Saatgut geben und die Saat aufgehen lassen. Er wird die Früchte eurer Gerechtigkeit wachsen lassen. Denn euer Dienst und eure Opfergabe füllen nicht nur die leeren Hände der Heiligen, sondern werden weiterwirken als vielfältiger Dank an Gott.

(Hörst du zu, Erastus? Weißt du nun, wie du selbstlos schenken kannst?)

Dank sei Gott für sein unfassbares Geschenk.

Titus zuerst, dann ich.

Ich komme zu euch, meine Kinder. Auch ich werde kommen. Habt Geduld. Wartet noch bis zum Herbst. Wenn der Spätherbst gekommen ist und die Zeit der starken Regenfälle beginnt, dann richtet eure Blicke nach Osten und haltet nach mir Ausschau. Ich werde zur größten Reise meines Lebens aufbrechen: Ich werde nach Korinth kommen, dann nach Jerusalem, anschließend nach Rom und schließlich nach Spanien.

Ich trage das Kreuz Christi bis an die Enden der Erde!

Aber zunächst komme ich zu euch, um euch in meine Arme zu schließen und zu küssen. Und vor allem meinen freigebigen Bruder, den Verwalter der öffentlichen Märkte, werde ich küssen.

Wartet, bis der blaue Himmel sich in grau gehüllt hat. Der Friede des Herrn sei mit euch allen.

LUKAS

80

Als er überall in Mazedonien die Gemeinden besucht und sie durch seine Worte gestärkt hatte, kam Paulus schließlich nach Griechenland und blieb drei Monate dort. Dann wollte er mit einem Schiff nach Syrien fahren. Weil aber die Juden während der Schiffsreise einen Anschlag auf ihn machen wollten, entschloss er sich, wieder den Landweg über Mazedonien zu nehmen. Auf dieser Reise begleiteten ihn sieben Vertreter der Gemeinden: Sopater, der Sohn von Pyrrhus, aus Beröa, Aristarch und Sekundus aus Thessalonich, Gaius aus Derbe sowie Timotheus, und schließlich aus der Provinz Asien Tychikus und Trophimus. Diese beiden fuhren nach Troas voraus und erwarteten uns dort.

TIMOTHEUS

81

Ich gehe nach Jerusalem, schrieb Paulus nach Rom.

Ich gehörte zu den Männern, die noch vor Paulus mit dem Schiff von Philippi nach Troas fuhren. Es bedeutete uns nicht so viel wie ihm, das Passahfest zu feiern, und wir wollten während der Feiertage auch nicht tatenlos abwarten. Darüber hinaus – so sagte ich es Paulus mit Blick auf mich selbst – musste jemand vorübergehend die Gruppe leiten, bis er sich auf den Weg machen und in Troas zu uns stoßen würde.

Für die Reise nach Jerusalem hatten wir uns alle mit neuen Kleidern und neuen Tuniken eingedeckt. Lydia bestand darauf, die Kleidung des Paulus auf ihre Kosten und nach ihren Vorstellungen nähen zu lassen. Sie wollte die edlen Materialien verwenden, mit denen sie handelte, aber Paulus lehnte dies aus Gründen ab, die nichts mit Bescheidenheit zu tun hatten: »Wir dürfen keine Aufmerksamkeit auf uns lenken«, sagte er. Er wünschte sich den einfachsten, härtesten Stoff, da ihm eine schwere Aufgabe und eine harte Zeit bevorstand. »Die Kleidung braucht nicht wertvoll zu sein«, sagte er, »denn sie wird ja etwas Wertvolleres bedecken, als die meisten Menschen ahnen.«

Die knochige Lydia knuffte ihn amüsiert in die Seite. Sie waren ein verschworenes Paar, denn sie wusste, was er meinte. Er meinte das Geld, das er bei sich tragen würde. Aber sie verstand es noch anders. Sie meinte Paulus selbst.

Wir wollten so unauffällig erscheinen, dass wir durch die Abwässergräben in der Mitte der Straße liefen, ohne den Saum unserer Kleider anzuheben, unsere Kleider Tag und Nacht trugen, sie nie bürsteten, nie wuschen und nie wechselten.

Wir waren wie ein Rudel von Tieren. Wir mussten die schwere Last der Münzen nach Jerusalem bringen.

Ich gehe nach Jerusalem, schrieb Paulus an die Gläubigen in Rom. Aber er selbst sehnte sich danach, in Rom zu sein und dann noch weiterzureisen. Er hatte dort Freunde. Die Frau und der Sohn des Simon Niger waren nach dem Tod des Simon nach Rom gezogen: Rufus, den Paulus »vom Herrn auserwählt« nannte, und dessen Mutter, von der Paulus sagte, sie sei auch ihm »zur Mutter geworden«.

Zu mir sagte er: »Timotheus, was ist mit Priska? Was ist mit Aquila? Glaubst du, dass sie in Rom sind?«

Aber den Römern schrieb Paulus voller Hoffnung und Schwindel erregender Kühnheit: *Grüßt Priska und Aquila, meine Mitarbeiter in Christus Jesus, die für mich ihr eigenes Leben aufs Spiel gesetzt haben. Nicht allein ich, sondern alle Gemeinden der Heiden sind ihnen dankbar.*

Paulus konnte es nicht abwarten, selbst auf dem schnellsten Weg nach Rom zu kommen. Aber er schrieb den Römern: *Jetzt gehe ich zuerst nach Jerusalem, um den Heiligen einen Dienst zu erweisen. Wenn ich diese Aufgabe erfüllt und ihnen den Ertrag der Sammlung übergeben habe, will ich euch besuchen und dann nach Spanien weiterreisen.*

Ich weiß aber, wenn ich zu euch komme, werde ich mit der Fülle des Segens Christi kommen.

Ich bitte euch, meine Brüder, im Namen Jesu Christi, unseres Herrn, und bei der Liebe des Geistes: Steht mir bei und betet für mich zu Gott, dass ich vor den Ungläubigen in Judäa gerettet werde, dass mein Dienst in Jerusalem von den Heiligen dankbar aufgenommen wird und dass ich, wenn es Gottes Wille ist, voll Freude zu euch kommen kann, um mit euch eine Zeit der Ruhe zu verbringen.

Der Gott des Friedens sei mit euch allen, schrieb Paulus.

Amen, schrieb er.

Und noch einmal schrieb er: *Amen.*

LUKAS

82

Wir anderen bestiegen nach dem Passahfest in Philippi ein Schiff und stießen nach fünftägiger Fahrt in Troas zu ihnen. Wir blieben dort eine Woche.

Am Sonntagabend kamen wir zum Mahl des Herrn

zusammen. Paulus sprach zu den Versammelten, und weil er zum letzten Mal mit ihnen zusammen war – denn er wollte am nächsten Tag weiterreisen –, dehnte er seine Rede bis Mitternacht aus.

In unserem Versammlungsraum im obersten Stock brannten zahlreiche Lampen. Auf der Fensterbank saß ein junger Mann mit Namen Eutychus. Als Paulus so lange sprach, schlief der Junge ein und fiel drei Stockwerke tief aus dem Fenster. Als sie ihn aufhoben, war er tot.

Paulus aber ging hinunter, legte sich auf ihn, umfasste ihn und sagte: »Macht euch keine Sorgen, er lebt!«

Dann ging er wieder hinauf. Er brach das Brot, teilte es aus und aß es mit ihnen. Danach sprach er noch lange mit ihnen und verabschiedete sich erst, als die Sonne aufging. Den jungen Mann aber brachten sie gesund nach Hause, und alle waren von großer Freude erfüllt.

Wir alle außer Paulus bestiegen ein Schiff und fuhren nach Assos. Dort sollten wir Paulus an Bord nehmen. Er hatte es so angeordnet, weil er die Strecke zu Fuß gehen wollte.

Als er in Assos zu uns stieß, fuhren wir gemeinsam nach Mitylene. Von da aus ging es am nächsten Tag weiter bis in die Nähe von Chios. Am Tag darauf legten wir in Samos an, und noch einen Tag später erreichten wir Milet. Paulus hatte beschlossen, an Ephesus vorbeizufahren, um nicht zu viel Zeit zu verlieren. Er wollte so schnell wie möglich weiterkommen, um bis Pfingsten in Jerusalem zu sein.

Von Milet aus schickte er jedoch den Ältesten der Gemeinde in Ephesus eine Nachricht und ließ sie bitten, zu ihm zu kommen.

Als sie eingetroffen waren, sagte Paulus zu ihnen:

»Ihr wisst, wie ich von dem Tag an, als ich die Provinz Asien betrat, bei euch gelebt habe. Mit selbstloser Hingabe habe ich mich für den Herrn eingesetzt und ihm gedient, manchmal unter Tränen und unter schweren Prüfungen, die ich zu bestehen hatte, wenn die Juden mich verfolgten. Ich habe euch nichts verschwiegen, was für euch wichtig ist, wenn ich in der Öffentlichkeit oder in euren Hausgemeinden sprach. Juden wie Nichtjuden habe ich beschworen, zu Gott umzukehren und ihr Vertrauen auf Jesus, unseren Herrn, zu setzen. Seht, ich gehe jetzt nach Jerusalem – gefesselt vom Heiligen Geist und als sein Gefangener. Ich weiß nicht, wie es mir dort ergehen wird; aber das weiß ich: In jeder Stadt, in die ich komme, kündigt der Heilige Geist mir an, dass in Jerusalem Verfolgung und Fesselung auf mich warten. Doch was liegt schon an meinem Leben! Wichtig ist nur, dass ich bis zum Schluss den Auftrag erfülle, den mir Jesus, der Herr, übertragen hat: die Gute Nachricht zu verkünden, dass Gott sich über die Menschen erbarmt hat.

Seht, ich weiß, dass ich jetzt zum letzten Mal unter euch bin. Ihr und alle, denen ich die Botschaft von der anbrechenden Herrschaft Gottes gebracht habe, ihr werdet mich nicht wieder sehen. Deshalb erkläre ich heute feierlich vor euch: Mich trifft keine Schuld, wenn einer von euch verloren geht. Ich habe euch nichts vorenthalten, sondern euch die Heilsabsicht Gottes unverkürzt verkündet.

Gebt Acht auf euch selbst und auf die ganze Herde, die der Heilige Geist eurer Aufsicht und Leitung anvertraut hat! Seid treue Hirten der Gemeinde, die Gott durch das Blut seines eigenen Sohnes für sich erworben hat! Denn ich weiß, wenn ich nicht mehr unter euch bin, werden gefährliche Wölfe bei euch eindringen und unter der Herde wüten. Aus euren eigenen Reihen werden Männer auftreten und mit ihren verkehrten Lehren die Jünger und Jüngerinnen zu verführen suchen, sodass sie nicht mehr dem Herrn, sondern ihnen folgen. Darum gebt Acht und denkt daran, dass ich mich drei Jahre lang bei Tag und Nacht, oft unter Tränen, um jeden und jede in der Gemeinde bemüht habe.

Nun stelle ich euch unter den Schutz Gottes und unter die Botschaft seiner rettenden Gnade. Durch sie wird er eure Gemeinde im Glauben reifen lassen und ihr das ewige Erbe schenken, gemeinsam mit allen anderen, die er zu seinem heiligen Volk gemacht hat.

Noch etwas: Ihr wisst, dass ich nie Unterstützung angenommen habe. Weder Geld noch Kleider habe ich je von jemand erbeten. Mit diesen meinen Händen habe ich erarbeitet, was ich und meine Begleiter zum Leben brauchten. Überhaupt habe ich euch mit meiner Lebensführung gezeigt, dass wir hart arbeiten müssen, um auch den Bedürftigen etwas abgeben zu können. Wir sollen uns immer an das erinnern, was Jesus, der Herr, darüber gesagt hat. Von ihm stammt das Wort: *Auf dem Geben liegt mehr Segen als auf dem Nehmen.*«

Nachdem Paulus geendet hatte, kniete er zusammen mit allen nieder und betete. Als es an den Abschied ging, brachen alle in lautes Weinen aus, umarmten und küssten ihn. Am meisten bedrückten sie seine Worte: »Ihr werdet mich nicht wieder sehen.«

Dann begleiteten sie ihn zum Schiff.

Nachdem wir uns von ihnen losgerissen hatten, fuhren wir ab, kamen auf direktem Weg nach Kos, erreichten am nächsten Tag Rhodos und dann Patara. Dort fanden wir ein Schiff, das nach Phönizien fuhr, und gingen an Bord.

Als Zypern in Sicht kam, steuerten wir südlich an der Insel vorbei mit Kurs auf Syrien. In Tyrus musste das Schiff die Ladung löschen, und wir gingen an Land. Wir suchten die Jünger am Ort auf und blieben eine Woche bei ihnen. Vom Heiligen Geist getrieben, warnten sie Paulus vor der Reise nach Jerusalem.

Als unser vorgesehener Aufenthalt zu Ende ging, begleiteten sie uns mit ihren Frauen und Kindern bis vor die Stadt. Am Strand knieten wir mit ihnen nieder und beteten.

Dann verabschiedeten wir uns und bestiegen das Schiff, während sie nach Hause zurückkehrten.

Von Tyrus fuhren wir nach Ptolemaïs; dort war unsere Schiffsreise zu Ende. Wir besuchten die Brüder und Schwestern am Ort und blieben einen Tag bei ihnen.

Am anderen Morgen gingen wir zu Fuß weiter und erreichten Cäsarea. Dort kehrten wir im Haus des Evangelisten Philippus ein. Er war einer aus dem Kreis der Sieben und hatte vier Töchter, die ehelos geblieben waren und die Gabe hatten, prophetische Weisungen zu verkünden.

Nach einigen Tagen kam aus Judäa ein Prophet namens Agabus. Er trat in unsere Mitte, nahm Paulus den Gürtel ab, fesselte sich damit die Hände und die Füße und sagte: »So spricht der Heilige Geist: ›Den Mann, dem dieser Gürtel gehört, werden die Juden in Jerusalem genauso fesseln und ihn den Fremden ausliefern, die Gott nicht kennen.‹«

Als wir das hörten, flehten wir und ebenso die Brüder und Schwestern am Ort Paulus an, nicht nach Jerusalem zu gehen.

Er aber sagte: »Warum weint ihr und macht mir das Herz schwer? Ich bin bereit, mich in Jerusalem nicht nur fesseln zu lassen, sondern auch für Jesus, den Herrn, zu sterben.«

Da Paulus sich nicht umstimmen ließ, gaben wir nach und sagten: »Wie der Herr es will, so soll es geschehen!«

Nach diesen Tagen in Cäsarea machten wir uns wieder reisefertig und zogen hinauf nach Jerusalem. Einige Jünger aus Cäsarea begleiteten uns. Sie brachten uns zu einem Mann namens Mnason aus Zypern, bei dem wir unterwegs ein Nachtquartier fanden.

TIMOTHEUS

83

»Paulus.«

Ich glaubte, ein Stöhnen gehört zu haben.

»Paulus, bist du wach?«

Es schien, als ob er im Schlaf stöhnte.

»Wach auf. Wach auf, du träumst.«

Es gab eine Atempause. Dann ging das Stöhnen weiter.

»Paulus? Ist alles in Ordnung?«

Eigentlich war es nicht so recht ein Stöhnen, sondern eine Folge von tiefen Seufzern. Seine Lippen machten ein Geräusch wie ein Hund, der schnaubt.

»Bist du krank?«

Im Schutz der Dunkelheit hatten wir das Haus des Mnason erreicht. Am nächsten Morgen würden wir im Sonnenlicht durch die Straßen Jerusalems gehen, ganz offen und allen Blicken ausgesetzt. Ich war zum zweiten Mal in dieser alten, jähzornigen Stadt und hatte Angst. Ich hatte Angst um mich und um meinen Lehrer, meinen Vater. Ich konnte nicht schlafen. Und das Stöhnen an meiner Seite ließ mir einen Schauer den Rücken hinunterfahren.

»Paulus!«

»Halt den Mund«, sagte er. »Ich bete.«

»Es tut mir Leid«, sagte ich.

Aber dieses Gebet war ein Gebet ohne Worte. Und als ich einmal wusste, dass er wach war, konnte ich mein Bedürfnis nach der Gesellschaft eines anderen Menschen nicht mehr zügeln. Ich wartete, so lange ich konnte, dann platzte es aus mir heraus: »Aber wie kann es sein, dass du betest? Wie geht das – ohne Worte?«

Er hörte auf zu stöhnen.

Wir lagen schweigend nebeneinander.

Ich starrte durch die Dunkelheit zur Decke.

Vielleicht tat Paulus dasselbe.

Es sei denn, er war wütend auf mich, weil ich ihn bei seinem seltsamen Gebet gestört hatte.

»Es tut mir Leid«, sagte ich.

»Der Heilige Geist«, sagte er.

Er gab also nach. Er redete mit mir.

»Wie bitte?«, fragte ich.

»Manchmal weiß ich einfach nicht, wie ich beten soll, Timotheus.«

»*Du?*«, sagte ich.

Paulus schnaubte wütend und herablassend, wie er es so oft tat.

»Es tut mir Leid«, sagte ich.

»Wenn die Ereignisse sich überstürzen und ich nicht mehr mithalten kann«, sagte er in die Dunkelheit hinein, und ich merkte, wie sorgfältig er seine Worte wählte, »wenn der Kampf wie ein Krieg ist, so groß wie die Welt, wenn das Ziel des Laufes und der Siegerkranz für mich zu weit in der Zukunft liegen, dann weiß ich nicht, mit welchen Worten ich beten soll. Dann sage ich überhaupt nichts. Ich – stöhne nur.«

»Mein Paulus!«

»Es ist ein Schrei des Herzens, und der Heilige Geist hilft mir«, sagte er. »Und Gott, der in das Herz sieht, kennt die Verfassung des Geistes.«

»Mein Paulus, mein Vater!«

Vater, sagte ich. Das Wort kam wie von selbst über meine Lippen und ließ mich begreifen: Ich liebte diesen Mann so sehr, dass es mir Trost spendete und dann, im nächsten Moment, auch Angst machte.

»Was soll werden, wenn man dich in Jerusalem umbringt?«, fragte ich.

Wieder schnaubte er auf die für ihn so typische Weise, und ich ertappte mich dabei, wie ich ganz leise kicherte.

»Dann wirst du weitermachen«, sagte er. Das war kein Scherz.

Ich kicherte nicht mehr. Alles in mir verkrampfte sich, als ich diesen kalten, diesen schrecklichen Satz hörte, den Paulus mit solcher Leichtigkeit über die Lippen brachte. Ich atmete durch die Nase tief ein und sagte: »Wenn die Zeit gekommen ist und Jesus es so will, werde ich bestimmt für dich weitermachen. Aber die Zeit ist noch nicht gekommen! Es kann unmöglich schon jetzt sein. Das kann nicht sein, Paulus. Ich habe nicht die Kraft, noch einmal um einen Vater zu trauern. Jetzt noch nicht.«

Schweigen. Dunkelheit. Wir lagen nebeneinander auf unseren getrennten Lagern. Ich konnte nichts sehen. Ich fand keinen Umriss, den ich hätte erkennen können. Aber ich starrte, wie mir schien, noch eine Ewigkeit in den Raum, und die Ewigkeit kam mir in dieser Nacht wie ein endloses Nichts vor.

Was würde am nächsten Morgen geschehen?

Was würde geschehen, wenn wir durch die Stadt des Zornes gingen, die Stadt der unsichtbaren Messer?

»Timotheus?«

»Was ist?«

»Doch, du hast sie.«

Ich wusste, was er meinte: dass ich die Kraft hatte. Aber von der Gefahr, dass ich sie möglicherweise brauchen würde, wollte ich nichts wissen.

»Du kennst mich nicht«, sagte ich.

Paulus lachte.

»Lach nur, Paulus! Lach nur! Was weißt du schon über mich?«

»Genau das, was du gesagt hast«, flüsterte Paulus. Er war mit seinem Mund ganz dicht an meinem Ohr. Ich spürte den Hauch seines Atems. »Ich kenne dich so gut, wie ein Vater seinen Sohn kennt, und das ist immer weniger als das, was der Vater wissen will, aber immer mehr als der Sohn glaubt, dass sein Vater weiß.«

Mein Vater, mein Vater! Streitwagen Israels und seine Gespanne!

Paulus sprach weiter ganz leise, mit der Zärtlichkeit eines Liebhabers. »Die Leiden dieser Zeit«, sagte er, »sind nichts im Vergleich zu der Herrlichkeit, die uns erwartet. Timotheus, Sohn meiner Seele, wenn Gott mit dir ist, kannst du gegen alles bestehen. Verstehst du das? Er hat seinen eigenen Sohn nicht verschont. Er hat ihn für uns alle hingegeben. Glaubst du nicht, er wird uns auch alles andere geben, wenn er uns sein größtes Geschöpf, seinen Sohn, gegeben hat? Jesus Christus ist gestorben«, sagte Paulus langsam, vorsichtig, und hob an, mir die Geschichte zu erzählen, die er schon Tausende Male erzählt hatte. »Jesus wurde von den Toten auferweckt. Jesus sitzt zur Rechten Gottes und bittet für uns. Was könnte uns noch von der Liebe Christi fern halten? Leiden, Timotheus? Bedrängnis? Oder irgendeine Art von Verfolgung, Timotheus? Nacktheit oder Gefahr oder das Schwert?«

Er nahm meine Hand. Seine langen Finger legten sich um meine Hand und drückten sie fest.

»Nein«, sagte Paulus. »Nein, in allen diesen Dingen bleiben wir Sieger durch ihn, der uns liebt. Timotheus, hör mir zu. Ich weiß es genau. Ich weiß, es ist wahr. Ich weiß, es stimmt für uns beide: Nichts, weder der Tod noch das Leben, noch Engel, noch die Obrigkeit, weder Höhe noch Tiefe, noch irgendetwas anderes Geschaffenes ist in der Lage, uns von der Liebe Gottes in Christus Jesus, unserem Herrn, zu trennen.«

Und so wurde es Morgen.

Und als mein Vater Paulus aufstand, sich sein Gewand anzog und sich bereitmachte, auf die Straßen Jerusalems zu treten, war ich erstaunt, als ich sah, wie klein er war. Und wie gebeugt. Denn in der Dunkelheit war er mir so groß vorgekommen wie die Säule, die das Gewicht eines Tempels trägt.

JAKOBUS

84

Ich habe mit einem Eingeständnis begonnen und möchte mit einem weiteren schließen: Der Friede, für den ich mich immer wieder eingesetzt habe, die Überwindung der Spaltungen unter uns – ich weiß nicht, weiß wirklich nicht, ob es je dazu kommen wird. Ob wir, die wir Jesus den Messias nennen, weiterhin das Recht haben werden, gemeinsam mit dem übrigen Israel Gott im Tempel zu verehren. Ob die Griechen und die Hebräer unter den Gläubigen in der Lage sein werden, sich im Geist und in ihren Gewohnheiten einander anzunähern – ich weiß es nicht. Ich vermag es nicht zu sagen.

Es hat eine Sternstunde gegeben, in der ich geneigt war zu glauben, alles würde ein gutes Ende finden. Darauf folgten sieben Tage einer Woche, während derer sich diese Hoffnung verfestigte. Ja, es sah so aus, als ob die Griechen doch noch dazu finden könnten, das Angesicht Gottes in Gottes Gesetz zu erblicken. Und es schien, als wäre Saulus, der größte Unruhestifter von allen, von sich aus bereit, wieder ein Pharisäer zu werden.

Aber am siebten Tag stürzte alles in die Tiefe, der Tempel, die Stadt, der brüchige Frieden, Saulus, die Hoffnung und meine Überzeugungen. Und der achte Tag war schlimmer als der erste.

Ich werde die Ereignisse dieser Tage so genau wiedergeben, wie ich kann. Und damit möchte ich es genügen lassen, denn ich kann und ich will mich nicht weiter äußern.

Der erste Tag begann, als ich an meinem Fenster betete. Er begann mit einer unerwarteten Begrüßung.

Hinter mir sagte ein Mann: »Jakobus, der Friede des Herrn sei mit dir.«

Ich drehte mich um und sah einen alten Mann zwischen den Türpfosten meines kleinen Zimmers stehen. Sein Hals war wie der eines Geiers zwischen den Schultern nach vorne gestreckt und trug einen großen, gesenkten Kopf. Seine Augenhöhlen waren dunkel, sein Haar war schütter, sein Schädel von Narben zerfurcht, sein Gewand ausgesprochen schmutzig, sein Körper rundlich, seine Art freundlich und seine Gestalt war mir beinahe vertraut.

»Wer ...?«

»Jakobus«, sagte der alte Mann, trat einen Schritt nach vorn, breitete seine Arme aus – und an seinem o-beinigen Gang erkannte ich ihn. Saulus war zurückgekommen. Saulus, den ich sechs Jahre nicht gesehen hatte.

Er legte seine Arme um mich, zog mich zu sich heran und umarmte mich so fest, dass seine Arme zitterten. So hielt er mich und zwang mich zu einer Erwiderung, und als ich eine meiner Hände auf seinen Rücken legte, erschrak ich, da ich dort Knoten fand, die so groß wie Kieselsteine waren, und raue Striemen, wo auch immer ich ihn berührte, auf dem Rücken, an der Seite, an den Hüften.

»Saulus«, sagte ich, als ich mich von ihm losgemacht hatte. »Was ist geschehen? Was ist mit dir?«

Auf seinem Gesicht zeichnete sich ein Lächeln ab. »Ich zeige dir, was ich habe«, sagte er, zwinkerte mir zu, drehte sich dann um und rief: »Kommt!« Und eine Gruppe von Männern betrat mein Zimmer, die alle genauso schmutzig waren wie Saulus.

Sie füllten den kleinen Raum, in dem ich lebte und betete und schlief, nicht nur mit ihren Körpern, sondern auch mit stechendem Schweißgeruch und mit Lärm. Ich war über dieses Eindringen nicht unbedingt erfreut.

Einen der Männer kannte ich: Timotheus aus Lystra. Die anderen stellte Saulus mir vor. Und als er das tat, begann jeder der Männer, seine Kleider auszuziehen.

»Jakobus, das ist Sopater«, sagte er. Sopater lachte und zog sein Gewand aus.

»Das sind Aristarch, Sekundus und Gaius«, sagte

Saulus, und alle drei begrüßten mich mit freundlichem Kopfnicken, bevor auch sie ihre Gewänder ablegten – während Sopater sich noch weiter auszog. Er legte seine Tunika ab und dann auch alles andere, bis auf das Lendentuch.

Ich sagte: »Verzeiht mir, aber ...«

Saulus sagte: »Und das sind Tychikus und Trophimus und Lukas« – und sie taten es ihren Kameraden nach und entblößten sich ebenso.

»Verzeiht mir, aber dies ist keine Herberge – Ich kann euch hier nicht alle aufnehmen ...«

»Nein, Jakobus, das brauchst du auch nicht«, unterbrach mich Saulus. »Es fehlt uns an nichts. Sieh!«

Er riss sich das Gewand vom Leib.

Das tat er buchstäblich: Er riss das Gewand entzwei, durchtrennte den Saum und breitete es vor meinen Füßen aus.

»Sieh!«

Ich sah hin. Ich sah, was das Tageslicht, das durch mein kleines Fenster fiel, mir zu sehen erlaubte: In den Falten und im Futterstoff der Kleider des Saulus waren Münzen. Goldmünzen. Es waren einige Dutzend goldener römischer Münzen, alle einzeln festgenäht, damit sie, so vermutete ich, nicht klimpern konnten.

Alle versammelten Männer rissen ihre Kleider auf und präsentierten mir die Gesichter des Claudius, der Agrippina und des Nero, hundertfach vervielfältigt. Die Münzen leuchteten wie ein mattes Feuer in meinem Zimmer – und der Anblick tat mir im Herzen weh.

»Jakobus«, sagte Saulus und starrte mich mit leuchtenden Augen an, »ich habe mein Versprechen nie vergessen. Jetzt löse ich es ein, und ich tue es in der Gegenwart von Zeugen. Dieses Geld ist die gemeinsame Spende der Gemeinden in Achaia und Mazedonien für die Armen in Jerusalem.« Er lächelte und schien zufrieden mit dem, was er erreicht hatte, allerdings, so vermute ich, mehr mit dem Erfolg seiner Reise als mit der Höhe des gesammelten Betrages. »So schwer das Gold auch ist«, erklärte er, der Klügste von allen, »so ist es doch leichter und handlicher als der Berg von Silber, den wir mit Karren hätten herschaffen müssen. Und mit einem rasselnden, klimpernden Karren wären wir auf einer engen Straße keine zwei Meilen weit gekommen, ohne dass ein Räuber sich für uns interessiert hätte.«

Saulus war zufrieden. Seine Mitstreiter waren zufrieden. Kein Zweifel, ganz Achaia und ganz Mazedonien waren auch zufrieden. Und niemand kam sich wie ein Narr vor.

»Ich wollte dir eine Nachricht schicken«, sagte ich – ich, der überhaupt nicht zufrieden war. »Aber es hätte keiner Nachricht bedurft. Du hättest es wissen müssen.«

»Was hätte ich wissen müssen?«

»Dass du nicht kommen durftest. Dass du nicht nach Jerusalem kommen durftest.«

Saulus wurde ernst und nüchtern. »Ich habe deine Nachricht erhalten, Jakobus«, sagte er. »Durch Simon Petrus.«

»Und du bist dennoch gekommen? Warum willst du das Unheil heraufbeschwören?«

»Weil ich ein Versprechen gegeben habe. Und auf das Unheil bin ich gefasst.«

»Saulus! Du bringst uns *alle* in Gefahr! Alles, was du hier tun kannst, hat Auswirkungen auf jeden einzelnen Gläubigen in Jerusalem. Wir sind ständig Verdächtigungen ausgesetzt. Wir, wir alle, die wir uns auf den Namen Jesu berufen – und die Zeloten unterscheiden nicht sehr genau, nicht in diesen Zeiten, da alles Römische für sie nach Verderben riecht. Und die jüdischen Führer unterscheiden auch nicht besonders genau, sondern sehen in jeder Vereinigung eine Gruppe von Verschwörern und eine Bedrohung für ihre Macht.«

Ich hielt inne. Ich holte Luft. Ich wartete.

Aber Saulus schickte sich nicht an, sich wortreich zu verteidigen. Er zupfte an seinem Ohr, zog den Kopf ein und lächelte wie ein Kind. Er lächelte!

»Wie kannst du erwarten«, fragte ich ihn in einem scharfen Ton, »dass die Gemeinde dieses Geld annehmen wird?«

»Nun«, sagte er. »Ich weiß es nicht.«

Sein Lächeln hatte für mich etwas Schelmisches, und ich spürte, wie Wut in mir aufstieg.

»Wir leben hier wie in einem Zustand der Belagerung, Saulus«, sagte ich, und mein Ton wurde immer eindringlicher. Ich verlor die Beherrschung. Ich verliere nie die Beherrschung. »Jeder, aber auch jeder in Judäa befindet sich in einem Zustand mörderischer Belagerung: die Juden durch das heidnische Rom, und die Gemeinde durch die Juden, die uns wegen unseres heidnischen Makels hassen. Sie vermuten Verrat. Die Zeloten sind überzeugt, dass wir mit den Römern gemeinsame Sache machen. Die Sicarii wollen uns heimlich töten, während der Hohe Priester an ein öffentliches Abschlachten denkt! ›Kein Herr außer Gott! Kein Herr außer Gott!‹, rufen aufgebrachte Männer in den Straßen Jerusalems. ›Kein Herr außer Gott!‹ Und jetzt sieh dir das an«, sagte ich, hob das Gewand des Saulus vom Boden auf und riss eine Münze heraus. »Sieh dir an, was auf der Münze ist! Sieh dir das Bild an! Sieh dir den falschen Gott an, der hier dargestellt wird – es ist Nero!«

Ich schrie Saulus an und hielt ihm die Münze direkt vor sein lächelndes Gesicht.

»Saulus, Saulus, du hast tausend Götzen nach Jerusalem gebracht, zehntausend, hier in mein Zimmer. Du, Saulus«, sagte ich und warf die Münze auf den Boden, »du bist mehr als jeder andere für den heidnischen Makel in unserer Gemeinde verantwortlich! Ist dir nicht bewusst, dass sie an jedem Fest hierher kommen? Juden aus jedem Volk unter der Sonne, die dich verfluchen, weil du ihre Synagogen geplündert und Juden zu Heiden gemacht hast, und weil du den Unterschied zwischen uns immer mehr verwischst. Geh!«, sagte ich und drehte mich zu meinem Fenster um. Ich wollte nicht, dass man mir meine Erregung anmerkte. Ich versuchte, wie ein Unbeteiligter zu sprechen, aber die Worte zischten durch meine Zähne und hallten durch den Raum: »Geht, ihr alle! Zieht eure vor Reichtümern strotzenden Kleider an und geht mir aus den Augen.«

Ich verliere nie die Beherrschung. Ich habe gelernt, mir jederzeit Zurückhaltung aufzuerlegen. Das zählt zu den Voraussetzungen, wenn man führen will. Ich verberge jede Leidenschaft hinter nüchternen Worten. Aber an diesem Tag verlor ich nicht nur die Beherrschung. Jakobus, der Gerechte, wurde sich selbst und seinem Wesen untreu.

Wie konnte das geschehen?

Das Pfingstfest stand unmittelbar bevor. Die Bevölkerung der Stadt wuchs auf das Vier- bis Fünffache an.

Juden aus der Diaspora, Pilger aus Hunderten von Ländern, die in Hunderten von Zungen sprachen, brachten alles aus seinem empfindlichen Gleichgewicht. Mit dem Zustrom nahmen die Bedrohungen, der Eifer und die aufrührerischen Gedanken zu. Die Truppen des Felix hatten Angst. Und dann kamen noch die jüdischen

Gläubigen hinzu, um das Pfingstfest der Ausgießung des Heiligen Geistes zu feiern. Sie waren auf mich angewiesen, um eine Unterkunft zu finden und sich in der Stadt sicher bewegen zu können. Sie vertrauten sich mir an, ja sie legten ihr Leben in meine Hände. Denn wen gab es noch in Jerusalem außer mir? Alle Apostel hatten die Stadt verlassen; alle, die Gott auserwählt hatte, und auch die später von den Auserwählten Hinzugeholten waren fort. Nur ich allein war noch übrig. Und ich hatte beinahe bis an die Grenze des mir Möglichen auf der Hut sein und unzählige Verhandlungen führen müssen. Und dann stolziert Saulus hinein in diesen trockenen Zunder, und mit ihm seine fröhliche Männerclique, die Kleider voller Bildnisse der römischen Kaiser.

Wer würde unter diesen Umständen nicht die Beherrschung verlieren?

Jakobus gewiss auch dann nicht.

Aber Jakobus war sich selbst abhanden gekommen. Ich war nicht mehr der Jakobus, den ich kannte, und ich kann dies nicht damit entschuldigen, dass ich erschöpft war. Nein, in diesen Tagen einer zu Ende gehenden Zeit ist mir der tiefere Grund für mein Versagen am Tag der Rückkehr des Saulus deutlich geworden.

Es war die Freude. Es war der fröhliche Überschwang dieser Männer.

Genauer gesagt war es das Lächeln auf den Lippen des Saulus, das ich immer mehr verabscheute, je länger es dort blieb; das Lächeln, das immer breiter wurde, je größer meine Erregung wurde – und je breiter das Lächeln wurde, desto wütender wurde ich. So verlor Jakobus die Beherrschung, weil Jakobus sich in Widersprüchen verlor: Je mehr ich an die Echtheit dieses Lächelns glaubte, desto unverschämter kam es mir vor.

Deshalb sprach ich nicht mehr mit ihnen, sondern drehte mich zum Fenster und fuhr sie an: »Geht mir aus den Augen!« Dabei war ich wütend auf mich selbst, wütend sogar auf den Speichel, der aus meinem Mund kam, als ich sie anfuhr.

Die Männer begannen, sich die Kleider anzuziehen, die so schwer wie Grabmale waren.

Und welchen entsetzlichen Gestank sie hinterließen!

Nackte Füße stampften davon. In meinem Zimmer kehrte wieder Ruhe ein.

Ich begann laut zu beten. Unwillkürlich und mit großer Erregung betete ich wie Jeremia, denn es war die Traurigkeit dieses Propheten, die ich durchlitt.

»O Herr, du weißt alles. Denke an mich und komm zu mir. Ich bin nicht unter den Lachenden«, sagte ich leise, erfüllt von dem leidenschaftlichen Drang, zu Gott zu sprechen, »und ich freue mich nicht. Ich bin allein, denn deine Hand liegt auf mir. Warum hört mein Schmerz niemals auf? Warum heilt meine Wunde nicht und lässt sich nicht heilen? Willst du für mich wie ein trügerischer Quell sein, wie Wasser, das kein Wasser ist?«

Dann sprach der Herr zu mir, dort, in meinem kleinen Zimmer.

Jesus sagte: »Wenn du zurückkehrst, werde ich dich aufrichten, und du wirst vor mir stehen.« Mit einer klaren und ruhigen Stimme sagte der Herr: »Wenn du Dinge sagst, die kostbar sind, und nicht Dinge, die wertlos sind, wirst du wie mein Mund sein.«

Selbst als ich mich umdrehte und sah, dass Saulus immer noch da war, in der Mitte des Raumes stand und mich beobachtete, selbst als ich bemerkte, dass die Stimme, die ich gehört hatte, die Stimme des Saulus gewesen war, selbst dann hegte ich keinen Zweifel, dass es der Herr gewesen war, der mein Gebet beantwortet hatte.

Saulus lächelte, sanft, echt, voller Mitgefühl, und auch dieses Lächeln war für mich das Lächeln des Herrn. Und als ich mich umgedreht hatte und Saulus ansah, sagte Saulus, nicht der Herr: »Was muss ich tun, um den heidnischen Makel zu beseitigen?«

85

»Jakobus«, sagte Saulus. »Hast du mich verstanden?«
Ich hatte ihn verstanden. Aber ich war sprachlos.
Wenn du Dinge sagst, die kostbar sind ...
Saulus sagte: »Was kann ich tun, damit unsere Spende ihren heidnischen Makel verliert?«
Ich gab ihm keine Antwort auf seine Frage.
Er sagte: »Wie kann ich dafür sorgen, dass das Geld in den Augen der Heiligen Jerusalems annehmbar ist, damit es großzügig an die Armen verteilt werden kann?«
Ich starrte ihn weiter schweigend an. Es gab eine Antwort auf seine Frage. Ich schwieg nicht, weil ich erst über eine Antwort hätte nachdenken müssen. Was ich tat, mein Starren auf den kleinen Mann, mein Schweigen, lag in meiner Ehrfurcht vor dem Herrn begründet.
Wenn du Dinge sagst, die kostbar sind, und nicht Dinge, die wertlos sind ...
Meine Seele war wie eine leere Höhle, und mir fehlte der Glaube. Ich fühlte mich sowohl von Gott als auch von Saulus bedrängt. Sollte es wirklich von mir verlangt sein, von einem Augenblick auf den nächsten mein Misstrauen aufzugeben? Plötzlich und ohne irgendeine Gewähr dem Mann zu vertrauen, dessen

wilde Leidenschaften die Gemeinde gespalten hatten? Mein erstarrter Blick verfolgte, um die Wahrheit zu sagen, einen ganz nüchtern durchdachten Zweck: Ich wollte herausfinden, ob Saulus wirklich meinte, was er sagte, oder sich in seiner Rede ein Hauch von Doppelzüngigkeit verbarg.

Aber ich zögerte, meine Beweggründe offen zu legen. Ich zögerte, irgendetwas zu sagen. Denn der Herr war eben noch zwischen uns getreten, und Heiligkeit lag auf diesem Ort. Und was, wenn meine Worte für ihn nicht kostbar wären?

Saulus legte seinen großen Kopf zur Seite und lächelte. Ein echtes Lächeln? Ein unverfrorenes Grinsen?

Er sagte: »Du bist rot im Gesicht, Jakobus. Soll ich dir einen Becher Wasser holen?«

Daraufhin brach ich mein Schweigen. »Um den heidnischen Makel zu beseitigen«, sagte ich mit der Genauigkeit eines Richters, »stelle das Geld in den Dienst des Gesetzes.« Ich wollte ihn natürlich auf die Probe stellen. Ich beobachtete Saulus genau, damit mir auch seine unauffälligste Reaktion nicht entging.

Aber an diesem Mann war nichts Unauffälliges, jetzt nicht und auch sonst nie.

»Ja«, sagte er. »Ich tue, was du verlangst. Sag mir nur, wie.« Als er das gesagt hatte, grinste er mich an.

Ich meine dies so, wie ich es sage: Er leckte sich über die Lippen, zog sie auseinander und zeigte mir seine Zähne, eine Reihe von verfaulten Zähnen. Und daraufhin konnte ich mich nicht mehr zurückhalten.

»Saulus«, sagte ich. »Ich glaube, du belügst mich.«

Ich bedauerte den Vorwurf im selben Moment, da ich ihn ausgesprochen hatte. Ich spürte Anspannung und Hitze in meinem Gesicht.

Aber Saulus, der meine Worte aufnahm wie etwas,

über das er nachdenken musste, sagte gedehnt: »Nein, Jakobus. Ich sage die Wahrheit.«

»Dann hast du vielleicht nicht verstanden, was ich gesagt habe«, sagte ich. »Vielleicht ist dir die Tragweite meiner Worte nicht deutlich geworden.« Zögernd hob ich das Gewand des Saulus vom Boden auf und hielt ihm die Innenseite mit den Münzen vor Augen. Ich versuchte, im Tonfall eines unvoreingenommenen Richters zu sprechen, aber meine Stimme klang zornig: »Ich bitte dich, das Geld gemäß dem Gesetz zu reinigen, Saulus. Geh zum Tempel und reinige diese Münzen mit ihren Abbildern des Bösen, indem du sie dort ausgibst. Halte dich an die Vorschriften der Leviten!«

»Ich verstehe.«

»Saulus! Ich verlange von dir, dass du das Gesetz befolgst. Du! Nicht jemand, den du vorschickst.«

»Ja. Ich weiß.«

»Und das wirst du tun?«

»Das werde ich.«

»Hör mir zu, Saulus«, sagte ich eindringlich und warf das Gewand wieder auf den Boden. »Hör mir zu! Hier und jetzt, in diesem Raum, bin ich dein Judas Barsabbas! Selbst er hätte nicht mehr von dir verlangt als das, was ich von dir verlange.«

»Ja, Jakobus, ich bin einverstanden – und ich gratuliere dir zu deiner Redekunst.«

Ich rang nach Luft.

»Was tust du mir an?«, rief ich. »Was für eine Beleidigung ist das?«, schrie ich. Meine Seele flehte zum Herrn, dass er mir Mäßigung schenkte. Mir kam es vor, als würde Saulus mit seiner leisen Stimme und seinem Lächeln mich prügeln, meine eigenen Leidenschaften gegen mich wenden. Gerissener, listiger, verschlagener Grieche!

Aber der Herr schenkte mir keine Mäßigung.

Saulus sagte: »Das ist keine Beleidigung. Mein Herz ist rein.«

Und aus mir fuhr es heraus: »Aber du hasst das Gesetz!«

»Nein«, sagte er. »Nein, das tue ich nicht.«

»O Saulus! Ich weiß, was du schreibst. Ich weiß, wie du redest. *Der Fluch des Gesetzes!*, das hast du geschrieben. Ich habe es selbst gesehen: *Der Fluch des Gesetzes!* Und jetzt? Verspottest du nun die Tora? Hasst du sie, liebst du sie? Benutzt du den heiligen Willen Gottes als deine Waffe? Willst du mich damit in den Wahnsinn treiben?«

»Nein«, sagte Saulus. Jetzt lächelte er nicht mehr. Falls seine Aufrichtigkeit nur Täuschung war, dann beherrschte er die Täuschung perfekt, und seine Seele würde dafür in das Feuer der Gehenna geworfen – *falls*, das möchte ich betonen, es Täuschung war und nicht die Wahrheit.

»Nein«, sagte Saulus, »ich verspotte die Schrift nicht, Jakobus – auch dich nicht und auch nicht den Gott, den ich Vater nenne. Ich glaube, dass das Gesetz heilig ist.«

Ich schwieg eine Weile. Meine Augenlider zuckten, und ich konnte sie nicht beherrschen. Ich ging auf die Knie, dann auf die Hände und die Knie, um die Goldmünze zu suchen und aufzuheben, die ich auf den Boden geschleudert hatte. Dann zog ich das Gewand des Saulus zu mir, steckte die Münze wieder an ihren Platz, faltete den Stoff sorgfältig zusammen, stand auf und legte das Gewand auf eine steinerne Bank.

Saulus beobachtete mich. Als ich fertig war, sagte er: »Tief in meinem Inneren erfreue ich mich an dem Gesetz Gottes, Jakobus.«

Ich biss die Zähne so fest zusammen, dass sich die Kiefermuskeln verkrampften. Ein roter Schleier erschwerte mir das Sehen. Ich verließ das kleine Zimmer und schloss die Tür hinter mir. Ich ging die Treppe hinauf zu einer Kammer auf dem Dach des Hauses, wo ich mich ein zweites Mal niederkniete und durch die zusammengebissenen Zähne zu beten begann.

»Herr, wenn das für mich eine Prüfung sein soll«, sagte ich, »dann schenke mir genügend Kraft. Und wenn ich bis zum Schluss durchhalte, dann gewähre mir die Krone des Lebens.«

Ich betete: »Schenke mir die Milde der Weisheit.«

Ich betete: »Schenke mir die Weisheit, die von oben kommt, damit ich rein bin, friedfertig und geduldig und voller Gnade, dass mein Tun gute Früchte trägt.«

Mit aufrechter Körperhaltung und ausgebreiteten, leeren Händen betete ich an diesem Ort mehr als eine Stunde lang.

Ich dachte an Elia und die verblüffende Wirkung seines inständigen Betens: Denn wenn er um Trockenheit betete, gab es eine Trockenheit, und wenn er um Regen betete, regnete es.

Elia war ein Gerechter.

Ich flehte den Herrn an, auch mein Gebet als das Gebet eines Gerechten zu erhören.

Denn ich liebe Saulus.

O heiliger Gott! Ich verabscheue seine Wesensart, ich verachte seine Unreife, sein Hochmut stößt mich ab, und die Prahlerei des Simon ist mir immer noch lieber als seine schneidende, rücksichtslose, messerscharfe Zunge. Er treibt mich in den Wahnsinn. Er hat das bisschen Trost zunichte gemacht, das der Herr mir in meinem harten Leben geschenkt hat.

An jenem Tag war ich beinahe zu Tode erschöpft.

An jenem Tag hat Saulus mich dazu getrieben zu sagen, was im Angesicht Gottes wertlos ist. Er hat mich eine himmelschreiende Sünde begehen lassen.

Aber ich liebe ihn. Ich habe Saulus immer geliebt, seit jenem Tag vor dreiundzwanzig Jahren, als wir in vollkommenem Frieden das Herrenmahl miteinander teilten, in einem Frieden, der kostbar war wie eine Perle.

Und nun wird mir meine Liebe zum Verhängnis.

Ich betete: »Ich gehe zurück, Herr. O Herr, richte mich auf.«

Ich betete: »Ich flehe dich an um deine Gnade, Herr. O Herr, lass mich vor dir bestehen. Lass mich wieder wie dein Mund sein.«

Ich sank zusammen. Mein aufrechtes, gerades und steifes Knien brach zusammen. Ich beugte mich nach vorn und berührte mit meiner Stirn den Boden.

Und ich betete: »Saulus hat gesprochen. Seine Zunge ist das Ruder, das fortan den Kurs bestimmen wird, sei es nach oben oder nach unten, in die Sphäre der Engel oder die der Dämonen. O Herr Jesus Christus«, betete ich, »lass die Wahrheit seiner Worte sich in den Taten erweisen, die folgen müssen. Denn es müssen gewiss Taten folgen. Ohne sie ist sein Glaube nichts.«

Als ich mein Gebet beendet hatte und wieder vom Boden aufstand, wusste ich, worum ich Saulus bitten würde. Ich wusste genau, welches schwierige Werk von ihm verlangt werden musste.

Was ich nicht wusste, war, ob er immer noch in meinem kleinen Zimmer auf mich wartete. Aber wenn er es tat, würde ich davon überzeugt sein, dass er die Wahrheit gesagt hatte. Ich glaubte, dass er sich an die Gesetze halten würde, die ich ihm darlegen wollte.

Die Tür war verschlossen.

Ich hob den Riegel an, öffnete die Tür – und da stand Saulus in der Mitte des Raumes, nur mit seinem Lendentuch bekleidet, zerfurcht und knotig von den Narben der Schläge, aufrecht, bis auf den gekrümmten Hals, auf dem sein großer Kopf ruhte, mit einem Lächeln in seinem Gesicht.

»Mein Bruder«, sagte ich, »du hast gewartet.«

»Es gibt eine Erklärung dafür, warum ich mich an dem Gesetz erfreue«, sagte Saulus, als ich wieder bei ihm war. »Ich schulde sie dir. Ich schulde sie deinem Verstand und deinem Geist.«

Er sprach in einem förmlichen Tonfall, als ob er seine Worte in meiner Abwesenheit einstudiert hätte. Er sprach demütig und ruhig. Wir hatten uns nicht hingesetzt, sondern standen uns gegenüber und sahen uns an.

»Ich kenne meine Schwachheit«, sagte er. »Ich habe erfahren, dass nichts Gutes in mir wohnt, nicht in meinem Fleisch. Ich habe erfahren, dass ich zwar das Richtige wollen, es aus eigener Kraft aber nicht tun kann. Das ist eine bittere, aber wertvolle Einsicht. Und wie habe ich von dem erfahren, das ich aus eigenem Antrieb niemals eingesehen hätte? Nun, durch das Gesetz. Ohne das Gesetz wäre ich mir nie der Sünde bewusst geworden. Was ich dir gesagt habe, ist wahr, Jakobus: In meinem Geist erfreue ich mich an dem Gesetz. Aber in meinen Gliedern bekämpft ein anderes Gesetz das Gesetz Gottes in meinem Geist. Auf mich allein gestellt kann ich nur ein Gefangener der Gesetze der Sünde in meinem Fleisch und meinen Gliedern sein.«

Mit vollkommener Ruhe sprach Saulus Dinge aus, die ihn mit Schmerz hätten erfüllen müssen. Aber er schien keinen Schmerz zu empfinden, sondern Zufriedenheit: »Wer könnte mich, erbärmlich wie ich bin, von diesem Körper des Todes erlösen? Dank sei Gott durch Jesus Christus, unseren Herrn. Ich bin kein Gefangener mehr und nicht mehr verdammt, denn ich bin in Christus Jesus. Gott hat ihn gesandt als die gerechte Erfüllung des ganzen Gesetzes. Nein, das Gesetz ist nichts Böses. Es ist heilig und gerecht und gut. Mehr noch, es ist auch in mir erfüllt, denn ich gehe meinen Weg im Geist des Lebens, in Christus Jesus, meinem Herrn. – Jakobus«, sagte Saulus ganz leise, »Sieh mich an. Bist du immer noch wütend auf mich?«

Und dies sind die Gebote, die Saulus auferlegt waren, nicht von mir, sondern von dem Gesetzgeber und dem Richter.

Dass Saulus die römischen Münzen aus der Sammlung unter den Heiden im Vorhof des Tempels gegen hebräische Münzen eintauschen möge.

Dass Saulus den Großteil des Geldes im Tempel selbst ausgeben möge, damit vier jüdische Gläubige ihr Nasiräatsgelübde auflösen konnten. Sie hatten sich mit diesem Gelübde für eine lange Zeit Gott geweiht, aber nun fehlte ihnen das Geld für den Auflösungsritus. Von jedem Mann waren drei Opfer verlangt: ein männliches Lamm, ein weibliches Lamm und ein Bock. Außerdem noch eine Opfergabe aus Getreide und Wein. Wenn Saulus die Kosten auf sich nähme, würde er damit lediglich seine eigene Frömmigkeit unter Beweis stellen. Auch wäre die Spende gereinigt, wenn sie in den Dienst des Gesetzes gestellt würde.

Was aber Saulus selbst anging, so bat ich ihn, selbst noch etwas zu tun, bevor er die vier Gläubigen mit seinem Geld unterstützte, damit er sich als Gerechter auf heiligem Boden bewegen konnte und diejenigen zum

Schweigen gebracht würden, die seine Gesetzeslehre verurteilten.

Er sollte sich reinigen. Er sollte sich dem Reinigungsritual der Leviten unterziehen. Im Tempel. Öffentlich.

Saulus sollte, selbst im Angesicht der Gefahr, sieben Tage lang in Jerusalem bleiben, sich am ersten, dritten und siebten Tag dem Priester im Tempel zeigen und zweimal mit dem Wasser der Reinigung besprengen lassen.

Ich sagte zu Saulus: »Wirst du dieses gute Werk tun? Wirst du diese Vorschriften einhalten? Wirst du dem Wort des Herrn in mir Folge leisten?«

»Für diejenigen, die unter dem Gesetz stehen«, sagte er, »werde auch ich wie einer, der unter dem Gesetz steht. Jakobus, mein Bruder, sieh mich an.«

Ich sah ihn an: dünner Körper, krumm wie ein Stock, winzige Augen – spöttische Augen –, eine Hakennase und ein Lächeln wie Kinderträume am Morgen. Was für ein Rätsel, dieser Mann der Gegensätze!

Während ich ihn ansah, trat Saulus einen Schritt nach vorn, zwinkerte mit den Augen, streckte seine Arme aus und legte seine Handgelenke über Kreuz, als ob ich ihm Fesseln anlegen sollte. »Um des Evangeliums willen«, sagte er in einem Ton voller freundschaftlicher Zuneigung, »habe ich mich zu deinem Sklaven gemacht. Ja, ich bin jedermanns Sklave. Jakobus, ich stehe unter dem Gesetz Christi. Selbstverständlich werde ich dieses gute Werk tun.«

Und so begann mein kurzer Augenblick des Glücks. Ich gab mich der Hoffnung hin, dass in der Gemeinde Friede einkehren könnte. Ich erlaubte mir, tief in meinem Inneren, einen gefährlichen Schluck aus dem süßen Kelch der Freude zu trinken. Siehe, ich war wieder der Mund des Herrn. Die Vollkommenheit in mir berührte mich.

Und ich sagte: »Nein, Saulus, nein. Wie könnte ich wütend auf dich sein?«

86

Erster Tag

Am nächsten Tag, kurz vor dem Morgenopfer, rief ich die vier Männer zusammen, die das Nasiräatsgelübde abgelegt hatten, und ging mit ihnen über die vielen Treppen und langen Wege vom Berg Zion in die Unterstadt. Trotz der frühen Stunde begrüßten uns die Gerüche der Händler und Handwerker, wie sie sich in den Hauseingängen der Armen festsetzen. Wir gingen zum Haus des Zyprioten Mnason, in dem Saulus wohnte. Als wir dort ankamen, trat dieser gerade in einer frisch gewaschenen Tunika auf die Straße. Timotheus, Lukas und er hatten gerade gebadet. Von jedem empfingen wir einen Begrüßungskuss. Sagte ich bereits etwas über das Haar dieses Griechen Timotheus? Es ist lang, weich und ganz außergewöhnlich schön. Und wenn es gewaschen ist, hat es im Sonnenlicht einen goldenen Schimmer.

Zu acht machten wir uns über die Straße und die vielen Treppen auf den Weg zum Tempel. Es war der erste der sieben Tage des Ritus, dem sich zu unterziehen Saulus versprochen hatte. Nach der Opferung und nach den Gebeten, wenn die Priester dem Volk zu dienen bereit sind, wollte Saulus mit einem von ihnen sprechen, um alles Notwendige für die einzelnen Schritte seiner Reinigung vorzubereiten. Dann würde er gemeinsam mit den vier Nasiräern den Tag benennen, an dem das

Gelübde aufgelöst werden sollte, und anschließend die Tempeloberen seiner Bereitschaft zur Übernahme der Kosten für die Opferungen versichern, indem er ihnen bereits jetzt verschiedene kleine Geschenke, zwei Tauben und zwei Scheffel Weizen überreichen würde.

Es war ein schöner Morgen. Die Olivenbäume blühten. Im umliegenden Hügelland war die Gerstenernte sehr üppig ausgefallen. Säcke voll Getreide standen gegen die Wände der Geschäftshäuser gelehnt. Die Pilger würden nicht Hunger leiden müssen. Und Saulus zahlte den doppelten Preis für das Opfergetreide.

Mein Urteilsvermögen war an jenem Tag möglicherweise ein wenig getrübt. Beflügelt von der Hoffnung, dass die Spaltungen in der Gemeinde tatsächlich überwunden werden konnten, hatte ich Judas Barsabbas aufgesucht und ihn eingeladen, gemeinsam mit uns in den Tempel zu gehen. Er schlug die Einladung aus. Das hätte ich wissen sollen. Er hat weder Vertrauen zu Saulus, noch liebt er ihn. Er schäumt vor Wut, sobald der Name dieses Mannes fällt.

Und er wühlte sie auf, die ruhige See meiner Zuversicht. Es war, als hätte er mir einen Dornbusch in die Eingeweide gepflanzt: Mitten in meiner Freude kam eine gewisse Angst auf. *Was wäre, wenn ...?*

Wir erreichten den Tempelberg von Südwesten her. Vor siebzig Jahren bebaute König Herodes hier das Tal und errichtete eine Schwindel erregend hohe Mauer, die den Vorplatz des Tempels erweiterte. Wenn man ganz unten steht und zu den Priestern hinaufschaut, die an den Festtagen von den Zinnen die Posaunen erschallen lassen, meint man, sich am Fuß eines Gebirges zu befinden. Überall gibt es Treppen, auf deren Absätzen die frommen Besucher sich ausruhen können. Auf immer größeren Bögen erreicht man schließlich die westlichen Tore und den Vorhof des Tempels. Der letzte dieser Bögen wäre höher als sieben Häuser der Armen, wenn man sie aufeinander schichtete.

Wir stiegen in kleinen Gruppen hinauf, die jungen Männer gingen voraus. Saulus war der Letzte, und ich begleitete ihn. Sein Geist war entschlossen. Der Geist in seinen Augen war strahlend und tatkräftig. Aber auf seinen Körper, seinen Rücken und seine Beine, war kein Verlass. Wenn er eine Pause einlegte, zitterte er.

Auf halbem Wege reckte er den Hals und betrachtete die Säulen dort oben und die Blätter der Kapitelle. Ich warf ihm einen Blick zu, und dabei sah ich ölige Schweißperlen auf seiner Stirn.

»Wird dir die Anstrengung zu viel?«, fragte ich. »Soll ich das Getreide tragen?«

»Nein«, sagte er. »Ich habe schon höhere Berge bestiegen als diesen.«

»Aber du schwitzt.«

»Nicht von der Anstrengung. Nicht von der Hitze«, sagte er, hager und lächelnd und den Blick nach oben gerichtet.

Ich fragte mich, wann er das letzte Mal den Tempel besucht hatte. Wohl nicht mehr seit seinem Streitgespräch mit Stephanus. Das ist fünfundzwanzig Jahre her, und dabei ist dies – die Säulen und Höfe, die Gebäude und Kolonnaden und der Tempel selbst – das schönste Bauwerk auf der ganzen Welt.

»Wenn das so ist«, sagte ich und breitete meine Arme aus, um auf sämtliche Bauwerke auf dem Tempelberg zu deuten, »muss es die Ehrfurcht vor dem Herrn und seiner Herrlichkeit sein, die einen Mann zum Schwitzen bringt.« Im Sonnenlicht kann ja allein der goldene Schimmer des Tempels den Pilger geradezu blenden.

Aber Saulus warf mir nur einen verschlagenen Blick zu und kicherte.

»Nein, Jakobus, es ist nicht die Ehrfurcht vor dem Herrn«, sagte er. »Es ist meine Höhenangst.«

Dritter Tag

Als wir das zweite Mal zum Tempelberg hinaufstiegen, für die erste Waschung des Saulus, waren wir nur zu zweit. Das zumindest glaubte ich, bis zu dem Moment, da er seinen Kopf vor dem Priester neigte, der das reinigende Wasser auf seinen Kopf gießen sollte.

In jeder Straße und in jedem Stadtteil waren Scharen von Pilgern, fromme Beter, Juden aus jedem Volk unter der Sonne. Durch ihre verschiedenen Zungen herrschte überall ein ständiges Murmeln, das fremdartig und sowohl östlich als auch westlich war. Und der überwältigende Andrang so vieler Menschen ließ meine Eingeweide sich um den Dornbusch zusammenziehen. *Was wirst du tun, Jerusalem, wenn in dir jemand eine Lunte legt?*

Ich lächelte, um meine Sorge zu verbergen, und schlug vor, dass wir über die südlichen Innentreppen zum Tempel aufstiegen. Und wenn es eines Beweises bedurft hätte, wie groß meine Zuneigung zu Saulus war, dann war es dies: Ich, Jakobus, machte einen Scherz.

»Da sich die Treppen im Inneren befinden«, sagte ich, »kann man nicht nach unten sehen. Und wohin man nicht sehen kann, kann man auch nicht fallen.«

Aber Saulus scheint sich das Leiden herbeizusehnen. Und so gingen wir am dritten Tag dieselben zehntausend Treppenstufen zu dem blendenden Tempel Gottes hinauf wie am ersten Tag.

Auf dem Weg sprach Saulus über den Geruch der Opfer, den Tiergeruch, die Schafswolle, den Ziegengestank, die Käfige voller Vögel, den Boden voller Exkremente. Er sagte, dieser Geruch sei ihm auch in fernen Ländern oft begegnet.

Er sprach von dem süßeren Geruch fließenden Blutes, von heidnischen Altären, die vor Blut glänzten und von Fliegen umschwirrt wurden, von den Rinnen im Boden des Tempels, über die das Blut der ständigen Opfer ins Tal abfließt. Und es sei jetzt die Trockenzeit, sagte er. Erst in fünf Monaten, erst nach Jom Kippur, würde es wieder regnen, und dann könne der Regen das Blut und die Exkremente wegspülen. Aber keinesfalls vor dem Sukkot.

Als wir dem Ziel unseres Aufstieges näher kamen, sprach Saulus von dem Rauch, der Rauchwolke und dem zischenden Fleisch auf dem Brandopferaltar. Er sprach von der Kohle und der Asche und den Rauchschwaden des Opfers, die immerzu in den Himmel, zu Gott aufsteigen.

»Beängstigend«, sagte er und blieb stehen.

Ich sah ihn an.

Er lächelte nicht.

»Beängstigend, Saulus?« Ich ging drei Stufen zurück, um auf gleicher Höhe mit ihm zu sein. »Die Höhe?«, sagte ich.

Er legte seinen langen Zeigefinger an das Kinn und schüttelte den Kopf.

»Was ist es dann?«, fragte ich.

»Die Heiden verbrennen ihre Böcke«, sagte er, »ihre Lämmer, ihre Ochsen, ihre wilden Tiere, so wie die Juden es ihrerseits tun. Sie lassen den gleichen Rauch aufsteigen – und die Gefahr ist, dass sie ihn zu Dämonen aufsteigen lassen. Ich habe den heidnischen Felsen bestiegen. Bis oben auf den Gipfel. Ich hatte Angst vor dem Wind, dort oben, wo nichts höher war als ich. Und dort, in meiner Angst, bin ich dem Herrn Jesus Christus begegnet.

Aber hier auf dem Tempelberg, dem Berg Abrahams und Isaaks«, sagte Saulus und ging langsam weiter die Stufen hinauf, »hier auf dem Berg der Juden, gibt es noch eine viel größere Gefahr. Jakobus, wenn ich auf diesem Berg, zwischen den Opferflammen und dem Richterstuhl, Jesus Christus, meinem Herrn, nicht noch einmal begegnen sollte, ich meine, wenn er nicht in dem Rauch ist ...«

Saulus verstummte.

Wir hatten das Tor erreicht. Wir blickten in die königliche Vorhalle, die voller geschäftiger Pilger war, die ihr Geld wechselten, Opfergaben kauften, beteten und sich unterhielten.

»Wenn ich ihn hier nicht antreffen sollte«, flüsterte Saulus schließlich, »dann bin ich für immer verloren. Dann bin ich der bedauernswerteste aller Menschen, weil ich des Königreichs nicht würdig bin, für das ich leiden muss. Diese Gefahr ist größer als die, die von Dämonen ausgeht. Denn der Sterbliche, der nicht in jedem Opfer den Christus erkennt, der uns liebt und sich für uns hingegeben hat als Opfergabe für Gott, dieser Sterbliche soll mit der ewigen Vernichtung bestraft werden, die in dem Ausschluss von der Gegenwart Gottes und der Herrlichkeit seiner Kraft besteht. Das, Jakobus, das ist beängstigend.«

Wie leicht sich das Blatt doch wenden kann, wenn man mit Saulus Umgang pflegt. Ich habe ihn ausgebildet. Ich habe ihn gemäßigt, belehrt, in die Schranken gewiesen und geführt. Das ist meine Aufgabe und meine Pflicht in Jerusalem, ob er zu folgen bereit ist oder nicht. Aber siehe: Ohne dass ich mich erinnern könnte es ihm erlaubt zu haben, belehrte dieser Mann jetzt mich. Der Freiheitskämpfer Saulus war mein Rabbi. Mein Prediger. Mein Ältester. Und ich leistete keinen Widerstand.

Mit einem Mal drehte er sich zu mir um und grinste mich an wie ein Wegelagerer, der mich ausrauben wollte. »Doch Dank sei Gott«, rief er und klopfte mir auf die Schultern, »Dank sei Gott, der uns durch unseren Herrn Jesus Christus den Sieg schenkt! Mach den Mund auf, sturer Jakobus! Lache aus vollem Herzen und freue dich, mein lieber Bruder Jakobus. Du hast einen Scherz gemacht, und ich auch!« Und dann lief er voraus zum Säulengang, fuchtelte mit den Armen herum und lachte lauthals, mitten unter all den Pilgern, mit dem Taktgefühl eines aufgeschreckten Huhns.

Was sollte das? Was war das für eine Vorstellung? Einen Augenblick lang blieb ich vollkommen perplex stehen und fragte mich, welche Beleidigung in seinen Worten nun wieder enthalten gewesen war. Aber er hatte mir einen sehr liebevollen Blick zugeworfen – *mein lieber Bruder Jakobus*. Allerdings kam mir selbst diese Liebenswürdigkeit herablassend vor, als ob er mein Onkel wäre und nicht jemand, der mir gleichgestellt ist.

Nein, Saulus trug nichts dazu bei, meine innere Anspannung zu verringern.

Und als ich ihn wieder gefunden hatte – nicht irgendwo zurückgezogen in einer Ecke, sondern kühn in dem den Israeliten vorbehaltenen Hof, zwischen dem Nikanortor und dem Brandopferaltar, wo jeder Heide, der sich dort einschliche, auf der Stelle getötet würde –, neigte Saulus bereits seinen Kopf vor dem Priester, dem wir vor zwei Tagen begegnet waren.

Dieser Priester war ein kleiner, untersetzter, rothaariger Mann, dem es an jeglichem Verstand fehlte. In der einen Hand hielt er eine Schüssel. Mit der Handfläche der anderen Hand schöpfte er Wasser und ließ es auf Saulus' großen Kopf regnen.

Aber während dieser Verrichtungen hörten wir, hörten alle einen erstickten Schrei, als würde ein Tier in seinem eigenen Blut ertrinken. Der Priester blickte auf. Ich drehte mich um. Nur Saulus hielt still, mit gehorsam geneigtem Kopf. Er war der Einzige, der nicht die Wut im Gesicht des Judas Barsabbas sah, das so weiß war wie poliertes Elfenbein.

Was er aber mit heiserer Stimme sagte, wird auch Saulus gehört haben:

»Ich hätte es dir nicht zugetraut, Jakobus. Ich wollte es nicht glauben. Ich bin gekommen, weil ich selbst sehen wollte, zu welchen Gotteslästerungen dieser Mann auf heiligem Boden fähig ist. Schäme dich, Jakobus! Aber du, Saulus! Wenn du diese Sünde noch einmal begehst, kann ich für dein Leben nicht mehr garantieren.«

»Judas«, sagte ich. »Die Reinigung ist keine Sünde, sondern etwas, das gerecht macht. Niemand weiß das so gut wie du.«

Judas Barsabbas schrie mich geradezu an: »In seinem Herzen ist er unbeschnitten! Wie kann man ein unbeschnittenes Herz reinigen?«

»Bitte.« Ich drehte mich um und wandte mich an den verdutzten Priester. »Bitte vollende den Ritus. Beeile dich.«

Eine Menge versammelte sich. Neugierig. Ängstlich.

Saulus verharrte unbewegt wie ein Stein.

Und ich? Mein kurzer Moment des Glücks ging schon wieder dem Ende zu.

Siebter Tag

Ich hatte vor, alle unter den Ältesten der Gemeinde zu versammeln, die bereit waren, Saulus für seinen neuen Gesetzesgehorsam im Gegenzug ihren persönlichen Schutz zu gewähren. Ich wollte noch vor der Morgendämmerung mit zehn oder zwölf Männern zum Haus des Mnason gehen, Saulus dort in unsere Mitte nehmen und sozusagen einen Schutzwall um ihn errichten, damit er noch einmal heimlich zum Tempel gehen konnte, bevor er die Stadt wieder verließ.

Mir war bewusst, wie lange Saulus sich jetzt schon in Jerusalem aufhielt. Dabei – auch dies war mir bewusst – hätte er lediglich zwei Tage benötigt, wenn es seine einzige Pflicht gewesen wäre, das unter den Heiden gesammelte Geld abzuliefern. Doch sieben Tage waren verstrichen. Unter den jüdischen Gläubigen kursierte sein Name. Wer vermochte zu sagen, was die Zeloten gehört hatten? Oder die Pilger?

Tatsächlich war Saulus ja seit fünfundzwanzig Jahren nicht mehr in der Stadt gesichtet worden. Vor sieben Jahren hatten einige Gläubige ihn gesehen, aber es waren nur die Führer gewesen, und damals hatte Saulus noch vor Gesundheit und Stärke gestrotzt. Bei seinem jetzigen Besuch hatte selbst ich sein älteres, hagereres Gesicht nicht sofort wieder erkannt. Ich sah darin einen gewissen Vorteil. Obwohl der Name in allen Straßen Jerusalems bekannt war, waren das Gesicht und die Person es nicht.

Ein Tag noch. Nur noch ein Tag. Nach dem Abschluss seiner Reinigung würde das Geld, das Saulus unter den Heiden gesammelt hatte, zur Auflösung der Gelübde der Nasiräer dienen können. Wir würden ihre Opfergaben und das Scheren ihrer Köpfe bezahlen können.

Und der Rest der Spende könnte, da sie gereinigt sein würde, den Armen unter den Gläubigen Jerusalems zugute kommen. Und das wäre alles. Saulus könnte wieder gehen. Bringe dich in Sicherheit, mein Bruder, dich und dein Evangelium.

Mein Plan war also, ihm auf dem Weg vom Haus des Mnason zum Tempel und zurück mit unseren Körpern Schutz zu bieten.

Aber als wir, die Ältesten, die Nasiräer und ich, in dem Haus in der Unterstadt eintrafen, fanden wir allein Mnason vor, der uns verblüfft ansah.

Mnason rieb sich entschuldigend die Hände und sagte: »Saulus und Timotheus sind in der Dunkelheit schon aufgebrochen. Vor einer halben Stunde. Sind sie in Gefahr? Warum habt ihr mir nicht gesagt, dass ihr kommen würdet? Sie müssen jetzt schon fast an den Toren sein.«

Wir stürmten los. Ich stürmte. Von Angst erfüllt lief ich die gepflasterte Straße entlang. Die jungen Nasiräer liefen mit mir. Wir waren also zu fünft.

Aber unser schnelles Laufen erregte Aufmerksamkeit. Die Leute traten aus ihren Geschäften auf die Straße. Die Entgegenkommenden machten Augen wie Fische.

»Langsamer! Lasst uns gehen«, ordnete ich an. Und obwohl mein Herz raste, gingen wir statt zu laufen.

Herr Jesus Christus, beschütze ihn. Halte deine Hand über ihn.

Wo blieben die Ältesten? Was war aus den Ältesten geworden?

»Saulus ist ein kleiner Mann«, sagte einer der Nasiräer. »Er ist ein kranker kleiner Mann. Wer hat Angst vor einem kleinen Mann? Wer würde ihn als Bedrohung empfinden? Sie werden ihn ganz sicher übersehen. Er wird wohlauf sein, gereinigt und wohlauf und bereits auf dem Rückweg, wenn wir ihm begegnen.«

Am Himmel dämmerte das erste fahle Licht. Es war halb Tag, halb Nacht. Hinter dem Ölberg war die Morgenröte sichtbar. Aber es war noch kalt.

Stufe für Stufe nahmen wir dieselben Treppen, die Saulus genommen hatte. Wir waren vorsichtig und versuchten so fromm auszusehen wie all die Pilger, die den heiligen Berg Gottes bestiegen.

Und die Treppen und die Tunnel, alle Zugänge, alle Tore und alle Vorhöfe des Tempels waren tatsächlich voller Menschen. Und von oben her hörten wir die Lämmer blöken, Hunderte und Tausende, die geschlachtet werden sollten. Und die Pilger trugen Brote mit sich, Opfergaben, welche die Priester essen würden.

Auf der südwestlichen Zinne ließ plötzlich ein Priester das Posaunensignal erschallen, und ein kalter Schauer lief mir den Rücken hinunter.

Es war der erste Tag der Woche. Es war der Pfingsttag. Um uns herum begann das Pfingstfest.

»Jetzt wird er niemandem auffallen«, sagte ich. »Er bewegt sich im Schutz der Menge. Die Priester werden um den Altar tanzen. Priester und Leviten werden das Widderhorn blasen.«

Immer noch erschallte die Posaune.

Ich schluckte. Ich staunte über mich selbst – ein aufgewühlter und zerstreuter Mann war ich. Verbissen versuchte ich, wieder der Jakobus zu sein, den ich kannte. Mit eisernem Willen begann ich, meine gegenwärtige Lage zu bewerten.

Warum sollte ich so viel Angst um Saulus haben? Schon einmal hatte der Heilige Geist über das Pfingstfest geherrscht. Es gab allen Grund, auch diesmal mit einem guten Ende zu rechnen. Saulus würde seine letzte Waschung erhalten, das Gesetz mit Freuden erfüllen, frei sein, für immer zu gehen, und nach Rom reisen.

Nur hatte ich Judas Barsabbas seit seinen wütenden Äußerungen vor vier Tagen im Tempel nicht mehr gesehen.

Und gerade an den höchsten Feiertagen steht Jerusalem unter größter Anspannung, die Leidenschaften der Stadt lassen jederzeit Gewalt befürchten.

Und jetzt, in der Morgendämmerung, konnte jedermann sehen, dass der römische Tribun seine Legionen in der gesamten Stadt stationiert hatte, denn er fürchtete Aufruhr.

Als wir das Tor erreicht hatten, drängte ich mich an den Säulen vorbei durch die Masse der Pilger, das Ziel vor Augen. Ich wusste nicht, ob die Nasiräer mir noch folgten, aber ich hoffte, dass sie dicht hinter mir waren.

Wie würde ich Saulus vorfinden? Wie würde ich den kranken kleinen Prediger antreffen?

Ich bahnte mir einen Weg durch die Menschen und Tiere, trat auf Stroh und Kot. Ich kämpfte mich durch den Vorhof der Heiden und kam zu dem Tor, durch das man in den Hof der Frauen gelangte. Als ich gerade durch das Tor gehen wollte, ging hinter mir, über dem Ölberg, die Sonne auf und warf ihre Strahlen gegen den Tempel, der in gleißendem Gold erstrahlte und mich blendete.

Ich hielt mir die Hand schützend vor die Augen und ging durch den Hof der Frauen auf den Tempel zu. Ich hatte beinahe das Nikanortor und den Hof der Israeliten erreicht, als ich links von mir einen brutalen Schrei hörte. Frauen begannen zu kreischen und wie Vögel zu schreien. Männer wurden wie von einer Axt gefällt, und die Menge teilte sich. Durch die Gasse, die sich bildete, lief ein groß gewachsener Mann. Er war die Spitze eines Keiles aus Menschen, zwanzig oder dreißig Männer liefen brüllend hinter ihm her und drängten die Pilger zur Seite. Der große Mann hatte längere Haare als Samson, die mit drei glänzenden Bändern zusammengebunden waren. Er hatte ein hartes und doch schönes Gesicht ...

Mattatias!

Es war Mattatias, der Zelot, der sich einen Weg durch den Hof der Frauen bahnte, der Mann von Saulus' Schwester, zornig, rücksichtslos und nur von einem Gedanken beseelt.

Als er zum Nikanortor kam, ging er nicht hindurch zum Hof der Israeliten. Seine Mitstreiter jedoch taten es. Wie eine Herde wilder Böcke. Aber Mattatias ging auf die Mauer zu, die den Hof umfasst. Er sammelte seine Kräfte und bestieg die Mauer so flink, dass es aussah, als sei er einfach hinaufgesprungen.

Er überblickte den inneren Hof, streckte dann seinen Arm aus und deutete mitten hinein. »Männer Israels«, schrie er mit der Stimme Goliats, »Männer Israels, zu Hilfe! Dort ist der Mann, der überall den Hass auf die Juden, auf das Gesetz und auf diesen Ort, den Tempel des allmächtigen Gottes, gelehrt hat!«

Wie hätte auch nur einer diesen Helden übersehen können, wie er dort hoch über den Menschen und den Priestern stand? Wie hätte auch nur einer seine lauthals vorgetragenen Beschuldigungen überhören können? Und welcher Mob wäre daraufhin nicht zur Tat geschritten, zornig, übermütig und zu allem entschlossen?

»Und das ist noch nicht alles«, donnerte Mattatias.

»Er bringt Griechen mit in den Tempel! Er hat diesen heiligen Ort befleckt!«

Jetzt begann die Menge auf dem ganzen Platz zu brodeln. Eine gewaltige Welle der Abscheu trug alle fort. Und ich sah es, das blutrünstige Geschehen im Hof der Israeliten. Ich sah, wie sich eine Flut menschlicher Körper zunächst durch das Nikanortor auf mich zu und dann an mir vorbeidrängte, um durch den Hof der Frauen zum Schönen Tor zu gelangen.

Saulus war die Beute. Saulus ritt auf dem Rücken des menschlichen Ungeheuers, die Tunika von seinem geschundenen Körper gerissen, Arme und Beine weit ausgestreckt, seine Brust nackt dem Himmel entgegengestreckt.

Männer grölten und jubelten am Nikanortor, und ich konnte sehen, dass sie im Begriff waren, seine Flügel zu schließen.

Gewiss doch! Sie wollten nicht, dass ihr Gefangener im Tempel Zuflucht suchen konnte. Und im Hof der Israeliten wollten sie ihn auch nicht töten. Eine solche Beschmutzung könnte die Mauern Jerusalems zum Einsturz bringen!

Für mich waren diese Dinge ein unmissverständliches Zeichen dafür, was die Menge vorhatte: Saulus im Hof der Heiden umzubringen.

Was stand jetzt noch in meiner Macht? Ich versuchte, mir einen Weg durch die Menge zu bahnen. Ich versuchte, Saulus zu folgen, als er auf dem Rücken des menschlichen Ungeheuers aus dem Hof der Frauen getragen wurde.

Dann plötzlich tat sich mir ein Weg auf.

Mattatias selbst schritt an mir vorbei, und die Leute machten seiner Respekt gebietenden Gestalt Platz. Ich lief hinter ihm her. Gemeinsam betraten wir den Vorhof, doch er wusste nicht, wer ich war. Wir gingen weiter zur nördlichen Terrasse, wo wir Saulus fanden. Voller Scham wurde ich mir meiner Schwäche bewusst. Ich verlor die Kontrolle über mich selbst. Ich begann zu jammern und um meinen Bruder zu weinen. Denn dort kniete er und hielt sich die Arme schützend über seinen Kopf. Und die Leute schlugen ihn mit Seilen und Gürteln.

Jesus Christus, wo bist du jetzt?

Doch dann trat die militärische Macht und Disziplin Roms auf den Plan: Zenturionen, Fußsoldaten und hinter ihnen der Tribun selbst, Claudius Lysias.

Ich sank auf die Knie und dankte Gott und dem Herrn Jesus Christus, der mein Gebet erhört hatte.

Über den Kopf des Saulus hinweg sahen der Tribun und Mattatias sich an. Jeder der beiden Männer war von seiner eigenen Überlegenheit überzeugt, denn der eine besaß Macht, der andere Leidenschaft.

Claudius Lysias deutete auf Saulus und sagte zu seinen Soldaten: »Verhaftet diesen Mann. Legt ihn an Händen und Füßen in Ketten.«

Mattatias fragte er: »Wer ist dieser Mann? Was hat er getan, dass ihr ihn so behandelt?«

Mattatias rührte sich nicht, starrte den Tribun mit einem eisigen Blick an und schwieg.

Doch in der Menge, die vor Wut tobte und um ihre Genugtuung gebracht worden war, erhob sich ein Aufschrei. Die Männer erhoben so viele Vorwürfe, schrien so laut und redeten so wild durcheinander, dass der Tribun kein Wort verstehen konnte. Er gab seinen Männern ein Zeichen, Saulus zu der Festung nordwestlich des Tempelberges zu bringen. Dann drehte er sich um und verließ den Platz.

Die Soldaten halfen Saulus auf die Beine und befahlen ihm zu gehen. Und er wäre gegangen, wenn der Aufschrei der Menge nun nicht noch lauter geworden wäre. Die Männer stürmten nach vorn und schrieen aus geschwollenen Kehlen: »Weg mit ihm! Weg mit ihm!« Die Leute drängten sich so nahe an Saulus heran, dass die Soldaten, als sie die Stufen erreicht hatten, die zur Festung führten, Saulus trugen, um ihn zu retten.

Und zu diesem Zeitpunkt nahm der Tag seine Wendung.

Einst, an einem Pfingstfest, hatte der Heilige Geist aus tausend Kehlen gesprochen. Es gab niemanden, der nicht verstanden hätte, denn jeder hörte seine Muttersprache.

Aber an diesem Pfingstfest hatte der Heilige Geist nur eine Stimme, eine schrille, hohe hebräische Stimme. Die Stimme des Saulus, die sich wie ein Faden von einer Spindel löste.

Am Ende der Treppe, die zu der Festung führte, stellten die Soldaten Saulus auf seine Füße. Niemand ging durch die Tür. Stattdessen blieben die Männer stehen, während Saulus und der Tribun anscheinend miteinander verhandelten. Saulus gestikulierte. Claudius Lysias gestikulierte. Saulus sprach schnell und nickte und nickte, bis der Tribun sich zur Tür zurückzog – und Saulus trat nun an die Brüstung und wandte sich uns zu, dem Hof und allen versammelten Pilgern.

Mit erhobenen Händen bat er um Ruhe.

Und erstaunlicherweise war die Menge sofort still. Und sie blieb ruhig, denn ein weiteres Ereignis zog sie in seinen Bann: Mattatias gelang es, auf das Dach des Säulengangs zu steigen, und so stand der Held wieder über seinem Volk und auf einer Höhe mit Saulus. Dieser streckte seine erhobenen Hände nun Mattatias entgegen, eine offenherzige Geste der Begrüßung. Saulus rief: »Mattatias!« Daraufhin geriet Mattatias ein wenig ins Taumeln, als ob sein Name ein Schlag gewesen wäre, den Saulus ihm versetzt hätte. Es war verblüffend! In diesem Augenblick, auf dieser Höhe, verhielt sich das Opfer wie ein Sieger.

In der Umgebung des Tempels war es ganz still geworden. Die Menschen hörten zu.

Und niemand, weder Alt noch Jung, weder Mann noch Frau, hätte die helle, klare Stimme des Saulus überhören können.

»Dieser Mann!«, rief er. »Euer Mann, Mattatias, ein Mann, so fromm wie Pinhas, war einst ein Mann wie ich es war. Und einst liebte er mich sehr. – Ich bin Jude. Ich lebte mein Judentum mehr als andere, und dafür liebte Mattatias mich. Ich saß Gamaliel zu Füßen. Ich bin streng nach dem Gesetz ausgebildet worden. In jenen Tagen eiferte ich so sehr für die Sache Gottes, wie es euer Mann heute tut. Ich habe die Anhänger des Christus verfolgt. Ich habe sie gefesselt, gefangen genommen und getötet. Mattatias hat mich deswegen so bewundert, dass er sich mir angeschlossen hat. Wir reisten gemeinsam nach Damaskus, um dort die Anhänger des Christus zu vernichten.«

Mattatias stand nun da wie eine Statue, und seine ganze Person schien auf den Mund des Saulus ausgerichtet zu sein.

Und wie aufmerksam die Pilger Saulus zuhörten!

Saulus sagte: »Aber auf dem Weg nach Damaskus traf mich ein heller Blitz vom Himmel. Ich fiel zu Boden. Ich hörte eine Stimme sagen: ›*Saulus! Saulus! Warum verfolgst du mich?*‹

Ich sagte: ›*Wer bist du, Herr?*‹

Und die Stimme sagte: ›*Ich bin Jesus von Nazareth, den du verfolgst.*‹

Auch Mattatias, der damals zu mir gehörte, sah das helle Licht. Aber er konnte die Stimme nicht hören.

Ich sagte: ›*Herr, was soll ich tun?*‹

Der Herr sagte: ›*Steh auf und geh in die Stadt; dort wird dir gesagt werden, was du tun sollst.*‹ Als ich wieder aufstand, konnte ich nichts sehen. Ich war geblendet.

An diesem Tag begann für mich die Freude. Und die Freude hat mich seitdem nicht mehr verlassen. Aber es begann auch das Leiden, denn Mattatias, der zu mir gehörte und den ich liebte wie einen Sohn, verließ mich.

Erst verließ er mich mit dem Verstand, denn er behauptete, meine Blindheit sei ein Fluch Gottes. Dann verließ er mich mit dem Herzen, denn seit diesem Tag hasst er mich mit blindem Hass.

Mein Augenlicht erhielt ich zurück. Doch das hat weder den Verstand noch das Herz meines Sohnes verändert.

Voller Freude reiste ich in ferne Länder, um den Heiden die Liebe Gottes in Christus Jesus zu verkünden. Doch mein Predigen vergrößerte nur den Hass meines Sohnes auf mich.

Mattatias!« Es schien, als sänge Paulus einen Psalm. »O Mattatias, mein Sohn!«

Was dann geschah, hatte ich nie zuvor gesehen, und ich habe es seitdem auch nie wieder erlebt. Es war wie ein heller Blitz heiliger Kraft, und den Mann, der davon getroffen wurde, schien er beinahe zu töten. Aber dieser Blitz bestand aus Liebe. Es war Liebe, die diesen Mann so sehr in Bedrängnis brachte.

Saulus sagte: »Ich aber habe nie aufgehört, diesen Mann zu lieben, euren Mattatias. Niemals. Nicht für einen Augenblick. Und vor eurem Angesicht, vor dem Angesicht Israels, erkläre ich, dass ich ihm vergebe.«

»Mattatias«, rief Saulus wieder und wandte ihm sein Gesicht zu.

Und der Held begann zu zittern, als ob ihn seine Kraft verließe.

Das Gesicht des Saulus strahlte. Es leuchtete.

»Mattatias ist immer noch mein Sohn«, rief er, breitete seine Arme aus und erhob sie zum Segen. »Ich vergebe dir. Im Namen Christi Jesu vergebe ich dir all deinen Hass. Er soll nicht mehr zwischen uns stehen.«

Aber Mattatias hatte das letzte Wort des Saulus nicht mehr abgewartet. Er rannte bereits auf die Festung und auf Saulus zu, dessen Gesicht immer noch strahlte.

»Hinweg mit diesem Kerl!«, schrie Mattatias, außer sich vor Wut. »Hinweg von der Erde!« Er riss sich die Bänder aus seinen langen Haaren, die durch die Luft wirbelten. Sein Mund war verzogen, sein Gesicht voller Hass und Verbitterung. »Tötet ihn! Tötet ihn! Er verdient zu sterben!«

Mit einem Mal war der Bann gebrochen. Die Menge erhob sich. Männer sprangen auf, ballten die Fäuste und wüteten. Sie rissen sich die Kleider vom Leib und schwenkten sie durch die Luft. Sie pfiffen und johlten höhnisch. Sie warfen Staub in die Luft.

Wie ein Mund öffneten sich die Tore der Festung.

Als Mattatias die Treppenstufen hinaufrannte, packten die Soldaten Saulus und führten ihn eilends in die Dunkelheit im Inneren der Festung. Dann schlossen sich die Tore und sperrten den wütenden Zeloten und den Volkszorn aus.

Ich sah mich um.

In der tobenden Menge erkannte ich zwei von den Nasiräern. Der eine stand da mit offenem Mund und weinte, wie ein Kind, das verloren unter der Sonne umherläuft. Der andere stieß Flüche aus und warf Staub in

Richtung der Festung, sein Gewand bis zur Taille heruntergerutscht, seine Knie und sein Beinkleid ein öffentliches Ärgernis.

Und Saulus? Nachdem die Tore der Festung sich geschlossen hatten, sah ich Saulus nie wieder.

87

Das geschah vor fünf Jahren. Nun bin ich selbst im Gefängnis. Die Dinge sind mir jetzt vollkommen einsichtig. Nichts aus der Vergangenheit erscheint mir verborgen oder verworren. Allein die Zukunft. Die Zukunft der Gemeinde meine ich. Wird sich die Spaltung zwischen den heidnischen und den jüdischen Gläubigen jemals überwinden lassen?

Meine eigene Zukunft hingegen ist gewiss. Morgen ist der Tag meiner Hinrichtung.

Was die Vergangenheit angeht, so bin ich mir meiner eigenen Fehler durchaus bewusst, und ich habe vor dem Herrn Buße getan.

Mein Fehler am Pfingstfest vor fünf Jahren war, dass ich der Leidenschaft gegenüber meiner Frömmigkeit den Vorzug gab.

Wenn ich der ganzen Wahrheit Genüge tun soll, so muss ich eingestehen, dass ich mich an der Leidenschaft berauschte, statt solche unheilvollen Neigungen Männern wie Saulus und Mattatias zu überlassen.

Mein Fehler, so sage ich, war: Ich habe geliebt. Ich habe mein nüchternes Selbst der Liebe zu einem anderen Menschen ausgeliefert, und dadurch wurde ich in Krawall und Gesetzlosigkeit verstrickt.

Dabei überkam mich die Scham so schnell und berührte mich so tief, dass ich noch an jenem Abend auf den Boden meines kleinen Zimmers sank und bittere Tränen der Reue weinte.

Während dieser Nacht gab es nicht einen Augenblick, in dem ich mich von der Stelle gerührt hätte oder eingeschlafen wäre. Vielmehr versenkte ich mich mit meiner wachenden Seele in eine Betrachtung, vertraute auf das Gebet, die rituelle Reinheit, die Tora und das ernsthafte Nachdenken. Die Liebe des Herrn hat nichts mit Leidenschaft zu tun! Bei ihr geht es allein um den Gehorsam.

Und dies ist der Beweis, dass der Herr mich in meinem Leiden erhört und mir Kraft gegeben hat: Als ich gebeten wurde, den in der Festung gefangenen Saulus aufzusuchen, überwand ich die Leidenschaft und versagte es mir, ihn zu sehen.

In der frühesten Morgenstunde, lange vor der Dämmerung, rief draußen eine zaghafte Stimme meinen Namen. Ich stand vom Boden auf, strich mein Gewand glatt und öffnete die Tür.

Es war ein junger Mann.

In seiner Hand hielt er ein kleines Diptychon, zwei mit einem Scharnier verbundene Tafeln, die, als der junge Mann sie aufklappte, auf den Innenseiten die von Zeugen beglaubigte Bestätigung enthielten, dass Saulus aus Tarsus römischer Bürger war.

Ich sah den Jungen genauer an. Schön war er. Hohe Wangenknochen. Das Abbild seines Vaters Mattatias. Dies war der Sohn von Saulus' Schwester, gehörte zur Familie des Saulus, war sein Neffe.

Aber der Junge zitterte vor Angst. Sein Blick schweifte aufgeregt umher.

Er sagte: »Kannst du dies Saulus, dem Apostel, bringen? Und ihm auch eine Nachricht übermitteln?«

Ich fragte, um was für eine Nachricht es sich handele.

Der arme Junge war, so erzählte er mir daraufhin, in jener Nacht Zeuge geworden, wie sein Vater mehr als vierzig Männern ein Fastengelübde abverlangt hatte: Keiner von ihnen würde etwas essen oder trinken, bis sie Saulus am nächsten Tag, als er in Ketten zum Palast des Herodes geführt werden sollte, überfallen und ermordet hätten. Das war die Nachricht.

»Diese Nachricht sollte der Tribun erhalten«, sagte ich.

»Ich kenne den Tribun nicht«, erwiderte er.

»Ich kenne ihn auch nicht«, sagte ich. »Ich spreche nicht einmal seine Sprache.«

Aber Timotheus sprach Latein.

Also nannte ich dem Jungen den Namen des Timotheus aus Lystra und erklärte ihm, wie er zum Haus des Zyprioten Mnason in der Unterstadt finden würde. Ich schickte ihn hinaus in die Dunkelheit, kniete mich dann wieder hin und zitterte vor dem Herrn.

Fast hätte mein Herz mich dazu gebracht, zur Festung zu gehen.

Aber der Glaube behielt die Oberhand.

Am Ende wurde mir die Gnade zuteil, mir nichts vorwerfen zu müssen, denn Saulus wurde schon vor Sonnenaufgang aus der Stadt gebracht. Er wurde Marcus Antonius Felix überantwortet, dem Prokurator von Judäa, dessen Palast sich in Cäsarea befand.

Dort blieb Saulus mehrere Jahre lang im Gefängnis. Gewiss betete ich für seine Seele, aber mein Verhältnis zu ihm kühlte glücklicherweise wieder ab.

Als Felix zurück nach Rom berufen wurde und Porcius Festus ihn ersetzte, hörte ich, dass Saulus – ganz der alte Saulus, der Mann der Extreme und der unüberlegten Handlungen – einen Prozess vor Nero in Rom verlangt hatte. Soweit ich weiß, muss einem solchen Verlangen eines römischen Bürgers stattgegeben werden.

Ich vermute, dass er nach Rom reiste.

Und so endet das Leben des Saulus aus meiner Sicht: mit einer Vermutung.

Auch Festus bekleidet sein Amt inzwischen nicht mehr. In Judäa ist ein Machtvakuum entstanden. Und Hananias, der Hohepriester, hat dieses Machtvakuum ausgefüllt. Er möchte als ein starker und angesehener Führer eines eifernden Volkes gelten. Deshalb, weil der Makel des Unglaubens seit jenem Pfingstfest vor fünf Jahren an meiner Person haftet, hat Hananias mich ins Gefängnis werfen lassen.

Er beschuldigt mich, wie er es ausdrückt, das Gesetz überschritten zu haben.

Diese Ironie lässt mich ungerührt.

Ich weiß, was ich weiß.

Morgen wird er mich, dem jüdischen Brauch gemäß, steinigen lassen.

Ich habe keine Angst. Ich weiß, dass der Herr mir in dem Todeshagel begegnen wird, so wie er auch Stephanus vor langer Zeit begegnet ist.

Ich weiß, dass er mich für immer in seinem Haus wohnen lassen wird. Ich habe keine Angst, morgen zu sterben.

Aber ich weiß alles, was ich weiß. Ich kenne den Brauch, ich weiß, wie sie es tun werden.

Sie werden mich fesseln und mich einen Abhang hinunterstürzen.

Wenn ich durch den Sturz nicht sterbe, wird der Hauptankläger einen großen Stein nehmen und ihn auf meine Brust fallen lassen. Er wird versuchen, mein Herz zu zermalmen. Wenn ich dann immer noch nicht tot bin, werden alle anderen Leute Steine auf mich werfen, kleine und große Steine und Felsbrocken. Und dann werde ich ganz gewiss sterben.

Oh, Herr Jesus Christus, nimm dich meiner Gemeinde an. Ich fürchte, dass die Spaltungen noch zunehmen werden. Mich beunruhigen die Leidenschaften unseres Volkes. Und ich habe mit eigenen Augen gesehen, wohin der Hass der Menschen führt.

Deshalb bete ich: Komm!

Auf den Knien flehe ich dich an: Komm!

Mein Sterben ist nichts im Vergleich zu der Qual, welche die Gläubigen erleiden, die auseinander gerissen werden. Lass sie eins bleiben. Lass sie eins bleiben. Lass sie eins bleiben, bis du wiederkommst – und komme bald!

LUKAS

88

Als unsere Abreise nach Italien beschlossen war, übergab man Paulus und einige andere Gefangene einem Zenturio namens Julius aus einem syrischen Regiment, das den Ehrennamen »Kaiserliches Regiment« trug.

Wir gingen an Bord eines Schiffes aus Adramyttion, das die Häfen an der Küste der Provinz Asien anlaufen sollte, und fuhren ab. Der Mazedonier Aristarch aus Thessalonich begleitete uns.

Am nächsten Tag erreichten wir Sidon.

Julius war Paulus gegenüber sehr entgegenkommend und erlaubte ihm, seine Glaubensgenossen dort zu besuchen und sich bei ihnen zu erholen.

Als wir von dort weiterfuhren, hatten wir Gegenwind; darum segelten wir auf der Ostseite um Zypern herum. Zilizien und Pamphylien ließen wir rechts liegen und erreichten schließlich Myra in Lyzien. Dort fand der Zenturio ein Schiff aus Alexandria, das nach Italien fuhr, und brachte uns an Bord.

Viele Tage lang machten wir nur wenig Fahrt und kamen mit Mühe bis auf die Höhe von Knidos. Dann zwang uns der Wind, den Kurs zu ändern. Wir hielten auf die Insel Kreta zu, umsegelten Kap Salmone und erreichten mit knapper Not einen Ort, der »Guthafen« genannt wird, nicht weit von der Stadt Lasäa.

Wir hatten inzwischen viel Zeit verloren. Das Herbstfasten war vorbei, und die Schifffahrt wurde gefährlich. Deshalb warnte Paulus seine Bewacher. »Ich sehe voraus«, sagte er, »dass eine Weiterfahrt zu großen Schwierigkeiten führen wird. Sie bringt nicht nur Ladung und Schiff in Gefahr, sondern auch das Leben der Menschen an Bord.«

Aber der Zenturio hörte mehr auf den Steuermann und den Kapitän als auf das, was Paulus sagte. Außerdem war der Hafen zum Überwintern nicht sehr geeignet, und so waren die meisten dafür, wieder in See zu stechen und zu versuchen, noch bis nach Phönix zu kommen. Dieser ebenfalls auf Kreta gelegene Hafen ist nach Westen hin offen, und man konnte dort den Winter zubringen.

Als ein leichter Südwind einsetzte, nahmen die Seeleute es für ein günstiges Zeichen. Die Anker wurden gelichtet, und das Schiff segelte so dicht wie möglich an der Küste Kretas entlang.

LUCIUS ANNAEUS SENECA

89

Seneca in Rom
An Helvia, seine Mutter in Cordoba,
Im fünften Jahr des Nero:

Sei gegrüßt!

Ein Husten kann einen Erdrutsch auslösen. Das Husten aus der Kehle eines jeden Mannes vermag dies zu bewirken, wenn der Augenblick nur ungünstig genug und die Erde dafür anfällig ist. Man braucht sich zwar nicht schuldig zu fühlen, nur weil man gehustet hat, selbst wenn ein ganzes Dorf unter den Erdmassen begraben wurde und hundert Menschen ihr Leben lassen mussten. Und dennoch wird derjenige, der gehustet hat und sein Zerstörungswerk beobachtet, von seiner Schuld niedergedrückt.

Ach Mutter, mit einem Husten habe ich die Welt zum Einsturz gebracht. Noch ist es nicht für alle offenkundig, aber ich sehe die Vorzeichen und ich weiß, welche ebenso gewaltigen wie traurigen Veränderungen uns bevorstehen. Das Rad dreht sich. Ihr Geschichtsschreiber, merkt auf! Im fünften Jahr des Nero haben sich ein paar Steine gelöst, aber diese waren es, auf denen der Fels ruhte und die somit den Erdrutsch verhinderten.

Meine politische Macht habe ich fast vollkommen verloren. Und auf den Princeps habe ich überhaupt keinen Einfluss mehr. Agrippina ist nicht mehr da. Wie Aufsehen erregend war ihr Tod! Nero hat seine Alleinherrschaft durchgesetzt. Nero wohnt allein auf dem Olymp. Er ist sich selbst Gesetz und hört auf niemanden. Niemand hält ihn zurück. Niemand berät ihn. Niemand flößt ihm Furcht ein. Er ist nun sein eigener Herr. Er ist ganz er selbst. Und wenn er über Rom herfallen wird, dann wird es wie ein Erdrutsch sein.

Sei tapfer, Mutter, wenn du nun liest, was ich noch schreiben werde. Die Neuigkeiten sind schrecklich, aber meine Absichten sind gut. Gallio hat mir berichtet, dass du auf dem Sterbebett liegst. Schlimmer noch, dass du nicht mehr schlafen willst, weil du den Schlaf fürchtest, der dich für immer umfangen könnte. Er sagt, was dich in deiner Verzweiflung lebendig erhalte, sei das Leben deiner Kinder und Enkel.

Aber ich sage dir, dass uns eine Zeit ohne Geist und voller Gewalt bevorsteht, dass es nichts mehr gibt, wofür es sich zu leben lohnt, und dass es bald besser sein wird, nicht zu sein, als zu sein.

Und ich sage dir – voller Scham, die ich nur dir gegenüber offenbare –, dass du, wenn du mich mit ungetrübtem Blick betrachtest, Mutter, den Sohn nicht wieder erkennen wirst, den du großgezogen hast. Ich bin korrumpiert. Der Einfluss des Nero hat die süße Reinheit der Tugend in mir verdorben. Gewiss würdest du nicht um meinetwillen am Leben festhalten. Denn ich bin hohl und leer.

Aber ich bin auch auf dem richtigen Weg: Es ist an der Zeit, ein Leben, das immer mehr von Schlechtigkeit geprägt ist, zu beenden.

Und dies war mein Husten: dass ich Acte zu Nero gesandt habe, um ihm von einem Gerücht zu berichten, allein deshalb, damit er gegen das Gerücht etwas unternehme. Einzig gegen das Gerücht sollte er etwas unternehmen. Aber noch vor Sonnenuntergang hatte er einen Plan geschmiedet, wie er seine Mutter im Meer versenken könnte.

Die Zeit war in der Tat ungünstig und die Erde gewiss anfällig, noch bevor ich hustete.

Die anmutige Acte ist seit Jahren die Geliebte des Nero. Agrippina empfand sie nie als eine Bedrohung, sieht man einmal davon ab, dass sie die eigentliche Ehefrau des Nero für ihre Intrigen benutzte und eine Scheidung für sich als schweren Verlust empfunden hätte. Weder Acte noch Nero haben jemals an Heirat gedacht. Aber in diesem Frühjahr eroberte eine neue Geliebte das Herz des Nero und brachte ihn um den Verstand. Sie wurde allerdings sofort zu einer Bedrohung, denn diese Geliebte war, was das Intrigenspiel betrifft, fast noch raffinierter als Agrippina.

Poppaea Sabina ist die schönste, gebildetste, anspruchsvollste und feinsinnigste Frau Roms. Das ist keine Übertreibung. Es ist eine Tatsache. Sie hat das, was man in Rom sonst kaum jemals findet: naturblondes Haar, auf das unser junger kaiserlicher Löwe seine Verse dichtet, in denen er es als bernsteinfarben beschreibt.

Sie hat eine feine, ausdrucksvolle Nase, traurige Augen, kleine Füße und eine milchweiße Haut. Lass mich dir von dieser Haut berichten. Um die Reinheit dieser Haut zu bewahren, badet Poppaea täglich in weißer Eselsmilch, der Milch von vierhundert Eseln, die hinter den Gärten des Palastes eigens zu diesem Zweck gehalten werden. Ihre Badewanne ist aus Porphyr. Die Wände sind mit poliertem Silber verkleidet, damit sich ihre müßiggängerische Gestalt darin spiegelt, wenn sie sich aus der Milch erhebt. Ihre Dienerinnen trocknen ihren nackten Körper mit Daunen von Schwänen, die überall auf ihrer Haut einen feinen weißen Puder hinterlassen. Mit dem Schleim von Krokodilen machen sie ihre Hände weich und weiß. Ihr Gesicht schützen sie vor der verunreinigten Nachtluft mit einer Mischung aus Puder und Ölen, die auf ihrem Gesicht eine weiße Maske entstehen lässt.

Poppaea ist mit Ortho verheiratet, einem der engsten Freunde Neros. Durch das Prahlen des Ortho mit den nächtlichen Gefälligkeiten seiner Frau wurde das Interesse des Löwen überhaupt erst geweckt. Und als diese Frau dann Nero betörende Blicke zuwarf, war es um ihn geschehen.

Und auch um Agrippina, die Mutter des Princeps, war es geschehen.

Denn Poppaea will den Thron.

Aber das setzt die Heirat mit demjenigen voraus, der auf dem Thron sitzt.

Und dafür ist eine Scheidung notwendig.

Und dazu hätte es zu Lebzeiten von Neros Mutter niemals kommen können. Nicht weil Agrippina ihre Zustimmung hartnäckig verweigert hätte, sondern weil sie immer noch einen bestimmenden Einfluss auf ihren Sohn hatte, sobald sie ihm gegenübersaß. Unter ihren strengen Blicken wurde er wieder zu einem kleinen Jungen. Sie konnte ihn zu einem hilflosen Kind werden lassen, und dafür hasste er sie. Deswegen hatte er sie in ihre Villa verbannt und verabscheuenswertes Gesindel zu ihr geschickt, um sie mit anzüglichem Gegröle zu belästigen. Er hätte kein Werkzeug in der Hand der Poppaea sein können, solange seine Mutter in der Lage war, ihn mit einem Blick wieder zum Kind werden zu lassen.

Deshalb begann Poppaea nun selbst, Intrigen zu spinnen. Um eine Scheidung zu erreichen, fädelte sie einen Mord ein. Sie behauptete, der Princeps habe weniger Macht als seine Mutter. Sie demütigte ihn und stachelte ihn zu leidenschaftlichem Hass an. Ich hätte die Vorzeichen erkennen können, denn stets stolperte er unglücklich aus den Kammern der Poppaea und hielt sich leidend den Bauch, nur um im nächsten Moment rasend vor Wut seine Dienerschaft herumzukommandieren und die Menschen in seiner Umgebung zu verletzen.

Ich hätte wissen müssen, welches Spiel zwischen Poppaea und Nero gespielt wurde. Es wäre meine Aufgabe gewesen, es in Erfahrung zu bringen – dann hätte ich in solch einer angespannten Lage nicht gehustet. Aber das tat ich.

Ich schickte Acte zu Nero, um ihm von dem anzüglichen Gerücht zu berichten, das in Rom die Runde machte – unter Bürgern, Senatoren, Soldaten, dem einfachen Volk: dass Agrippina versuchte, an der Macht zu bleiben, indem sie ihre Schönheit auf eine in ihrer Verworfenheit bisher ungekannte Weise einsetzen wollte, dass sie nämlich Nero dazu bringen wollte, mit ihr das Bett zu teilen und ihr beizuwohnen. So stehen die Dinge auf diesem Hügel, Mutter, und so wird es bald um den ganzen Erdkreis bestellt sein. Einige, die jedoch nur eine kleine Minderheit waren, glaubten sogar, der Gedanke an Inzest sei nicht Agrippina, sondern ihrem Sohn gekommen.

Ich sagte Acte, sie solle Nero deutlich machen, dass gegen das Gerücht etwas unternommen werden müsse, weil sonst in der Armee die Gefahr einer Meuterei bestünde.

Ich hustete, mehr nicht. Doch kaum hatte er das Gerücht gehört, ließ sich der gekränkte Kaiser zum Äußersten hinreißen.

Er überlegte sich einen Weg, seine Mutter umzubringen. Wie könnte er es tun? Welches Mittel wäre geeignet?

Mit Gift wäre dieser Giftmischerin nicht beizukommen – und was würde dann aus ihm?

Ein direkter Angriff würde sich nicht verbergen lassen. Er würde seine Namen zum Himmel schreien: Meuchelmord und Muttermord.

Da hatte Nero das Glück, dass ihm ein Mann namens Anicetus zu Hilfe kam, der Befehlshaber der Flotte von Misenum. Er hatte einen Plan, für den Nero sich begeisterte. »Ich werde ein Schiff so manipulieren«, sagte Anicetus, »dass das Dach der Kabine im selben Moment einstürzt, wie der Rumpf leck schlägt. Das Dach wird Eure Mutter unter sich begraben, und das Leck wird das Schiff zum Sinken bringen. Das Meer wird sie verschlucken und ertränken. Bittet Agrippina, ihre Villa zu verlassen und Euch in Misenum zu besuchen. Dann werde ich das Schiff bereitstellen, das sie wieder nach Hause bringen soll.«

Und wer würde etwas davon erfahren? Wer könnte Verdacht schöpfen?

Nero fädelte das Komplott ein. Er schrieb seiner Mutter einen unterwürfigen Brief, eine wortreiche Entschuldigung.

Agrippina wurde von Triumphgefühlen ergriffen. In ihr regte sich der Mutterstolz – wer hätte es für möglich gehalten? Es war mehr, als sie von ihrem undankbaren Sohn jemals erwartet hätte. Sie zog eines ihrer schönsten Kleider an und eilte zu Nero, der sie herzlich empfing, höchst aufmerksam behandelte, ihren Rat in Staatsgeschäften erbat und sie ansah, bis Tränen in ihre Augen traten. Als der Besuch dem Ende zuging, umarmte der Sohn seine Mutter, als ob er sie nie wieder gehen lassen wollte. »Beste Mutter«, flüsterte er und küsste ihre Brüste – »die Brüste«, sagte er, »die mich nährten.«

Leichtfüßig und frohen Herzens ging Agrippina an

Bord des Schiffes. Die sternenklare Nacht war ein Spiegel ihrer Stimmung. In Begleitung ihrer Dienerin Acerronia und ihres Kämmerers Crepereius Gallus betrat sie die Kabine und nahm Platz, während das Schiff ablegte. Das Segel nahm Wind auf und öffnete sich.

Doch Agrippina blieb bis zum Schluss Agrippina, und Nero zitterte und bebte!

Denn das Dach der Kabine stürzte wie geplant ein, schwere Platten aus Blei fielen noch hinterher – und Gallus war auf der Stelle tot.

Aber Agrippina wurde nur gestreift. Sofort war sie sich vollkommen im Klaren, dass dies kein Unfall gewesen war. Sie und ihre Magd krochen aus der Kabine an Deck, als die Mannschaft sich gerade Steuerbord in das einzige Beiboot begab. Der Rumpf war nicht wie geplant leckgeschlagen. Deshalb wollten sie das Boot zum Kentern bringen. Es neigte sich furchtbar, und so stürzten Agrippina und Acerronia ins Meer.

Acerronia begann zu schreien: »Ich bin die Mutter des Kaisers! Helft mir!«

Die Seeleute lehnten sich über Bord und entdeckten ihren Körper in dem dunklen Wasser. Sie warfen ihr eine Leine zu. Sie fasste die Leine. Die Seeleute zogen sie zu dem Boot.

Zur selben Zeit zog Agrippina ihre Kleider aus und schwamm zwischen den Wellen umher. Sie hätte niemals geschrien. Sie hätte sich niemals unbekannten Männern zu erkennen gegeben. Diese Frau hatte schon gefährlichere Meere durchschwommen und überlebt.

Die Seeleute zogen die Dienerin aus dem Wasser, an der Reling des Bootes hinauf, nahmen dann ein Ruder, holten aus und zertrümmerten ihren Schädel. Acerronia hauchte ihr Leben aus und versank in der Dunkelheit des Wassers.

Unbemerkt beobachtete Agrippina ihre eigene Hinrichtung, denn sie war es ja, die die Seeleute glaubten getötet zu haben.

Dann machte sie kehrt und schwamm. Diese Frau schwamm an Land und rettete ihr Leben.

Die erste Nachricht, die Nero in dieser Nacht erhielt, stammte von einigen Seeleuten, die den Tod der »armen Agrippina« betrauerten, die »im Meer ertrunken« sei.

Die zweite Nachricht brachte ein Bote aus der Villa der Agrippina:

Wir sind auf See in Schwierigkeiten geraten, hieß es in der Nachricht seiner Mutter. *Aber sorge dich nicht um mich, mein Sohn. Ich habe keine schweren Verletzungen davongetragen, nur einen Bluterguss an der Schulter. So sehr es dich auch drängen mag, zu mir zu kommen und mich zu trösten, tue es nicht. Mir geht es gut. Ich brauche nur ein wenig Ruhe.*

Nero war starr vor Entsetzen.

Er ließ mich und Anicetus, den Urheber des Planes, herbeirufen, und er befahl dem Boten, die Geschichte von der Rettung der Agrippina immer wieder zu erzählen, als ob er sich damit selbst auspeitschen wollte. Seine Augen waren weit aufgerissen. Er zitterte am ganzen Körper. Er strich sich immer wieder um seinen Bart, stöhnte und erklärte, er sei so gut wie tot – während ich den Erdrutsch in der Ferne schon hören konnte.

»Was sollen wir tun? Was sollen wir tun?«, flehte Nero die Fenster um Rat an.

Ich hatte auch keine Lösung anzubieten, nichts zu sagen.

Anicetus hingegen handelte, noch bevor er etwas sagte. Er zog einen Dolch, bückte sich und ließ ihn so geschickt über den Boden gleiten, dass er genau vor den Füßen des Boten liegen blieb. Sofort sprang er auf und rief: »Zu Hilfe, schnell! Ein Mörder!« Er stürzte sich auf den Boten und versetzte ihm einen harten Schlag auf den Kopf.

»Das werden wir tun, Herr«, sagte er dann feierlich. »Wir werden diesen Mann verhaften, den eure Mutter gesandt hat, um euch in euren eigenen Gemächern zu erstechen. Und jetzt – jetzt sofort, mit eurer Erlaubnis – werde ich zu ihrer Villa eilen und sie wegen dieses Verrats töten.«

Nero, der kreidebleich war und keinen Funken Verstand mehr besaß, nickte zustimmend.

Auf einem schnellen Pferd, zusammen mit einigen Soldaten und einem Zenturio, machte sich Anicetus auf den Weg. Sie stürmten in die Villa der Agrippina. Sie drangen in ihre privaten Räume ein und fanden sie frisch gebadet und zum Schlafengehen angezogen vor.

Sie wiederum erblickte den Tod in den Augen der Angreifer.

Der Zenturio zog einen Dolch. Agrippina wich zurück, bis sie mit dem Rücken zur Wand stand. Sie nahm den Saum ihres gazeartigen Gewandes in beide Hände und riss es vom Hals bis zur Taille entzwei. Hier war er, der Schatz, mit dem sie das Königreich erkauft hatte.

»*Ventrem feri*«, sagte sie. Nimm den Bauch.

Der Zenturio gehorchte. Er stieß den Dolch bis zum Heft hinein, und Agrippina sank ohne einen Schrei zu Boden.

Nero hat, wie ich bereits erwähnte, sein Erwachsensein erzwungen. Wer keine Mutter hat, kann auch kein Sohn sein. Er ist nun kein Junge mehr, und vielleicht war dies der einzige Weg, auf dem der Princeps dieses Ziel erreichen konnte.

Aber zunächst war er nicht frei. Er kränkelte. Er hielt sich fern von Rom, weil er fürchtete, der Muttermord könnte das einzige Verbrechen sein, welches das Volk selbst bei einem Monarchen nicht duldet.

Und nun, tugendhafte Mutter, muss ich von einem der traurigsten Anzeichen sprechen, dass die Welt sich verändert. Es betrifft mich selbst. Ich bin in den Mühlrädern dieser Ereignisse zermahlen worden. Und wenn ein Mann, der Fortuna so sehr verachtet wie ich, dem nicht entgeht, wer dann?

Um die Rückkehr des Nero nach Rom vorzubereiten, schrieb ich dem Senat unter seinem Namen einen Brief. Ich bin ein Briefschreiber. Das ist, was ich tue, und ich kann es gut. Ich habe so manchen Brief und so manche Rede für Nero geschrieben, und das meiste davon kann ich rechtfertigen. Selbst diesen Brief konnte ich rechtfertigen, als ich ihn schrieb, denn ich wollte mir für die Zukunft einen gewissen Einfluss auf den kaiserlichen Löwen bewahren. Wenn ich ihm hierbei nicht helfen würde, sagte ich mir, dann würde ich es hernach auch nicht mehr tun. Siehst du, was für eine geschickte Händlerin Fortuna ist? Sie verkauft das größere Gut für das geringere Übel.

Und ich zahlte mit einem ungeheuerlichen Brief.

Ich gab nicht die Geschichte wieder, die der Bote der Agrippina uns erzählt hatte, sondern die Geschichte, die wir über ihn verbreiteten, über seinen Dolch und sein Vorhaben, Agrippinas Sohn zu ermorden. Ich schrieb, dass sie aus Angst vor dem Richterspruch, der sie treffen würde, sich selbst getötet habe. Und dann beschrieb ich in allen Einzelheiten sämtliche Gräueltaten, die sie in ihrem Leben begangen hatte, insbesondere durch die Mithilfe des schwachen Claudius. Dies war natürlich nicht erfunden. Mir schien es vielmehr wie eine glaubhafte Rechtfertigung für ihr Ende: Wie sie gelebt hatte, so war sie gestorben. Die Weigerung des Nero, sie an seiner Regierung zu beteiligen, habe sie dergestalt verbittert, schrieb ich, dass sie sich gegen jedes Geschenk aussprach, das Nero den Soldaten und dem Volk machen wollte. Ich beschrieb ihn als über den Verlust seiner Mutter betrübt, jedoch großherzig genug um einzusehen, dass es der ganzen Welt zum Vorteil gereichen würde.

Meine Lügen überzeugten niemanden. Und der Name Nero darunter bedeutete nichts. Jeder wusste, dass ich den Brief geschrieben hatte. Und nun legt man auch mir den Mord an Agrippina zur Last.

Meine liebe Mutter, meine gute Mutter, ich glaube, ich bin nicht mehr dein Sohn.

Verzeih mir, und dann entschlafe in Frieden.

Denn der Ratgeber des Nero bin ich auch nicht mehr. Der Verkauf meiner Seele brachte keinen Gewinn. Am Ende ging Nero als ein so beliebter Kaiser aus den Ereignissen hervor, dass er nun keiner Lehrer, Führer oder Ratgeber mehr bedarf. Und somit habe ich jeden Einfluss verloren.

Als der Löwe schließlich nach Rom zurückkehrte, war es erstaunlich, wie freudig ihn das Volk empfing. Die Menschen liefen ihm draußen auf den Feldern entgegen. Sie spendeten am Wegesrand Beifall, machten Musik mit tausend Instrumenten, tanzten, streuten Blüten aus für den Kaiser und riefen: *Nero divinus! Nero divinus!*

Erstaunlich war dies für alle, auch für Nero selbst. Er hatte nicht mit einem solchen Empfang gerechnet. Aber das Erstaunen hielt nur auf der Hälfte des Heimweges an, dann sah ich, wie sein Gesichtsausdruck sich änderte. In seinem Antlitz ging die Sonne auf. Er strahlte.

Er betrachtete diese Erhebung zum göttlichen Wesen als etwas, das ihm zustand. Und als er seinen Palast betrat, waren er und ich zu demselben Schluss gekommen, doch was ihn freute, war das, was mich bedrückte: Wenn, so wurde uns bewusst, diese größte aller Schandtaten, der Mord an seiner Mutter, die Zuneigung des Volkes nur noch gesteigert hatte, was könnte Nero dann noch tun, das ihm nicht auch verziehen würde? Offenbar könnte er alles tun. Alles.

Die Welt hat einen neuen Gott, Mutter. Das ist es, was ich dir mit diesem schmerzvollen Brief sagen will. Unsere Gottheit ist von sich selbst eingenommen, verehrt nur sich selbst, achtet auf nichts außer auf die eigenen Launen und den eigenen Willen. Er hat seine Mutter abgeschlachtet. Er wird es auch mit dem Volk tun. Ein Schatten legt sich auf uns, größer als Rom und düsterer als der Tod.

Es ist Zeit. Es ist wahrlich Zeit für dich, Abschied zu nehmen. Die Welt ist es nicht wert, von dir bewohnt zu werden. Und es wird nicht lange dauern, bis ich dir folge.

Fürchte dich nicht zu gehen, Mutter. Ich tue es auch nicht.

Sieh doch, was für eine modrige Last unsere Körper für uns sind, Seile und Fesseln, die uns festhalten. Was für eine Freude, sie zu durchtrennen! Du kannst voller Gelassenheit sagen: »Ich möchte sterben«, denn du meinst damit: »Ich möchte Krankheit und Schmerz nicht mehr ertragen müssen; ich möchte Gefängnis und Hass und Schuld und Enttäuschung und Tod nicht mehr vor Augen haben.«

Ich bin nicht so einfältig, die alten tröstenden Wiegenlieder des Epikur zu singen, der immer gesagt hat, die Angst vor der Unterwelt sei abwegig, es gebe keinen auf ein Rad geflochtenen Ixion und keinen Sisyphus, der seinen Stein den Berg hinaufrollt. Du hast diese Geschichten schon vor über siebzig Jahren hinter dir gelassen, meine Liebste. Der dreiköpfige Cerberus flößt dir keine Furcht mehr ein, auch nicht die Schatten oder die weißen Geister, die wie ein Nebel an ihren Knochen hängen. Ich scherze. Das sind die Geschichten, die du mir erzählt hast, als ich ein Kind war. Erinnerst du dich? Und erinnerst du dich auch, wie wir damals gelacht haben? Weißt du noch, was für eine segensreiche Medizin dein Lachen war?

Dies aber ist kein Scherz, sondern der heiligste Gedanke, den ich dir anvertrauen kann: Entweder löscht der Tod uns aus oder er befreit uns. Wenn wir befreit sind, Mutter, wenn wir diesen modrigen Ballast des Körpers abgeworfen haben, steht uns am Ende unseres unbeschwerten Fluges etwas Besseres bevor. Und wenn wir ausgelöscht werden sollten, nun, dann bleibt nichts übrig: Gut und Böse werden gleichermaßen verschwunden sein, und es gibt kein Wissen mehr um diese Dinge.

Und wir sind jeden Tag gestorben, du und ich.

Ich meine damit, dass uns jeden Tag ein kleines bisschen unseres Lebens gestohlen wird. Selbst als wir heranwuchsen, nahm unser Leben ab. Wir haben die Kindheit verloren. Wir haben die Jugend verloren. Du hast deine sechsundsiebzig und ich habe meine sechzig Jahre verloren. All die vergangene Zeit ist eine verlorene Zeit, und selbst diesen heutigen Tag teilen wir mit dem Tod. Es war noch nie der letzte Tropfen, der die Wasseruhr geleert hat, sondern es waren immer all die Tropfen, die schon herausgeflossen waren, bevor der letzte Tropfen fiel. So steht es auch um uns: Nicht die letzte

Stunde, nicht der Augenblick, in dem wir zu existieren aufhören, bringt den Tod! Meine Liebste, wir sterben schon seit langer Zeit. Und dieser Augenblick vollendet nur den Gang der Dinge.

Ich kenne einen Philosophen, der sagt: »Wie lange muss ich dieselben Dinge wieder und wieder ertragen? Muss ich auf immer wachen, um zu schlafen, hungern, um zu essen und danach wieder zu hungern? Nichts hat ein Ende! Alles ist in einem Kreislauf verbunden und flieht und jagt zur selben Zeit. Die Nacht folgt auf den Tag, und der Tag folgt auf die Nacht; der Sommer wird durch den Herbst getötet, der Herbst wird im Winter begraben, der Winter vom Frühling gebrochen und der Frühling als Sommer wieder geboren. Alles in der Natur vergeht, nur um wiederzukehren. Ich tue nichts Neues. Ich sehe nichts Neues. Über kurz oder lang wird man dessen überdrüssig.«

Selbst wenn nun nicht der düstere Schatten der Willkür Neros über der Welt läge, selbst wenn die Tage sich nur mit einer nicht enden wollenden Ödheit dahinzögen, gäbe es noch diejenigen, die das Leben nicht unbedingt als schmerzhaft, aber doch als überflüssig betrachten würden.

Vale, Helvia, Mater. Trauere nicht um uns. Der Tod lässt alles gut werden, denn er nimmt alles Schlechte hinfort.

Lebe wohl, meine Liebe. Behalte unser Lachen in Erinnerung, die schönen Tage und all die Geschichten aus der Kindheit. Erinnere dich für einen Augenblick an die Hoffnungen meiner Kindheit, nur für einen Augenblick – und dann lebe wohl. Wir machen der Welt ein Ende, indem wir uns selbst das Ende bereiten. Mit einem Schlag lassen wir das Leiden und den Krieg und jede Art von Not hinter uns. Übrig bleiben muss nichts.

Lebe wohl.

LUKAS

90

Als ein leichter Südwind einsetzte, nahmen die Seeleute das für ein günstiges Zeichen, vielleicht doch noch von Guthafen nach Phönix zu gelangen. Deshalb wurden die Anker gelichtet, und das Schiff segelte so dicht wie möglich an der Küste Kretas entlang.

Aber bald brach aus der Richtung der Insel ein Sturm los, der gefürchtete Nordost, und riss das Schiff mit. Da es unmöglich war, Kurs zu halten, ließen wir uns einfach treiben.

Im Schutz der kleinen Insel Kauda war der Sturm etwas weniger heftig, und wir konnten mit einiger Mühe das Beiboot einholen.

Danach legten die Seeleute zur Sicherung ein paar Taue fest um das ganze Schiff. Um nicht in die Große Syrte, eine Sandbank vor Nordafrika, verschlagen zu werden, brachten sie den Treibanker aus und ließen das Schiff dahintreiben.

Der nächste Tag brachte keine Erleichterung. Der Sturm setzte dem Schiff so stark zu, dass die Seeleute einen Teil der Ladung ins Meer warfen. Am Tag darauf warfen sie sogar eigenhändig die Schiffsausrüstung über Bord, sodass alle Masten ohne Segel im Wind standen.

Tagelang zeigten sich weder Sonne noch Sterne am Himmel, und wir konnten unsere Position nicht mehr ausmachen. Der Sturm ließ nicht nach, und so verloren wir am Ende jede Hoffnung auf Rettung. Niemand wollte mehr etwas essen.

Da erhob sich Paulus und sagte: »Ihr hättet auf meine Warnung hören und im Hafen bleiben sollen. Dann wäre uns dies erspart geblieben. Doch jetzt bitte ich euch: Lasst den Mut nicht sinken! Alle werden am Leben bleiben, nur das Schiff geht verloren. In der vergangenen Nacht erschien mir nämlich ein Engel des Gottes, dem ich gehöre und dem ich diene, und sagte zu mir: ›Hab keine Angst, Paulus! Du musst vor den Kaiser treten, und auch alle anderen, die mit dir auf dem Schiff sind, wird Gott deinetwegen retten.‹ Also seid mutig, Männer! Ich vertraue Gott, dass alles so kommen wird, wie er es zu mir gesagt hat. Wir werden an einer Insel stranden.«

Wir trieben nun schon die vierzehnte Nacht im Sturm auf dem Mittelmeer.

Gegen Mitternacht vermuteten die Seeleute Land in der Nähe. Sie warfen ein Lot aus und kamen auf 37 Meter Wassertiefe. Etwas später waren es nur noch 28 Meter.

Sie fürchteten, auf ein Küstenriff aufzulaufen, darum warfen sie vom Heck vier Anker aus. Wir wünschten sehnlichst den Tag herbei.

Aber noch in der Dunkelheit versuchten die Seeleute, das Schiff zu verlassen. Unter dem Vorwand, auch vom Bug aus Anker auswerfen zu wollen, brachten sie das Beiboot zu Wasser.

Doch Paulus warnte den Zenturio und die Soldaten: »Wenn die Seeleute das Schiff verlassen, habt ihr keine Aussicht auf Rettung mehr.«

Da hieben die Soldaten die Taue durch und ließen das Beiboot davontreiben.

Noch bevor der Tag anbrach, forderte Paulus alle auf, doch etwas zu essen. »Ihr wartet nun schon vierzehn Tage auf Rettung«, sagte er, »und habt die ganze Zeit über nichts gegessen. Ich bitte euch deshalb, esst etwas; das habt ihr nötig, wenn ihr überleben wollt. Niemand von euch wird auch nur ein Haar von seinem Kopf verlieren.«

Dann nahm Paulus ein Brot, sprach darüber vor allen ein Dankgebet, brach das Brot in Stücke und fing an zu essen. Da bekamen auch die anderen wieder Mut und aßen ebenfalls. Wir waren insgesamt mehr als zweihundertsiebzig Menschen auf dem Schiff. Als alle satt waren, warfen sie die Getreideladung über Bord, um das Schiff zu erleichtern.

Bei Tagesanbruch sahen die Seeleute eine Küste, die ihnen unbekannt war. Doch entdeckten sie eine Bucht mit einem flachen Strand und wollten versuchen, das Schiff dort auf Grund zu setzen. Sie kappten die Ankertaue, ließen die Anker im Meer zurück und machten zugleich die Steuerruder klar. Dann hissten sie das Vordersegel, und als das Schiff im Wind wieder Fahrt machte, hielten sie auf die Küste zu.

Aber da liefen wir auf eine Sandbank auf. Der Bug rammte sich so fest ein, dass das Schiff nicht wieder flott zu machen war, und das Hinterdeck zerbrach unter der Wucht der Wellen.

»Tötet die Gefangenen!«, riefen die Soldaten. »Lasst niemanden entkommen.«

Aber der Zenturio wollte Paulus retten und hinderte sie an ihrem Vorhaben.

»Diejenigen, die schwimmen können«, rief er, »sollen als Erste über Bord springen und sich retten. Die Übrigen nehmen sich Planken und Bretter, was immer vom Schiff noch übrig ist. Rette sich, wer kann!«

Und so kamen alle unversehrt an Land.

91

Nach unserer Rettung erfuhren wir, dass die Insel Malta hieß. Die Einheimischen – keine Griechen – waren überaus freundlich zu uns. Sie machten ein offenes Feuer und holten uns alle dorthin; denn es hatte angefangen zu regnen, und es war kalt.

Paulus raffte ein Bündel Reisig zusammen und warf es in die Flammen. Da schoss eine Schlange heraus und biss sich an seiner Hand fest; die Hitze hatte sie aufgescheucht. Die Eingeborenen sahen die Schlange an seiner Hand und sagten: »Der Mann muss ein Mörder sein: Aus dem Meer hat er sich gerettet, aber jetzt fordert die Rachegöttin sein Leben.«

Doch Paulus schüttelte die Schlange ins Feuer, und es geschah ihm nichts.

Die Leute warteten darauf, dass er langsam anschwellen oder plötzlich tot umfallen würde. Nachdem sie ihn aber eine Zeit lang beobachtet hatten und nichts dergleichen geschah, änderten sie ihre Meinung und sagten, er sei ein Gott.

In der Nähe der Stelle, an der wir uns befanden, hatte der Angesehenste unter den Leuten der Insel, Publius, seine Besitzungen. Er nahm uns freundlich auf, und wir waren für drei Tage seine Gäste. Sein Vater hatte die Ruhr und lag mit Fieber im Bett. Paulus ging zu ihm ins Zimmer, betete über ihm, legte ihm die Hände auf und machte ihn gesund.

Als das bekannt wurde, kamen auch alle anderen Kranken der Insel und ließen sich heilen.

Sie überschütteten uns dann mit ehrenvollen Geschenken, und bei der Abfahrt brachten sie uns alles, was wir für die Reise brauchten.

Nach drei Monaten fuhren wir mit einem Schiff weiter, das in einem Hafen von Malta überwintert hatte. Es kam aus Alexandria und trug an seinem Bug als Schiffszeichen das Bild der Dioskuren.

Wir kamen nach Syrakus, wo wir drei Tage blieben.

Von dort ging es weiter nach Rhegion. Am Tag darauf kam Südwind auf, und wir brauchten nur zwei Tage bis Puteoli.

In der Stadt fanden wir Christen, die uns einluden, eine Woche bei ihnen zu bleiben.

Und dann kamen wir nach Rom.

Epilog

ROM

PRISKA

92

Ich habe mein Augenlicht. Dafür bin ich unendlich dankbar. Wenn ich über die kleine Werkbank gebeugt bin, kann ich auch im Licht einer Lampe und trotz meiner ständigen Rückenschmerzen einen dünnen Faden verknoten. Ich kann einen umgeschlagenen Saum fein, fest und schön vernähen.

Aber in meinem Arm habe ich keine Kraft mehr. Ich kann keine Ahle mehr durch das Leder stechen. Heutzutage benutze ich ganz feine und spitze Nadeln. Und statt mit Leder arbeite ich mit Leinen. Ich habe seit Jahren keine Zeltbahn mehr zurechtgeschnitten. Ich nähe jetzt Schweißtücher, zu viele Schweißtücher, mehr als mir angenehm ist, und ich verwende ein kostbares Tuch, weich, weiß und fein gewirkt. Die Schweißtücher bedecken ihre Köpfe, Grabtücher kleiden ihre Körper, in meine Handarbeit gehüllt liegen sie in ihren Gräbern, wo sie schlafen und auf den Tag der Auferstehung warten.

Und das Leinen wird übrig bleiben, sie aber werden zu den Wolken fliegen und dort oben gewiss Christus begegnen. Tröste dich und tröste die Menschen mit diesen Worten.

Mein Arm ist schwach. Mein Körper ist ausgezehrt. Meine Brüste hängen wie leere Geldbeutel in meiner Tunika. Ich gehe gebeugt. Ich wäre wohl kaum in der Lage, für mich selbst zu sorgen, aber ich bin nicht allein. Die Gemeinde nimmt sich der Witwen an.

Und der Schuster Apelles, der ungehobelte alte Narr, leistet mir in meinem Alter Gesellschaft. Als wir nach Rom kamen, beobachtete ich, wie seine Zuneigung zu Aquila immer größer wurde, was kein Wunder war, bildeten diese beiden doch ein Gespann, das sich hervorragend ergänzte: der eine so leidenschaftlich und wortreich wie ein Kessel voller brodelnder Lauge, der andere kurzsichtig, schweigsam, nickend und niemals jemanden unterbrechend.

Zunächst lebten wir in einem Viertel zwischen der Festung auf dem Janiculum und einem verlassenen Hügel, der nach den heidnischen Gesängen, die dort einst gesungen wurden, »Vatikan« genannt wird. Die Römer fürchten diesen Ort. Die Juden nicht. Auch die Gläubigen nicht, und so bildete sich um uns eine kleine Gemeinde, die sich in unserem Haus zum Gottesdienst traf. Aber einige Jahre später trieb uns die Armut in billigere Häuser. Unsere Arbeitskraft ließ nach. Und in Rom leben zu viele Menschen. Rom ist korrupt und teuer, es sei denn, man lobt die Reichen, um von ihnen Geschenke zu erhalten. Aber Aquila, Apelles und ich konnten nur einen loben. Wir lobten unseren Herrn Jesus Christus, und diese Entscheidung machte uns arm.

Schließlich fanden wir in der Suburra, auf der rechten Seite des Tibers, zwei Zimmer zur Miete, und dort blieben wir. Das Haus war brüchig, denn es war nur aus Holz und Tuffstein und nicht aus richtigen Steinen gebaut. Apelles bezog ein Zimmer im sechsten Stock, direkt über unserem im fünften.

Mein Mann Aquila, mit dem ich vierundzwanzig Jahre lang verheiratet gewesen war, starb während des furchtbaren Feuers in Rom auf einer engen Stiege dieses schäbigen Wohnhauses.

Denn als die Luft in jener Mittsommernacht zu tosen begann, als ein heftiger Wind aufkam und der Dachstuhl in Brand geriet, verlor der blinde Aquila die Orientierung. Er stolperte und fiel kopfüber die enge Stiege hinunter.

Ich war nicht zu Hause. Die ganze Stadt stand in Flammen, und ich entkam dem schrecklichen Kessel des Circus, der brannte wie eine riesenhafte Krone.

Apelles fand Aquila unter den Füßen der schreienden Mitbewohner. Apelles trug seinen Freund mit der bloßen Kraft seiner Arme durch die in Panik geratene Menge. Schreiend vor Schmerz und Trauer trug Apelles ihn aus dem Gebäude, bevor es hinter ihm einstürzte.

Er war zu spät gekommen. Die Leute hatten meinen Mann zu Tode getrampelt. Er erlangte das Bewusstsein nicht wieder. Blind und stumm angesichts des Grauens in diesem Babylon verließ Aquila uns und ging zu Jesus.

In jener Nacht umarmten wir uns und weinten gemeinsam, der Schuster und ich. Sein Geruch, sein saurer Schweiß, kam mir in meinem Elend wie etwas Vertrautes, Warmes und Tröstendes vor.

Aquila! Mein geliebter Mann!

Bevor Apelles und ich auseinander gingen um nachzusehen, wer von unseren Freunden tot war und wer überlebt hatte, hustete er. Er runzelte die Stirn und brummte: »Hab keine Angst. Mach dir keine Sorgen ...« Mehr sagte er nicht. Das genügte. Der ungehobelte Korinther hatte ein Versprechen gegeben. Er würde sich für den Rest unseres Lebens um mich kümmern, und er hat mir seitdem treu gedient.

Apelles. Einmal hat Paulus ihn *in Christus bewährt* genannt. Was für eine erstaunliche Wandlung!

Mein Arm ist schwach, aber der Arm des Apelles ist es nicht. Er ist meine rechte Hand, der Freund meines Alters, meine Erinnerung an den stillen Aquila.

Es ist gut, auch heute noch, dass ich ein wenig Arbeit habe, mit der sich meine Hände und mein Geist beschäftigen können.

Schweißtücher.

Grabtücher.

Die Kleidung für diejenigen, die ein wenig schlafen müssen, bevor die Posaune sie weckt.

Innerhalb der letzten drei Tage habe ich jeweils fünfzehn genäht. Zu viele. Mehr als ich würdigen kann.

Nero bringt uns alle um. Er behauptet, dass wir, die an Jesus glauben, das Feuer gelegt haben, das die Stadt niedergebrannt hat. Deshalb, sagt er, verdienen wir den Tod.

Es stimmt zwar, dass ein Feuer entzündet wurde und es die Welt anstecken wird. Aber das Feuer ist der Heilige Geist, und auch der Wind, der es anfacht, ist der Geist, und keine irdische Macht kann den Geist auslöschen.

Nero *glaubt*, er brächte uns alle um. Armer, armer Tor. Dieser Mann ist nicht mehr als ein flüchtiger Schatten, eine kurze Nacht vor der Morgendämmerung. Das Sonnenlicht wird ihn auslöschen.

Allein dadurch, dass wir aufwachen, werden wir seine Herrschaft und die Dunkelheit und den Tod, die ihn umgeben, beenden. Wenn Aquila aufersteht und nach mir sucht, wenn Petrus und Paulus und Rufus und Epaphras und Sosthenes und Lydia und Tertius und Erastus und alle Heiligen durch das Licht des Herrn Jesus Christus auferweckt werden, wird Nero nicht mehr sein.

93

Eine Neuigkeit ist in aller Munde: Seneca ist tot.

Dieser große und berühmte Mann, der uns Juden wegen unseres »Aberglaubens«, wie er es nannte, verachtet hat, dieser Autor Tausender philosophischer Bücher, dem Villen und Weinberge, Häuser und Güter sowohl in der Stadt als auch auf dem Land gehörten, ist tot. Lucius Annaeus Seneca, den wir immer zu Fuß über das Forum gehen sahen, weil er den Luxus einer Sänfte ablehnte, hat mehr als nur eine seiner Adern geöffnet. Er hat seine Augen geschlossen, und er ist tot.

Er starb nur vier Meilen von hier. Die Nachricht verbreitet sich wie ein Lauffeuer.

In den Kreisen der Reichen und Adeligen, den Freunden des Lebens in dieser Welt, hatte es eine Verschwörung gegeben: Man plante, den Kaiser zu ermorden. Aber der Kaiser deckte das Komplott auf. Deshalb sterben die vornehmen Römer nun so, wie wir im letzten Jahr gestorben sind. Nein, ich meine nicht auf dieselbe Art, denn wir wurden verfolgt und ermordet, während man ihnen nahe legt, sich in ihren komfortablen Häusern selbst das Leben zu nehmen. Aber nichtsdestoweniger sterben sie.

Der Dichter Lucan, der Neffe des Seneca, ist tot. Nero hat ihn gehasst. Wir wissen das, weil er ihn zum Schweigen brachte. Er hat Lucan verboten, jemals eines seiner Gedichte in Rom vorzutragen, und vielleicht ist das der Grund, warum Lucan sich den Verschwörern anschloss.

Und Gallio, der Paulus in Korinth auf freien Fuß gesetzt hat, Gallio, der Bruder des Seneca, ist tot. Aber ich glaube, er hat es aus Liebe zu seinem Bruder getan. Ich sah die beiden schmalbrüstigen Männer oft gemeinsam durch die Stadt gehen. Sie hielten ihre kahlen Köpfe gesenkt und waren in ein Gespräch vertieft. Sie berührten einander, gingen oft Hand in Hand. Das gefiel mir. Meiner Meinung nach hat er sich umgebracht, weil er seinen Bruder vermisste.

Einige Römer verbrennen immer noch ihre Toten. Wir tun das nicht. Wir werden am Jüngsten Tag auferstehen.

Der alte Seneca wurde verbrannt. Es gab keine Feier und keine Reden. Man sagte, er habe es so gewollt. Nur verbrannt werden.

Wie könnte ich für ein Gesicht, das es nicht mehr gibt, ein Schweißtuch nähen?

Man sagt, er sei auf dem Rückweg aus der Campagna nach Rom gewesen. Er habe in einer Villa vor den Toren der Stadt Station gemacht, um dort zu übernachten. Aber Neros Aufforderung zum Selbstmord erreichte ihn dort, und noch bevor die Nacht vorüber war, hatte er ihr Folge geleistet.

Seneca bat um sein Testament, aber der Zenturio ging nicht darauf ein.

Der Philosoph Seneca wandte sich an seine Freunde, die ihn begleiteten, und vermachte ihnen sein Geld und seine Ländereien, seine Lebensart.

Der alte Seneca hatte eine junge Frau geheiratet.

In jener Stunde bedrückten ihn ihre Tränen. Ihre Trauer ließ ihn immer mehr den Mut verlieren. Deshalb bat er sie, sich nach seinem Tode mit dem Andenken an seine Tugend zu trösten.

Sie sagte Nein. Sie sagte, dass seine Tugend kein Trost sei und sie mit ihm gehen wolle.

Er sagte, wenn es ihr eigener Entschluss sei, mit ihm gemeinsam nach Art der Vornehmen zu sterben, werde er nicht versuchen, sie daran zu hindern.

Dann öffnete ein geschickter Messerschnitt die Ader an seinem Handgelenk. Ein weiterer Schnitt öffnete die Ader seiner Frau.

Aber der Körper des Seneca war alt und ausgetrocknet. Das Blut wollte nicht hinausfließen. Also öffnete er auch die Adern an seinen Knien und Fußgelenken. Dadurch erlitt er große Schmerzen, die sich nicht legten. Bald darauf bat er seine Frau, in ein anderes Zimmer zu gehen. Vielleicht fürchtete er, sie leiden sehen zu müssen. Vielleicht fürchtete er auch den Anblick ihrer Tränen.

Als sie außer Sichtweite ihres Mannes war, verbanden die Soldaten die Wunden der jungen Frau, und sie überlebte. Wer kennt schon die Gründe? Wir haben sie auf den Straßen Roms gesehen, blass und allein.

Aber Seneca starb langsam.

Er bat um eine Phiole mit Gift, die er immer bei sich hatte. Es war das gleiche Gift, wie es in Athen bei öffentlichen Hinrichtungen verwendet wird. Sie brachten es ihm. Er trank es. Aber es wirkte nicht. Sein Körper war zu kalt und taub, um das Gift seine Wirkung entfalten zu lassen.

Sie setzten ihn in eine Badewanne mit warmem Wasser.

Schließlich trugen sie den alten Seneca in das heiße Dampfbad, und dann füllten sie den Raum mit dichten Schwaden, und Seneca erstickte.

94

Timotheus, hör dir das an. Ich habe die Nachricht heute erhalten, sie kam mit dem Schiff aus Korinth. Vielleicht ist sie inzwischen auch bei dir in Ephesus angekommen.

Erastus ist befördert worden. Unser hoch geschätzter Freund ist zum Ädilen von Korinth ernannt worden. Wie stolz er sein muss! Ich wüsste nur zu gern, welche Kleider er trägt, wo er jetzt zu den vier höchsten Beamten von Korinth zählt. Er, der einst die Märkte verwaltete, ist nun für die Spiele verantwortlich. Erastus leitet die Isthmischen Spiele! Ist das etwa nichts? Timotheus, ich finde, du könntest seine Freude noch vergrößern, indem du ihm einen Glückwunsch schreibst.

Aus Dankbarkeit für die ihm zuteil gewordene Ehre hat Erastus versprochen, aus eigener Tasche den Vorplatz östlich des Theaters von Korinth mit Kalksteinblöcken neu pflastern zu lassen.

Ich jedenfalls werde ihm schreiben. Ja, und ich werde ihn fragen, welche Schätze er sich im Himmel gesammelt hat.

95

Als wir hörten, dass Paulus in Ketten nach Rom gebracht wurde, machten wir uns alle auf den Weg, um ihm entgegenzugehen: Aquila und ich, Apelles, Petrus, Rufus, die Mutter des Rufus und Phöbe, die gerade in der Stadt war. Auch einige unserer Freunde, die Paulus noch nicht kannten, schlossen sich uns an: Tryphäna und Tryphosa, die beiden vornehmen Schwestern, Andronicus und seine Frau Junias. Voller Freude brachen wir auf. Wir waren den ganzen Tag unterwegs. Und da war er! Da war mein lieber Freund und stand mitten auf dem Forum von Appius. Da war Paulus, vernarbt und hager und zitternd und lächelnd. Er strahlte so sehr vor Freude, dass ich in Tränen ausbrach, als ich ihn sah. Da war mein strahlender Apostel, und er war immer noch ein Gefangener, so wie er es auch in Ephesus gewesen war, als wir uns das letzte Mal gesehen hatten. Aber kein Gefangener hat jemals eine solche Freiheit besessen wie er. Dieses Lächeln! Es lag in seinen Augen. Es ließ seine hohe Stirn wie einen römischen Torbogen aussehen und verlieh seinem großen Kopf eine ungekannte Leichtigkeit. Es war, als ob die Sonne die Erde berührte.

Hinter ihm stand ein Zenturio, und er war von Soldaten umgeben, aber keiner hielt mich auf. Ich lief zu ihm, legte meine Arme um ihn und weinte an seiner Schulter. Ich hörte die Ketten rasseln, als er mich ebenfalls umarmte.

»Du hast es geschafft«, flüsterte ich. »Du bist nach Rom gekommen.«

»Und du, meine kleine Priszilla ...«

Er sprach nicht aus, was er über Priszilla sagen wollte. Er schluckte. Ein Schluchzen kam aus seiner Kehle und seine Arme zitterten. Er hielt mich lange in seinen Ketten, als ob ich ein Ozean wäre.

Du, meine kleine Priszilla.
Du.

»Und ich werde glücklich sein.«

Als wir das letzte Mal miteinander sprachen, strahlte Paulus und redete über den Tod.

Er wohnte in dem geschäftigen Viertel zwischen dem Forum und dem Campus Martinus. In seinem Zimmer war immer ein Wächter, zwischen ihm und dem Wächter war immer eine Kette, und wenn ich zu Besuch kam, war es stets ein anderer Wächter. Paulus zwinkerte mir zu. »Sie fürchten mein Talent, Freunde zu gewinnen«, sagte er. »Findest du nicht auch, dass ich es meisterhaft verstehe, Freunde zu gewinnen, Priszilla?«

In jenen Tagen fühlte ich mich immer noch jung und lebendig. Das Alter hatte mich noch nicht gebeugt, so wie es das später getan hat, plötzlich und in allen Knochen spürbar.

Als Paulus mich Priszilla nannte, durchfuhr mich damals ein wohliger Schauer. Welch köstliche Freundschaft! Jetzt benutzte er immer diese vertrauliche Form der Anrede, auch in Gegenwart anderer, was er früher stets vermieden hatte. Er sprach, als ob die Sonne auf unsere Vertrautheit scheinen dürfte, damit alle sich daran erfreuen können.

Inzwischen nennt mich jeder Priszilla, und ich bin froh darüber. Dann spüre ich den Hauch dieses Mannes in meinem Ohr, obwohl er nicht mehr da ist und nicht mehr atmet.

Ich sagte: »In der Zeit, als ich nicht in Rom war, ist mein Vater gestorben. Niemand hat mir eine Nachricht geschickt. Ich weiß weder genau wann, noch unter welchen Umständen er gestorben ist, aber ich muss an ihn denken, weil du hier bist. Du weißt zwar auch nicht mehr, aber du hast mich beim Tod meiner Mutter getröstet. Ich glaube, du hättest auch meinen Vater trösten können. Er hat mich verstoßen. Er drehte sich um und wandte mir den Rücken zu. Das war das letzte Mal, dass ich ihn gesehen habe.«

Paulus sagte: »Ich hätte mit ihm geredet. Ich hätte ihm erzählt, wie es um mich steht. Ich hätte versucht, ihn mit der Freude anzustecken, die ich trotz allem habe.«

»Trotz allem«, sagte ich.

»Fesseln, das Alter, ein ruinierter Körper, ein bevorstehender Prozess, eine ungewisse Zukunft.«

»Trotz allem.«

»Ja gewiss, liebe Priszilla«, sagte Paulus leise. Seine

Augen glänzten wie polierte Haselnüsse. »Und ich werde glücklich sein. Ich weiß, dass dies alles durch unsere Gebete und die Hilfe des Geistes Jesu Christi zu meiner Erlösung beitragen wird. Und ich weiß, dass ich keinen Grund haben werde, mich zu schämen. In diesem Körper will ich Christus ehren, ob im Leben oder im Tod.«

Er fuhr sich mit den Spitzen seiner schlanken Finger über die Lippen.

»Wenn ich lebe, so bin ich Christus gleich«, sagte er, »und wenn ich sterbe, so gewinne ich. Aber wenn ich in diesem Fleisch weitermache, bedeutet es fruchtbares Tun. Ich bin hin- und hergerissen.«

Paulus lehnte sich nach vorn und nahm meine Hand. Von seiner Hand hing die Kette herab, die ihn mit der Hand der Wache verband.

»Ich wünsche mir, von hier wegzugehen, um bei Christus zu sein«, sagte er und sah mir in die Augen, als ob er dort eine tiefere Wahrheit finden könnte. »Das ist bei weitem das bessere Los, Priszilla.« Er sah mir immer noch in die Augen.

»Aber wenn ich im Fleisch bliebe, so wäre das für euch besser.«

Er lehnte sich wieder zurück. Die Kette legte sich auf den Boden wie ein Hund. Er lächelte. Sein Gesicht strahlte mich an wie die Sonne.

»Ich bin mir ganz sicher«, sagte er mit plötzlicher Gewissheit. »Ich werde bei euch bleiben. Ja, ich werde weitermachen mit euch allen, für euer Fortkommen und für eure Freude im Glauben, damit ihr durch mich wisst, wie ihr euch in Christus Jesus freuen könnt. Ja!«

Paulus hörte nicht auf zu sprechen. Er sprach den ganzen Tag lang. Solange ich blieb und mit ihm am

Tisch saß, sprach er. Und auch in der Nacht, auch wenn ich nicht bei ihm war, sprach er.

Und in den Tagen und den Jahren danach, als er nicht mehr bei uns war, sprach er immer noch.

Paulus hörte nie auf zu sprechen. Er sprach in den Himmel. Und aus dem Himmel kam seine Stimme auf uns herab wie der Regen aus den Wolken, wie das Tageslicht, denn mein geliebter Paulus hat den heiligen Berg bestiegen.

Ihr, meine Lieben, wart immer folgsam. So kommt die Stimme des Paulus über uns. *So bemüht euch denn weiter demütig um euer Heil, nicht nur in meiner Gegenwart, sondern umso mehr in meiner Abwesenheit. Denn Gott wirkt durch euch, damit sein Wille geschieht und ihr tut, was ihm gefällt.*

Hörst du ihn, Timotheus? Und du, Lydia? Er spricht zu uns wie ein sanfter Windhauch:

Tut alles, ohne zu murren, damit ihr ohne Schuld und ohne Makel seid, die unschuldigen Kinder Gottes mitten unter einer verdorbenen Generation, in einer Welt, deren Licht ihr seid, weil ihr am Wort des Lebens festhaltet, damit ich am Tag des Herrn stolz sein kann, nicht umsonst gelebt und gearbeitet zu haben.

Freut euch allezeit im Herrn.

Ich sage euch noch einmal: Freut euch!

Seid allen gegenüber nachsichtig. Der Herr ist nahe.

Habt keine Angst, sondern betet und seid dankbar und erbittet alles von Gott.

Und durch den Frieden Gottes, der unseren Verstand übersteigt, werden eure Herzen allezeit in Christus Jesus bleiben.

HEYNE

Große historische Romane bekannter Autoren

Faszinierende Lesereisen
in vergangene Zeiten

Ralf Günther
Der Leibarzt
01/13566

Kai Meyer
Das Haus des Daedalus
01/13459

Gisbert Haefs
Hamilkars Garten
01/13085

Clara Pierre
Der Gesang des Troubadours
01/13466

Barbara von Bellingen
Die Sterndeuterin
01/13174

Hanns Kneifel
Der Gesandte des Kalifen
01/13619

Peter Watt
Weit wie der Horizont
01713614

01/13085

HEYNE-TASCHENBÜCHER